中华优秀传统文化
六百篇·中级本

主编 任翔

北京师范大学出版集团
北京师范大学出版社

中华优秀传统文化六百篇·中级本

主编 任翔 副主编 韩涵

编委 罗文平 唐成军 黄利亚 谢富渝

⊙本书为教育部哲学社会科学研究重大委托项目"中国阅读文化建设的战略与策略研究"（17JZDW03）、国家语委"十三五"科研规划重点项目"中华优秀传统文化教育的目标、内容及实施策略研究"（ZD1135-83）及北京市教育科学"十四五"规划优先关注项目"中华优秀传统文化融入课程体系研究"（CIEA22018）的研究成果。

前　言

　　中华优秀传统文化是中华民族语言习惯、文化传统、思想观念、情感认同的集中体现，凝聚着中华民族普遍认同和广泛接受的道德规范、思想品格和价值取向，具有极为丰富的思想内涵。加强中华优秀传统文化学习，是构建中华优秀传统文化传承体系，推动文化传承创新的重要途径。基于课题研究和充分调研，我们整体编写了"中华优秀传统文化六百篇"。本书旨在帮助国民特别是青少年通过有序、有效学习中华优秀传统文化，感知和领会优秀传统文化的思想内容美与语言形式美，提高传统文化的阅读能力、鉴赏能力和践行能力。为切实推动全民阅读文化经典、提升思想道德素养、实现新时代美好生活奠定基础。

　　本书编写原则有三：一是坚持学习者视角。依据学习者的认知特点和身心发展规律、语言文字演化和形成规律、传统文化创造性继承转化和创新性发展规律，由浅入深、由易到难、循序渐进地编排学习内容，充分尊重读者的不同阅读习惯和接受水平。二是坚持经典性原则。系统梳理了百余年语文教材传统文化选篇及历史和思政教材的传统文化内容，分析了近年中高考试题的传统文化内容，调查了我国台湾地区和日本的传统文化课程设置及教学状况，吸收了历史上影响深远的《昭明文选》《乐府诗集》《古文观止》《古文辞类纂》《经史百家杂钞》和《唐诗三百首》等，以及近年出版的多种传统文化读物的优长。基于历史考察、现实需求和统计分析，选取了流传久远、影响深广和新时代中国人特别是青少年必读可读的603篇（首/章）作品。三是坚持学以致用精神。引导学习者随时随地反复研读领悟，内化于心、外化于行，融于生活，融于工作，融于语言文字表达和做人做事，涵养文化气质，正所谓"腹有诗书气自华"，从而成为一个真正的文化人、文明人。

本书重点围绕中华优秀传统文化的思想理念、传统美德和人文精神三大内容展开，突出天人合一、自强不息、厚德载物、贵和尚中、家国情怀等主题。从经、史、子、集里选择文质兼美之作，注重选篇的思想性、审美性和可读性的统一，深入挖掘和阐发其中讲仁爱、重民本、守诚信、崇正义、尚和合、求大同的时代价值，以期全面而准确地帮助读者领悟中华文化的精髓和真谛。选篇上起先秦，下迄民国，涵括诗歌、辞赋、故事、语录、杂记、尺牍、碑铭、序跋、诏奏、论辩、杂说、哀祭以及小说、戏曲等主要体裁，多角度、多维度呈现中华优秀传统文化的思想道德之美和语言文字之美，以护文明之火种，传永续之文脉。

本书是我国历代优秀诗文的荟萃，是新时代中国人学习优秀传统文化的必读篇目。本书力求体现整体系统、分层分级、可学可用，科学呈现传统文化学习梯度，按照读者的接受能力，依次分为启蒙级、初级、中级和高级四个层级，相当于小学、初中、高中和大学分别应达到的阅读水平，对应这四个层级，整体编写启蒙本、初级本、中级本和高级本，形成中华优秀传统文化经典阅读体系。在总体设计上，以优秀传统文化学习为根本，以民族精神的薪火相传和爱国主义的牢固树立为核心，启发引领国民特别是青少年对传统文化由知识层面学习向能力提高、智慧增长和修为养成逐步提升。通过本书的学习，国民特别是青少年可以了解经典篇目、熟知经典篇目、读懂经典篇目，具备基本的传统文化阅读能力、鉴赏能力和践行能力。

本书选篇大体依据经、史、子、集的编排方式，择取经、史、子、集中的精粹，由浅入深分类编排。经、史、子的选篇自成序列，集部选篇涵括文章和文学两大类，这些选篇，分则自成序列，合则互为一体。以期使读者通过系统学习，形成良好的道德品质和行为习惯。

"经史子"编排。经、史、子的编排参考《三字经》记载的历代文人阅读经验，即由"孝经"（含《小学》）到"四书"再到"诸经""诸子"最后到"诸史"的学习序列。使读者从中感知蕴含在选篇中的道德规范、思想品格和价值取向，能正确处理个人与他人、个人与社会、个人与自然的关系，学会心存善念、理解他人、关心社会、尊重自然，形成乐于奉献的良好风尚，做一个高素养、讲文明、有爱心的中国人。

"集部"编排。一是文章编排。文章学习循序渐进，启蒙级主要学习蒙学经典，重点学习声律与属对，培养学习传统文化的兴趣和语感；初级主要学习杂记类文章，重点学习传统杂记类文章的文体结构、记叙方式及叙事、描写和抒情的技巧；中级主要学习传统实用类文章，重点学习实用类文章的文体结构、说明方式及说明、抒情和议论的技巧；高级主要学习传统论说类文章，重点学习论说类文章的文体结构、议论方式及议论、辩驳和解说的技巧。二是文学编排。文学学习整体系统，启蒙级主要学习浅易古诗词、神话故事、寓言故事和成语故事，初步了解传统节日、廿四节气及各类故事的基本知识和内容，体会汉语的音韵美和节律美；初级主要学习《诗经》、绝句律诗和笔记故事、历史故事、人物传记、山水游记及台阁名胜记，了解《诗经》、绝句律诗和杂记文的基本知识和内容，体会诗文的音律美和情感美；中级主要学习乐府（含古诗）、词曲和尺牍文、家书（含家训）、碑铭文、序跋文及古典小说，基本掌握乐府、词曲和实用文及古典小说的知识和内容，理解诗文的情感美和意境美；高级主要学习辞赋、古体诗和诏奏文、论辩文、杂说文、哀祭文、史传文及古典戏曲，掌握辞赋、古体诗和论说文及古典戏曲的知识和内容，把握诗文的意境美和哲理美。此外，各单元篇目除专门设计外，概以作者时代或成书先后为序。凡同一时代作者，按生卒年先后为序。如作者生卒年不详，则在题解里予以说明。另外，选篇以原篇目为题，如《报任安书》；若出自某书而原书未设置篇目，即以某书为题并注明选录情况，如《论语》二十九章。所选篇目全部出自权威版本。

　　本书以单元形式呈现，每本书设 9 个单元，共计 36 个单元，单元设置以文体为纲，以能力和素养为要，逐级螺旋上升。各单元均设计 3 个板块，分别为"导与引""文与解"和"思与行"，这 3 个板块前后关联，形成一体。

　　导与引。以简约的文字概述本单元的文体知识、选篇情况、学习方法及通过本单元学习应达到的能力和素养的目标。文体知识，简要阐述单元文体的发展历程及变化特点；选篇情况，明示本单元选篇的类型、数量及特色，便于学习者了解；学习方法，根据本单元选篇体裁，提出适合本单元的学习方法，便于操作。希望通过本单元学习，实现预期的能力目标和素养目标。

　　文与解。包括题解、选篇、注释和解读。题解，除启蒙本外，初级本、中级本和高级本均设有题解，简介作者生平、写作背景及篇题含义，力求要言不烦，言之有据，如在同一本书里出现多篇选文的同一作者，其生平简介安排在首次出现的题解里；选篇，精选历代流传的经典篇目，其中不少篇目曾入选百年中小学语文教材，已成为融入一代又一代中国人血脉里的文化基因；注释，解释字词句，标注疑难字及古今不同的读音，解释常用的文法、重要的句式和句子大意，包括历史典故、地理沿革、职官制度、各种称谓、文学流派和现象、重要人物和事件等，力求简明准确；解读，在精心研读选篇、历史文献及历代名家解读基础上，根据本书编写要求，深入浅出地阐释选篇的主要内容、文体结构和写作特色，深入发掘选篇的思想内涵及时代价值，便于读者更好地理解与接受。

思与行。为巩固提升单元学习效果，更好地体现知行合一理念，有效落实中华优秀传统文化传承目标，达到学以致用、学以成人的目的，本书在各单元后辟"思与行"栏目。具体涵括三个方面：一是记诵与积累。记诵与积累是中国传统教育的重要读书方法，整理本单元的名言佳句、成语、典故、对联等，以启发引导学习者的兴趣，日积月累，集腋成裘，为其读书作文奠基。二是熟读与精思。传统教育非常讲究读书与思考，熟读以精思为基础，精思以熟读为凭依，两者相互为用，互为表里。在熟读本单元选篇的基础上，围绕本单元内容设计问题，引发读者深入思考，准确领悟中华文化的要旨。三是学习与践行。学习是基础和前提，践行是学习的重点和关键，要以学促行，以行达信，实现学、行、信三者有机融合，力图体现课题研究中凝练、总结而成的"学行信教育模式"。从本单元里择取与优秀传统文化传承目标相契合的内容，特别是蕴含在选篇里的美德教育、劳动教育、审美教育、家庭教育等主题，以此设计问题，使学习者在日用而不觉中践行，养成自觉遵守学校守则、履行家庭义务、践行社会公德的习惯，从而树立坚定的理想信念，信守中国方式、信奉中国智慧、信仰中国精神。

为提高本书的审美品质，特精选中国绘画、书法等不同门类的162幅艺术作品作为插图，其中启蒙本52幅，初级本40幅，中级本34幅，高级本36幅。所选插图涵盖了不同题材，既有表现社会生活的人物画，又有表达思想观念的山水画，还有托物寄情的花鸟画，皆为中国绘画史上的杰作，代表了中国绘画艺术的高峰。而所选书法作品涵盖了楷书、行书、草书等不同形式，均有极高的思想内涵和艺术价值，表现了中国书法艺术的审美追求。这些作品原作多数收藏于海内外著名的博物馆、美术馆，是不可多得的艺术珍品。本书用此作插图，与所选名篇佳作相互映衬，既能调动读者的阅读激情，又能帮助读者通过插图更全面深入地理解诗文背后蕴含的深邃意旨，激活其生命力、影响力和感召力，开辟守正创新的新境界。

  本书不但内容整体编排，封面也整体设计。四本书象征一年四季和人生四个阶段。四季颜色分别对应四本书。启蒙本用象征春季万物萌生的草绿色，初级本用象征夏季热烈奔放的朱红色，中级本用象征秋季沉稳大气的金黄色，高级本用象征冬天辽阔浑厚的月白色。春兰、夏竹、秋菊、冬梅是中国四季植物的代表，也是中国人普遍认同的文化人格的象征，表现了中国人对时间秩序和生命意义的深切感悟。春夏秋冬与梅兰竹菊交相辉映，四本书，四个季节，伴随人生四个阶段，让中华优秀传统文化学习演绎为人生的一篇和美乐章。

任　翔

2023 年元旦于北京师范大学

目 录

第一单元　乐府与古诗

导与引 …………………………………………………………… 1
文与解 …………………………………………………………… 3
　　上　邪 …………………………………………………… /3
　　陌上桑 …………………………………………………… /5
　　饮马长城窟行 …………………………………………… /7
　　十五从军征 ……………………………………………… /9
　　孔雀东南飞（并序） …………………………………… /11
　　孤儿行 …………………………………………………… /18
　　行行重行行 ……………………………………………… /20
　　青青河畔草 ……………………………………………… /22
　　涉江采芙蓉 ……………………………………………… /24
　　庭中有奇树 ……………………………………………… /26
　　迢迢牵牛星 ……………………………………………… /28
　　明月何皎皎 ……………………………………………… /30
　　步出城东门 ……………………………………………… /32
　　西洲曲 …………………………………………………… /34
　　木兰诗 …………………………………………………… /36
思与行 …………………………………………………………… 39

第二单元　词

导与引 …………………………………………………………… 41
文与解 …………………………………………………………… 43

1

菩萨蛮（小山重叠金明灭） ………………………………… 温庭筠 / 43

　　虞美人（春花秋月何时了） ………………………………… 李　煜 / 45

　　雨霖铃（寒蝉凄切） ………………………………………… 柳　永 / 47

　　渔家傲·秋思 ………………………………………………… 范仲淹 / 49

　　浣溪沙（一曲新词酒一杯） ………………………………… 晏　殊 / 51

　　踏莎行（候馆梅残） ………………………………………… 欧阳修 / 53

　　桂枝香·金陵怀古 …………………………………………… 王安石 / 55

　　苏轼词三首 …………………………………………………… 苏　轼 / 57

　　清平乐（春归何处） ………………………………………… 黄庭坚 / 62

　　鹊桥仙（纤云弄巧） ………………………………………… 秦　观 / 64

　　青玉案（凌波不过横塘路） ………………………………… 贺　铸 / 66

　　苏幕遮（燎沉香） …………………………………………… 周邦彦 / 68

　　李清照词二首 ………………………………………………… 李清照 / 70

　　陆游词二首 …………………………………………………… 陆　游 / 73

　　辛弃疾词二首 ………………………………………………… 辛弃疾 / 76

　　扬州慢（淮左名都） ………………………………………… 姜　夔 / 79

　　贺新郎·九日 ………………………………………………… 刘克庄 / 81

　　长相思（山一程） …………………………………………… 纳兰性德 / 83

　　满江红（小住京华） ………………………………………… 秋　瑾 / 85

思与行 ……………………………………………………………………… 87

第三单元　散　曲

导与引 ……………………………………………………………………… 89

文与解 ……………………………………………………………………… 91

　　关汉卿散曲二首 ……………………………………………… 关汉卿 / 91

　　白朴《天净沙》四首 ………………………………………… 白　朴 / 94

　　【双调】蟾宫曲 ……………………………………………… 郑光祖 / 97

　　姚燧《满庭芳》二首 ………………………………………… 姚　燧 / 99

　　【双调】沉醉东风·闲居 …………………………………… 卢　挚 /101

2

马致远小令三首 …………………………………… 马致远/103

　　【般涉调】哨遍·高祖还乡 ……………………… 睢景臣/105

　　张养浩散曲二首 …………………………………… 张养浩/109

　　张可久小令二首 …………………………………… 张可久/112

　　乔吉《水仙子》二首 ……………………………… 乔　吉/115

　　【北越调】寨儿令·夏日即事 …………………… 王九思/118

　　【中吕】朝天子·咏喇叭 ………………………… 王　磐/120

　　【中吕】山坡羊·冰山 …………………………… 薛论道/122

思与行 …………………………………………………………… 124

第四单元　尺牍文

导与引 …………………………………………………………… 126

文与解 …………………………………………………………… 128

　　报任少卿书 ………………………………………… 司马迁/128

　　答卢谌书 …………………………………………… 刘　琨/135

　　与陈伯之书 ………………………………………… 丘　迟/138

　　与朱元思书 ………………………………………… 吴　均/142

　　答李翊书 …………………………………………… 韩　愈/144

　　寄欧阳舍人书 ……………………………………… 曾　巩/148

　　答司马谏议书 ……………………………………… 王安石/152

　　上枢密韩太尉书 …………………………………… 苏　辙/155

　　报刘一丈书 ………………………………………… 宗　臣/159

思与行 …………………………………………………………… 162

第五单元　家书家训

导与引 …………………………………………………………… 164

文与解 …………………………………………………………… 166

3

命子迁 …………………………………… 司马谈/166

　　诸葛亮家书二则 ………………………… 诸葛亮/169

　　勉　学（节选）………………………… 颜之推/172

　　训俭示康 ………………………………… 司马光/176

　　与长子受之 ……………………………… 朱　熹/181

　　狱中上母书 ……………………………… 夏完淳/184

　　潍县署中与舍弟墨第二书（节选）……… 郑　燮/188

　　道光二十二年十一月十七日与兄弟书（节选）…… 曾国藩/191

　　与妻书 …………………………………… 林觉民/195

　　钱氏家训 ………………………………… 钱文选/199

思与行 …………………………………………… 203

第六单元　碑铭文

导与引 …………………………………………… 205
文与解 …………………………………………… 207
　　封燕然山铭（并序）…………………… 班　固/207

　　座右铭 …………………………………… 崔　瑗/211

　　柳子厚墓志铭 …………………………… 韩　愈/213

　　陋室铭 …………………………………… 刘禹锡/218

　　箕子碑 …………………………………… 柳宗元/220

　　泷冈阡表 ………………………………… 欧阳修/223

　　西　铭 …………………………………… 张　载/228

　　潮州韩文公庙碑 ………………………… 苏　轼/232

　　五人墓碑记 ……………………………… 张　溥/237

思与行 …………………………………………… 241

第七单元　序跋文

导与引 …………………………………………… 243
文与解 …………………………………………… 245

太史公自序（节选） ………………………………… 司马迁/245
　　兰亭集序 …………………………………………… 王羲之/250
　　滕王阁序 ……………………………………………… 王　勃/253
　　春夜宴从弟桃花园序 ………………………………… 李　白/258
　　送孟东野序 …………………………………………… 韩　愈/260
　　五代史伶官传序 ……………………………………… 欧阳修/263
　　《先大夫集》后序 …………………………………… 曾　巩/266
　　《金石录》后序 ……………………………………… 李清照/270
　　《正气歌》序 ………………………………………… 文天祥/275
　　送东阳马生序 ………………………………………… 宋　濂/277
　　译《天演论》自序 …………………………………… 严　复/280
思与行 ……………………………………………………………… 285

第八单元　小　说

导与引 ……………………………………………………………… 287
文与解 ……………………………………………………………… 289
　　林教头风雪山神庙 …………………………………… 施耐庵/289
　　群英会蒋干中计 ……………………………………… 罗贯中/298
　　孙行者一调芭蕉扇 …………………………………… 吴承恩/305
　　司文郎 ………………………………………………… 蒲松龄/313
　　范进中举 ……………………………………………… 吴敬梓/321
　　林黛玉进贾府 ………………………………………… 曹雪芹/330
思与行 ……………………………………………………………… 345

第九单元　诸经诸子

导与引 ……………………………………………………………… 347
文与解 ……………………………………………………………… 349

《周易》二卦 …………………………………… 《周易》/349

《老子》三章 …………………………………… 《老子》/353

谋　攻 ………………………………………… 《孙子兵法》/356

牧　民（节选）………………………………… 《管子》/359

兼　爱（节选）………………………………… 《墨子》/361

逍遥游（节选）………………………………… 《庄子》/365

白马论 ………………………………………… 《公孙龙子》/370

劝　学（节选）………………………………… 《荀子》/373

五　蠹（节选）………………………………… 《韩非子》/376

察　今 ………………………………………… 《吕氏春秋》/381

礼　运（节选）………………………………… 《礼记》/385

思与行 ……………………………………………………… 388

后　记 ……………………………………………………… 390

第一单元　乐府与古诗

导与引

　　"乐府"原是朝廷音乐机关的名称，是自秦代以来设立的专门官署，它除为朝廷作辞、制曲、演奏外，还兼有采集民间歌谣的"采诗"功能。魏晋以后，人们习惯把经由乐府机关制作或经其采集的民间歌谣称为乐府诗，简称"乐府"。南朝刘勰《文心雕龙》专立"乐府"篇，在文学体裁上正式开出了"乐府"这一门类。乐府诗在内容上，集中反映了当时社会的诸多方面，描写深刻，叙事详尽，人物生动，语言鲜活；在形式上，突破了《诗经》的四言格式，诗句长短不一，体式自由，不拘一格，有力推动了汉末五言诗的发生发展，对后世诗歌特别是唐代新乐府的创作产生了重大影响；在风格上，乐府多属民间歌辞，语言素朴，音调和谐，回环往复，清丽活泼。两汉乐府诗是创作主体有感而发创作的诗歌，擅长捕捉日常生活情节入画，反映了人民的真实生活，以叙事为主是其最显著的特色。东晋南渡以后，诗歌因南北地理相隔而呈现出南柔北刚、南绮北质的特点，南朝乐府民歌语言清新自然，格调流丽婉转，尤以《西洲曲》为代表；北朝乐府民歌风格质朴刚健，粗犷豪放，自然清新，尤以《木兰诗》为代表。北宋郭茂倩集各家大成，编纂成《乐府诗集》一百卷，它上起陶唐，下迄五代，分为十二类，是迄今最为系统的乐府诗歌总集。

　　"古诗"是南北朝文人对两汉以来五言诗的概称。最早的五言诗是东汉末年文人在借鉴乐府基础上创作的，因为脱离了音乐，失掉了标题，作者亦已无从考证，后人统称这些诗作为"古诗"。《古诗十九首》是中国古代文人五言诗选辑，由南朝萧统从传世无名氏古诗中选录十九首编入《文选》，代表了汉代文人五言诗的最高成就，刘勰评之为"五言之冠冕"。这些诗作汲取了乐府养分，是乐府古诗文人化的显著标志。从《古诗十九首》开始，中国诗歌脱离了《诗经》《楚辞》的体式，开始了沿袭千年之久的五七言体式。其内容大抵如清代沈德潜在《古诗源》中所言："大率逐臣弃妇，朋友阔别，死生新故之感。"这些诗篇用朴素自然的语言将人生中最基本、最普遍的情感真切生动地叙写出来，温厚缠绵且含蓄不尽。

　　本单元精选历代读者熟知的15首"乐府"与"古诗"。其中有炽热的古老爱情篇章《上邪》，有揭露战争徭役带给百姓深重苦难的《十五从军征》，有被奉为乐府双璧的《孔雀东南飞》和《木兰诗》，有温厚缠绵、感人肺腑的《行行重行行》，有采撷芳草、思乡怀人的《涉江采芙蓉》，有涕零如雨、织不成章的《迢迢牵牛星》，等等。鉴赏这些诗作，首先应了解乐府与古诗的基本知识，进而反复诵读，在此基础上感知诗作厚重的社会背景和深博的文化意旨，关注诗歌对《诗经》《楚辞》的继承与发展，关注诗歌本身的结构、句式、用韵和叠字，体会诗篇的语言美和音律美，领悟诗篇的情感美和意境美，理解人类共有的丰盈情思，感悟诗歌至真、至善、至美的真实和纯粹，让这些经典诗篇滋养自己的心灵，丰润自己的生命。逐步理解中华人文精神，不断提升古典诗歌的鉴赏能力。

文与解

上 邪

【题解】

本诗属汉乐府《鼓吹曲辞》,是《汉铙歌十八首》中的一首,短箫铙歌本为军乐,恋歌配以军乐,使《上邪》的抒情方式别具特色,它既承传了《诗经》的抒情风格,又为后世抒情诗的创作开掘了空间。全诗句式短长交错,情感真切炽烈,被誉为"短章之神品"。

上邪!①
我欲与君相知,
长命无绝衰。②
山无陵,③
江水为竭,
冬雷震震,
夏雨雪,④
天地合,
乃敢与君绝。

【注释】

①[上邪]犹言"天啊",指天为誓。上,指天。邪,音耶,语助词。 ②[命]令也,使也。 ③[山无陵]高山变成平地。陵,山脊、山峰。 ④[雨(yù)雪]下雪。雨,下、降。

【解读】

　　《上邪》是女子指天为誓之词，它以独特的抒情方式书写了一曲古老的爱情歌谣。全篇共九句35个字。开篇三句将抒情主人公浓烈的情感和盘托出。这种古老的声音我们在《诗经·王风·大车》里已听见过："谷则异室，死则同穴。谓予不信，有如皦日！"主人公指着太阳发誓：生不得合一，死也要同穴。《上邪》的开篇，其情与之何其相似！

　　如果《上邪》仅停留于此也不会名垂"诗"册，它之所以脍炙人口，是因为主人公以奇异的想象写出的随后六句。诗篇连用高山夷为平地、江水枯竭、冬天响雷、夏天降雪、天地相连五种不可能出现的自然景象，把坚贞不渝的爱情表现得热烈坚决，痛快淋漓。这些以多种意象组合并以短促的入声为韵脚的诗句，按三字、四字错落铺开，急促跳跃而又一气贯注，到五字"乃敢与君绝"戛然而止，感情迸发喷涌令人回味无穷。诚如沈德潜在《古诗源》中所言："'山无陵'下共五事，重叠言之，而不见其排，何笔力之横也。"神奇的意象组合，激越的语音节奏，正好呼应了主人公强烈的情感律动。正是这种独特的情感表达形式使《上邪》成为千古绝唱。

陌上桑

【题解】

《陌上桑》为汉乐府古辞,《乐府诗集》收入《相和歌辞·相和曲》,又名《艳歌罗敷行》《日出东南隅行》。本诗以幽默诙谐的笔调叙述了一个采桑女子抗拒太守侮弄的故事,刻画了一个坚贞美丽的女性形象。

日出东南隅①,照我秦氏楼。秦氏有好女,自名为罗敷②。罗敷喜蚕桑,采桑城南隅。青丝为笼系③,桂枝为笼钩。头上倭堕髻④,耳中明月珠。缃绮⑤为下裙,紫绮为上襦⑥。行者见罗敷,下担捋髭须⑦。少年见罗敷,脱帽著帩头⑧。耕者忘其犁,锄者忘其锄。来归相怨怒,但坐观罗敷。

使君⑨从南来,五马立踟蹰⑩。使君遣吏往,问是谁家姝?秦氏有好女,自名为罗敷。罗敷年几何?二十尚不足,十五颇有余。使君谢⑪罗敷:"宁⑫可共载不?"

罗敷前置辞:"使君一何⑬愚!使君自有妇,罗敷自有夫。东方千余骑,夫婿居上头⑭。何用识夫婿,白马从骊⑮驹。青丝系马尾,黄金络马头。腰中鹿卢剑⑯,可直千万余。十五府小史,二十朝大夫⑰。三十侍中郎,四十专城居⑱。为人洁白晳,鬑鬑⑲颇有须。盈盈公府步,冉冉府中趋。坐中数千人,皆言夫婿殊⑳。"

【注释】

①〔隅〕方位,角落。 ②〔罗敷〕罗敷和秦罗敷是汉代美女的通称,此处只是一个典型形象,未必实有其人。 ③〔笼系〕系篮子的络绳。 ④〔倭(wō)堕髻〕其髻歪斜在一侧,呈欲堕不堕之状,是东汉时期流行的一种时髦发

式。 ⑤〔缃绮〕杏黄色的有花纹的绫子。 ⑥〔襦（rú）〕短袄。 ⑦〔髭（zī）须〕唇上胡子称髭，颊颔下胡子称须。 ⑧〔帩（qiào）头〕古代男子束发的头巾。古人以丝或麻织品束发然后加冠。帽大约是戴在帩头之上的，"脱帽著帩头"是说除下帽子，仅著帩头。这是少年自己炫耀的态度。 ⑨〔使君〕是对太守或刺史的称呼。 ⑩〔五马立踟蹰〕是说使君的车停止不进。古代诸侯驾车用五匹马，汉太守也用五马。 ⑪〔谢〕问，告。 ⑫〔宁〕问词，犹"其"也。 ⑬〔一何〕何等，多么。"一"是语助字。 ⑭〔上头〕行列的前端。 ⑮〔骊（lí）〕纯黑的马。 ⑯〔鹿卢剑〕历代秦王的宝剑，此处指古剑。 ⑰〔朝大夫〕朝大夫和下文的侍中郎都是当时的官名。 ⑱〔专城居〕为一城之主，如州牧和太守。 ⑲〔鬑鬑（lián lián）〕胡须稀疏的样子。 ⑳〔殊〕秀异出众。

【解读】

　　《陌上桑》是一篇立意严肃、笔调诙谐的乐府叙事诗。全篇歌辞分为三解，"解"犹"章"，是乐歌的段落，第一解写罗敷的美貌，第二解写罗敷巧斗使君，第三解写罗敷盛夸丈夫、奚落使君，诙谐地表达了民女对达官贵人的嘲弄。

　　从叙述视角上看，歌辞通篇写美，用环境美、时令美、服饰美凸显罗敷的容貌美和心灵美，反衬使君的猥琐。诗人运用环境描写、外貌描写、人物对话等多种手法来塑造人物形象，无一美字而其美自见。其中侧面描写尤为成功，诗人通过罗敷的衣着服饰以及旁人的形神状态烘托罗敷的倾国倾城貌，增强了诗歌的喜剧色彩，给读者留下无穷的想象空间。这首诗语言质朴晓畅，韵律自然和谐，以幽默诙谐的风格和喜剧性的艺术手法，刻画了一个美丽坚贞的采桑女子形象，在中国诗歌史上留下了一个集众美于一身的女性形象秦罗敷。全诗洋溢着浓烈的民间歌谣风味，显现出高超的文学性，同时反映出汉代贵族官僚仗势调戏民女的社会现实，体现了汉乐府的讽谏功能，是一首极具艺术魅力的乐府名篇。

饮马长城窟行

【题解】

《饮马长城窟行》为汉乐府古辞，一作《饮马行》。《乐府诗集》收入《相和歌辞》中的《瑟调曲》。对于此诗的作者，历来有不同的说法。"饮马长城窟"为从军远戍的借代，是汉乐府的一种格式与主题，此篇不写长城窟饮马，而写思妇对长城饮马人的眷念。

青青河畔草，绵绵思远道。①
远道不可思，宿昔梦见之。②
梦见在我傍，忽觉在他乡。
他乡各异县，展转不相见。③
枯桑知天风，海水知天寒。
入门各自媚，谁肯相为言。④
客从远方来，遗我双鲤鱼。
呼儿烹鲤鱼，中有尺素书。⑤
长跪读素书，书中竟何如？⑥
上言加餐食，下言长相忆。⑦

【注释】

①〔绵绵〕长而不断之貌，又是细密之貌。 ②〔宿昔〕昨夜。昔，同"夕"。 ③〔展转〕辗转，不定。 ④〔各自媚〕一般人都各爱自己所欢，不管别人的事。媚，爱。〔言〕问讯，音信。 ⑤〔尺素〕书信。素，生绢，古人在绢上写字。 ⑥〔长跪〕古人席地而坐，坐时两膝着地，臀部压在后脚跟。跪时将腰挺直，上身伸长，以表对对方的尊敬。 ⑦〔上言〕书信的前一部分。

【解读】

此诗是乐府古辞，书写思妇之情。全诗可分为两部分：第一部分承楚骚传统，以春草起兴，由春草写及远道。河畔青草细密绵长，将思妇的思念也引向远方，因思念而入梦，梦中醒来，只作空欢喜一场，现实终不可相见，思念更切，只道天风天寒，却不言心知自苦。作者用细腻的笔致将无以寄托的思念和游荡无依的思绪写得绵延无尽，委婉缠绵。第二部分叙写长跪读尺素、劝勉加餐饭的过程。同乡的游子各自回家，可是又有谁能为思妇带来丈夫的信息？在满心失望之际，不知是幻象还是现实，思妇收到远方来客带来的书信，惊喜无比，跪坐读信，可信中只言：努力加餐、珍重身体、互相忆念。渺然不知归期，只能用最朴素的话语来表达无限的期待和深切的思念。诗人用虚实相间的写法，将欢乐与悲伤、希望与失望交织，将现实和梦境缠绕在一起，忽远忽近，忽真忽切，细腻缠绵，扣人心扉。

诗歌从思念写到梦境，再由梦境回到现实，从痛苦绝望写到惊喜激动，再由满心欢喜转为失望平静，情绪多重转化而不突兀，得益于诗歌精妙的剪裁和构思，诗人在文意突然转折处用顶针格，让字句自然相连，减缓文意衔接上的突兀感。此外，诗歌采用古乐府常用之法，即在文意突变处换韵，用音律辅助文意相连，读来层层递转，处处流畅，实为巧妙。全诗波澜迭起，跌宕生姿，读来既有文人诗的工笔雕琢、细腻缠绵，又有民歌的清新自然、活泼灵动，对后世五言诗的创作影响深远，明代陈祚明《采菽堂古诗选》评之云："流宕曲折，转掉极灵，抒写复快，兼乐府、古诗之长，最宜熟诵。子桓（曹丕）兄弟拟古，全法此调。"

十五从军征

【题解】

《十五从军征》作为《紫骝马歌辞》的一部分，被《乐府诗集》收入《横吹曲辞·梁鼓角横吹曲》，并分为四曲。《乐府诗集》引《古今乐录》："'十五从军征'以下古诗也。"可知是汉代古诗被采入《梁鼓角横吹曲》者。今仍合四曲为一首。本篇为从军久戍怀归而作。

> 十五从军征，八十始得归。
> 道逢乡里人，家中有阿谁？①
> 遥看是君家，松柏冢累累。②
> 兔从狗窦入，雉从梁上飞。③
> 中庭生旅谷，井上生旅葵。④
> 舂谷持作饭，采葵持作羹。⑤
> 羹饭一时熟，不知饴阿谁？⑥
> 出门东向看，泪落沾我衣。

【注释】

①〔有阿谁〕还有什么人。"阿"是发语词，无实义。　②〔松柏冢（zhǒng）累累〕高坟重叠相连的样子。冢，高坟。累，同"垒"。　③〔窦〕洞穴。〔雉（zhì）〕野鸡。　④〔旅谷〕野生的谷子。未经播种而生叫"旅生"，旅生的谷叫"旅谷"。〔旅葵〕野生的葵菜。　⑤〔舂（chōng）谷〕舂捣谷物。舂，用杵臼捣去谷物的壳。　⑥〔饴（sì）〕同"饲"，拿食物给人吃。

【解读】

本诗描写一位老兵少小离家八十方回、人去屋空家园荒废的悲惨情形。诗歌以老兵自诉发端，用淡语述说少年一生青春年华被兵役剥夺的无奈与凄惨，震撼人心。接着用汉乐府典型的写法，截取道逢乡里人的问答、田园荒芜景象和羹饭无人同食三组画面，写尽老兵返乡后的孤独与凄凉。乐府诗歌用朴素真切的语言，自然流畅的故事情节和人物心理活动言情叙事，在悲凉愁绪中，叙写了老兵久戍盼归，少年不再，风尘仆仆归乡后，只剩累累青冢，杂草荒园，压抑数年的满腹愁肠无人倾诉，饭熟羹沸无人同享，人去屋空，恍然如梦，形影茕茕，空望归途的凄怆。诗歌在老兵潸然泪下、泪落沾衣中收束全文，用无声的沧桑老泪，为艰辛悲凉又无可奈何的老兵代言。全诗以老兵的个人悲哀写社会悲哀，反映了战争给百姓带来的家破人亡之苦，谴责了统治者的穷兵黩武，真实深刻、凄怆动人、耐人寻味，读来令人泣下。

　　从文学史上看，本诗中老兵的孤独凄凉和暮年伤悲的主题，上承《诗经·小雅·采薇》，下启杜甫《无家别》《兵车行》。汉乐府中的《战城南》和《诗经》中的《采薇》《君子于役》《东山》等均是描写战争给人民带来不幸的经典篇章，将本诗与"战城南，死郭北，野死不葬乌可食""君子于役，不知其期"相互参读，更能见出兵役诗歌对战争破坏性和不合理兵役制度的有力控诉。

孔雀东南飞（并序）

【题解】

　　本篇最早见于《玉台新咏》，题作《古诗无名氏为焦仲卿妻作》，并有序。《乐府诗集》收入《杂曲歌辞》，题作《焦仲卿妻》，后世人因取首句，称为《孔雀东南飞》。这是我国诗歌史上第一首长篇叙事诗，全篇用五言写成，共353句，除起兴和结束语各二句外其他都是叙述和描写。该诗和《木兰诗》被合誉为"乐府双璧"，在体制、风格、语言等方面对后世诗歌产生深远影响。

　　汉末建安中，庐江府小吏焦仲卿妻刘氏，为仲卿母所遣①，自誓不嫁。其家逼之，乃没水而死。仲卿闻之，亦自缢于庭树。时人伤之，为诗云尔。

　　孔雀东南飞，五里一徘徊②。

　　"十三能织素③，十四学裁衣，十五弹箜篌，十六诵诗书。十七为君妇，心中常苦悲。君既为府吏，守节④情不移，贱妾留空房，相见常日稀。鸡鸣入机织，夜夜不得息。三日断⑤五匹，大人⑥故嫌迟。非为织作迟，君家妇难为！妾不堪驱使，徒留无所施⑦。便可白公姥⑧，及时相遣归。"

　　府吏得闻之，堂上启阿母："儿已薄禄相⑨，幸复得此妇，结发⑩同枕席，黄泉共为友。共事二三年，始尔未为久，女行无偏斜，何意致不厚⑪？"

　　阿母谓府吏："何乃太区区⑫！此妇无礼节，举动自专由⑬。吾意久怀忿，汝岂得自由！东家⑭有贤女，自名秦罗敷，可怜⑮体无比，阿母为汝求。便可速遣之，遣去慎莫留！"

　　府吏长跪告："伏惟⑯启阿母，今若遣此妇，终老不复取⑰！"

阿母得闻之，槌床便大怒："小子无所畏，何敢助妇语！吾已失恩义，会不相从许！"

府吏默无声，再拜还入户，举言谓新妇，哽咽不能语："我自不驱卿[13]，逼迫有阿母。卿但暂还家，吾今且报府[19]。不久当归还，还必相迎取。以此下心意[20]，慎勿违吾语。"

新妇谓府吏："勿复重纷纭[21]！往昔初阳岁，谢[22]家来贵门。奉事循公姥，进止敢自专？昼夜勤作息，伶俜萦苦辛[23]。谓言[24]无罪过，供养卒大恩[25]；仍更被驱遣，何言复来还！妾有绣腰襦，葳蕤自生光[26]；红罗复斗帐，四角垂香囊；箱帘六七十，绿碧青丝绳，物物各自异，种种在其中。人贱物亦鄙，不足迎后人[27]，留待作遗施，于今无会因[28]。时时为安慰，久久莫相忘！"

鸡鸣外欲曙，新妇起严妆。著我绣夹裙，事事四五通。足下蹑丝履，头上玳瑁光。[29]腰若流纨素，耳著明月珰。[30]指如削葱根，口如含朱丹。纤纤作细步，精妙世无双。

上堂谢阿母，阿母怒不止。"昔作女儿时，生小出野里，本自无教训，兼愧贵家子。受母钱帛多，不堪母驱使。今日还家去，念母劳家里。"却[31]与小姑别，泪落连珠子。"新妇初来时，小姑始扶床[32]；今日被驱遣，小姑如我长。勤心养公姥，好自相扶将[33]。初七及下九[34]，嬉戏莫相忘。"出门登车去，涕落百余行。

府吏马在前，新妇车在后，隐隐何甸甸[35]，俱会大道口。下马入车中，低头共耳语："誓不相隔卿，且暂还家去；吾今且赴府，不久当还归，誓天不相负！"

新妇谓府吏："感君区区[36]怀！君既若见录[37]，不久望君来。君当作磐石，妾当作蒲苇，蒲苇纫[38]如丝，磐石无转移。我有亲父兄[39]，性行暴如雷，恐不任我意，逆以煎我怀[40]。"举手长劳劳[41]，二情同依依。

入门上家堂，进退无颜仪。阿母大拊掌[42]："不图子自归[43]。

十三教汝织，十四能裁衣，十五弹箜篌，十六知礼仪，十七遣汝嫁，谓言无誓违㊹。汝今无罪过，不迎而自归?”兰芝惭阿母：“儿实无罪过。”阿母大悲摧。

还家十余日，县令遣媒来。云有第三郎，窈窕世无双，年始十八九，便言多令才㊺。

阿母谓阿女：“汝可去应之。”

阿女含泪答：“兰芝初还时，府吏见丁宁，结誓不别离。今日违情义，恐此事非奇。自可断㊻来信，徐徐更谓之。”

阿母白媒人：“贫贱有此女，始适㊼还家门。不堪吏人妇，岂合令郎君？幸可广问讯，不得便相许。”媒人去数日，寻遣丞请还，说有兰家女，承籍有宦官。云有第五郎，娇逸未有婚。遣丞为媒人，主簿通语言。直说太守家，有此令郎君，既欲结大义㊽，故遣来贵门。

阿母谢媒人：“女子先有誓，老姥岂敢言!”

阿兄得闻之，怅然心中烦，举言谓阿妹：“作计何不量！先嫁得府吏，后嫁得郎君，否泰如天地㊾，足以荣汝身。不嫁义郎体，其往欲何云?”

兰芝仰头答：“理实如兄言。谢家事夫婿，中道还兄门，处分适兄意，那得自任专！虽与府吏要㊿，渠(51)会永无缘。登即(52)相许和，便可作婚姻。”

媒人下床去，诺诺复尔尔(53)。还部白府君：“下官奉使命，言谈大有缘。”府君得闻之，心中大欢喜。视历复开书，便利此月内，六合(54)正相应。良吉三十日，今已二十七，卿可去成婚。交语速装束，络绎如浮云。青雀白鹄舫，四角龙子幡(55)，婀娜随风转。金车玉作轮。踯躅(56)青骢马，流苏金镂鞍。赍(57)钱三百万，皆用青丝穿。杂彩三百匹，交广(58)市鲑珍。从人四五百，郁郁(59)登郡门。

阿母谓阿女："适得府君书，明日来迎汝。何不作衣裳？莫令事不举⑥！"

阿女默无声，手巾掩口啼，泪落便如泻。移我琉璃榻，出置前窗下。左手持刀尺，右手执绫罗。朝成绣夹裙，晚成单罗衫。晻晻⑥日欲暝，愁思出门啼。

府吏闻此变，因求假暂归。未至二三里，摧藏⑥马悲哀。新妇识马声，蹑履相逢迎。怅然遥相望，知是故人来。举手拍马鞍，嗟叹使心伤："自君别我后，人事不可量。果不如先愿，又非君所详。我有亲父母，逼迫兼弟兄，以我应他人，君还何所望！"

府吏谓新妇："贺卿得高迁！磐石方且厚，可以卒千年；蒲苇一时纫，便作旦夕间。卿当日胜贵，吾独向黄泉！"

新妇谓府吏："何意出此言！同是被逼迫，君尔妾亦然。黄泉下相见，勿违今日言！"执手分道去，各各还家门。生人作死别，恨恨那可论？念与世间辞，千万不复全！

府吏还家去，上堂拜阿母："今日大风寒，寒风摧树木，严霜结庭兰。儿今日冥冥，令母在后单。故作不良计，勿复怨鬼神！命如南山石，四体康且直！"

阿母得闻之，零泪应声落："汝是大家子，仕宦于台阁⑥，慎勿为妇死，贵贱情何薄！东家有贤女，窈窕艳城郭，阿母为汝求，便复在旦夕。"

府吏再拜还，长叹空房中，作计乃尔⑥立⑥。转头向户里，渐见愁煎迫。

其日牛马嘶，新妇入青庐⑥。奄奄黄昏后⑥，寂寂人定⑥初。"我命绝今日，魂去尸长留！"揽裙脱丝履，举身赴清池。

府吏闻此事，心知长别离。徘徊庭树下，自挂东南枝。

两家求合葬，合葬华山傍。东西植松柏，左右种梧桐。枝枝相覆盖，叶叶相交通。中有双飞鸟，自名为鸳鸯，仰头相向鸣，夜夜达五更。行人驻足听，寡妇起彷徨。多谢㊾后世人，戒之慎勿忘！

【注释】

①［遣］指夫家休弃妻子。　②［孔雀东南飞，五里一徘徊］汉代诗歌常以飞鸟徘徊起兴，以写夫妻离别。　③［素］白色的绢。以下一段话是兰芝对仲卿说的。　④［守节］遵守官府的规则。　⑤［断］（把织成的布匹从织机上）截下来。　⑥［大人］对长辈的尊称，相当于现在说的"老人家"，这里指婆婆。⑦［施］用。　⑧［白公姥］禀告婆婆。白，告诉、禀告。公姥，公公和婆婆，这里是偏义复词，单指婆婆。　⑨［薄禄相］福薄的相貌。薄禄，福薄、福分少。迷信的人认为凭一个人的相貌可以断定他的命运。　⑩［结发］成婚。古代婚礼，成婚之夕，男女共髻束发，故称。　⑪［何意致不厚］哪里想到会招致（母亲）不满意呢？何意，谁能料到。　⑫［区区］愚拙。　⑬［举动自专由］一举一动完全凭（她）自己的意思。　⑭［东家］泛指邻近人家。　⑮［可怜］可爱。⑯［伏惟］古时晚辈对长辈或下对上说话时表示恭敬的用语。　⑰［取］同"娶"，娶妻。　⑱［卿］古代表示亲热的称呼。这里是丈夫对妻子的爱称。⑲［报府］赴府，指到庐江太守府里去办事。报，赴、去。　⑳［下心意］低心下气，意思是受委屈。　㉑［勿复重纷纭］不要再添麻烦吧。也就是说，不必再提接回来的话了。纷纭，凌乱。　㉒［谢］辞别。　㉓［伶俜（líng pīng）萦苦辛］孤孤单单，受尽辛苦。伶俜，孤单的样子。萦，缠绕、牵缠。　㉔［谓言］以为。　㉕［卒大恩］意思是报答大恩。卒，完成、尽。　㉖［葳蕤（wēi ruí）自生光］（袄上的刺绣）繁多艳丽，自然发出光彩。葳蕤，草木繁盛的样子，这里形容刺绣的花叶繁多而美丽。　㉗［后人］指丈夫将来再娶的女子。　㉘［会因］见面的机会。　㉙［足下蹑丝履，头上玳瑁（dài mào）光］脚上穿着丝绸鞋，头上戴着的玳瑁首饰闪闪发光。蹑，穿。玳瑁，一种形似龟的爬行动物，甲壳黄褐色，有黑斑，具光泽。　㉚［腰若流纨素，耳著明月珰（dāng）］腰束纨素的带子，光彩像流水一样晃动，耳朵上戴着珍珠耳坠，如明月一般皎洁。纨素，洁白精致的绢。珰，耳坠。　㉛［却］退下。　㉜［始扶床］刚能扶着坐具走。按"新妇初来时，小姑始扶床；今日被驱遣，小姑如我长"，兰芝在焦家只有二三年，小姑不可能长得这么快。这是夸张写法，极言日子过得快。　㉝［扶将］扶持，抚

15

养。 ㉞〔初七及下九〕七月七日和每月的十九日。初七，指农历七月七日，旧时妇女在这天晚上祭织女以乞巧。下九，古人以农历每月的二十九为上九，初九为中九，十九为下九。古代每月十九日，妇女常置酒欢聚，嬉戏娱乐。 ㉟〔隐隐何甸甸〕"隐隐""甸甸"都是模拟车声。何，助词，无实义。 ㊱〔区区〕情意深挚。 ㊲〔见录〕记着我。"见"用在动词前，表示对自己怎么样。下文的"见丁宁"与此用法相同。录，收留。 ㊳〔纫〕同"韧"，坚韧牢固。 ㊴〔父兄〕偏义复词，这里单指哥哥。 ㊵〔逆以煎我怀〕想到将来，我心里像受着煎熬一般。逆，预料、想到将来。 ㊶〔劳劳〕忧愁伤感的样子。 ㊷〔拊（fǔ）掌〕拍手。这里表示惊异。 ㊸〔不图子自归〕想不到你自己回来了。意思是，没料到女儿竟被驱遣回家。古代女子出嫁以后一定要得到婆家的同意后，娘家派人来接，才能回娘家。 ㊹〔愆违〕过失，过错。 ㊺〔便言多令才〕口才很好，又多才能。便言，擅长辞令。便，言辞敏捷。令，美好。 ㊻〔断〕回绝。 ㊼〔适〕出嫁。 ㊽〔结大义〕指结为婚姻。 ㊾〔否泰如天地〕运气的好坏，相差像天上地下一样。否，坏运气。泰，好运气。 ㊿〔要〕相约。 ㉛〔渠〕他，指府吏。 ㉜〔登即〕当即，立即。 ㉝〔诺诺复尔尔〕连声说"是，是，就这样办，就这样办"。诺诺，应答的声音。尔尔，如此如此。 ㉞〔六合〕阴阳家以月建与日辰的地支相合为吉日，即子与丑合，寅与亥合，卯与戌合，辰与酉合，巳与申合，午与未合，总称"六合"。 ㉟〔龙子幡〕绣花的旗帜。 ㊱〔踯躅（zhí zhú）〕徘徊不前、缓慢不进的样子。 ㊲〔赍（jī）〕赠送。 ㊳〔交广〕交州、广州，古代郡名，这里泛指广东广西一带。 ㊴〔郁郁〕繁多的样子。 ㊵〔举〕成功。 ㊶〔晻晻（yǎn yǎn）〕昏暗的样子。 ㊷〔摧藏〕摧折心肝，指伤心。藏，同"脏"，脏腑。 ㊸〔台阁〕尚书台。这里泛指大的官府。 ㊹〔乃尔〕如此。 ㊺〔立〕决定。 ㊻〔青庐〕青布幔搭成的帐屋，是古代举行婚礼的地方。 ㊼〔奄奄黄昏后〕天黑以后。奄奄，暗沉沉的。黄昏，古时计时按十二地支将一日分为十二个时辰，黄昏为十二时辰之一，即戌时（相当于现在的19时至21时）。 ㊽〔人定〕十二时辰之一，即亥时（相当于现在的21时至23时），这里指夜深人静的时候。 ㊾〔谢〕告诉，告知。

【解读】

本篇为汉乐府古辞，全诗1700余字，是我国古代汉民族最长的叙事诗，它不仅在汉乐府中是最长的，在中国诗歌史上也十分少见。关于本诗的作者和写作年代，大多学者以为是汉末时期作品，流传时经过文人的加工润色。全诗描述了一个哀艳动人的爱情悲剧，从小序看，故事发生在东汉末年建安时期，当为诗人耳闻目睹，在真人真事、生活原型上写成。诗人虽满含同情地叙述了刘兰芝和焦仲卿为了爱情以死反抗、至死不渝的家庭悲剧，但诗歌并非仅仅着眼于爱情这一主题，而是进一步暴露了封建婚姻制度的罪恶和社会对年轻女性的压迫，焦仲卿和刘兰芝也因此成为以死捍卫爱情、反抗专制的典型。

故事通过焦母驱逐、兰芝请归、夫妻生别、兄母逼嫁、焦刘殉情几个重要情节向我们呈现出来，结构完整，首尾呼应，体现了乐府诗歌精妙绝伦的叙事艺术。其中繁简交错的剪裁艺术最值得称赞，诗人根据故事情节发展变换场景，剪裁笔墨，正如沈德潜《古诗源》所言："入手若叙两家家世，末段若叙两家如何悲恸，岂不冗漫拖沓？故竟以一二语了之。极长诗中具有剪裁也。"此外，诗人善于通过矛盾冲突塑造人物，诗中勤劳温顺又刚强不屈的刘兰芝，忠于爱情又软弱妥协的焦仲卿，性行暴戾的刘兄，为人蛮横的焦母以及未登场的太守、县令等都各具特点、栩栩如生，成为人物形象刻画的典范，诗人更是用细致的笔墨刻画了受压迫而反抗的女性典型刘兰芝。同时，《孔雀东南飞》在浓墨重彩的叙事之外，还具有锦上添花的抒情色彩，诗歌首句运用汉乐府传统的比兴手法，以候鸟起兴，用哀怨缠绵的气氛统领全篇，末段以夫妻合葬、枝叶相交、飞鸟和鸣象征了焦刘爱情的不朽和永恒的悲愤，颇具浪漫色彩。凡此种种，无怪乎明代王世贞评价此诗云："质而不俚，乱而能整，叙事如画，叙情如诉，长篇之圣也。"

孤儿行

【题解】

《孤儿行》为汉乐府古辞，属《相和歌辞》，一名《孤子生行》，又名《放歌行》，《乐府诗集》收入《相和歌辞》中的《瑟调曲》。本篇用口语化的语言叙说了一位孤儿哀痛与悲苦的人生遭遇，表面写家庭问题，实写社会问题，反映了当时社会弱者的生存状态。

孤儿生，孤子遇①生，命独当苦！父母在时，乘坚车，驾驷马②。父母已去，兄嫂令我行贾③。南到九江，东到齐与鲁。腊月来归，不敢自言苦。头多虮虱④，面目多尘。大兄⑤言办饭，大嫂言视马⑥。上高堂⑦，行取⑧殿下堂，孤儿泪下如雨。使我朝行汲⑨，暮得水来归。手为错⑩，足下无菲⑪。怆怆⑫履霜，中多蒺藜⑬。拔断蒺藜，肠肉中怆欲悲。泪下渫渫⑭，清涕累累。冬无复襦⑮，夏无单衣。居生不乐，不如早去，下从地下黄泉。春气动，草萌芽。三月蚕桑，六月收瓜。将是瓜车⑯，来到还家。瓜车反覆⑰，助我者少，啖⑱瓜者多。愿还我蒂，兄与嫂严，独且⑲急归。当兴校计⑳。乱㉑曰：里中一何譊譊㉒，愿欲寄尺书，将与地下父母，兄嫂难与久居。

【注释】

①〔遇〕偶。 ②〔驷（sì）马〕驾一车之四马。 ③〔行贾（gǔ）〕往来贩卖。汉朝社会商人地位低，当时的商贾有的就是富人家的奴仆。 ④〔虮虱（jǐ shī）〕虱子及虱卵。 ⑤〔大兄〕长兄。 ⑥〔视马〕照看骡马。 ⑦〔高堂〕房屋的正室厅堂。 ⑧〔取〕同"趋"，快行也。 ⑨〔汲（jí）〕从井里打水。 ⑩〔错（què）〕皮肤皲裂。 ⑪〔菲〕亦作"扉"，就是草鞋。 ⑫〔怆怆〕悲伤。或读作"跄跄"，趋走的样子。 ⑬〔蒺藜（jí lí）〕一种蔓生的草，子有刺。

⑭〔渫渫〕水流的样子。　⑮〔复襦〕有里子的短衣，即短夹袄。　⑯〔将是瓜车〕推着瓜车。将，推。是，此，这。　⑰〔反覆〕同"翻覆"。　⑱〔啖〕吃。　⑲〔独且〕将要。"独"犹"将"。且，句中助词。　⑳〔校计〕计较。　㉑〔乱〕音乐的最后一段，可能是合唱。以下四句是乱辞。　㉒〔譊（náo）譊〕怒叫声，吵闹声。

【解读】

《孤儿行》是一首孤儿以血泪控诉兄嫂虐待的乐府诗歌，它用口语化的语言展现了弱者的生活状态，揭露了社会的冷漠与黑暗。本诗又名《放歌行》，朱乾《乐府正义》说："放歌者，不平之歌也……兄嫂之恶薄，人人发竖，诗人伤而疾之，所以为放歌也。"全诗可分为三个部分，开头三句孤儿自叹身世，奠定孤苦的基调，中间叙写兄嫂虐待，孤儿行贾、行汲、收瓜的场景，最后以"乱曰"作结。从艺术上看，诗人用赋的排比方法，多角度描写孤儿的不幸，层层深入，虚实结合，写尽孤儿的悲惨和坎坷。表达上多用口语，明白如话，句式长短参差，至真至切，中间以"春气动，草萌芽"，令读者耳目一新，紧接着折回本题。乐府之妙即在回翔曲折处感人至深，全诗在断断续续的叙说中收束，"极琐碎，极古奥，断续无端，起落无迹，泪痕血点，结撰而成"（沈德潜《古诗源》）。

"后母之憎前子，兄嫂之疾孤弟，几为吾国数千年来之通病，此亦一社会问题也。"（萧涤非）《孤儿行》虽写家庭内部的欺凌，揭示的却是当时整个社会存在的虐待和欺压的现实。"每读一过，觉得悲风刺人毛骨。后贤遇此种题，虽极力描摹，读之正如嚼蜡，泪亦不能为之堕，心亦不能为之哀也。"（宋长白《柳亭诗话》）这首血泪凝结之诗，体现了汉乐府感于哀乐、缘事而发的精神。

行行重行行

【题解】

  《古诗十九首》是受五言乐府诗影响而形成的我国最早的五言古诗，《昭明文选》把这19首诗编辑在一起，并加上一个总的标题"古诗一十九首"。本篇列《古诗十九首》第一首，不著撰人姓名，为一首思妇诗，描写男子离家后，女子怀念远行的丈夫，并勉励行役羁旅的他在外努力珍重。这首诗的题材在民歌中很常见，风格也与民歌接近。

> 行行重行行，与君生别离。①
> 相去万余里，各在天一涯。
> 道路阻且长，会面安可知？②
> 胡马依北风，越鸟巢南枝。③
> 相去日已远，衣带日已缓。
> 浮云蔽白日，游子不顾反。④
> 思君令人老，岁月忽已晚。
> 弃捐勿复道，努力加餐饭。⑤

【注释】

  ①〔重行行〕走个不停。　②〔安〕岂、怎。　③〔胡〕古称北狄为"胡"，这里代指北方。〔越〕和"胡"相对，汉代指百越，即今广东、广西、福建一带，这里指代南方。　④〔浮云蔽白日〕"浮云蔽日"是古代常见的比喻，一般用于谗臣之蔽贤。浮云，常见有三解，一解为恶势力，二解为谗佞之臣，三解为他乡女子。白日，原是隐喻君王，这里指远游未归的丈夫。〔顾〕念。　⑤〔弃捐勿复道〕"弃"和"捐"同义，舍弃，抛弃，自暴自弃。勿复道，不可再说、不要再说。〔加餐饭〕"强饭""加餐"是汉代通行的慰勉别人的话语。

【解读】

　　这首诗虽写个人离别之情,却反映了东汉末年动荡不宁的社会现实。首句在叠词"行行"前加上一个"重"字,"'重行行',言行之不止也。"(张玉穀)用一个简单的句子表现游子的远行。全诗可分两个部分:前六句追溯过去的离别,后十句表现现在的相思,"胡马"句为全诗的纽带,通过比喻,诗歌又回到了无法改变的现实之中,产生了更深的悲慨:"胡马思北,越鸟思南衬一笔,所谓'物犹如此,人何以堪'也。"(朱筠)全诗词短意长,虚实相间、两相对照,在回环往复的表现形式中诉说了动乱时代生离死别的人生悲哀与缠绵悱恻的相思之情。

　　本篇引用《诗经》《楚辞》成辞"生别离""阻且长",在文人的艺术加工中体现了高度的文艺修养,但仍保持民间歌谣的风格:回环复沓、一唱三叹,通过叠句、叠章逐层加深相思的烦忧;运用比、兴手法,用比喻"胡马""越鸟""白日""浮云"等比喻替代抒情,通过寻常事物表现深曲的主观心情,从而显得精妙绝伦。

[明]仇英《汉宫春晓图》(局部)

青青河畔草

【题解】

　　本篇收入《文选》中的《杂诗》类，列《古诗十九首》第二首，亦为思妇诗，与第一首《行行重行行》恰好形成鲜明对比，代表"十九首"中思妇诗的两种类型，诗歌通过两种不同女性精神生活的两种不同表现形态，反映了处于同一时代环境里同样性质的悲哀。

　　　　　　青青河畔草，郁郁园中柳。①
　　　　　　盈盈楼上女，皎皎当窗牖。②
　　　　　　娥娥红粉妆，纤纤出素手。③
　　　　　　昔为倡家女，今为荡子妇。④
　　　　　　荡子行不归，空床难独守。

【注释】

　　①〔郁郁园中柳〕郁郁，浓密茂盛的样子。汉人有折柳赠别的风俗，"园中柳"容易引起离别的回忆。　②〔盈盈〕形容仪态美好。　〔皎皎〕白皙，明洁。〔窗牖（yǒu）〕泛指安在墙上的窗子。牖，古建筑中室与室之间的窗子用木条横直制成，又名"交窗"。　③〔娥娥〕美丽，娇艳。　〔红粉妆〕指艳丽的妆饰。〔纤纤〕细长。　④〔倡家女〕古代从事歌舞的女艺人。倡，歌舞伎。　〔荡子〕游子，出行在外的人，游宦异乡的人。

【解读】

　　这是一首从思妇精神状态着笔的抒情诗。诗歌采用第三人称写法正面介绍主人公的身份，即昔为"倡家女"的"荡子妇"，在《古诗十九首》里，这种写法是唯一的。诗人正是抓住主人公独特的身份和生活经历，从其单纯敏感又强烈明朗的心理状态和情感体会揭开矛盾，表现主题思想。全诗共十句，首二句从"河畔草""园中柳"写起，因物起兴，由凭窗远望之景生发主人公怀人念远之情，次四句连用叠词，细腻描写思妇体态盈盈、艳丽美好，末四句交代思妇的身世和寂寞愁思。诗人用精细的笔触刻画环境和人物，结构上，通篇排偶，句句生发，环环紧扣，"连用六叠字，亦极自然，下此即无人可继"（顾炎武《日知录》）。马茂元、赵昌平先生以为"青青""郁郁"同是形容植物的生机畅貌，但青青重在色调，郁郁兼重意态；"盈盈""皎皎"都写美人的风姿，而盈盈重在体态，皎皎重在风采；"娥娥""纤纤"同写其容色，而"娥娥"是大体的赞美，"纤纤"是细部的刻画。诗人用最简单的字句生动传达出事物的神情状态，同时，叠句还有声调上的变化，在回环复沓的音节之美中增进主人公情感的强度，读来和谐统一，可谓深得诗心。

该诗的情感强烈而明朗，没有过多的顾忌和克制，王国维《人间词话》说："无视为淫词鄙词者，以其真也。"朱自清对本诗评述时提到，"十九首"原没有脱离乐府的体裁，乐府多歌咏民间风俗，本诗便是一例，只是本诗的怨刻露些，艳妆登楼是少年爱好，"空床难独守"是不甘岑寂，其实也都是人之常情，本诗说到"难独守"就戛然而止，只是怨，怨而不至于怒，这并不违背温柔敦厚的诗教。

涉江采芙蓉

【题解】

本篇列《古诗十九首》第六首。采摘芳草赠人，表达美好感情，这一传统与写法由《诗经》开创。诗歌围绕"采芙蓉"展开，借游子和思妇采集芙蓉来表达相思之情，其主题、意象，都源于《诗经》中的爱情诗。本诗跟《庭中有奇树》一首，各只八句，在"十九首"中篇幅最短。

> 涉江采芙蓉，兰泽多芳草。①
> 采之欲遗谁？所思在远道。②
> 还顾望旧乡，长路漫浩浩。③
> 同心而离居，忧伤以终老。

【注释】

①［芙蓉］荷花的别称。　［兰泽］长有兰草的低湿之地。　②［遗（wèi）］赠送。以芳草送人是结恩情的表示，古代有此风俗，屡见于《诗经》和《楚辞》。　③［漫浩浩］漫，路长，这里是叠字省为单词。浩浩，水流貌，这里形容路途的广阔无边。

【解读】

"涉江"是《楚辞》的篇名，这首诗借用这个成辞暗示诗中主人公的流离转徙。诗的抒情主人公远客思家，感慨夫妇同心而离居，表现出在被限制、被压抑的现实中夫妇间缠绵动人的真挚情感。采芳不能赠远，望乡又茫无所见，主人公在两层失望之余直抒胸臆，发出"同心而离居，忧伤以终老"的感慨。由思念而采芙蓉，由采芙蓉赠人而望故乡远道，由望故乡远道不见而倍增思念，本诗回环曲折的结构，正反映了诗人内心深处的苦闷复杂的矛盾。

　　从文学语言的角度看，采芳草送人是古代恋爱生活中的一种风俗习惯，它本身有着结恩情的用意，本篇无论造句、遣词还是象征手法的运用都从《楚辞》脱化而出，全诗的意境完全继承了《楚辞》的优良传统。此外，诗的复沓手法最为精彩，主人的深切相思也借复沓显出。既采莲，又采兰，是唯恐恩情不足。所思的人，所在的地方，两次说及，也为的是增强力量。既说道远，又说路长，再加上"漫浩浩"，只是"会面安可知"的意思。这些都是相思，也都是"忧伤"，都是从"同心而离居"来的（朱自清），写出长路漫漫、百感交集的羁旅情怀。

[清] 朱耷《荷石水鸟图》

庭中有奇树

【题解】

本篇列《古诗十九首》第九首。这篇与《涉江采芙蓉》一样，都是怀人的主题，写所思在远方，采芳而不能寄。本诗以花寄情，写"奇树"一气到底，通篇一种意象而写尽情感的曲折变化，绵绵思绪层层推进、一气呵成，全诗语短情长，馨香不绝，意韵深远。

庭中有奇树，绿叶发华滋。①
攀条折其荣，将以遗所思。②
馨香盈怀袖，路远莫致之。③
此物何足贡，但感别经时。④

【注释】

①［奇树］犹"嘉树"，《楚辞·橘颂》有"后皇嘉树，橘徕服兮"。"嘉树""嘉木""奇树"都指佳美、珍贵的树。［发华滋］花开繁盛。发，绽放。华，同"花"。滋，繁盛。②［攀条］攀引枝条。［荣］花。③［馨］香气。［盈］充满。［致］送达。《诗经·卫风·竹竿》有"岂不尔思，远莫致之"，意为路远而无人为之送达。④［贡］献。［经时］历时很久。

【解读】

这首诗从庭中奇树写起，因人感物，由物写人，思绪百端，篇幅虽短却有千回百折之态，深得委婉含蓄之妙。由庭而树、由树而花、由花而思、由思而折、折而赠人、路远难致、感别经时，诗歌顺序道出主人公的感情流程。朱筠说"非因物而始思其人"，意中有人，眼看庭中奇树叶绿花繁，是一番无可奈何；幸而攀条折荣，可以自遣，可遗所思，而路远莫致，又是一番无可奈何。于是乎"但感别经时"。千回百转的思绪暗藏在奇树的花叶枝条里，香盈满袖却无可奈何，所谓"词婉意微"是也。张庚评此诗云："通篇只就'奇树'一意写到底，中间却有千回百折，而妙在由'树'而'条'，而'荣'，而'馨香'，层层写来，以见美盛，而以一语反振出'感别'便住，不更赘一语，正如山之蜿嬗迤逦而来，至江以峭壁截住。格局笔力，千古无两。"（《古诗十九首解》）

《古诗十九首》描写了人类情感的共相又含意幽微，相互参读，颇有意味。本篇和《涉江采芙蓉》都只有八句，是《古诗十九首》中最短的两篇，两首诗都是折芳寄远，前篇是行客望乡的感慨，这篇是思妇忆远的心情。《古诗十九首》字面不同，意象不同，然多有精神实质相类似者。与《冉冉孤生竹》比较，都是采折芳馨，路途阻隔，自我勉励，而从诗的表现手法来说，《冉冉孤生竹》用比的手法，用依附女萝的菟丝比拟女子的身世遭遇，此诗则用兴的手法，借采芳以表现经时远别的相思之感。本诗就"奇树"一写到底，历叙庭树的生长，真实地反映了思妇情感的变化、思绪的千回百转，由树到花、由花及人，娓娓道来思妇在别离生活中的忧伤怀念以及对美好事物的憧憬，蕴藉深厚又明朗单纯，层层深入地演绎了幽闺思妇内心深长的哀怨，从明白浅显的风貌里表现了婉曲的思致。陆时雍说它"深衷浅貌，语短情长"（《古诗镜》），实为贴切。

迢迢牵牛星

【题解】

这首诗列《古诗十九首》第十首。诗全篇刻画织女望牵牛的心情，借牛女的故事写夫妇的离别之感。用天上牛郎织女美丽动人的传说描写人间离别相思，它的题材、意象、内涵是从《诗经·小雅·大东》以来牛郎织女不断被人格化的结果，极具民间色彩。

> 迢迢牵牛星，皎皎河汉女。①
> 纤纤擢素手，札札弄机杼。②
> 终日不成章，泣涕零如雨。③
> 河汉清且浅，相去复几许。
> 盈盈一水间，脉脉不得语。④

【注释】

①〔迢（tiáo）迢〕遥远。〔皎皎〕明亮的样子。〔河汉女〕织女星。天琴座主星，在银河北，与牵牛星相对。河汉，银河。 ②〔擢（zhuó）〕举起，摆动。 ③〔不成章〕织不出一匹布。章，原指布匹上的经纬纹理，此代布匹。〔零如雨〕形容涕泪纵横的样子。零，落下。 ④〔盈盈〕水清浅的样子。〔脉脉〕相视的样子。

【解读】

这首诗是秋夜即景之作，诗人借天上的牛女双星写人间别离。开头两句环境描写，寥廓明净的秋夜星空，触动了幽闺思妇的离情别绪。诗歌从想象出发，充满着浓厚的浪漫气息，牵牛和织女的爱情故事，是农耕文明男耕女织劳动生活的基本反映，也是我国古代民间传说中最普遍动人的民间爱情故事，成为我国四大民间传说之一。《诗经·小雅·大东》就是直接描写牵牛星、织女星的古老诗篇,彼时,人们只是对两颗星产生了人格化的想象,而本诗的出现,正是牛郎织女故事趋向定型化的标志。诗歌用牛郎织女的传说进一步触发了离人的别离之感。一双纤细洁白的手在织布机上摆动,正如《木兰诗》开篇"唧唧复唧唧,木兰当户织"一样。但本篇中织女织布劳动的画面并不美满,"终日不成章,泣涕零如雨",是一层转折,织女在终日"札札机杼"声中却织"不成章",是由于她心有所思而"涕零如雨",这样一个有力的转折,深刻地描绘出织女内心的哀怨、思念和凄凉之感。她在思念些什么呢?作者笔触越往后写愈加深入,先写手、写织布机、再写到织女的感慨,织女心有所思而涕零如雨,织不成章。全诗围绕织布活动塑造了织女勤劳娴静、美好而健康的生活形象。

  本诗将民间传说与现实生活相结合,从想象出发,以牵牛织女的恋爱故事为背景,一写到底,其幻想色彩和浪漫色彩在《古诗十九首》中尤为突出,诗人着眼于人物织布过程中的形态举止,着眼于思妇视野中的星空景象,处处不提相思,却又处处都写相思,委婉动人地反映了现实生活中的别离相思,揭示出牛女爱情故事的悲剧色彩,同时闪耀着灿烂的理想光辉,不但表现了离别相思的哀怨,而且给人以具有生活意义的美感。汉语是富有音乐美的语言,本诗有六句用叠词开头,迢迢、皎皎、纤纤、札札、盈盈、脉脉,极尽变化之能事,读来舒缓美妙、朗朗上口,很有节奏感,同样是一处值得细细品赏的艺术特点。诗歌以思妇的歌声表现人们在动乱不定的时代离别相望的悲哀、对现实的无奈以及对美好生活的向往,富有积极的浪漫主义精神。千百年来,牛郎织女的动人故事被人们广为传唱,也发展成中国颇具浪漫色彩的传统节日——七夕节,象征着美好的爱情。

明月何皎皎

【题解】

　　这首诗列《古诗十九首》第十九首，关于诗的意旨，有人说是游子久客思归，有人解为女子闺中望夫。"十九首"中的明月意象形成系列，此诗出户入户，情境如画，人物举动无不在月色清辉中，其心理活动刻画的细腻、精美程度，在"十九首"中是少见的。

　　　　明月何皎皎，照我罗床帏。①
　　　　忧愁不能寐，揽衣起徘徊。②
　　　　客行虽云乐，不如早旋归。③
　　　　出户独彷徨，愁思当告谁？
　　　　引领还入房，泪下沾裳衣。④

【注释】

　　①〔罗床帏〕用罗制成的床帐。罗，一种丝织品。　②〔揽〕持，取。　③〔旋〕回转。　④〔引领〕伸着脖颈，这里指抬头远望。这是彷徨孤独、百无聊赖的情境。

【解读】

　　在我国古典诗歌里，思乡、怀人之作经常是以月夜为背景，表现典型环境中的典型情绪，《古诗十九首》中也不乏以明月为意象的诗歌，这首诗便是对这种情绪的细致刻画：皎皎明月勾起无限愁思，而忧愁无所告，悲伤难自遣，显得分外孤独落寞，主人公出户入户，情境如画，人物举动都浸润在月亮皎洁清亮的光辉之下。同时，诗人用细腻、精美的笔墨刻画出主人公的心理状态，以"不寐"开头，以"泪下"结尾，忧愁之感溢于言表。在此，我们可将本篇解为久客思归之作,方东树曰:"客子思归之作,语意明白,一出一入,情景如画。"(《昭昧詹言》)马茂元先生指出,《十九首》里关于游子心情的描绘,主要是从两种生活现象着笔的:"斗酒相娱乐"是一种现象,"忧愁不能寐"又是一种现象。通过饮酒作乐抒发其郁抑不平之人生感叹,通过忧愁难眠表现出他们对家室乡土的眷恋之情。"忧愁不能寐","愁思当告谁",万千愁思都由这轮皎皎明月引起,"千里共婵娟"的圆月让远客他乡的游子感到分外寂寞和孤独,他们欲归不得又无以自遣,本篇描写了日常生活中远在他乡之人的孤独感受,具有更加广泛和更为普遍的意义,是动乱时代羁旅愁怀的典型代表。

从结构上说,这首诗前四句写月色照人,忧愁难寐,揽衣徘徊;中间两句写苦闷难排,自言自语,感叹咨嗟;最后四句写愁思难告,出门彷徨,泪下沾裳。由出户到入房,连成全诗动作线。主人翁揽衣、徘徊,出户、彷徨,引领、入房一系列动作,本是为了消解相思,结果却反增忧愁。作者用极其具体的外在动作,展现内在心情的矛盾状态,户内的"徘徊",户外的"彷徨",入房的"泪下",皆因欲归不得,忧伤难遣,情绪随月光流泻而出,苦痛而复杂的矛盾心情外显为一系列没有言语的行动,构成徘徊忧伤的抒情主人公形象。张庚评此篇云:"因'忧愁'而'不寐',因'不寐'而'起',既'起'而'徘徊',因'徘徊'而'出户',既'出户'而'彷徨',因彷徨无告而仍'入房',十句中层次井井,而一节紧一节,直有千回百折之势,百读不厌。"(《古诗十九首解》)

步出城东门

【题解】

  这是一首写旅客思归的五言古诗，风格素朴，近于民歌，钟嵘《诗品》上品评"古诗"说："其体源出于《国风》。"诗中悲怆的意味，温丽的语言，可认定是"古诗"风格的证据。本诗抒写了旅客思归而欲归不得的愁绪，风格素朴而一往情深，读来让人感同身受。

步出城东门，遥望江南路。①
前日风雪中，故人从此去。
我欲渡河水，河水深无梁。
愿为双黄鹄，高飞还故乡。②

【注释】

  ①［步］走。古人对"走"区分得很细，在古代"走"指"急行"，"步"指缓行，"趋"指快步跑，"奔"指快速跑。　②［黄鹄］神话传说中的大鸟，一举千里，仙人所乘。

【解读】

  此诗书写羁旅思归之情。前四句写主人公客中送客，站在东门外目送漫漫风雪中远去的故人，心中充满伤悲；后四句写自己欲归不能的哀愁，欲渡河没有桥梁，幻想化作"黄鹄"，将思念寄托在飞鸟身上，表达了更深的绝望。全诗用平淡的文字缓缓叙说缕缕乡愁，"步出城东门，遥望江南路。前日风雪中，故人从此去"四句历来被人称道，诗人所写的是一条故人走过的空荡荡的路，而路的另一头却连着诗人日思夜想的故乡，于是，这条路便与诗人的情感相契相合，有客江南来，还归江南去，无尽的惆怅涌上心头，不言惜别而惜别自见，诗歌的不尽之意见于言外，缠绵委婉间满是深情。一条返乡之途引起诗人的无限想象和无尽惆怅。诗歌开头四句虚写，故人的去向牵起了诗人的乡愁，故人已经远去，而主人公却仍在努力地捕捉故人的痕迹、家乡的痕迹，蕴含着浓烈的思乡之情。诗人想回江南，但津渡没有桥梁，欲归不得，便希望化作神话传说中的"黄鹄"，一举千里，高飞还乡，但这不过只是难以实现的想象罢了，表达了主人公更深层次的绝望。末句以飞鸟意象结束全诗，与《西北有高楼》中的"愿为双鸿鹄，奋翅起高飞"意同，以飞鸟喻离人，表达欲归不得的无奈和对超越地理阻隔的渴望，用化身飞鸟的想象实现心理距离和地理距离的超越，暂缓行人心灵上的失落。主人公的无奈境遇与思乡之情一览无余。

全诗以忧伤的旋律和民歌素朴的语言，把主人公客中送客的怅惘表现得淋漓尽致，不言离思，而别意自现，体现了古诗的含蓄之美。同样的情感我们在岑参的《白雪歌送武判官归京》中也读到过：身在轮台，卫国戍边，雪中送客，亦是怅惘。雪中送客，寄寓着无限离愁与乡思，诗歌通过简洁凝练的语言文字，叙写了人类共通的离愁别绪与无可奈何，言浅意深、耐人寻味。

［宋］郭熙《寒山雪霁图》（局部）

西洲曲

【题解】

　　本诗最早著录于《玉台新咏》,《乐府诗集》收入《杂曲歌辞》中,题为《古辞》,原来应是长江流域的民歌,字句当已经过文人的修饰。明、清以来,有人认为它是梁武帝的作品,也有认为它是一首晋代的民歌。本诗描写了一个女子对所欢之人从春到秋、从早到晚的相思。音节之美是本诗的特色,历来被视为南朝乐府民歌的代表作。

　　忆梅下西洲,折梅寄江北。单衫杏子红,双鬓鸦雏色。①
　　西洲在何处,两桨桥头渡。日暮伯劳飞,风吹乌臼树。②
　　树下即门前,门中露翠钿。开门郎不至,出门采红莲。③
　　采莲南塘秋,莲花过人头。低头弄莲子,莲子青如水。
　　置莲怀袖中,莲心彻底红。忆郎郎不至,仰首望飞鸿。④
　　鸿飞满西洲,望郎上青楼。楼高望不见,尽日栏干头。⑤
　　栏干十二曲,垂手明如玉。卷帘天自高,海水摇空绿。
　　海水梦悠悠,君愁我亦愁。南风知我意,吹梦到西洲。⑥

【注释】

　　①［下］飘坠,飘落。落梅时节是诗中男女共同纪念的时节。　［杏子红］一本作"杏子黄",即杏黄色。　［鸦雏色］像小鸦一样的颜色,形容女子的头发乌黑发亮。　②［伯劳］鸟名,又名"博劳",鸣禽,仲夏始鸣,好单栖。　③［翠钿］用翠玉做成或镶嵌成的首饰。　④［莲心］"莲"谐音"怜",隐"怜心",爱慕之心。　［望飞鸿］古人有用鸿雁传书信的事,成为典实。"望飞鸿"即盼音信之意。　⑤［青楼］涂饰青漆的楼。汉魏六朝诗中常以青楼为女子所居。　⑥［海水梦悠悠］海水的悠悠正如梦的悠悠。"悠悠"是邈远的意思,大海寥廓无边,所以说"悠悠"。

【解读】

　　《西洲曲》是一曲洋溢着浓厚生活气息和鲜明感情色彩的南朝乐府民歌。首句以梅起兴，托物寄情，接着叙写西洲游乐、出门采莲、登楼望郎，把一个女子对情人的思念放在四季景色中展开，纵使时节更替，思念却不停歇，相思之情在时空转换间流动。诗歌描写细致入微、条理井然，感情缠绵细腻、含蓄多情，相思绵邈又婉约清丽，被誉为"言情之绝唱"（陈祚明《采菽堂古诗选》）。

　　全诗共32句，是一般"吴声西曲"的八倍长，四句一解，一共八解。从写法上看，虽有比兴，但更多的是铺陈，在句法和字法上多用"接字"和"钩句"，用相同或相近的字词把句子连接起来，如"低头弄莲子——莲子青如水""出门采红莲——采莲南塘秋"，使得句式过渡自然，细腻缠绵，产生一种特殊的节奏之美和音节之美，读来流走连贯。从用词上看，多用同音双关，以"莲"谐"怜"，以"梅"谐"媒"，婉转含蓄将真情倾吐，极具民歌特色，"声情摇曳而迂回"（钟惺、谭元春《古诗归》）。正如沈德潜《古诗源》所说："续续相生，连跗接萼，摇曳无穷，情味愈出。"此外全诗多选择四季典型景物，多用表明色彩的词语，如红莲、翠钿、青莲子、杏黄衫、鸦雏黑等，使诗歌读来色彩鲜明，历历如画。本诗集中体现了南朝乐府民歌的风格，是《吴歌》《西曲》最成熟、最精致阶段的代表作品。

木兰诗

【题解】

　　《木兰诗》是一首以北魏和柔然战争为背景的北朝民歌,《乐府诗集》把它归为《梁鼓角横吹曲》,收入《横吹曲辞》中。诗存二首,内容相同。此为第一首,是北朝乐府民歌中仅有的长篇叙事歌辞,歌颂家喻户晓的花木兰替父从军的故事。因为当时男子兵源急遽减少,而女子弓马娴熟,可参与战争,构成了此诗的创作大背景。本诗作为民歌不断流传,不断修改,最后经文人润色加工,并在陈代以前固定成今天所见的传本。

　　唧唧复唧唧①,木兰当户织。不闻机杼声②,唯闻女叹息。问女何所思,问女何所忆③。女亦无所思,女亦无所忆。昨夜见军帖④,可汗⑤大点兵,军书十二卷,卷卷有爷⑥名。阿爷无大儿,木兰无长兄,愿为市鞍马⑦,从此替爷征。

　　东市买骏马,西市买鞍鞯⑧,南市买辔头⑨,北市买长鞭。旦辞爷娘去,暮宿黄河边。不闻爷娘唤女声,但闻黄河流水鸣溅溅⑩。旦辞黄河去,暮至黑山头。不闻爷娘唤女声,但闻燕山胡骑⑪鸣啾啾。

　　万里赴戎机⑫,关山度若飞⑬。朔气传金柝⑭,寒光照铁衣⑮。将军百战死,壮士十年归。

　　归来见天子⑯,天子坐明堂⑰。策勋十二转⑱,赏赐百千强⑲。可汗问所欲,"木兰不用尚书郎⑳,愿驰千里足,送儿还故乡"。

　　爷娘闻女来,出郭㉑相扶将㉒。阿姊闻妹来,当户理红妆。小弟闻姊来,磨刀霍霍㉓向猪羊。开我东阁门,坐我西阁床。脱我战时袍,着我旧时裳。当窗理云鬓,对镜帖花黄㉔。出门看火伴,火伴皆惊忙。"同行十二年,不知木兰是女郎"。

雄兔脚扑朔,雌兔眼迷离㉕。双兔傍㉖地走,安能辨我是雄雌。

【注释】

①〔唧唧复唧唧〕叹息声。复,一再。　②〔机杼（zhù）声〕织布机发出的声音。杼,织机上的梭子。　③〔忆〕思念,挂念。　④〔军帖〕军中的文告。征兵的文书和名册。　⑤〔可汗〕我国古代西北地区民族对最高统治者的称呼。汉代以后,西北少数民族对其君主的称呼。　⑥〔爷〕和下文的"阿爷"一样,都指父亲。　⑦〔愿为市鞍马〕愿意为（此）去买鞍马。市,买。鞍马,泛指马和马具。　⑧〔鞯（jiān）〕马鞍下的垫子。　⑨〔辔（pèi）头〕驾驭牲口用的嚼子、笼头和缰绳。　⑩〔溅溅〕水流声。　⑪〔胡骑〕北方入侵者的骑兵。　⑫〔万里赴戎机〕远赴万里,投身战事。戎机,军机、战事。　⑬〔关山度若飞〕像飞一样地越过一道道关塞山岭。度,越过。　⑭〔朔气传金柝（tuò）〕北方的寒气传送着打更的声音。朔,北方。金柝,古时军中白天用来烧饭夜里用来打更的器具。　⑮〔铁衣〕铠甲。古代军人穿的护身服装。　⑯〔天子〕指上文的"可汗"。　⑰〔明堂〕古代帝王举行大典的朝堂。　⑱〔策勋十二转〕记很大的功。策勋,记功。转,勋位每升一级叫一转。　⑲〔强〕多,余。　⑳〔尚书郎〕尚书省的官。尚书省是古代朝廷中管理国家政事的机关。　㉑〔郭〕外城。　㉒〔扶将〕扶持。　㉓〔霍霍〕磨刀声,形容疾速貌。　㉔〔花黄〕古代妇女的一种面部装饰物。六朝以来女子有黄额妆,即在额间涂黄。　㉕〔雄兔脚扑朔,雌兔眼迷离〕据说,提着兔子的耳朵悬在半空时,雄兔两只前脚时时动弹,雌兔两只眼睛时常眯着,所以容易辨认。扑朔,动弹。迷离,眯着眼。　㉖〔傍〕靠近,邻近。

【解读】

《木兰诗》是一首歌咏女英雄木兰女扮男装、代父从军的长篇叙事诗。全诗共分六段,叙写了木兰代父出征、从军生活、立功归来的过程。征兵之际,平民少女木兰在阿爷已老,又无兄长的情况下挺身而出，女扮男装，替父分忧，彰显其孝心与刚强。十年征战之苦，更衬托出木兰之刚毅勇敢，显露其巾帼英雄本色。战争结束，木兰辞官归家、不慕功名的高尚情操，亦是对当时社会男尊女卑和功名利禄思想的辛辣嘲讽。木兰代父从军，忠孝两全，巾帼英雄，不让须眉，这是对女性刚毅勇敢、淳朴善良、不慕功名、功成身退、恬淡自守高尚品格的高度赞誉，也是中华儿女爱国主义与民族精神的集中体现。木兰从军的故事千百年来家喻户晓，广为传颂，被多次改编成戏曲、电影等艺术形式，搬上荧幕，流传海外。一首《木兰诗》代民族立言、代妇女立言，将中华儿女的伟大精神热烈歌颂，木兰之精神，乃整个中华儿女之精神。

《木兰诗》按事件发展顺序组织结构，叙述详略得当，寥寥数语简笔概括木兰从军作战经历，竭力铺写木兰出征准备和立功归来的情景，前半急管繁弦，后半从容舒缓，张弛有度。诗中多以口语化的问答、自问自答的设问方式、重复排比的句式、铺排渲染的互文修辞，使得语言流畅富有韵味，颇具民歌特色，正如明代谢榛所评："此乃信口道出，似不经意者。其古朴自然，繁而不乱，若一言了问答，一市买鞍马，则简而无味，殆非乐府家数。"诗歌虽写战争题材，但富有生活气息、儿女情态，在矛盾的产生和解决过程中塑造了一位个性鲜明、极具英雄气概，又有女儿情怀的女英雄形象，既富传奇色彩，又真切动人。《木兰诗》产生在民间，虽经后代文人润色，但仍保存着浓厚的民歌风调（如诗歌的开端和结尾），全诗充满想象、夸张，铺陈排比、悬念迭出，具有强烈的浪漫主义色彩。整个故事用雌雄双兔傍地走的比喻收束全诗，赞叹木兰乔装之妙，别具一格，充满喜剧色彩。沈德潜《古诗源》盛赞此诗云："事奇语奇，卑靡时得此，如凤凰鸣，庆云见，为之快绝。"

思与行

【记诵与积累】

◎耕者忘其犁,锄者忘其锄。来归相怨怒,但坐观罗敷。

(《陌上桑》)

◎长跪读素书,书中竟何如?上言加餐食,下言长相忆。

(《饮马长城窟行》)

◎出门东向看,泪落沾我衣。(《十五从军征》)

◎君当作磐石,妾当作蒲苇,蒲苇纫如丝,磐石无转移。

(《孔雀东南飞》)

◎春气动,草萌芽。(《孤儿行》)

◎道路阻且长,会面安可知?胡马依北风,越鸟巢南枝。

(《行行重行行》)

◎盈盈楼上女,皎皎当窗牖。娥娥红粉妆,纤纤出素手。

(《青青河畔草》)

◎采之欲遗谁?所思在远道。还顾望旧乡,长路漫浩浩。

(《涉江采芙蓉》)

◎馨香盈怀袖,路远莫致之。此物何足贡,但感别经时。

(《庭中有奇树》)

◎迢迢牵牛星,皎皎河汉女。纤纤擢素手,札札弄机杼。

(《迢迢牵牛星》)

◎明月何皎皎,照我罗床帏。忧愁不能寐,揽衣起徘徊。

(《明月何皎皎》)

◎愿为双黄鹄,高飞还故乡。(《步出城东门》)

◎采莲南塘秋，莲花过人头。低头弄莲子，莲子青如水。

（《西洲曲》）

◎海水梦悠悠，君愁我亦愁。南风知我意，吹梦到西洲。

（《西洲曲》）

◎万里赴戎机，关山度若飞。朔气传金柝，寒光照铁衣。将军百战死，壮士十年归。

（《木兰诗》）

◎雄兔脚扑朔，雌兔眼迷离。双兔傍地走，安能辨我是雄雌。

（《木兰诗》）

【熟读与精思】

《古诗十九首》语言朴素自然，描写生动真切，具有天然浑成的艺术风格。它是乐府古诗文人化的重要标志，深刻地再现了文人在汉末社会思想大转型时期，追求的幻灭与沉沦、心灵的觉醒与痛苦，抒发了人生最基本、最普遍的情感，是人类共同的心绪，因而拥有普遍而久远的艺术魅力。请从本单元里择选几首，试着自己解读。

【学习与践行】

《十五从军征》中"十五从军征，八十始得归""遥看是君家，松柏冢累累"，《木兰诗》中"不闻机杼声，唯闻女叹息""将军百战死，壮士十年归"，都反映了战争带给古代人民的痛苦与伤害。由此，我们应更加珍惜今天的和平生活。面对当前复杂的国际局势，作为新时代中国人，想一想，我们应怎样以实际行动，做世界和平的建设者、全球发展的贡献者、国际秩序的维护者。

第二单元 词

导与引

　　词是诗歌的一种重要形式，它最初是一种配合音乐演唱的歌词，叫曲子词，敦煌曲子词即为代表。从文体样态上看，词有一些基本的特征，比如依据一定的乐调写成，乐调的名称就是词牌。词牌与词的内容没有必然联系，后来有些词人为了表明词意，在词牌下面另加标题，如《念奴娇·赤壁怀古》，"念奴娇"是词牌名，"赤壁怀古"是标题。词牌对词的句数、字数、押韵、平仄都有规定，每个词牌的规定不尽相同，必须按规定进行创作，所以写词通常又叫填词。词的句子往往长短不均，参差不齐，如"青玉案"就有七字、三字、四字、五字句。词通常分段，多数分为两段，分别叫上片、下片或上阕、下阕，词还有词韵、平仄和对仗的要求，这些都是从律诗的基础上变化而来的。

　　词萌生于南朝，起兴于唐，极盛于宋，元明一度衰微，又在清代复兴。初期的词追求浮华、艳丽，流行于市井酒肆之间，是一种通俗的艺术形式。五代时期的《花间集》所展现的绚烂的辞藻，以及选取的闺情花柳、笙歌宴饮等题材就充分体现了这个特色。虽然从艺术成就上来看这些词已经达到了相当的水准，但在思想内涵上还显层次不够。宋代初期的词也沿袭了这种词风：追求华丽的辞藻和细腻情感的描写。词最早被认为是一种民间艺术而难登大雅之堂，而这也促成了词在民间的广泛流传。在词作者们的努力下，词在宋代文学中的地位越来越重要，词的内涵也在不断丰富和提高。豪放词的出现更让世人耳目一新，苏轼、辛弃疾等的豪放词风一扫词的萎靡不振之气。词已不限于文人士大夫寄情歌舞宴乐和表达儿女之情的玩物，更寄托了人们对时代、对人生乃至社会政治等方面的思考和感悟。词这才跳出了歌舞艳情的窠臼，升华为一种代表了时代精神的文化形式。词从前代各类文学样式中汲取了营养，又为后代的戏剧、小说输送了有机养分。直到今天，词仍受到人们的喜爱，给人们带来很高的艺术享受。

本单元精选了20位词人的24首经典词作，其中有唐代花间派代表温庭筠和南唐最出色词人李后主的作品，有师承花间和南唐的宋代欧阳修和晏殊的作品，有开豪迈词风的范仲淹的作品，有突破词的创作以小令为主的婉约派柳永的作品，有集豪放旷达和婉约清疏于一体的苏轼的作品，有描写纤细、造语高超的李清照的作品，还有被王国维称为"北宋以来一人而已"的清代纳兰性德的作品。一词一世界，这些文质俱佳的词作是启迪心灵、润泽情感、陶冶情操的优秀范本。

欣赏这些词作，首先要了解诗词格律的基本知识、作者的思想情操和作品的创作背景。在此基础上要反复诵读，体味语言美和声韵美，理解修辞典故，把握内容和意旨，体悟词人多样的生命情调和深切的家国情怀。并可通过填词、谱曲、吟唱等多种活动，从中感受中华文化的诗性、诗心、诗境和诗音，激发热爱古诗词的情感，不断提升古诗词的阅读能力和鉴赏能力，过好诗意的人生。

文与解

菩萨蛮

温庭筠

【题解】

温庭筠（？—866），原名岐，字飞卿，太原人，唐代诗人、词人。少负才名，文思敏捷，然恃才不羁，好讥刺权贵，故屡试不第。诗风似李商隐，时称"温李"，词与韦庄齐名，并称"温韦"。多写女子闺情，被推为"花间派"词人代表，对词的发展有创造性贡献。后人辑有《温飞卿集》《金荃词》。"菩萨蛮"本是唐教坊曲名，后用为词牌名，本篇为双调，44字，由五、七言组成，上、下片均两仄韵转两平韵。

小山①重叠金明灭②，鬓云欲度香腮雪。懒起画蛾眉，弄妆梳洗迟。

照花前后镜，花面交相映。新帖③绣罗襦，双双金鹧鸪④。

【注释】

①［小山］眉妆的化妆样式。唐明皇曾选出十种女子画眉式样，小山眉是其中之一。另有远山眉、三峰眉等。　②［金明灭］指额头上额黄的残留痕迹。六朝以来妇女有在额上涂黄的习尚。　③［帖］同"贴"，一种刺绣工艺。　④［金鹧鸪（zhè gū）］贴绣上去的鹧鸪图。当时的衣饰，有用金线绣好花样贴在衣服上的方法。

【解读】

　　这是一首闺情词。上片先写隔夜的残妆在闺中女子脸上留下的痕迹，眉黛与额黄已不完整，只剩下眉笔勾勒的印迹和斑驳的涂黄，因此词人用"重叠"与"明灭"使其形象鲜明生动：她如云的乌发尚未梳起，只是松松地垂下，似要滑过去遮住她雪白如玉的脸颊。接着写闺中女子起床后的打扮和梳洗，"懒"与"迟"二字形象地传递出惆怅的心情。下片进一步描摹闺中女子妆扮时的情形：描眉、涂黄、盘发、匀脸，这都是日常功课。同时可以想见她妆成后的美好容貌，但只用"花面交相映"一笔带过。转而细写她服饰上绣的一对鹧鸪，不禁更添惆怅。

　　表面看来，这首词写的是女主人公从睡醒后到梳妆打扮过程中的几个片段，实际上透露出她内心的复杂感受，做到了神情毕现。开头两句在短短十四字中，把色泽、气味、体态连同神情都生动地描绘出来，技巧十分高超。俞平伯先生指出："'度'字含有飞动意。"叶嘉莹女士《迦陵论词丛稿》也说："'度'字生动，……足以唤起人活泼之意象。"在词人的联想中，"云"字乃从"鬓"字生出，"度"字又从"云"字生出。词人再于"度"字添一"欲"字，就把无生命的"鬓云"写活了。

　　这首词构思精巧，语言精美。写闺怨之情却没有一字出现，而是通过闺中女子系列动作和服饰，让读者去体会她的情与怨，典型地体现了温词"花间派"风格。此外，在格律上，词作采用了仄韵和平韵交错变换的调式来表现曲折细腻的思想感情，吟唱时，更加显得跌宕飞动，抑扬顿挫。

虞美人

李 煜

【题解】

李煜（937—978），初名从嘉，字重光，徐州（今属江苏）人，南唐最后一位国君。他精书法、工绘画、通音律，诗文均有一定造诣，尤以词的成就最高。其词语言明快，用情真挚，风格鲜明，亡国后的词作题材更为广阔，含义更显深沉，在晚唐五代词中独树一帜，对后世词坛影响深远。南唐被灭三年后，徐铉奉宋太宗之命探视，李煜感慨往事，写下了这首《虞美人》。此调原为唐教坊曲，本篇为双调，56字，上、下两片各四句，皆为两仄韵转两平韵。

春花秋月何时了？往事知多少。小楼昨夜又东风，故国不堪回首月明中。

雕栏玉砌①应犹在，只是朱颜改②。问君能有几多愁？恰似一江春水向东流。

【注释】

① ［雕栏玉砌］指远在金陵的南唐故宫。砌，台阶。　② ［朱颜改］指所怀念的人已衰老。

【解读】

《虞美人》通过今昔对比表现一个亡国之君的无穷哀怨。上片传达出一种浓浓的伤怀之感，写出往事的不堪回首以及悔恨之意。词人在囚禁中听春风，望明月，往事涌上心头，不禁愁绪万千。一个"又"字表明此情此景已多次出现，这样的精神折磨已成家常便饭。词的下片想象过去奢华的宫殿应该还在，但宫女的朱颜已经褪去，山河易主的感慨油然而生。至此，词人将美景与悲情、过往与眼前进行对比，强烈的反差促使他把一肚子苦水倾吐而出，化作千古绝唱："问君能有几多愁？恰似一江春水向东流。"

"恰似一江春水向东流"是以水喻愁的名句，显示出愁思如春水的汪洋恣肆，奔放倾泻；又如春水之不舍昼夜，长流不断，无穷无尽。这九个字五仄四平，平仄交替，以两个平声字作结，读来亦如春江波涛时起时伏，连绵不尽，真是声情并茂。而最后两句是以问答出之，加倍突出一个"愁"字，从而又使全词在语气上达到前后呼应，流走自如的地步。显然，这首词是经过精心结构的，通篇一气盘旋，波涛起伏，又围绕着一个中心思想，结合成谐和协调的艺术整体。在李煜之前，还没有任何词人能在结构艺术方面达到这样高的成就。所以王国维说："唐五代之词，有句而无篇。南宋名家之词，有篇而无句。有篇有句，惟李后主降宋后之作及永叔、子瞻、少游、美成、稼轩数人而已。"（《人间词话删稿》）可见李煜的艺术成就有超越时代的意义。当然，更主要的还是因为他感之深，故能发之深，是感情本身起着决定性的作用。也是王国维说得好："后主之词，真所谓以血书者也。"这首《虞美人》充满悲恨激楚的感情色彩，其感情之深厚，强烈，真如滔滔江水，大有不顾一切，冲决而出之势。一个处于刀俎之上的亡国之君，竟敢如此大胆地抒发亡国之恨，是史所罕见的。李煜词这种纯真深挚感情的全心倾注，大概就是王国维说的出于"赤子之心"的"天真之词"吧，这个特色在这首《虞美人》中表现得最为突出。

雨霖铃

柳　永

【题解】

柳永（约987—约1053），原名三变，字景庄，后改名永，字耆卿，排行第七，又称柳七，崇安（今福建武夷山）人，北宋婉约派颇具代表性的词人，自称"奉旨填词柳三变"，并以"白衣卿相"自诩。其词作语言通俗，音律谐婉，在当时流传极广，人称"凡有井水饮处，皆能歌柳词"，对宋词的发展有重大影响。《雨霖铃》是唐教坊曲，本篇102字，前后片各五仄韵，例用入声部韵。前片第二句是上一、下三，第八句是上一、下四句式，第一字宜用去声。此词当为柳永从汴京南下时与一位恋人的惜别之作。

　　寒蝉凄切①，对长亭②晚，骤雨初歇。都门③帐饮无绪，留恋处，兰舟④催发。执手相看泪眼，竟无语凝噎。念去去⑤，千里烟波，暮霭沉沉楚天阔。

　　多情自古伤离别，更那堪，冷落清秋节！今宵酒醒何处？杨柳岸，晓风残月。此去经年⑥，应是良辰好景虚设。便纵有千种风情，更与何人说？

【注释】

①［凄切］凄凉急促。　②［长亭］古代在交通要道边每隔十里修建一座长亭供行人休息，又称"十里长亭"。靠近城市的长亭往往是古人送别的地方。　③［都门］国都之门。这里代指北宋的首都汴京（今河南开封）。　④［兰舟］传说鲁班曾刻木兰树为舟（南朝梁任昉《述异记》）。这里用作对船的美称。　⑤［去去］重复"去"字，表示行程遥远。　⑥［经年］年复一年。

【解读】

　　这首词以凄凉的秋景衬托离别时的难舍难分，让人感觉到一股浓浓的凉意。上片开头三句描写环境，写出离别的时间及地点。通过景物描写，渲染出阵阵寒意。接下来写离别的情形，写出不忍离别而又不能不分别的矛盾心态，而在难分难舍之际，船家又阵阵"催发"，更衬托出词人内心的痛苦。词人以白描手法对一对情人离别时的不舍进行刻画，而即将开始的远行又为离别增添无尽的愁绪。上片侧重实写，下片则通过想象进行虚写。从个人的离别想到更广阔的空间和众多人群的离别，而自己的离别更甚，加之以环境相衬托，充分渲染自己的离别之苦。

　　全词围绕"伤离别"而构思，先写离别之前，重在勾勒环境；次写离别时刻，重在描写情态；再写别后想象，重在刻画心理。不论勾勒环境，描写情态，想象未来，词人都注意了前后照应，虚实相生，做到层层深入，尽情描绘，情景交融，读起来如行云流水，起伏跌宕中不见痕迹。这首词的情调因写真情实感而显得伤感、低沉，却将词人抑郁的心情和失去爱情的痛苦刻画得极为形象。

　　词人长于铺叙，有些作品失之于平直浅俗，然而此词却能做到"曲处能直，密处能疏，奡处能平，状难状之景，达难达之情，而出之以自然"（冯煦《宋六十一家词选例言》）。像"兰舟催发"一语，可谓兀傲排奡，但其前后两句，却于沉郁之中自饶和婉。"今宵"三句，寄情于景，可称曲笔，然其前后诸句，却似直抒胸臆。前片自第四句起，写情至为缜密，换头却用提空之笔，从远处写来，便显得疏朗清远。词人在章法上不拘一格，变化多端，因而全词起伏跌宕，声情并茂，付之歌喉，亦能奕奕动人。

渔家傲·秋思

范仲淹

【题解】

范仲淹（989－1052），字希文，谥号文正，世称范文正公，祖籍邠州（今属陕西），后移居苏州吴县（今江苏苏州），北宋初年政治家、文学家。自幼丧父，母亲改嫁，家境贫寒，苦读及第，授广德军司理参军，后历任兴化县令、苏州知州等职，因秉公直言而屡遭贬谪。宋仁宗年间被朝廷派往西北前线承担北宋西北边疆防卫重任，这首词即作于这一时期。

  塞下秋来风景异，衡阳雁去无留意。四面边声①连角起。千嶂②里，长烟落日孤城闭。
  浊酒一杯家万里，燕然未勒③归无计，羌管悠悠④霜满地。人不寐，将军白发征夫泪。

【注释】

①［边声］边塞特有的声音，如大风、号角、羌笛、马啸的声音。 ②［千嶂］崇山峻岭。 ③［燕然未勒］指战事未平，功名未立。燕然，即燕然山，今名杭爱山，在今蒙古国境内。 ④［悠悠］形容声音飘忽不定。

【解读】

  这首词写边疆前线的萧瑟秋景及守边壮士的思想情绪。上片描绘塞下秋景："异"突出景的不同，即格外荒凉，结合视觉、听觉两方面渲染，连大雁都毫无留意，更何况人？黄昏时分军中号角催吹，周围边声随之而起，层峦叠嶂，暮霭沉沉，山衔落日，孤城紧闭，面对此情此景，怎不涌起思乡之情？下片抒怀：词人身负重任，守卫边关，随着岁月的流逝,思乡之情日渐浓厚,借酒也难以消弭思乡之苦。"燕然未勒"来自历史典故封燕然山铭:东汉和帝永元元年,车骑将军窦宪北伐匈奴,大破之,在漠北燕然山上刻石记功,由班固执笔,颂汉威德,即所谓"勒石燕然"。然而战事未平,归期变得遥遥无期,无尽的怆然也就油然而生。

  词作情景交融,意境苍凉,形象生动,反映了边塞生活的艰苦和词人巩固边塞的决心和意愿,同时还表现出战事未平、功业未建、久戍边地、士兵思乡等复杂矛盾的心情。在有着浓郁思乡情绪的将士们的眼中,塞外之景也失去了宽广的气魄,画面上笼罩着一种旷远雄浑、苍凉悲壮的气氛。在边塞熬白黑发,滴尽思乡泪,却又不能抛开国事不顾,将士们的心理是矛盾复杂的。范仲淹虽然守边颇见成效,然而,当时在北宋与西夏的军事力量对比上,北宋处于下风,只能保持守势。范仲淹守边的全部功绩都体现在"能够维持住守势"这样一个局面上,时而还有疲于奔命之感。这对有远大政治志向的范仲淹来说肯定是不能满足的,但又是十分无奈的。

〔明〕仇英《临萧照中兴瑞应图》(局部)

浣溪沙

晏　殊

【题解】

晏殊（991—1055），字同叔，抚州临川（今江西抚州）人，北宋政治家、文学家，为当时抚州籍第一位宰相。工诗善文，以词著于文坛，尤善小令，与其第七子晏几道在当时北宋词坛上被称为"大晏"和"小晏"，又与欧阳修并称"晏欧"。存世作品有《珠玉词》《晏元献遗文》《类要》残本。"浣溪沙"是唐玄宗时教坊曲名，后用为词调。这首词是晏殊的代表作，历来为人称道。

　　一曲新词酒一杯，去年天气旧亭台。夕阳西下几时回？
　　无可奈何花落去，似曾相识①燕归来。小园香径②独徘徊。

【注释】

①［似曾相识］好像曾经认识。形容见过的事物再度出现。　②［小园香径］花草芳香的小径，或指落花散香的小径。香径，带着幽香的园中小径。

【解读】

这首词借眼前之景表伤春惜时之意，抒发个人感慨。上片中，作者面对眼前之景，开始是怀着轻松喜悦的感情，带着潇洒安闲的意态的，似乎十分醉心于宴饮之乐。然而，似乎一切依旧的表象下又分明感觉到有的东西已经发生了变化，在这种怀旧之感中又夹杂着深幽的伤今之情。通过写对酒听歌中追忆过去类似经历，面对与眼前一样的楼台亭阁、一样的美酒歌舞，其中的人却发生很大的变化，不禁让人产生物是人非的感慨。下片诉说"花落去""燕归来"，这些都是自然规律，不管你是否乐意，它都在发生着。从中透露出某种生活哲理：

对于一切必然要消逝的美好事物，人力都无法阻止其消逝，但在它们消逝的同时仍然有美好事物的再现，生活不会因一时的消逝而变得一片虚无。只不过这种再现毕竟不等于美好事物的原封不动地重现，它只是"似曾相识"罢了。词句中包含对美好事物逝去的无奈以及事物周而复始的欣慰。

词中"无可奈何花落去，似曾相识燕归来"是千古名句。它内涵丰富、耐人寻味、启人联想。该句写出了人们心中的细腻感受，道出了自然界的规律。精妙之处就在于作者善于捕捉刹那间的感受，并把这种感受提到具有哲理意味的高度。"无可奈何"是作者的感觉、感受和感叹，"花落去"是自然界常见的现象，是不以人们意志为转移的客观规律。面对落花，作者联想到春天的消失，联想到人生的变易，止不住产生一种惋惜的心情。然而作者对此无能为力，只有徒唤"无可奈何"了。这里的"花"，既是指春天一开一落的花，又使人联想到其他许多一兴一亡的事物。"似曾相识"是作者的感觉、感受，燕子秋天南去，春来北归，不违时节。由于体态相同，谁也难以分辨出其是否是旧巢双燕，故用"似曾"以标识。"花落去"与"燕归来"每交替一次，便过了一年，而人生在这无穷的交替中逐渐衰老直至逝去。词人把这极其普通的自然现象纳入人生有限而时间永恒这一哲学范畴中来，创造出一种"情中有思"的意境。

踏莎行

欧阳修

【题解】

欧阳修（1007—1072），字永叔，号醉翁，晚号六一居士，庐陵（今江西永丰）人，北宋政治家、文学家、史学家，"唐宋八大家"之一，谥号文忠，世称欧阳文忠公。因文才出众，成就斐然，后人又将其与韩愈、柳宗元、苏轼合称"千古文章四大家"。《踏莎行》属双调小令，本篇58字，上下片各三仄韵。四言双起，例用对偶。这首词当作于天圣十年（1032）暮春，是词人早年行役江南时的作品。

候馆梅残，溪桥柳细。草薰①风暖摇征辔②。离愁渐远渐无穷，迢迢不断如春水。

寸寸柔肠，盈盈粉泪。楼高莫近危栏倚。平芜③尽处是春山，行人更在春山外。

【注释】

①〔草薰〕小草散发的清香。薰，香气侵袭。 ②〔征辔（pèi）〕行人坐骑的缰绳。辔，缰绳。 ③〔平芜〕平坦地向前延伸的草地。芜，草地。

【解读】

这首词写的是早春南方行旅的离愁，上片写行人在旅途中的离愁，下片写其想象中家室的离愁，两地相思，一种情怀，全篇的中心意旨是表现离愁。上片写漂泊游子旅途中的所见所感。明媚的春光既令游子流连忘返，又引发他的无限离愁。因为他想起挂念自己的闺中人，想到自己孤身在外，不能与她共赏春光。梅残、柳细、草熏、风暖等更让人产生离别的伤感。下片写闺中少妇对游子的思念。起句中的

"寸寸""盈盈"体现了女子思念之深。她凭栏远眺，明明知道这样的结果只会让自己更加失望，只会进一步加深心中的思念，但残存的那点希望又迫使她倚着栏杆，企望看到那个熟悉的身影，尽管眼前依然是一片望不到边际的原野——思妇对游子的一往情深跃然纸上。

　　此词的艺术手法主要表现为以下几种。

　　以乐景写离愁，托物咏怀。词的上片展现了一位孤独行人骑马离开候馆的情景。在这里面，残梅、细柳和薰草等春天里的典型景物点缀着候馆、溪桥和征途，表现了南方初春融和的气氛。这首词以春景写行旅，以乐景写离愁，从而得到烦恼倍增的效果。

　　以实写虚，富于联想。梅、柳、草为实景虚用，虚实结合，不仅表现了春天的美好景色，而且寄寓了行人的离情别绪。作者从各个角度表现离愁，的确非常耐人寻味，有无穷的韵外之致。

　　化虚为实，巧于设喻。"离愁渐远渐无穷，迢迢不断如春水"便是这种写法。"愁"是一种无形无影的感情。"虚"的离愁化为"实"的春水，无可感的情绪化为可感的形象，因而大大加强了艺术效果。

　　逐层深化，委曲尽情。整个下片，采用了不同类型的"更进一层"的艺术手法，那深沉的离愁，便被宛转细腻地表现出来了，感人至深。

桂枝香·金陵怀古

王安石

【题解】

王安石（1021—1086），字介甫，号半山，谥文，封荆国公，世称王荆公，抚州临川（今属江西）人，北宋政治家、文学家，"唐宋八大家"之一。曾发起熙宁变法，对当时及后世影响极大。诗文俱佳，尤其诗歌自成一体，号为"半山体"，又称"王荆公体"。其词写物咏怀吊古，意境空阔苍茫，形象淡远纯朴。有《临川集》《王文公文集》等。桂枝香，词牌名，又名"疏帘淡月"，首见于王安石此作。这首词可能是王安石任知江宁府时所作。

登临送目①，正故国晚秋，天气初肃。千里澄江似练②，翠峰如簇③。归帆去棹，残阳里，背西风，酒旗斜矗。彩舟云淡，星河鹭起，画图难足。

念往昔，繁华竞逐，叹门外楼头④，悲恨相续。千古凭高对此，漫嗟荣辱⑤。六朝旧事随流水，但寒烟衰草凝绿。至今商女，时时犹唱，《后庭》遗曲⑥。

【注释】

①［登临送目］登山临水，举目望远。　②［千里澄江似练］清澈的长江像一匹长长的白绢。语出谢朓《晚登三山还望京邑》中的"澄江静如练"。　③［如簇］这里指群峰好像丛聚在一起。簇，丛聚。　④［门外楼头］指南朝陈亡国故事。语出杜牧《台城曲》："门外韩擒虎，楼头张丽华。"韩擒虎是隋朝开国大将，据说他已带兵来到金陵朱雀门（南门）外时，陈后主还在与他的宠妃张丽华于结绮阁上寻欢作乐。　⑤［漫嗟荣辱］空叹什么荣耀耻辱。　⑥［《后庭》遗曲］指歌曲《玉树后庭花》，传为陈后主所作。后人认为是亡国之音。

【解读】

　　这首词通过景物的描绘和历史兴亡的感慨，寄托词人对当时朝政的担忧和对国家前途命运的关切。上阕写登临金陵故都所见：通过描写"澄江""翠峰""归帆"等景物，勾勒出晚秋金陵的雄浑场面，同时渗透苍凉之感。下阕写登临金陵故都之所想。词人把历史上金陵的繁华与如今的苍凉进行对比，在景物描写中融入对国家兴衰的思考，给时人以警醒。全词情景交融，境界雄浑阔大，风格沉郁悲壮，把壮丽的自然景色和深沉的历史内容和谐地融合在一起，自成一格，堪称名篇。

　　词的立意深远，表现出一位具有良知的政治家的真知灼见。作为朝廷重臣，王安石无时无刻不在关注着国家命运，他把心中的关切借助眼前之景自然道出，流露出担忧和焦虑，含蓄地提醒当朝统治者要吸取历史教训，以免重蹈亡国的覆辙。

　　这首词也展现了词人高超的艺术技巧。不仅用典贴切自然，而且在章法上讲究起承转合、层次井然。因此，无论是从内容上还是从形式上，都能让人感受到一种强烈的艺术感染力。

［宋］佚名《山水图》

苏轼词三首

念奴娇·赤壁怀古

【题解】

苏轼（1037—1101），字子瞻，号东坡居士，眉州眉山（今属四川）人，北宋文学家、书画家。苏轼才情横溢，诗词、文章、书法、绘画乃至音乐皆有很高的造诣。与父苏洵、弟苏辙合称"三苏"，同列"唐宋八大家"；启宋诗新风，与黄庭坚并称"苏黄"；词开豪放一派，与辛弃疾并称"苏辛"。有《东坡七集》《东坡易传》《东坡乐府》等传世。念奴娇，词牌名，又名"百字令""酹江月"等。这首词作于苏轼谪居黄州期间，城外赤壁（鼻）矶壮丽的风景使词人思接千载，感触良多。此词被誉为千古绝唱。

大江东去，浪淘①尽，千古风流人物。故垒西边，人道是，三国周郎②赤壁。乱石穿空，惊涛拍岸，卷起千堆雪。江山如画，一时多少豪杰。

遥想公瑾当年，小乔初嫁了③，雄姿英发④。羽扇纶巾⑤，谈笑间，樯橹⑥灰飞烟灭。故国神游，多情应笑我，早生华发。人生如梦，一尊还酹江月⑦。

【注释】

①［淘］冲洗，冲刷。　②［周郎］指三国时吴国名将周瑜，字公瑾，少年得志，24岁为中郎将，掌管东吴重兵，吴中皆呼为"周郎"。　③［小乔初嫁了］《三国志·吴书·周瑜传》载，周瑜从孙策攻皖，"得桥公两女，皆国色也。策自纳大桥，瑜纳小桥"。"乔"本作"桥"。其时距赤壁之战已十年，此处言"初嫁"，是言其少年得意，倜傥风流。　④［雄姿英发］谓周瑜体貌不凡，言谈卓绝。

⑤〔羽扇纶(guān)巾〕古代儒将的便装打扮。 ⑥〔樯橹〕这里代指曹操的水军战船。 ⑦〔一尊还酹(lèi)江月〕古人祭奠以酒浇地。这里指洒酒酬月，寄托自己的感情。尊，同"樽"，酒杯。

【解读】

　　这首词描写月夜江上景色，通过对三国英雄周瑜伟业的追忆，表达仰慕的同时反衬自己怀才不遇的怨愤之情。尽管如此，词人还是及时作自我宽慰，表现出一种旷达的人生态度。全词把写景、咏史与抒情融为一体，形成极强的艺术感染力。

　　上片先写景，为英雄人物的出场作铺垫。大江奔腾暗示时间的逝去，而"乱石""惊涛"明示历史的惊涛骇浪，景物描写中隐含的是对英雄人物的仰慕之情。下片叙写周瑜的年轻有为，英姿勃发，恰恰与自己的落魄人生形成鲜明对比，其中蕴含的无限感慨留给读者去揣摩，去体会，这就自然形成余味无穷的艺术效果。

　　词不仅可以写风花雪月，还可以写惊涛骇浪；不仅可以抒儿女情长，还可以抒雄心壮志——在词的题材的丰富与创作手法的提升两方面，苏轼的贡献是巨大的。

〔金〕武元直《赤壁图》

定风波

【题解】

这首词作于宋神宗元丰五年（1082）春，苏轼因"乌台诗案"被贬黄州的第三年。词人与朋友一起春日出游，突遇风雨却泰然处之，吟咏自若。"定风波"是词牌名，一作"定风波令"，唐教坊曲。本篇上片三平韵，错叶二仄韵，下片二平韵，错叶四仄韵。

三月七日，沙湖①道中遇雨，雨具先去，同行皆狼狈，余独不觉。已而遂晴，故作此。

莫听穿林打叶声，何妨吟啸②且徐行。竹杖芒鞋③轻胜马，谁怕？一蓑烟雨任平生④。

料峭⑤春风吹酒醒，微冷，山头斜照却相迎。回首向来萧瑟处，归去。也无风雨也无晴⑥。

【注释】

①［沙湖］在今湖北黄冈东南三十里。　②［吟啸］吟咏长啸。　③［芒鞋］草鞋。　④［一蓑（suō）烟雨任平生］披着蓑衣在风雨里过一辈子也处之泰然。蓑，蓑衣，用棕制成的雨披。　⑤［料峭］微寒的样子。　⑥［也无风雨也无晴］意谓既不怕雨，也不喜晴。

【解读】

这首词借醉归遇雨所见来抒发心中所感，在这偶然的情境中，词人对突然袭来的风雨泰然处之——虽处逆境却能坦然面对，相信一切风雨总能过去，体现出一种从容豁达的生活态度。词的上片主要叙写归途遇雨的情景：虽然同行者都显得狼狈不堪，但词人不为所动，我行我素，吟啸前行，他拄着竹杖，穿着草鞋，一副享受雨趣的模样。

这充分表现了词人遇事沉着的心态。词的下片写雨后的情景和感受。尽管天气微冷,却也不乏"斜照""相迎",别有一番风味!风雨总会过去,阳光依旧灿烂,谁说人生又不是如此呢?字里行间,词人的人生态度沛然而出。

这首词传递出这样一个人生道理:不要过于被外物束缚。宠辱不惊,不太在乎成败,这是词人一生的写照。他的词是这么写的,他的人生也是这么过的。每个人的生命中都有陷入困顿的时候,学一学苏轼,也许可以让你的人生柳暗花明。

水调歌头

【题解】

北宋神宗熙宁九年(1076)中秋之夜,时任密州太守的苏轼赏月饮酒,通宵达旦,后创作这首《水调歌头》。"水调歌头"是词牌名。唐朝大曲有《水调歌》,据《隋唐嘉话》,该曲为隋炀帝凿汴河时所作。宋乐入"中吕调",见《碧鸡漫志》卷四。此调一般95字,前后片各四平韵,也有前后片两六言句夹叶仄韵者和平仄互叶几于句句用韵者。

丙辰中秋,欢饮达旦,大醉,作此篇,兼怀子由①。

明月几时有,把酒问青天。不知天上宫阙,今夕是何年。我欲乘风归去,又恐琼楼玉宇②,高处不胜寒。起舞弄清影③,何似在人间。

转朱阁,低绮户,照无眠④。不应有恨,何事长向别时圆?人有悲欢离合,月有阴晴圆缺,此事古难全。但愿人长久,千里共婵娟⑤。

【注释】

①[子由]苏轼的弟弟苏辙的字。 ②[琼楼玉宇]美玉砌成的楼宇,指想

象中的仙宫。　③〔弄清影〕意思是月光下的身影也跟着做出各种舞姿。弄，赏玩。　④〔转朱阁，低绮户，照无眠〕月儿转过朱红色的楼阁，低低地挂在雕花的窗户上，照着没有睡意的人（指诗人自己）。朱阁，朱红的华丽楼阁。绮户，雕饰华丽的门窗。　⑤〔千里共婵娟〕虽然相隔千里，也能共享这美好的月光。婵娟，这里指月亮。

【解读】

　　这首词是中秋望月怀人之作，现实与想象完美融合，以虚构中的秋夜月宫的美妙仙境，反衬词人在凡间的失落与冷清，这时候，亲情的慰藉就显得多么重要。眼前之景、社会之象和心中之情水乳交融，让读者在体会亲情的同时思考人生。

　　此篇是苏词代表作之一。从艺术成就上看，它构思奇特，独辟蹊径，极富浪漫主义色彩，是历来公认的中秋词中的绝唱。从表现方面来说，词的前半部分纵写，后半部分横叙。上片高屋建瓴，下片峰回路转。它名为演绎物理，实则阐释人事。笔致错综回环，摇曳多姿。从布局方面来说，上片凌空而起，入处似虚；下片波澜层叠，返虚转实。最后虚实交错。全词设景清丽雄阔，以咏月为中心表达了游仙"归去"与直舞"人间"、离欲与入世的矛盾和困惑，以及旷达自适、人生长久的乐观态度和美好愿望，极富哲理与人情。立意高远，构思新颖。最后以旷达情怀收束，是词人情怀的自然流露。情韵兼胜，境界壮美，具有很高的审美价值。此词全篇皆是佳句，典型地体现出苏词清雄旷达的风格。

　　词人并不完全超然地对待自然界的变化发展，而是努力从自然规律中寻求"随缘自娱"的生活意义。所以，尽管这首词基本上是一种情怀寥落的秋的吟咏，读来却并不缺乏引人向上的韵致。

清平乐

黄庭坚

【题解】

　　黄庭坚（1045—1105），字鲁直，号山谷道人，晚号涪翁，洪州分宁（今江西修水）人，北宋文学家、书法家。与张耒、晁补之、秦观并称"苏门四学士"，被尊为"江西诗派"之祖。书法为"宋四家"之一。有《豫章黄先生文集》《山谷琴趣外篇》《山谷刀笔》传世。本首词作于词人被贬谪宜州的第二年，也是他生命的最后一年。"清平乐"原为唐教坊曲名，取用汉乐府"清乐""平乐"这两个乐调而命名，后用作词牌。

　　春归何处？寂寞①无行路②。若有人知春去处，唤取归来同住。

　　春无踪迹谁知？除非问取黄鹂。百啭③无人能解，因风④飞过蔷薇。

【注释】

　　①［寂寞］清静，寂静。　②［无行路］没有留下春去的行踪。行路，指春天来去的踪迹。　③［百啭］形容黄鹂宛转的鸣声。啭，鸟鸣。　④［因风］顺着风势。

【解读】

　　这首词主要表现惜春之情。上片写因春天的逝去感到寂寞，希望把春找回来。词人借助这番主观感受，对春天的珍惜之情跃然纸上，给读者以感染。下片表现急切地想知道春天的去向，却又无从知晓的无奈，越发让人感觉惜春之情的强烈。

全词构思十分精妙：词人不知春归何处，一心要向他人请教；无人能知时又向鸟儿请教。问人人不语，问鸟鸟百啭，似乎大有希望，然而词人自己却无法理解，这比有问无答更可叹。最后，鸟儿连"话"都不"说"，翻身飞走。这番妙趣横生的抒写，使惜春之情跃然纸上，呼之欲出。拟人的手法，巧妙的构思，创造出优美的意境，富有浪漫主义色彩。

这首词赋予抽象的春天以具体的人的特征。词人因为春天的逝去而感到寂寞，感到无处寻求安慰，像失去了亲人似的。这样通过词人的主观感受，反映出春天的可爱和春去的可惜，给读者以强烈的感染。如果词人仅仅限于这样点明惜春的主题，那也算不了什么高手。这首词的高妙之处，在于它用曲笔渲染，跌宕起伏，饶有变化。好像荡秋千，既跌得深、猛，又荡得高、远。词中先是一转，希望有人知道春天的去处，后又唤她回来，与她同住，这种奇想，表现出词人对美好事物的执着和追求。

［五代］董源《潇湘图》

鹊桥仙

秦 观

【题解】

秦观（1049—1100），字太虚，又字少游，号淮海居士，别号邗沟居士，世称淮海先生，高邮（今属江苏）人。一生遭遇坎坷，所写诗词往往寄托身世，感人至深。此词写于宋哲宗绍圣四年（1097）七夕时的郴州，词人借牛郎织女双星的鹊桥相会寄托对长沙歌女的恋情。"鹊桥仙"专咏牛郎织女七夕相会的事始见欧阳修词，中有"鹊迎桥路接天津"句，故名，又名"金风玉露相逢曲""广寒秋"等。本篇为双调，56字，仄韵。

纤云弄巧①，飞星②传恨，银汉迢迢暗度③。金风玉露④一相逢，便胜却人间无数。

柔情似水，佳期如梦，忍顾鹊桥归路！两情若是久长时，又岂在朝朝暮暮⑤。

【注释】

①［弄巧］指云彩在空中幻化成各种巧妙的花样。 ②［飞星］流星。一说指牵牛、织女二星。 ③［暗度］悄悄渡过。 ④［金风玉露］指秋风白露。 ⑤［朝朝暮暮］指朝夕相聚。语出宋玉《高唐赋》。

【解读】

这是一首咏七夕的节序词，以牛郎织女的故事表现人间悲欢离合，表现的主题其实并不新颖，然而别出心裁，立意高远。

这首词的起句展示出七夕独有的抒情氛围，"巧"与"恨"则将七夕人间"乞巧"的主题及"牛郎、织女"故事的悲剧性特征点明，练达而凄美。借牛郎织女悲欢离合的故事，歌颂坚贞诚挚的爱情。结句"两情若是久长时，又岂在朝朝暮暮"最有境界，这两句既指牛郎、织女的爱情模式的特点，又表述了作者的爱情观，是高度凝练的名句。这首词也因此具有了跨时代、跨国度的审美价值和艺术品位。此词熔写景、抒情与议论于一炉，叙写牵牛、织女二星相爱的神话故事，赋予这对仙侣浓郁的人情味，讴歌了真挚、细腻、纯洁、坚贞的爱情。词中明写天上双星，暗写人间情侣；其抒情，以乐景写哀，以哀景写乐，倍增其哀乐，读来荡气回肠，感人肺腑。

这首词的议论自由流畅，通俗易懂，却又显得含蓄蕴藉，余味无穷。词人将画龙点睛的议论与散文句法及优美的形象、深沉的情感结合起来，起伏跌宕，讴歌了人间美好的爱情，取得了极好的艺术效果。

［宋］佚名《乞巧图》（局部）

青玉案

贺　铸

【题解】

贺铸（1052—1125），字方回，号庆湖遗老，卫州（今河南卫辉）人，北宋词人。怀才不遇，做过右班殿臣、监军器库门、临城酒税之类小官。因此，政治上的不得志时常从其诗文里隐曲地表达出来。"青玉案"是词牌名，汉张衡《四愁诗》有"美人赠我锦绣段，何以报之青玉案"句，因取以为调名。一般为双调，67字，前后片各五仄韵，也有第五句不用韵的。

凌波①不过横塘②路，但目送、芳尘去。锦瑟华年③谁与度？月桥花院，琐窗朱户，只有春知处。

飞云冉冉④蘅皋⑤暮，彩笔新题断肠句。试问闲愁都几许？一川⑥烟草，满城风絮，梅子黄时雨。

【注释】

①［凌波］形容女子步态轻盈。　②［横塘］在苏州城外，词人居所。③［锦瑟华年］指美好的青春时期。锦瑟，饰有彩纹的瑟。　④［冉冉］指云彩缓缓流动。　⑤［蘅皋（héng gāo）］长着香草的水边高地。　⑥［一川］遍地，一片。

【解读】

本词表达相思怀人之意。全词虚写相思之情，实际是传达不得志的"闲愁"。

上片以偶遇美人而不得见发端，下片则承上片词意，遥想美人独处幽闺的怅惘情怀。"飞云"一句，是说美人伫立良久，直到暮色四合，笼罩了周围的景物，才蓦然醒觉。不由悲从中来，提笔写下柔肠寸断的诗句。蘅皋，即生长着香草的水边高地，这里代指美人的住处。彩笔，这里用以代指美人才情高妙。那么，美人何以题写"断肠句"？于是有下一句"试问闲愁都几许"。"试问"一句的好处还在一个"闲"字。"闲愁"，既不是离愁，也不是穷愁。也正因为"闲"，所以才漫无目的，漫无边际，缥缥缈缈，捉摸不定，却又无处不在，无时不有。这种若有若无、似真还幻的形象，只有那"一川烟草，满城风絮，梅子黄时雨"差堪比拟。作者妙笔一点，用博喻的修辞手法将无形变有形，将抽象变形象，变无可捉摸为有形有质，显示了超人的艺术才华和高超的艺术表现力。

词人以美人、香草自比。居住在香草泽畔的美人清冷孤寂，正是词人现实中怀才不遇的形象写照，也是与他有类似经历的文人的写照，因而彼此产生了强烈共鸣。

［唐］周昉《调琴啜茗图》

苏幕遮

周邦彦

【题解】

周邦彦（1056—1121），字美成，号清真居士，钱塘（今浙江杭州）人，词人。历任太学正、庐州教授等。精通音律，作品多写闺情、羁旅，也有咏物之作。格律谨严，语言典丽清雅。长调尤善铺叙，为后来格律派词人所宗，旧时词论称他为"词家之冠"。有《清真集》传世。"苏幕遮"为唐玄宗时教坊曲名。本篇为双调，62字，上、下片各四仄韵。

燎①沉香②，消溽暑③。鸟雀呼晴，侵晓④窥檐语。叶上初阳干宿雨⑤，水面清圆，一一风荷举⑥。

故乡遥，何日去。家住吴门，久作长安旅。五月渔郎相忆否。小楫轻舟，梦入芙蓉浦⑦。

【注释】

①〔燎（liáo）〕烧。 ②〔沉香〕一种名贵香料，置水中则下沉，故又名沉水香，其香味可辟恶气。 ③〔溽（rù）暑〕潮湿的暑气。 ④〔侵晓〕快天亮的时候。 ⑤〔宿雨〕昨夜下的雨。 ⑥〔风荷举〕意谓荷叶迎着晨风，每一片荷叶都挺出水面。 ⑦〔芙蓉浦〕有荷花的水边。有溪涧可通的荷花塘。词中指杭州西湖。

【解读】

此词作于词人客居京城时期。词人由眼前的荷花而梦回故乡，通过对清圆的荷叶、五月的江南、渔郎的轻舟这些情景进行虚实变幻的描写，将思乡之苦表达得淋漓尽致。

"燎沉香，消溽暑。鸟雀呼晴，侵晓窥檐语"这几句写的是一个夏日的清晨：词人点了沉香，鸟雀在窗外鸣叫着，仿佛在欢庆天气由雨转晴。在词人眼里，鸟雀也有着喜怒哀乐，如同调皮的孩子一般活泼可爱。这几句描写看似漫不经心，实际上是词人在为下面写荷花的美丽作感情上的铺垫。"叶上初阳干宿雨，水面清圆，一一风荷举"几句，王国维评云："此真能得荷之神理者。"先不说神理如何，仅是字句的圆润，就足以流传千古。至于神理或说神韵，则只可意会，不可言传。这三句可以译成白话："清晨的阳光投射到荷花的叶子上，昨夜花叶上积的雨珠很快就溜掉了。清澈的水面上，粉红的荷花在春风中轻轻颤动，一一举起了晶莹剔透的绿盖。远远望去，仿佛一群身着红裳绿裙踏歌起舞的江南女子！"词人之所以睹荷生情，把荷花写得如此逼真形象，玲珑可爱，因为他的故乡江南就是芙蓉遍地。

　　"故乡遥，何日去。家住吴门，久作长安旅。"荷花点燃了词人的思乡情，下片开头他就扪心自问，何时才能重归故里——那美丽的吴门呢？"久"字体现了作者对漂泊生活尤其是仕途生活的厌倦，在其他作品中，词人一再以"京华倦客"自称，可见他早已淡泊功名而魂系故乡。"五月渔郎相忆否。小楫轻舟，梦入芙蓉浦。"结尾三句，词人恍惚间飞到了五月的江南，熟悉的渔郎正在河上摇着小船，穿梭于层层叠叠的莲叶间……这时词人忍不住喊道：打鱼的大哥，还记得我吗？情到深处意转痴，词人用一个梦结尾，给人留下无限的情思和遐想。

　　读书求仕是古代文人普遍的人生选择，而一旦踏入仕途便可能长期远离家乡，难免思念故乡的亲人与风物。这首词表达的对故乡眷念之情深深地打动了无数游子，同时更掀动了游子内心深处对于生我养我的那一方水土的牵挂与感念。

李清照词二首

声声慢

【题解】

李清照（1084—约1151），号易安居士，齐州章丘（今属山东）人。南宋女词人，婉约词派代表。词作前期多写悠闲生活，后期多悲叹身世，情调感伤。论词强调协律，崇尚典雅，提出词"别是一家"之说。后人有《漱玉词》辑本，今有《李清照集校注》。"声声慢"是词牌名，此调多用入声，有平韵、仄韵两体。词人南渡以后，一连串的打击使她尝尽国破家亡、颠沛流离的苦痛，于是写下了这首词。

寻寻觅觅①，冷冷清清，凄凄惨惨戚戚②。乍暖还寒③时候，最难将息④。三杯两盏淡酒，怎敌⑤他、晚来风急！雁过也，正伤心，却是旧时相识。

满地黄花堆积，憔悴损，如今有谁堪⑥摘？守着窗儿，独自怎生⑦得黑！梧桐更兼细雨⑧，到黄昏、点点滴滴。这次第⑨，怎一个愁字了得⑩！

【注释】

①［寻寻觅觅］意谓想把失去的一切都找回来，表现非常空虚怅惘、迷茫失落的心态。　②［凄凄惨惨戚戚］忧愁苦闷的样子。　③［乍暖还（huán）寒］指秋天的天气，忽然变暖，又转寒冷。　④［将息］旧时方言，休养调理之意。　⑤［敌］对付，抵挡。　⑥［堪］可。　⑦［怎生］怎样的。　⑧［梧桐更兼细雨］暗用白居易《长恨歌》"秋雨梧桐叶落时"诗意。　⑨［这次第］这光景、这情形。　⑩［怎一个愁字了得］一个"愁"字怎么能概括得尽呢？

【解读】

靖康之变后，李清照经历了国破、家亡双重打击，巨大的生活变故使得她的作品再没有当年那种清新可人、浅斟低唱的气息，而转为沉郁凄婉，主要抒写对亡夫赵明诚的怀念和自己孤单凄凉的景况。此词便是这一时期的代表作品之一。

词人起句一连用七组叠词，层层渲染内心的忧伤情感。风送雁声，反而增加了思乡的惆怅。下片由秋日高空转入自家庭院。园中开满菊花，秋意正浓，这更加重了愁的意味。词人难以入睡，想借酒浇愁，却是愁上加愁，无尽的愁绪难以排遣。

这首词大气包举，别无枝蔓，始终紧扣悲秋之意，运用朴素清新的语言，抒发内心的真挚情感，没有刻意的雕饰，实属情与景自然交融、妙合无垠的词中名作。

渔家傲

【题解】

宋高宗建炎四年（1130）春，词人曾在海上航行，历尽风涛之险。此词中写到大海、乘船，人物有天帝及词人自己，都与这段真实的海上经历所得到的感受有关。"渔家傲"是词牌名，又名"渔歌子""渔父词"等。本篇为双调，62字，前后段各五句，五仄韵。

天接云涛连晓雾，星河欲转①千帆舞。仿佛梦魂归帝所②。闻天语③，殷勤问我归何处。

我报路长嗟④日暮，学诗谩有⑤惊人句。九万里⑥风鹏正举。风休住，蓬舟⑦吹取三山⑧去！

【注释】

①［转］《历代诗余》作"曙"。　②［帝所］天帝居住的地方。　③［天语］

天帝的话语。　④〔嗟〕慨叹。　⑤〔谩有〕空有。　⑥〔九万里〕《庄子·逍遥游》中说大鹏乘风飞上九万里高空。　⑦〔蓬舟〕像蓬蒿被风吹转的船。古人以蓬根被风吹飞，喻飞动。　⑧〔三山〕《史记·封禅书》记载，渤海中有蓬莱、方丈、瀛洲三座仙山，相传为仙人所居住，可望而不可即。

【解读】

　　这首词在黄升《花庵词选》中题作"记梦"，因此一般认为这是一首记梦词，其情其境的描写基础，却与词人的一段海上航行经历有关。开头便展现一幅辽阔、壮美的海天一色图卷，它既富于生活的真实感，也具有梦境的虚幻性，虚虚实实，为全篇的情感奠定了基调。词人南渡以来一直漂泊，遭受种种不幸，尝尽人间白眼。词人渴望关怀，渴望温暖，但在现实中却不能得到，也只有将之寄托于幻想。因此，词人以浪漫主义的手法，通过"天帝"和"三山"这两个形象，将自己美好的梦想表达出来：渴望有好的帝王和好的居所，渴望他人的关心和社会的温暖，渴望自由自在的生活。

　　这首词中，词人把自己真实的生活感受融入梦境，把屈原《离骚》和庄子《逍遥游》以至神话传说融入创作之中，形象奇幻，意境缥缈，使梦幻与生活、历史与现实融为一体，构成气度恢宏、格调雄奇的意境，也展现出李清照词豪放的一面。

陆游词二首

卜算子·咏梅

【题解】

陆游（1125—1210），字务观，号放翁，越州山阴（今浙江绍兴）人，诗人、史学家。曾主持编修孝宗、光宗《两朝实录》《三朝史》，官至宝章阁待制。晚年退居家乡。诗歌今存九千多首。有《剑南诗稿》《渭南文集》传世。陆游一生酷爱梅花，这首词正是其理想人格之写照。"卜算子"为词牌名，又名"百尺楼""眉峰碧""楚天遥"。本篇为双调，44字，上、下片各两仄韵。

驿外①断桥边，寂寞开无主②。已是黄昏独自愁，更著③风和雨。

无意苦④争春⑤，一任⑥群芳⑦妒。零落成泥碾作尘，只有香如故。

【注释】

①〔驿外〕指荒僻、冷清之地。　②〔无主〕自生自灭，无人照管和玩赏。　③〔著（zhuó）〕同"着"，遭受，承受。　④〔苦〕尽力，竭力。　⑤〔争春〕与百花争奇斗艳。　⑥〔一任〕全任，完全听凭。　⑦〔群芳〕百花，这里借指苟且偷安的主和派。

【解读】

这首词以梅花自况，咏梅的凄苦以泄胸中抑郁，感叹人生的失意坎坷；赞梅的精神以表达青春无悔的信念并借梅来以高洁人格自许。上片着力渲染梅的落寞凄清、饱受风雨之苦。梅花如此清幽绝俗，竟开在郊野的驿站外和破败不堪的"断桥"边，可谓人迹罕至，备受冷落。但它竟成长开花。梅花香自苦寒来！梅花不平凡的成长经历使它具有非凡的气质。下片写梅花的灵魂及生死观。梅花生在世上，既无意炫耀自己的容貌，也不肯媚俗与招蜂引蝶，所以躲得远远的，既不与争奇斗妍的百花争夺春色，也不与菊花分享秋光，而是孤独地开放在冰天雪地里。但这样仍摆脱不了百花的嫉妒。对此，梅花一概不予理睬，只求灵魂的升华与纯洁，即使花落成泥，碾成尘埃，它的香气依然永驻人间。这正是作者回首往事不知悔、奋勇向前不动摇的人格写照。

词人以物喻人，托物言志，借饱受摧残却馨香如故的梅花，象征自己虽历经打击却绝不媚俗的忠贞。这首词作激励了一代又一代中华儿女坚守自持而不堕落。

诉衷情

【题解】

陆游中年时期曾在西北前线重镇南郑军中度过一段戎马生活，这段生活对其诗词创作影响很大。陆游被弹劾罢官后退隐山阴故居长达12年，其间写下了一系列爱国诗词，这首《诉衷情》是其中之一。"诉衷情"是词牌名，唐教坊曲。唐代温庭筠取《离骚》"众不可户说兮，孰云察余之中情"之意，创制此调。本篇为双调，44字，上、下片各三平韵。

当年万里觅封侯[①]，匹马戍梁州。关河[②]梦断[③]何处？尘暗旧貂裘[④]。

胡未灭，鬓先秋，泪空流。此生谁料，心在天山[⑤]，身老沧洲[⑥]。

【注释】

①〔万里觅封侯〕奔赴万里外的疆场,寻找建功立业的机会。 ②〔关河〕关塞、河流。一说指潼关黄河之所在。此处泛指汉中前线险要的地方。 ③〔梦断〕梦醒。 ④〔尘暗旧貂裘〕貂皮裘上落满灰尘,颜色为之暗淡。这里借用苏秦典故,说自己不受重用,未能施展抱负。 ⑤〔天山〕在中国西北部,是汉唐时的边疆。这里代指南宋与金国相持的西北前线。 ⑥〔沧洲〕靠近水的地方,古时常用来泛指隐士居住之地。这里是指词人位于镜湖之滨的家乡。

【解读】

  这首词描写了词人一生中最值得怀念的一段岁月,通过今昔对比,反映了一位仁人志士的坎坷经历和不幸遭遇,表达壮志未酬、报国无门的悲愤不平之情。上片开头以"当年"二字引出往日豪放军旅生活的回忆,声调高亢,意气风发,"梦断"一转,写当年宏愿只能在梦中实现的失望,这就形成一个强烈的情感落差,将慷慨化为悲凉。下片抒写敌人尚未消灭而英雄却已迟暮的感叹,突出理想与现实的矛盾,跌入更深沉的感叹,悲凉又化为沉郁。下片前三句步步紧逼,声调短促,说尽平生不得志。这忧国之泪只是"空"流,一个"空"字,既写出了词人内心的失望和痛苦,也表达出词人对偏安东南一隅的小朝廷的不满和愤慨。下片后三句总结自己的一生,反省现实。先扬后抑,形成一个大转折,词人犹如一心要搏击长空的苍鹰,却被折断羽翼,落到地上,只能在痛苦中无奈地呻吟。全词格调苍凉悲壮,语言明白晓畅,用典自然,不着痕迹,有巨大的艺术感染力。

  这首词饱含人生的秋意,但由于词人的感叹中包含了更多的历史内容,眼泪中融会了对国家炽热的感情,所以,词的情调体现出幽咽而又不失开阔深沉的特色,比一般仅仅抒写个人苦闷的作品显得更有力量,更为动人。

辛弃疾词二首

青玉案·元夕

【题解】

辛弃疾（1140－1207），原字坦夫，改字幼安，别号稼轩，历城（今山东济南）人，南宋抗金将领、词人。一生力主抗金，曾上《美芹十论》与《九议》，条陈战守之策。他的词题材广泛又善用典，风格豪迈又不乏细腻之处。这首词作于南宋淳熙元年（1174）或淳熙二年（1175），当时强敌压境，国势日衰，而南宋统治阶级却沉湎于歌舞享乐，粉饰太平，辛弃疾对此十分痛心，以满腔悲愤写成这首词。

东风夜放花千树[1]，更吹落、星如雨[2]。宝马雕车[3]香满路。凤箫[4]声动，玉壶[5]光转，一夜鱼龙舞[6]。

蛾儿[7]雪柳[8]黄金缕[9]，笑语盈盈暗香去。众里寻他千百度[10]，蓦然回首，那人却在，灯火阑珊[11]处。

【注释】

[1]〔花千树〕花灯之多如千树开花。 [2]〔星如雨〕指焰火纷纷，乱落如雨。星，指焰火。形容满天的烟花。 [3]〔宝马雕车〕豪华的马车。 [4]〔凤箫〕箫的美称，指笙、箫等乐器演奏。 [5]〔玉壶〕比喻明月。亦可解释为灯。 [6]〔鱼龙舞〕指舞动鱼形、龙形的彩灯，如鱼龙闹海一样。 [7]〔蛾儿〕古代妇女于元宵节前后插戴在头上的剪彩而成的应时饰物。 [8]〔雪柳〕原意为一种植物，此处指古代妇女于元宵节插戴的饰物。 [9]〔黄金缕〕头饰上的金丝缕。 [10]〔千百度〕千百遍。 [11]〔阑珊〕暗淡，零落。

【解读】

这首词通过写元宵节的热闹衬托一位孤高的女性形象，含蓄地寄托了词人自己虽政治失意但仍坚持独立品格。词的上片写元宵节的夜晚满城灯火、众人狂欢的景象。东风还未催开百花，却先吹放了元宵节的火树银花。它不但吹开了地上的灯花，还从天上吹落了如雨的彩星——燃放的焰火，这焰火先冲上云霄，后自空中而落，好似陨星如雨。然后写车马、鼓乐、灯月交辉的人间仙境，写民间艺人载歌载舞的"社火"百戏，极为繁华热闹，令人目不暇接。下片专门写人。先从头上写起：游女们头上都戴着亮丽的饰物，行走过程中不停地说笑，她们走后衣香还在暗中飘动。但这些丽人都非词人意中之人，他在人群中只寻找一个——却总是踪影难觅。眼看没什么希望了，忽然眼前一亮，在那一角残灯旁边，分明看见了，是她！没错，她原来在这冷落的地方，一直未曾离去！发现那人的一瞬间，即是人生情感的凝结和升华。

与北宋婉约派大家晏殊和柳永的词作相比，这首词在艺术成就上毫不逊色。词中的美人形象是词人理想人格的化身。王国维将"众里寻他千百度，蓦然回首，那人却在，灯火阑珊处"称为"古今之成大事业、大学问者"所必经的第三重境界，这是大学问家的洞见，也是我们的人生追求。

永遇乐·京口北固亭怀古

【题解】

永遇乐，《乐章集》入"歇指调"，晁补之《琴趣外篇》（卷一）于"消息"之下注云："自过腔，即越调永遇乐。"此调104字，上、下片各四仄韵。这首词写于宋宁宗开禧元年（1205），词人已经66岁。当时韩侂胄执政，正积极筹划北伐、赋闲已久的辛弃疾于前一年被起用为浙东安抚使，然而他提出的抗金主张没有引起南宋当权者的重视。一次，词人来到京口北固亭，面对古迹，感慨万千，写下了这首《永遇乐》。

千古江山，英雄无觅，孙仲谋[①]处。舞榭歌台，风流总被，雨打风吹去。斜阳草树，寻常巷陌，人道寄奴②曾住。想当年，金戈铁马，气吞万里如虎。

元嘉草草，封狼居胥③，赢得④仓皇北顾。四十三年⑤，望中犹记，烽火扬州路⑥。可堪回首，佛狸祠⑦下，一片神鸦⑧社鼓⑨。凭谁问：廉颇老矣，尚能饭否？

【注释】

①［孙仲谋］三国时的吴主孙权，字仲谋，曾建都京口。 ②［寄奴］南朝宋武帝刘裕小名。 ③［封狼居胥］汉武帝元狩四年，霍去病远征匈奴，歼敌七万余，封狼居胥山而还。 ④［赢得］剩得，落得。 ⑤［四十三年］词人于宋高宗绍兴三十二年（1162）南归，到写该词时正好为43年。 ⑥［烽火扬州路］指当年扬州路上，到处是金兵南侵的战火烽烟。 ⑦［佛（bì）狸祠］佛狸，北魏太武帝拓跋焘小名。拓跋焘在打败南朝刘宋王玄谟军队后，追至长江北岸，在瓜埠山上建立行宫，后称佛狸祠。 ⑧［神鸦］指在庙里吃祭品的乌鸦。 ⑨［社鼓］祭祀时的鼓声。

【解读】

这首词抒发面对国家破败自己却报国无门的悲愤。上片以"千古江山"起笔，烘托出词人非凡的气魄和宽广的胸襟，也说明写作此词的目的是源于对国家的担忧，使其拥有了爱国的格调。接下来层层递进，带着深沉而热烈的情感，勾画了一个急于收复失地却屡遭排挤的爱国志士的形象。下片从宋文帝准备不足而仓促北伐，最终大败而还写起，以此警醒当朝统治者。接着描绘佛狸祠的景象，以此提醒南宋统治者要尽快收复失地，如果继续拖延，民心日去，中原就难再收回。最后以廉颇自比，表达为国效劳的强烈意愿。

这首词用典虽多，却自然而然，恰到好处，体现了词人在语言艺术上的杰出成就，更为动人的是字里行间的拳拳报国之心。

扬州慢

姜　夔

【题解】

姜夔（约1155—1209），字尧章，号白石道人，饶州鄱阳（今属江西）人，诗词、散文、书法、音乐无不精通，作品空灵含蓄，有《白石道人诗集》《白石道人歌曲》等传世。"扬州慢"又名"郎州慢"，词牌名，98字，平韵。宋高宗绍兴三十一年（1161），金主完颜亮南侵，江淮军败。淳熙三年（1176），词人路过扬州，目睹战争洗劫后的萧条景象，悲叹今日的荒凉，追忆昔日的繁华，遂作此词。

　　淳熙丙申①至日，予过维扬②。夜雪初霁，荠麦③弥望④。入其城则四顾萧条，寒水自碧。暮色渐起，戍角⑤悲吟。予怀怆然，感慨今昔，因自度此曲。千岩老人⑥以为有黍离⑦之悲也。

　　淮左名都⑧，竹西佳处，解鞍少驻初程。过春风十里⑨，尽荠麦青青。自胡马窥江⑩去后，废池乔木⑪，犹厌言兵。渐黄昏，清角⑫吹寒，都在空城。

　　杜郎俊赏⑬，算而今重到须惊。纵豆蔻⑭词工，青楼梦好⑮，难赋深情。二十四桥⑯仍在，波心荡冷月无声。念桥边红药⑰，年年知为谁生。

【注释】

①［淳熙丙申］淳熙三年（1176）。　②［维扬］即扬州（今属江苏）。　③［荠麦］荠菜和野生的麦。　④［弥望］满眼。　⑤［戍角］军营中发出的号角声。　⑥［千岩老人］南宋诗人萧德藻，字东夫，自号千岩老人。姜夔曾跟他学诗，又是他的侄女婿。　⑦［黍离］《诗经·王风》篇名。据说周平王东迁后，周大夫经过西周故都，看见宗庙毁坏，尽为禾黍，彷徨不忍离去，就作了此诗。

后以"黍离"表示故国之思。　⑧〔淮左名都〕指扬州。宋朝的行政区设有淮南东路和淮南西路,扬州是淮南东路的首府。　⑨〔春风十里〕杜牧《赠别》:"春风十里扬州路,卷上珠帘总不如。"这里用以借指扬州。　⑩〔胡马窥江〕指金兵侵略长江流域地区,洗劫扬州。这里应指第二次洗劫扬州。　⑪〔废池乔木〕废毁的池台。乔木,残存的古树。二者都是乱后余物,表明城中荒芜,人烟萧条。　⑫〔清角〕凄清的号角声。　⑬〔杜郎俊赏〕杜郎,即杜牧。杜牧曾在扬州任淮南节度使掌书记。俊赏,俊逸清赏。　⑭〔豆蔻〕形容少女美艳。杜牧《赠别》:"娉娉袅袅十三余,豆蔻梢头二月初。"　⑮〔青楼梦好〕杜牧《遣怀》:"十年一觉扬州梦,赢得青楼薄幸名。"青楼,指妓院。　⑯〔二十四桥〕扬州城内古桥,也叫红药桥。因杜牧诗"二十四桥明月夜,玉人何处教吹箫"也被称为二十四桥。　⑰〔红药〕红芍药花,是扬州繁华时期的名花。

【解读】

　　这首词前面有一段不到百字的小序,交代了写作的时间、地点、原因、内容和主旨,这就便于读者了解此词的写作背景,尤其是词人的心理状态。词人主张诗歌要"含蓄"和"句中有余味,篇中有余意",这首词充分体现了这一主张,成为抒发"黍离之悲"而富有余味的佳作代表。扬州本是繁华都市,但经过金兵铁蹄践踏后已变得满目疮痍。词人使用拟人化的手法,连"废池乔木"都在痛恨金人发动的这场不义战争,何况于人!上片结尾写日落黄昏之时悠然而起的清角之声,这是用声音来衬托寂静,却更增添萧条的意味。下片运用典故,进一步深化"黍离之悲"的主题。唐人杜牧留下许多赞美繁华扬州城的诗作,假如这位多情的诗人今日重游故地,也一定会为今日萧条破败的扬州而伤感、痛心。这就更加突出了今昔扬州城的巨大差异。

　　全词笼罩在一种悲凉伤感的气氛中。无论是词人见到的茅麦、乔木,还是在黄昏里听到的"号角"和看到的"空城",以及词人想到的杜牧"难赋深情"和不知亡国恨的"桥边红药",都让人读后感同身受,伤心不已。词中表现出词人对国家现状的悲伤和对国家前途的担忧,从一个侧面传递出词人忧国忧民的深沉情感。

贺新郎·九日

刘克庄

【题解】

刘克庄（1187—1269），字潜夫，号后村居士，莆田（今属福建）人，南宋诗人、诗论家。宋末文坛领袖，辛派词人的重要代表，词风豪迈慷慨。晚年致力于辞赋创作，提出许多革新理论。"贺新郎"是词牌名，此调始见苏轼词，原名"贺新凉"。这首词为重阳登高之作。

湛湛①长空黑。更那堪、斜风细雨，乱愁如织。老眼平生空四海②，赖有高楼百尺。看浩荡、千崖秋色。白发书生③神州泪，尽凄凉、不向牛山滴。追往事，去无迹。

少年自负凌云笔④。到而今、春华落尽，满怀萧瑟。常恨世人新意少，爱说南朝狂客⑤。把破帽、年年拈出⑥。若对黄花孤负酒，怕黄花、也笑人岑寂⑦。鸿北去，日西匿。

【注释】

①〔湛湛〕深远的样子。　②〔空四海〕望尽五湖四海。　③〔白发书生〕指词人自己。　④〔凌云笔〕谓笔端纵横，气势干云。　⑤〔南朝狂客〕指孟嘉。晋孟嘉为桓温参军，尝于重阳节共登龙山，风吹帽落而不觉。　⑥〔拈出〕搬出来。　⑦〔岑寂〕高而静。

【解读】

重阳本是登高远眺的好日子，但词人却遇到乌云密布、阴雨绵绵的糟糕天气，词人由凄凉的天气联想到自己报国无门而心生苦闷，于是借景抒情写下了这首词。

上片写词人重阳节登高望远引起的感喟。首三句通过对天昏地暗、风雨交加的描写，表达对国事担忧和神州陆沉的悲愤之情。满天密布的乌云加上阵阵风雨，使人心乱如麻，愁思似织，词人为神州残破沉沦的"往事"而极度伤心，黯然落泪。下片批评当时的文人只知搬弄典故的浮泛文风，表达对国事和民生的关注。"少年"三句遥接上片内容，追叙自己少年时代的豪情与壮志。然而，青春已逝，壮志难酬，唯有家国之恨。词人感慨文士不顾国家破败，只想效法魏晋名士风流的狂客行径，每年重阳登高总喜欢提起东晋孟嘉落帽的故事，把它称扬一番，其实毫无现实意义。词人觉得自己不能改变这种局面，在此佳节也只能赏黄花遣怀，借酒浇愁。

全词写景寓情，叙事感怀，以议论为主。主旋律是英雄失路、家国之恨的慷慨悲歌，豪放而又深婉。词中表达词人把国家的前途置于个人前途之上，把自己不能为国出力视为一种难言的痛苦，体现了一位富有良知的知识分子的家国情怀。

［宋］佚名《闸口盘车图》（局部）

长相思

纳兰性德

【题解】

纳兰性德（1655－1685），原名纳兰成德，字容若，号楞伽山人，出身贵族，隶属正黄旗，清代词人。诗词创作有独特的个性和鲜明的风格，在清代以至整个中国词坛享有很高的声誉。"长相思"又名"双红豆"，唐教坊曲，双调小令，36字，上、下片各三平韵，一叠韵。康熙二十一年（1682）二月十五日，康熙出关东巡，祭告奉天祖陵，词人随从。塞上风雪飘飞的景象引发了词人对京师的思念，于是创作了这首词。

山一程，水一程①，身向榆关②那畔③行，夜深千帐④灯。

风一更，雪一更⑤，聒⑥碎乡心梦不成，故园⑦无此声。

【注释】

①〔山一程，水一程〕即山长水远。 ②〔榆关〕即今山海关，在今河北秦皇岛东北。 ③〔那畔〕即山海关的另一边，指身处关外。 ④〔千帐〕指军营之多。 ⑤〔风一更，雪一更〕即言整夜风雪交加也。 ⑥〔聒（guō）〕声音嘈杂，这里指风雪声吵扰。 ⑦〔故园〕故乡，这里指北京。

【解读】

这是一首羁旅怀乡之作。上片写翻山越岭，登舟涉水，一程又一程，离家越来越远。"夜深千帐灯"既是上片感情酝酿的高潮，也是上、下片之间的自然转换，起到承上启下的作用。经过日间长途跋涉，夜晚人们在旷野上搭起帐篷准备就寝；然而夜深了，"千帐"内却灯火通明，写出离别家乡夜不能寐的情形。下片侧重游子思乡之苦，交代深夜不眠的原因。先是突出塞外狂风骤雪的景象。这是借以渲染思乡之情，而风雪漫漫，行者思乡更烈。"聒碎乡心"形象地表现了旅人对故乡魂牵梦绕的心态。"故园无此声"交代梦不成的原因：故乡是不会受连绵不断的风雪袭扰的，在那里才可以酣然入梦；而这边塞的荒凉之地却是风雪肆虐，加之乡心的困扰，就更难入梦了。结尾一句直接表达旅人对故乡的眷恋。

总的来说，上阕写面、写外，铺陈壮观；下阕写点、写内，曲描心情。选取的都是平凡的事物，如山水风雪、灯火声音。又采用短小精悍而通俗易懂的语句，轻巧排列，对应整齐。信手拈来，不显雕琢。全篇融细腻情感于雄壮景色之中，尽显非凡。作者用山、水、千帐灯、风、雪等大的物象，来寄托细腻的情感思绪。缠绵而不颓废，柔情之中露出男儿镇守边塞的慷慨报国之志。词作没有一般边塞词的大气、沉痛、悲凉、雄壮，而是风格婉约，笔调缠绵，少了抑扬顿挫的沉雄，多了些许的缠绵情态。以白描手法，用朴素、自然的语言表现风雪之夜异地思乡的真切情感，格调清新，毫无雕琢痕迹，而那份真情却在不经意间流露，读来感人至深。

［清］王翚《山水图册》（之一）

满江红

秋　瑾

【题解】

秋瑾（1875—1907），字璿卿，号竞雄，别署鉴湖女侠，浙江绍兴人，是我国近代史上第一位为民主革命而牺牲的女志士。这是秋瑾在1903年中秋节的述怀之作，值八国联军入侵不久，她目睹民族危机的深重和清政府的腐败，决心献身救国事业。

小住京华①，早又是中秋佳节。为篱下黄花开遍，秋容如拭②。四面歌残终破楚③，八年风味徒思浙。苦将侬④强派作蛾眉⑤，殊未屑⑥！

身不得，男儿列，心却比，男儿烈。算平生肝胆，因人常热⑦。俗子胸襟谁识我？英雄末路当磨折。莽⑧红尘何处觅知音？青衫湿⑨！

【注释】

①［小住京华］到京不久。　②［秋容如拭］秋色明净，就像刚刚擦洗过一般。　③［四面歌残终破楚］国家四面受敌，陷入孤立无援的困境。这里是指列强逼近，中国前途危殆。此处用《史记·项羽本纪》"夜闻汉军四面皆楚歌，项王乃大惊"故事。　④［侬］我。　⑤［蛾眉］美女的代称，这里指女子。　⑥［殊未屑］仍然不放在心上。　⑦［因人常热］为别人而屡屡激动。热，激动。　⑧［莽］广大。　⑨［青衫湿］失意伤心。用唐白居易《琵琶行》"座中泣下谁最多？江州司马青衫湿"诗义。青衫，唐代文官八品、九品服以青，为官职最低的服色。

【解读】

这是一首表达革命意志和热忱的词作。上片写国家处于危急之境，自己虽为巾帼，却抱有不让须眉的骨气，要为改变国家的不利处境而出一份力。下片"身不得，男儿列，心却比，男儿烈"展示出一个巾帼英雄的形象，正是上接"苦将侬强派作蛾眉，殊未屑"进一步的思想发展。紧接着，词人表明自己是一个"算平生肝胆，因人常热"富有感情的人，但在现实生活中偏偏不幸遇着一个庸俗丈夫，她因为穿着男装独自去看了一次戏竟遭丈夫辱打，因此在这里不由得发出这样的浩叹："俗子胸襟谁识我？英雄末路当磨折。莽红尘何处觅知音？青衫湿！"本来她还想得到丈夫的理解，志同道合，做一番事业，但这一打却打醒了她的痴梦，她再也忍受不了这种封建囚笼的生活，终于下决心离开共同生活了八年的丈夫，把儿女送回绍兴托付母亲照养，只身东渡日本，结识了陈天华等进步人士，并参加同盟会，得到孙中山的器重。后来，她回国参与推翻封建王朝的革命工作，直到为革命英勇献身，践行了她在词中的誓言，展现了她无与伦比的英雄豪气。

词人把国家的前途与个人的命运结合起来，以巾帼不让须眉的豪气表达为国奋斗乃至献身的志向，诠释了她参加革命活动并在被捕后慷慨就义的大无畏精神。

思与行

【记诵与积累】

◎春花秋月何时了？往事知多少。（《虞美人》）

◎问君能有几多愁？恰似一江春水向东流。（《虞美人》）

◎执手相看泪眼，竟无语凝噎。（《雨霖铃》）

◎念去去，千里烟波，暮霭沉沉楚天阔。（《雨霖铃》）

◎多情自古伤离别，更那堪，冷落清秋节！今宵酒醒何处？杨柳岸，晓风残月。（《雨霖铃》）

◎浊酒一杯家万里，燕然未勒归无计，羌管悠悠霜满地。

（《渔家傲·秋思》）

◎无可奈何花落去，似曾相识燕归来。（《浣溪沙》）

◎平芜尽处是春山，行人更在春山外。（《踏莎行》）

◎六朝旧事随流水，但寒烟衰草凝绿。（《桂枝香·金陵怀古》）

◎大江东去，浪淘尽，千古风流人物。（《念奴娇·赤壁怀古》）

◎江山如画，一时多少豪杰。（《念奴娇·赤壁怀古》）

◎人生如梦，一尊还酹江月。（《念奴娇·赤壁怀古》）

◎竹杖芒鞋轻胜马，谁怕？一蓑烟雨任平生。（《定风波》）

◎归去。也无风雨也无晴。（《定风波》）

◎人有悲欢离合，月有阴晴圆缺，此事古难全。但愿人长久，千里共婵娟。（《水调歌头》）

◎两情若是久长时，又岂在朝朝暮暮。（《鹊桥仙》）

◎试问闲愁都几许？一川烟草，满城风絮，梅子黄时雨。

（《青玉案》）

◎寻寻觅觅，冷冷清清，凄凄惨惨戚戚。(《声声慢》)

◎无意苦争春，一任群芳妒。零落成泥碾作尘，只有香如故。

(《卜算子·咏梅》)

◎想当年，金戈铁马，气吞万里如虎。

(《永遇乐·京口北固亭怀古》)

【熟读与精思】

◎在中国历史上，苏轼具有巨大的影响力。不管是他的文学造诣，还是他旷达的人生态度，都给后世留下了道不尽的话题。苏轼少年成名却一生坎坷，他不同寻常的人生经历给他的诗词创作增添了丰富内涵。请熟读苏轼的《定风波》，说说你是怎样理解"一蓑烟雨任平生"的。

◎李清照前期词作真实地反映了她的闺中生活和真挚情感，题材集中于自然风光和离别相思。后期词作主要是抒发伤时念旧和怀乡悼亡的情感，表达了自己在孤独生活中的浓重哀愁、惆怅。请选择自己喜欢的李清照前后期词作各一篇，作比较分析。

【学习与践行】

爱国主义是中华民族的民族心、民族魂，是中华民族最重要的精神财富，是维护民族独立和民族尊严的强大精神动力。本单元词人如陆游、辛弃疾等都是著名的爱国词人，请阅读本单元的相关词作，比较其思想内涵，写一篇读词有感。

第三单元　散　曲

导与引

　　"唐之诗，宋之词，元之曲，皆所谓一代之文学，而后世莫能继焉者也。"（王国维《宋元戏曲考·序》）元曲，包括散曲、杂剧两种，是我国古代文学史上与唐诗、宋词鼎足并立的三座艺术高峰之一。散曲之名始见于明初，是萌芽于宋金时期我国北方具有地方色彩的俗谣俚曲，它来源于民间，口语味浓厚，曾被称作"街市小令""市井小曲"。散曲由宋词俗化而来，但它不避方言俚语，是一种更为平易通俗、雅俗共赏的韵文体裁。元明时代，人们沿袭对合乐文学体裁的称呼，称之为"乐府"或"今乐府"，后世又称之为"清曲""词余"。散曲作为一种合乐诗体，其音乐性不光包括"曲牌"，还有"宫调"。"曲牌"是各种曲调的泛称，同"词牌"类似，每个曲牌大体上都规定了相应的曲调和唱法，其字句、平仄等也有相应的规则。"宫调"则是元曲中曲调的调式，散曲中使用的宫调主要为五宫四调，各宫调音乐不同，风格和唱腔也不同。从形制上讲，散曲可分为小令、带过曲和套数三类。小令又唤作"叶儿"，是指独立成篇的单支曲子，体制短小、一韵到底；带过曲主要是指由两支或三支单曲组成的曲子，一般两曲之间以"带""过"或"兼"命名；套数又称套曲，一般由三支或三支以上的曲子组织成篇，同套曲押韵相同，文体上多用衬字来表达曲意和丰富声情，更加灵活，也更加散漫。散曲中的小令近词，套数近剧，相对来说，套俗令雅。

　　散曲以其新颖的诗歌形式，反映了广泛的社会内容，体现了当时人们的生活追求及其审美情趣。其内容或是反映民生疾苦，寄托对人民苦难的同情；或是表现作者愤世嫉俗、蔑视利禄的心志，歌颂隐居生活；或是描写自然风景，歌咏男女恋情。散曲大致可分为本色、文采两派，本色派曲词平实直率，淳厚质朴，明白如话；文采派曲词华美，饰藻绮丽，清俊典雅。雅俗并包而又以俗为主是散曲的总体特点，就前后期散曲审美品格的差异而言，后期散曲雅化倾向比较明显，前期散曲"俗文学"的特色则更加鲜明。

本单元选取不同时期、不同风格流派的13位作家25篇作品，有元曲四大家关汉卿、马致远、白朴、郑光祖的脍炙人口之作，有元后期"曲中双璧"张可久、乔吉的经典之作，还有明代曲家王九思、王磐、薛论道的作品，等等。除重视重要作家及其代表作品外，我们也照顾到不同时期、不同风格流派的作家、作品，思想、艺术并重，各种题材、体裁、风格、流派的作品兼收，同一作家属于本色、文采不同艺术风格的作品兼收并蓄，有文人曲家姚燧浅显流畅的文辞，有官位显达的曲家卢挚兼具文采的清爽本色，等等，反映了散曲创作多彩多姿的风貌。

散曲与诗词相比，在内容题材、艺术手法、语言风格上都有新的发展和开拓。学习时，首先要注意散曲别样的文体与风格特征，了解散曲与诗词在思想内容和表现形式上的异同；其次，要细细品味不同作家的审美旨趣，感受其作品或豪犷或婉丽或诙谐的风格情致；最后，散曲来源于民间，极大地反映了当时的社会风貌，在阅读中要联系时代背景，深入了解其中所蕴藏的生活气息和人文情怀，特别要结合本单元最后"思与行"中的问题，学习散曲作家以民为本、心忧天下的情怀。

文与解

关汉卿散曲二首

【题解】

关汉卿（约1220—约1300），号已斋叟，大都（今北京）人，元代杂剧作家、散曲作家，所作杂剧今存60余种，代表作有《窦娥冤》《救风尘》《单刀会》等。作品多有批判揭露社会黑暗现实、歌颂被压迫人民反抗之意，也偶有书写闲适生活之语。本篇中的"双调"和"南吕"都是我国古代戏曲宫调名，"碧玉箫"和"一枝花"为曲牌名。

【双调】碧玉箫

笑语喧哗，墙内甚①人家？度柳穿花，院后那娇娃②。媚孜孜整绛纱，颤巍巍插翠花。可喜③煞，巧笔难描画。他，困倚在秋千架。

【南吕】一枝花·杭州景

普天下锦绣乡④，寰海⑤内风流地。大元朝新附国，亡宋家旧华夷⑥。水秀山奇，一到处⑦堪游戏，这答儿忒⑧富贵。满城中绣幕风帘，一哄地⑨人烟凑集。

【梁州第七】百十里街衢⑩整齐，万余家楼阁参差，并无半答儿⑪闲田地。松轩竹径，药圃花蹊⑫，茶园稻陌，竹坞梅溪。一陀儿⑬一句诗题，一步儿一扇面屏帏⑭。西盐场便似一带琼瑶⑮，吴山色千叠翡翠。兀良⑯，望钱塘江万顷玻璃。更有清溪绿水，画船儿来往闲游戏。浙江亭⑰紧相对，相对着险岭高峰长怪石，堪羡堪题⑱。

【尾】家家掩映渠流水，楼阁峥嵘出翠微⑲，遥望西湖暮山势。看了这壁，觑⑳了那壁，纵有丹青下不得笔。

【注释】

①［甚］哪，表疑问。 ②［娇娃］美丽的少女。 ③［可喜］可爱。 ④［锦绣乡］美好的地方。锦绣指精美的丝织品，此处代指一切美好的事物。 ⑤［寰（huán）海］天下，此处指国家疆界之内。寰，广大的地域。 ⑥［亡宋家旧华夷］指已经灭亡的宋王朝。 ⑦［一到处］到处，各处。 ⑧［忒（tuī）］太。 ⑨［一哄地］形容热闹的样子。 ⑩［衢（qú）］大道。 ⑪［半答儿］半块地方。 ⑫［蹊（xī）］小路。 ⑬［一陀儿］一个地方。 ⑭［扇面屏帏］古代扇面和屏风上都有绘画。此处指山水秀丽，犹如山水屏风上的图画一般。 ⑮［琼瑶］美玉。 ⑯［兀良］表示指点或惊叹的语气词。 ⑰［浙江亭］宋元时期杭州观潮胜地。 ⑱［堪羡堪题］令人羡慕，可以题咏。堪，能够。 ⑲［翠微］青翠的山峰。 ⑳［觑（qù）］看，瞧。

【解读】

《碧玉箫》（笑语喧哗）刻画了一位美丽可爱的少女形象，洋溢着浓郁的生活气息。开篇用一个问句巧妙引起读者的好奇，接着截取"整绛纱"和"插翠花"两个动作表现少女的妩媚娇俏，又用"媚孜孜""颤巍巍"写活了少女明艳活泼、爱笑爱美的情态，并发出"可喜煞"的感叹。作者用先闻其声后见其人的手法，以跟踪索影的移动笔触，使读者在动态画面的变化中捕捉到"巧笔难描画"的人物形象，在有限的言语中，想象少女的美态和青春活力。整首小令明快流丽，清新自然，最是元曲风味。

《一枝花·杭州景》是关汉卿晚年造访新亡南宋国都念及宋亡元兴

时而作的一首曲子。先以宏观鸟瞰之势总写杭州的富贵繁华,后以"梁州第七""尾"二曲,对杭州山奇水秀的自然之景和人烟稠密、热闹非凡、繁华富庶的都市之景进行铺叙,其笔下的湖光山色,楼影人踪,展现了杭州的自然景致和市井风情。这套曲子虽是凭吊古今时的作品,却语言清新、文笔活泼、情感充沛,以一派青春活力描画杭州的旖旎景象,毫无迟暮衰飒之气。此曲既讲究修辞与格律,又不避口语俗语,充分发挥了套曲形式适于铺叙的特点,尽情地描绘渲染杭州城的市景风貌,于端丽中见质朴之风,显示出不同于前人的新的特色,体现了散曲的特有风味。

[明]唐寅《钱塘景物图》

白朴《天净沙》四首

【题解】

　　白朴（1226—约1306），字仁甫、太素，号兰谷，祖籍隩州（今山西河曲），南京汴梁（今河南开封）人，晚年寓居建康（今江苏南京），元代杂剧作家、散曲作家，与关汉卿、马致远、郑光祖并称"元曲四大家"。作品儒雅端庄，属文采一派。代表作有《墙头马上》《梧桐雨》等，另有词集《天籁集》。"越调"为古代戏曲宫调之一，在此为本组小令演唱时所使用的宫调。"天净沙"为曲牌名，又名"塞上秋"。这一组曲字字写景，处处见情，婉约清丽，妙合无垠。

【越调】天净沙·春

　　春山暖日和风，阑干①楼阁帘栊②，杨柳秋千院中。啼莺舞燕，小桥流水飞红③。

【越调】天净沙·夏

　　云收雨过波添，楼高水冷瓜甜，绿树阴垂画檐。纱厨藤簟④，玉人罗扇轻缣⑤。

【越调】天净沙·秋

　　孤村落日残霞，轻烟老树寒鸦，一点飞鸿⑥影下。青山绿水，白草红叶黄花。

【越调】天净沙·冬

一声画角⑦谯门⑧,半庭新月黄昏,雪里山前水滨。竹篱茅舍,淡烟衰草孤村。

【注释】

①［阑干］即"栏杆"。 ②［帘栊（lóng）］窗子,也指窗帘。 ③［飞红］随风飞舞的红花。 ④［藤簟（diàn）］藤编的席子。 ⑤［轻缣（jiān）］轻薄的丝织品。缣,细的丝织品。 ⑥［飞鸿］飞翔的鸿雁。 ⑦［画角］古代的乐器,用竹木或皮革制成,表面有彩绘图案。其声音高亢,多于黎明和黄昏时分吹奏,起报警和整肃军队的作用。 ⑧［谯门］本义指建有瞭望楼的城门,此处泛指城门。

［宋］梁楷《疏柳寒鸦图》

【解读】

白朴用"天净沙"曲牌写了两组分咏春、夏、秋、冬四景的小令,共八首,本书选取其中四首。《天净沙·春》曲采取意象堆垒方式,尽心白描,不事夸饰,将九种静景和五种动景叠加在一起,从不同角度、不同视野构架出一幅生机盎然、明丽可喜的春日图景，风格和煦明媚，婉约轻柔。《天净沙·夏》曲抓住波添、水冷、阴垂等几个场景，用静物写生的手法，由远及近勾勒出一幅夏日雨后初晴的景象，色彩清丽，清新雅致。《天净沙·秋》曲依次绘景，铺排有序，以白描手法勾勒出清秋日落时分的乡野景色，展现轻烟孤村的梦幻意境，表现冷暖相间的秋色之美，静谧和谐，明丽喜人。《天净沙·冬》曲用点染手法绘出一幅黄昏孤寂的乡村冬景图，曲词开端"一声"给冬日沉闷的景色增添了活力，同时寄寓着一腔哀婉淡泊的心境和情感，点笔染翰，朴素凝练。

  曲中可谓字字写景，未直接抒情却于字里行间处处见情。通过白描、点染等不同表现手法，将自然意象进行精心组合，描绘了富有特征的四季图景。这四支曲子，风格从欢快明净到寥落孤寂，不仅是对季节的描绘，更是作者情感和人生体验的写照。在情、景之间，四首曲构成了一个有机联系的整体，折射出作者的情感和心态，呈现出一种"妙合无垠"的臻境。

【双调】蟾宫曲

郑光祖

【题解】

郑光祖（？—约1324），字德辉，平阳襄陵（今山西襄汾西北）人，元代杂剧、散曲作家，为"元曲四大家"之一，杂剧代表作有《倩女离魂》《王粲登楼》等。郑光祖一生执着于杂剧创作，作品数量多，生前即已"名香天下，声振闺阁"，被伶人尊称为"郑老先生"。本篇为双调，曲牌名为"蟾宫曲"。

弊裘①尘土压征鞍②，鞭倦袅芦花。弓剑萧萧，一竟③入烟霞。动羁怀④：西风禾黍，秋水蒹葭⑤。千点万点，老树寒鸦。三行两行，写高寒⑥，呀呀雁落平沙。曲岸西边，近水涡、鱼网纶竿⑦钓艖。断桥⑧东下，傍溪沙、疏篱茅舍人家。见满山满谷，红叶黄花。正是凄凉时候，离人又在天涯。

【注释】

①［弊裘］破旧的衣裘。 ②［征鞍］犹征马，指旅行者所乘的马。 ③［一竟］一直。 ④［羁怀］游子的情怀。 ⑤［蒹葭（jiān jiā）］生于低湿地或浅水中的小草。 ⑥［写高寒］排列成行的大雁，就像是一行行写在空中的文字一样。高寒，指天空。 ⑦［纶竿］渔绳和钓竿。 ⑧［断桥］指远处的桥在烟霭中若隐若现的样子。

【解读】

这支小令写离人秋思。小令以描绘旅途上一个风尘仆仆的孤独身影来开篇，一马一人、一弓一剑，映着晚霞定格在苍凉古道之上，写出了一位天涯羁客在萧索落寞的秋景中的凄凉与孤独。穿着破裘，满身尘土的马上游子,疲惫无力地摇动着手中的马鞭,一直走向无人的荒野,小令开头尽显凄清苍凉。紧接着小令用一个"动"字,统领接下来七句,沿途哀景触发旅人情思,引得征人惹动客愁,表现出游子细腻敏感的丰沛情思,同时也奠定了下文游子暗淡凄凉的羁旅情怀。作者通过移步换景的方式再现沿途景物,以秋水、长天、西风、寒鸦、老树、大雁等秋景渲染萧瑟凄凉的情绪,用铺叙手法渲染秋景,更加衬托出游子凄凉的情怀,牵动羁客之旅思。最后,作者采用反衬手法,通过描写安详静谧的农家生活,进一步映衬出天涯羁客的旅思和乡愁,惹得他发出"离人又在天涯"的长叹。

　　郑光祖无论写杂剧还是创作散曲,风格均清雅典丽,这支小令是郑光祖散曲中的佳作,很好地体现了其"锦绣文章满肺腑,笔端写出惊人句"(钟嗣成《凌波仙·吊郑德辉》)的散曲艺术成就。首先,小令捕捉形象手法高明,西风秋水、老树寒鸦、雁落平沙,通过铺叙秋景渲染游子凄凉的情思。其次,断桥人家、离人天涯,满山满谷,红叶黄花,鲜亮的景色、静谧的农家更加突显天涯羁客的旅思与乡愁,反衬手法更见凄凉。最后,小令虽有四十七字之多,但杂而有序,恰到好处,使之更加生动鲜明。全曲画面鲜明,音调谐婉,将游子羁旅行役之思表现得淋漓尽致,把离人秋思写得饱满深沉,色彩明丽,画面鲜明,字句典雅。

姚燧《满庭芳》二首

【题解】

姚燧（1238—1313），字端甫，号牧庵，原籍柳城（今辽宁朝阳），后迁居河南洛阳，元代政治家、文学家。善属文，与虞集齐名，与卢挚并称"姚卢"。其散曲作品清丽婉约，语言浅白流畅，《全元散曲》录存其小令29首，套数1套。本篇中，"中吕"为古代戏曲音乐宫调之一，"满庭芳"为曲牌名。元大德五年（1301），姚燧外放为江东廉访使，先后在江南各地为官七八年，本组曲子很可能作于这一时期。

【中吕】满庭芳（其一）

天风海涛①，昔人曾此，酒圣诗豪②。我到此闲登眺，日远天高。山接水茫茫渺渺，水连天隐隐迢迢。供吟笑，功名事了，不待老僧招③。

【中吕】满庭芳（其二）

帆收钓浦，烟笼浅沙，水满平湖。晚来尽滩头聚，笑语相呼。鱼有剩和烟旋④煮，酒无多带月须沽⑤。盘中物，山肴野蔌⑥，且尽葫芦⑦。

【注释】

①［天风海涛］天上吹来的长风浩荡，大海上波涛汹涌。此为作者登高所见，情怀豪迈。　②［酒圣诗豪］酒中的圣贤和诗中的英豪，此处借指饮酒赋诗。③［不待老僧招］不需要老僧召唤即会自行归隐。　④［旋］不久，很快。⑤［沽］买。　⑥［山肴野蔌］山中所盛产的野菜佳肴。　⑦［葫芦］盛酒的容器。

【解读】

姚燧以"满庭芳"为题创作的散曲共两首，均以江南风格借景抒怀。《满庭芳（其一）》为姚燧登镇江金山寺眺望远景时所作，全曲境界开阔，气象豪迈，给人一种豁达之感。开篇以"天风海涛"四字尽显登高所见的开阔浩渺的壮丽之美，再以"我到此闲登眺"一句转折过渡，使眼前之景从古时"酒圣诗豪"的登临转到今日"我"之登眺，凭古吊今、触景生情。此时，长风浩荡、波涛汹涌的豪迈之情也渐趋平缓，呈现出天高日远、山水相接、海天相连、辽阔无边的静态优美。立于此间，作者的思绪也由高昂豪放转为平静舒展。末尾三句借景抒怀、以情言志，眼前既有如此壮阔浩渺的山水胜景供我赋诗吟啸，那么待我创建功名之后，定不等老僧召唤便自行来此归隐，表现了作者受压抑壮志难酬的心态和对功成身退、归隐生活的向往。

《满庭芳（其二）》则描绘了一幅宁静自然、淳朴素雅的江湖钓叟惬意生活图景，恬静而热闹。散曲开篇勾勒出江湖钓叟"帆收钓浦"的日常生活场景，描摹"烟笼浅沙，水满平湖"的静谧自然景色。接着镜头一转，渔民滩头相聚、笑语相呼，展现渔民上岸后，欢歌笑语、共庆丰收、煮鱼饮酒，沸沸扬扬的热闹生活。在这自食其力、闲适惬意的渔民日常生活画卷之中，可见作者对村居生活的无限向往。

姚燧在文学创作上以散文著称，"曲则不经见，然每有作，亦比婉丽可诵"。而这两首《满庭芳》却并非"婉丽"二字可概括，曲间透露出宏劲、典雅的正统文人风格，是一组别具风貌的抒怀之作，读来刚健雄阔，气势不凡，让人联想起苏、辛词的豪放气概。《元史》称牧庵为文"闳肆该洽，豪而不宕，刚而不厉，春容盛大，有西汉风。宋末弊习，为之一变"。在元代前期多以男女恋情为题材、写得缠绵悱恻的散曲作品中，像此曲这样的豪迈风格实为难得。

【双调】沉醉东风·闲居

卢 挚

【题解】

卢挚（约1242—约1315），字处道，一字莘老，号疏斋，祖籍涿郡（今河北涿州），元代作家。其诗文与刘因、姚燧齐名，世称"刘卢""姚卢"。今人有《卢疏斋集辑存》。其散曲作品仅存小令，隋树森编《全元散曲》录存其小令120首，有的写山林逸趣，有的写诗酒生活，较多的是怀古，借以抒发对故国的怀念。本篇为双调，曲牌名为"沉醉东风"，为作者闲居时作。

雨过分畦①种瓜，旱时引水浇麻。共几个田舍翁②，说几句庄家话。瓦盆边浊酒生涯。醉里乾坤大，任他高柳清风睡煞。

恰离了绿水青山那答③，早来到竹篱茅舍人家。野花路畔开，村酒槽头榨④。直吃的欠欠答答⑤。醉了山童不劝咱，白发上黄花乱插。

学邵平⑥坡前种瓜，学渊明篱下栽花。旋凿开菡萏⑦池，高竖起荼蘼⑧架，闷来时石鼎烹茶。无是无非快活煞，锁住了心猿意马。

【注释】

①［畦］田地被分为一块一块的区域，其中每一块的区域被称为"畦"。 ②［田舍翁］年老的农夫。 ③［那答］那边。 ④［村酒槽头榨］乡村里的酿酒方法，粮食发酵之后，放在槽头上压榨出酒液。 ⑤［欠欠答答］迷迷糊糊，形容酒醉的样子。 ⑥［邵平］秦末汉初人，秦时为官，秦灭后沦为布衣，于长安城门外种瓜，瓜味鲜美，世人称之"东陵瓜"。 ⑦［菡萏（hàn dàn）］即荷花。 ⑧［荼蘼（tú mí）］蔷薇科植物。荼蘼在春末夏初开花，是春季最后盛放的花，有完结的意思。

【解读】

卢挚用《沉醉东风·闲居》这个题目写的小令共三首，写的都是隐居之乐。曲子语言本色，形象生动，颇具生活情趣，描绘了"引水浇麻"、村酒自酿、种瓜栽花、"石鼎烹茶"的劳动生活场景；展示了"绿水青山"、"竹篱茅舍"、野花盛开的田园村居美景；抒发了"醉里乾坤大，任他高柳清风睡煞""醉了山童不劝咱，白发上黄花乱插"的闲适愉快心情。三首小令写出了日常生活中的农家乐趣，呈现出一派质朴自然的农村生活景象，展现了作者积极向上的生活态度。久处官场的污浊气息之中，卢挚感慨自身处境，向往归隐生活。表面看来，这组曲是描写田园生活的自由惬意，实际上却蕴含着作者对当时社会的不满，对黑暗官场的厌弃。作者歌颂这种"闲居"生活，极力描写田园山水之美和游玩山水之乐，只不过是心之所向罢了。

以第二首小令为例，它极写闲居、疏狂之乐，整首曲子都流露出主人公纵情山水、恣意壶觞、不拘礼法的放荡不羁，开篇以"恰离了""早来到"写出主人公流连山水的健捷步履和轻松心情，"绿水青山""竹篱茅舍"写出隐居环境的清幽美丽，路畔的野花和村头的小酒店惹得诗人心情大好，"直吃的欠欠答答"，可见山居生活的悠闲简单和作者内心的洒脱自在。末句"醉了山童不劝咱，白发上黄花乱插"更是妙极，将诗人酒醉后和孩童打成一片，白发上被插满小黄花的样子描写得惟妙惟肖，活脱脱一个山村老顽童的形象，为曲子增添了几分生活情趣和诙谐色彩，显示出诗人的酩酊醉态，以及玩性大发、无视规矩的赤子心态和疏狂之乐。而读罢全曲，咂摸其味，这种自由惬意的闲居之乐背后却隐藏着作者久居官场、身心疲惫的强颜欢笑。任讷在《曲谐》中评价该曲云："夫衰老自伤，必待沉醉，而后能于暂忘，乃得乱插黄花。片时称意，看曲是乐，实则至苦之境也。愈强作欢笑，愈见其心境之不容欢笑矣。"

马致远小令三首

【题解】

马致远（约1251—约1321），号东篱，一说字千里，大都（今北京）人，元代杂剧作家、散曲作家，"元曲四大家"之一。人称"马神仙"，因其散曲作品多写神仙道化。曲词通常豪放洒脱。这三首小令中，《天净沙·秋思》被誉为"秋思之祖"，《远浦帆归》和《渔村夕照》选取渔人归帆场景，均为"潇湘八景"之一，颇具闲适情致。

【越调】天净沙·秋思

枯藤老树昏鸦，小桥流水人家，古道①西风瘦马。夕阳西下，断肠人在天涯。

【双调】寿阳曲②·远浦帆归③

夕阳下，酒旆④闲，两三航未曾着岸。落花水香⑤茅舍晚，断桥头卖鱼人散。

【双调】寿阳曲·渔村夕照

鸣榔⑥罢，闪暮光。绿杨堤数声渔唱，挂柴门几家闲晒网，都撮⑦在捕鱼图上。

【注释】

①［古道］古老的驿路。　②［寿阳曲］又名"落梅风"，"双调"曲调。句式：三三七、七七，共五句四韵（首句不用韵）。第三句及末句均上三下四句法，

与第四句上四下三配合，节奏上有特殊风味，与诗词不同。　③〔远浦归帆〕宋代画家宋迪以潇湘风景画平远山水八幅，时称潇湘八景，远浦归帆和渔村夕照为其中两景。浦，水边或河流入海的地方。　④〔酒旆（pèi）〕酒旗，酒店用来揽客的旗子。　⑤〔落花水香〕花落入水中，使流水变得清香。　⑥〔鸣榔〕同"鸣根"，一种捕鱼的方法。用长木敲击船舷，以惊动鱼并使之入网。　⑦〔撮（cuō）〕聚合，聚集。

【解读】

马致远因其散曲成就，被明代贾仲明誉为"曲状元"。其作品内容主要有三类：叹世、咏景、恋情。这三首曲子是其咏景名作。

《天净沙·秋思》是写"秋思"的名篇。这首由 28 个字组成的小令，用词极简，画面感极强，一句一个画面，合在一起便绝妙地点出标题中"思"的主题，共同描绘出一幅绝妙的秋思图景。图景随抒情主人公的脚步、视线和思绪而展开，"断肠人在天涯"是贯穿全曲的主线。全曲以凝练的笔法，赋予秋天的景色以萧瑟苍凉的情调，烘托出天涯游子的凄凉心情。

《寿阳曲·远浦帆归》和《寿阳曲·渔村夕照》描绘的是江村风光和渔民生活。前者写江村晚景，宁静悠闲，三、五句以动衬静，更显幽远，于空间、时间放开笔墨，清逸舒展，画面疏朗优美。后者写渔村暮色，曲中有画，景物安排疏落有致，画面温暖而恬静。没有渲染铺排，简单点染便将江边村落温馨祥和的平凡生活勾勒得活灵活现，传达出渔夫们悠然自得的闲适心境，透露出动人的烟火气息和温暖的生活情调。在这两首小令中，作家在淡描轻写间活画出一幅幅水村黄昏归舟图，还原了一幅幅平和静谧的水乡画，画面疏朗闲淡，色彩明丽自然，诗情画意兼备。

【般涉调】哨遍·高祖还乡

睢景臣

【题解】

睢景臣（约1264—1330），字景贤，扬州人，元代散曲作家。著述甚丰，元钟嗣成《录鬼簿》将其列入"名公才人"。《哨遍·高祖还乡》为其散曲套数代表作之一。"般涉调"为古代戏曲音乐宫调之一。"哨遍"为曲牌名，也作"稍遍"，属般涉调，亦入中吕宫，用于剧曲或散曲套数，为套数首牌或联入套中。全曲（含幺篇）30句150余字，押十三韵。高祖，即汉代开国皇帝刘邦。"高祖"是其庙号，是皇帝死后于太庙立室奉祀时的名号。公元前195年，汉高祖刘邦称帝已十二载，在平定淮南王英布叛乱后，班师回朝时路过了其故乡沛县，不仅豁免了沛县的赋税，还设宴款待父老乡亲。至元代，这一历史故事激起了元曲家们的创作热情，他们以"高祖还乡"为题，创作了很多杂剧或套曲等作品。其中，以睢景臣的《高祖还乡》套曲最为著名。

社长排门告示①，但有的②差使无推故③，这差使不寻俗④。一壁厢⑤纳草也根⑥，一边又要差夫⑦，索⑧应付。又言是车驾，都说是銮舆⑨，今日还乡故。王乡老执定瓦台盘⑩，赵忙郎⑪抱着酒胡芦。新刷来的头巾，恰糨⑫来的绸衫，畅好是妆幺大户⑬。

【耍孩儿】瞎王留引定火乔男女⑭，胡踢蹬⑮吹笛擂鼓。见一彪人马到庄门，匹头里⑯几面旗舒。一面旗白胡阑套住个迎霜兔⑰，一面旗红曲连打着个毕月乌⑱。一面旗鸡学舞⑲，一面旗狗生双翅⑳，一面旗蛇缠胡芦㉑。

【五煞】红漆了叉㉒，银铮了斧㉓，甜瓜苦瓜黄金镀㉔，明晃晃马镫枪尖上挑㉕，白雪雪鹅毛扇㉖上铺。这些个乔人物㉗，拿着些

105

不曾见的器仗，穿着些大作怪衣服。

【四煞】辕㉘条上都是马，套顶上不见驴，黄罗伞柄天生曲㉙，车前八个天曹判㉚，车后若干递送夫。更几个多娇女㉛，一般穿着，一样妆梳。

【三煞】那大汉下的车，众人施礼数，那大汉觑㉜得人如无物。众乡老展脚舒腰拜，那大汉挪身着手扶。猛可里㉝抬头觑，觑多时认得，险气破我胸脯。

【二煞】你身须㉞姓刘，你妻须姓吕㉟，把你两家儿根脚㊱从头数：你本身做亭长㊲耽几杯酒，你丈人教村学读几卷书。曾在俺庄东住，也曾与我喂牛切草，拽耙扶锄㊳。

【一煞】春采了桑，冬借了俺粟，零支了米麦无重数。换田契强秤了麻三秤㊴，还酒债偷量了豆几斛㊵，有甚胡突㊶处。明标着册历㊷，见㊸放着文书。

【尾】少我的钱差发内旋拨还㊹，欠我的粟税粮中私准除。只道刘三谁肯把你揪捽住㊺，白甚么㊻改了姓更了名唤做汉高祖。

【注释】

①［社长排门告示］社长，元代基层的乡村组织称为"社"，以五十家为一社，推选有名望的长者乡绅为社长。排门，挨家挨户。告示，通知。 ②［但有的］凡是，所有的。 ③［推故］借故推托。 ④［寻俗］寻常。 ⑤［一壁厢］一边。 ⑥［纳草也根］交纳去根的草。指草料、马料等。 ⑦［差夫］给人摊派劳役。 ⑧［索］必须。 ⑨［车驾、銮舆］皇帝所乘的车，代指皇帝。 ⑩［王乡老执定瓦台盘］乡老，秦汉时期乡置三老，亦称乡老，往往是德高望重的长者居之。瓦台盘，瓦质托放物品的盘子。 ⑪［忙郎］元代时的俚俗语，又作"郎"，是对乡间好事少年的称呼。此处是语义双关的诨名。 ⑫［恰糨（jiāng）］恰，刚刚。糨，同"浆"，指的是把衣物洗净后用米汤或粉浆浸泡晾干后熨平。 ⑬［畅好是妆幺大户］畅好是，简直是。妆幺，装模作样。大户，有财有势的大户人家。 ⑭［瞎王留引定火乔男女］王留，元曲中常用的乡里好事

者的名字。引定，带领、引来。乔男女，不三不四的人。　⑮〔胡踢蹬〕胡乱地，也有人认为是语义双关的诨名。　⑯〔匹头里〕劈头，当头。　⑰〔一面旗白胡阑套住个迎霜兔〕白胡阑，白色的环，代指月亮。胡阑，合音为"环"。迎霜兔，秋天兔生新毛以御寒，称迎霜兔，这里泛指白兔。此句代指月旗，传说月中有白兔长跪捣药。　⑱〔一面旗红曲连打着个毕月乌〕红曲连，红色的圈，代指太阳。曲连，合音为"圈"。毕月乌，乌鸦。此句代指日旗，古代神话传说日中有三足乌居之。　⑲〔鸡学舞〕凤凰旗。　⑳〔狗生双翅〕飞虎旗。　㉑〔蛇缠胡芦〕蟠龙戏珠旗。　㉒〔红漆了叉〕仪仗中漆红的画戟。了，的。　㉓〔银铮（zhēng）了斧〕仪仗中镀银的斧钺。铮，镀。　㉔〔甜瓜苦瓜黄金镀〕仪仗中的金瓜锤。原是一种兵器。　㉕〔马镫（dèng）〕仪仗中的朝天镫。镫，同"镫"。　㉖〔鹅毛扇〕仪仗中的鹅毛宫扇。　㉗〔乔人物〕装模作样、虚张声势的人。　㉘〔辕〕车辕，古代出行车辆上的构件。　㉙〔黄罗伞柄天生曲〕黄罗伞，仪仗中皇帝车辇的车盖，其柄曲似伞。　㉚〔天曹判〕天上的判官。这里指皇帝车驾前的随侍人员。　㉛〔多娇女〕随侍的貌美宫娥。　㉜〔觑〕看。　㉝〔猛可里〕突然间。　㉞〔须〕本来。　㉟〔吕〕吕雉，刘邦的皇后，即吕后。　㊱〔根脚〕底细。　㊲〔亭长〕秦代十里为一亭，十亭为乡。亭设长，刘邦做过泗水亭长。　㊳〔拽耙（jù）扶锄〕耙田锄地。耙，牵引犁、耙等农具的畜力单位。能拉动一张犁或耙的畜力称为一耙。　㊴〔换田契强秤（chēng）了麻三秤（chèng）〕借换田契的机会强取了三秤麻。前一"秤"字，动词，量物之轻重；后一"秤"字，量词，十五斤为一秤。　㊵〔斛（hú）〕量具名，古以十斗为一斛，后以五斗为一斛。　㊶〔胡突〕同"糊涂"，不明白。　㊷〔册历〕账簿。　㊸〔见〕同"现"。　㊹〔少我的钱差发内旋拨还〕欠我的钱要随即在官差钱内扣除。差发，当官差，元代被派的官差可以出钱替代。旋，立刻，随即。　㊺〔只道刘三谁肯把你揪捽（zuó）住〕刘三，即刘邦。刘邦小字季，排行老三。揪捽，揪住，拽住不放。　㊻〔白甚么〕凭什么，平白无故地。

【解读】

元散曲经典名作《哨遍·高祖还乡》取材于汉高祖刘邦坐拥天下后衣锦还乡的历史故事，作者巧妙地以刘邦老相识的村民视角进行叙述，在强烈的对比中，把帝王的銮驾写得怪诞不经，将帝王的过往琐事披露无遗，塑造了一位迥异于正史中的刘邦形象，尽显讽刺之意，表现出元代人民对统治者的不满情绪与反抗精神。

这套曲子从"社长"的"排门告示"写起，引出汉高祖刘邦建立帝业之后还乡的故事。面对告示，村民们纷纷忙碌，作者在铺排接驾准备场面同时，讽刺了"妆幺大户"等人阿谀谄媚的嘴脸。接下来的三支小令着重从村民的视角描写汉高祖的銮舆车驾。皇帝车马本该威风凛凛，可事实上刘邦的仪仗銮驾在村民的眼中却显得怪异而又粗鄙。"鸡学舞""狗生双翅"等描述将本该彰显天家风范的神兽丑态写得妙趣横生，读之令人捧腹。"三煞"曲往下，刘邦走下銮驾，不巧正被一位原本识得他底细的村民认出。接下来的曲词即以这位认出刘邦的村民的心理活动展开。在这位村民的印象中，"举大事"前的刘邦与普通农夫并无二致，还颇有市井无赖之习气。最后，这位认识刘邦的村民纳了闷——刘邦"改了姓更了名"为汉高祖，是为躲自己的陈年旧债吗？这位村民眼中看到的不是一位高高在上的高祖皇帝，俨然只是个市井泼皮大汉刘三。结尾一句"唤做汉高祖"更是从对比中极尽讽刺之意。就此，本曲戛然而止，留下无穷的回味空间。

这首曲子语言明白晓畅，风趣盎然。其曲词广泛运用口语、俗语、衬字，极具"蒜酪风味"，粗犷朴野，将元曲中套数嬉笑怒骂、淋漓尽致的特点展现无遗。

张养浩散曲二首

【题解】

张养浩（1270—1329），字希孟，号云庄，又称齐东野人，济南人，元代政治家、文学家。其散曲多寄寓对时政的不满，亦有归隐、怀古和写景佳作，代表作有《三事忠告》和散曲《山坡羊·潼关怀古》等。元英宗至治元年（1321），张养浩借口父亲年迈，实则因直言劝谏数忤人君，弃官而去，隐居历城，想与官场诀别。此时的他醉心于自然草木、山水渔樵，写下了许多清新秀丽之作。本篇所选《雁儿落兼得胜令·退隐》便写于此间。但张养浩毕竟是一位有识有志之士，他的寄情山水只不过是暂时远祸避身。文宗天历二年（1329），关中地区大旱，他被征召还朝出任陕西行台中丞，致力于治旱救灾，到任四个月因积劳成疾而逝。在此过程中，他亲睹人民的深重灾难，感慨喟叹写下《山坡羊·潼关怀古》。"双调""中吕"均为宫调名，"雁儿落""得胜令""山坡羊"均为曲牌名，《雁儿落兼得胜令·退隐》属带过曲。

【双调】雁儿落兼得胜令·退隐

云来山更佳，云去山如画。山因云晦明，云共山高下。倚杖立云沙①，回首见山家。野鹿眠山草，山猿戏野花。云霞，我爱山无价。看时行踏②，云山也爱咱。

【中吕】山坡羊·潼关③怀古

峰峦如聚，波涛如怒，山河表里④潼关路。望西都⑤，意踌踌。伤心秦汉经行处⑥，宫阙万间都做了土。兴，百姓苦；亡，百姓苦。

【注释】

①［倚杖立云沙］拄杖立于云海之中。云沙，云海茫茫，如同海边洁白的沙滩。　②［看时行踏］根据时令行走、散步。　③［潼关］古关隘名，在今陕西省潼关境内。　④［表里］内外。潼关内有华山，外有黄河，以华山黄河为表里，地势险要。　⑤［西都］指长安，与"东都"洛阳相对。　⑥［秦汉经行处］秦定都咸阳，汉定都长安，故潼关有秦汉故地之称。

【解读】

《雁儿落兼得胜令·退隐》是张养浩隐居家乡历城（今山东济南）云庄别墅之时，写下的六首同题双调带过曲中的第二首。全曲句句不离"云""山"，极尽云山变幻之妙，极显物我交融之境，语言明丽，风格清新。曲子开篇，以远眺、高低视角纯然描摹云与山，以"来""去""共"等字写出了云山相依相衬，变幻相随，浑然一体的自然景致，展现了云山雾绕、横云断山、山随云动时的若隐若现、缥缈迷离之美。接着叙写了作者自身陶醉于云山之中的忘我状态，展现了一幅绝妙的山中行乐图景。他"倚杖立云沙"，尽情于云海翻涌中驻足回望，所见是山野人家的悠然恬静，是鹿眠草间的自在平和，是猿戏山花的活泼灵动。这一切皆是无价之宝，是造物者之无尽藏也，使作者浑然忘记了一切的忧愁与烦恼，只沉醉于看不厌的云山之中，发出"我见青山多妩媚，料青山见我应如是"一般"云山也爱咱"的感慨。曲中，看透世事退隐山林后的作者，与清风明月、山云草木为伴，用天然淳朴、清新明丽的笔触，描摹了其闲来远眺时所见的云山跃动变幻之景和回首山家时所感的自然和谐之趣，为读者展现了一幅悠闲自在的隐居生活画卷，流露出对寄情山水、隐居山野的喜爱之情。

《山坡羊·潼关怀古》抚今追昔，由历代王朝的兴衰想到百姓的苦难，一针见血地点出统治者与民众的对立关系，读来令人感慨万千。作者先极写潼关雄伟险要的形势，"峰峦如聚，波涛如怒"八个字便描绘出一幅生动形象、壮丽异常的潼关之景。一个"聚"字化静为动，让读者眼前呈现出华山飞奔而来之势、群山攒立之状，将重山叠翠之下的潼关盛景尽显。再写怒涛汹涌的黄河，一个"怒"字将黄河之水拟人化，让读者耳边回响千古不绝的滔滔水声，既极写波涛的汹涌澎湃，又注入了诗人吊古伤今而产生的满腔悲愤之情。接着点出潼关的险要之势，由此引发下文的感慨。第四至七句以"望西都"起笔描写作者西望长安的无限感慨。最后喊出"兴，百姓苦；亡，百姓苦"，意为历代王朝的兴或亡带给百姓的都是灾祸和苦难。此曲层层深入，由写景而怀古，再引发议论，将苍茫的景色、深沉的情感和精深的议论三者完美结合，字里行间中充满历史的沧桑感和时代感。

［元］吴镇《疏林远山图》

张可久小令二首

【题解】

张可久（1280—约1352），字伯远，号小山，庆元路（今浙江宁波）人，元代散曲作家、杂剧作家。张可久仕途不得志，曾漫游江南，晚年居杭州。专力写作散曲，现存作品有小令850首之多，套数9套，为元曲作家数量之冠。作品或吟咏自然风光，或写放浪生活，风格典雅清丽，亦有风格硬峭之作。与乔吉并称"元曲双璧"，著有《小山乐府》等。红绣鞋，曲牌名，又名"朱履曲"，南北曲都有，同属"中吕"宫调。人月圆，曲牌名，又名"人月圆令""青衫湿"。此调始于宋代王诜，以其《人月圆·元夜》为正体，因其中"年年此夜，华灯盛照，人月圆时"一句而得名。《人月圆·山中书事》，为作者晚年山居西湖时所作。

【中吕】红绣鞋·天台瀑布寺[①]

绝顶峰攒雪剑[②]，悬崖水挂冰帘[③]。倚树哀猿弄云尖。血华啼杜宇[④]，阴洞吼飞廉[⑤]。比人心，山未险。

【黄钟】人月圆·山中书事

兴亡千古繁华梦，诗眼倦天涯[⑥]。孔林乔木，吴宫蔓草，楚庙寒鸦。[⑦]

数间茅舍，藏书万卷，投老村家[⑧]。山中何事？松花[⑨]酿酒，春水煎茶。

【注释】

①［天台瀑布寺］天台，山名，在今浙江天台北。瀑布寺，天台山上的方广

寺。据载，天台山中有方广寺，寺旁有瀑布，奔腾直下数十丈，为天台八景之一。宋米芾为之题"天下第一奇观"。　②〔攒雪剑〕山顶积雪，远远望去天台山群峰如同冰雪之剑直插云霄。攒（cuán），聚集。　③〔冰帘〕喻指瀑布之状，寒气逼人。　④〔血华啼杜宇〕即"杜宇啼血华"。杜宇，古蜀王名，即望帝。相传古蜀君王望帝冤屈死后化为杜鹃鸟，日夜泣血哀啼，声音凄厉无比。后人多用此典表哀飒凄婉之氛围。　⑤〔飞廉〕传说中的风神。此处指山洞中阴风怒号，风声呼呼。　⑥〔诗眼倦天涯〕诗人的眼睛厌倦了阅览俗世。　⑦〔孔林乔木，吴宫蔓草，楚庙寒鸦〕孔林，孔子及其后人的墓地，在今山东曲阜。相传孔子的弟子为纪念孔子，从各自家乡携树于此种植，遂成广十余里的孔林。吴宫，吴国旧时的宫殿。楚庙，楚国旧时的宗庙。此处举孔林、吴宫、楚庙三者，意在表示兴亡如梦，盛衰无常。　⑧〔投老村家〕在乡村终老。投老，临老。　⑨〔松花〕春天时分松树所开的花，可以酿酒，亦可食用，其味清香甘美。

【解读】

　　《红绣鞋·天台瀑布寺》是张可久曲中并不多见的风格刚健、以景取譬、直抒感慨的作品。此曲格调冷峻，别具一格，借写景讽刺世情，借山势之险恶抒写人心更险恶，从中可见作者对元代世道危艰、人心险恶的社会现实的慨叹与愤懑。全曲可分两层。第一层为前五句，描绘山与瀑布之"险"。前两句写实，以雪剑之"峰攒"和冰帘之"悬崖"，凸显这山与瀑布之险峻高寒。继之三句对前两种实景作进一步渲染烘托。猿鸣、鸟啼、风吼三种声音的出现，使"险恶"的天台山染上更为悲凉凄厉的氛围。最后两句为第二层，通过第一层的五句，在写尽自然风景之艰险后，作者思绪飘飞，以"比人心，山未险"的直接议论，将笔触转为对人心之险的表达。虽未着墨于人心之险，但山川之险已然暗衬了其险。由此，此曲艺术境界大大超出一般的写景之作，成为格高意深之杰作。

　　《人月圆·山中书事》构图疏淡，语言清雅。通过对历史长河中盛衰兴亡的感慨，表达了作者看透俗事、厌倦红尘之后，只想寄情山水、诗酒自娱的恬淡悠闲之意。起首二句从遥想历史的盛衰出发，总写了千古兴亡的转瞬即逝，气势阔大。圣人家族的墓地乔木森森，华丽雄伟的吴国宫殿蔓草萋萋，盛极一时的楚国宗庙寒鸦满栖。历史兴盛时的热闹与繁华，败亡时的凄清与落寂，都如梦一场，转眼间便烟消云散。历史之状和眼前之景，在千古时间和天涯空间之中纵横交错，无一不在诉说着世事沧桑、繁华如梦的哲思。作者一生怀才不遇，辗转各处，于这情状之中，不免也想起自己此生碌碌无为、浪迹天涯的落寞。于是，多少红尘奔波的艰辛，书剑飘零的苦楚，怀才不遇的愁怨，都被作者书写进一个"倦"字之中。千古兴亡，繁华一梦。作者看透了，也厌倦了。最后，只想于"数间茅舍"之中，"藏书万卷"，"松花酿酒，春水煎茶"，尽享归隐山中的淡泊生活和诗酒自娱的乐趣。

［元］王蒙《丹山瀛海图》局部

乔吉《水仙子》二首

【题解】

乔吉（？—1345），一作乔吉甫，字梦符，号笙鹤翁、惺惺道人，太原人，散曲作家、杂剧作家、文论家。散曲风格清丽，亦有雄浑豪放之作。乔吉针对戏曲创作提出"凤头、猪肚、豹尾"六字，对后世影响很大。所作杂剧今存11种，代表作有《两世姻缘》《金钱记》《扬州梦》等。水仙子，曲牌名，又名"凌波曲""湘妃怨"等。

【双调】水仙子·寻梅

冬前冬后几村庄，溪北溪南两履霜①，树头树底孤山②上。冷风来何处香？忽相逢缟袂绡裳③。酒醒寒惊梦，笛凄春断肠，淡月昏黄。④

【双调】水仙子·重观瀑布

天机织罢月梭闲⑤，石壁高垂雪练寒。冰丝⑥带雨悬霄汉⑦，几千年晒未干⑧。露华⑨凉人怯衣单。似白虹饮涧⑩，玉龙⑪下山，晴雪飞滩。

【注释】

①［两履霜］鞋底踏着霜。　②［孤山］杭州西湖边的一处山。相传宋代诗人林逋曾隐居于此，种植梅树饲养仙鹤，有"梅妻鹤子"之称。　③［缟（gǎo）袂（mèi）绡（xiāo）裳］白色的丝绸衣服。缟袂，生丝织成的上衣。绡裳，薄纱、薄绢所制的下裙。　④［酒醒寒惊梦，笛凄春断肠，淡月昏黄］酒醒寒惊梦，化用隋赵师雄过罗浮山遇梅花仙子的典故；笛凄春断肠，引自古笛曲《梅花落》，

化用宋连静女《武陵春》"笛里声声不忍听,浑是断肠声"句;淡月昏黄,化用林逋"暗香浮动月黄昏"句。　⑤〔天机织罢月梭闲〕天机,天上织女所用的织布机。月梭,弯月如梭,以月比喻织女织布所用的梭子。此句化用牛郎织女的神话传说,意在表现瀑布洁白如练,仿佛织女在天宫织成的洁白布匹。　⑥〔冰丝〕冰蚕丝,喻指瀑布。　⑦〔霄汉〕高高的天空。　⑧〔几千年晒未干〕形容瀑布奇观长久地存留于山间,千年未曾消失。　⑨〔露华〕露水,喻指瀑布飞流时溅起的水雾。　⑩〔白虹饮涧〕虹为我国传说当中的一种神兽,其形呈拱状。宋·沈括《梦溪笔谈》记载:"世传虹能入溪涧饮水,信然。"此句指瀑布如同白色的虹在山涧饮水。　⑪〔玉龙〕神龙,喻指瀑布。

【解读】

乔吉的散曲作品多写景咏物之作,《水仙子》二首便是其中的佼佼者。其中《水仙子·寻梅》别具匠心,以寻梅、遇梅的经历,极言寻梅的情思意趣和梅花的风致韵味,用词雅致,对仗精巧,笔法绵密,意蕴悠长。此曲共三节,分别描写了作者寻找梅花时的艰辛、相遇梅花时的欢欣、颂赞梅花的风神气韵。在第一节中,作者"冬前冬后",几度春秋寻找,不得梅花芳迹;"溪北溪南""树头树底孤山上"踏遍,不获梅花踪影;辗转"几村庄",双脚履霜,经历了多少时间和艰辛,仍是难觅令他钦羡的梅花,不禁失落焦急,惆怅满怀。寥寥数语,便将寻梅之日长、寻梅之辛勤、寻梅之艰难,以及遍寻梅花而不得的焦急与失望,尽数书于其间。而第二节则笔锋一转,"冷风来何处香?忽相逢缟袂绡裳",作者在历尽艰辛、遍寻不得焦灼失落之时,峰回路转、柳暗花明,突然间就与梅花相遇相逢,实在是惊喜万分,欢欣异常。作者以嗅觉带动视觉,先写了突遇梅花的惊喜欢欣;再以冷风送来的幽香之味把梅花引到读者眼前,衬托梅花之神韵,以"缟袂绡裳"将梅花拟化为一个穿着白衣、飘然而至的仙女,摹写梅花之形状,使得不见梅花二字,梅花却形神俱现。接着,作者在第三节更进一步,连用"酒醒寒惊梦,笛凄春断肠,淡月昏黄"三个典故,继续深入刻画梅花的风致韵味,继而表达对梅花的喜爱颂赞之情、对落梅春尽的感叹、对美好事物的怀念之意。眼前突遇的洁白梅花散发着阵阵幽香，昏黄淡月之下暗香浮动，随风舞动之时风神俊秀，惹人怜爱。可是醉梦中惊醒，寒意阵阵袭来；笛声呜咽凄凉，摧断人心肠。梅花仙子会随梦醒而逝，眼前之梅难免也会随春尽而亡，与之挥别后定是无尽怀念。写到此处，作者想来也是感慨万千。这也与首节孤山寻梅前后呼应，一悲一喜，一盼一念，梅花意蕴尽显。综观全曲，通篇描写梅花，但未着"梅花"字眼，却令读者时时能感受到梅花的存在。真是曲中有真意，欲辨已忘言。

《水仙子·重观瀑布》则表现了作者对气势宏大、神奇壮美的瀑布之景的颂赞。此曲从"天机"落笔，以天上织女的白练描写地上飞流的瀑布，诗情豪迈，令人惊艳。作者想象丰富，且善用典故。前四句远观畅想瀑布之声势浩大，先是以织女织锦的神话打通天上人间，道出地上瀑布的来历，有"飞流直下三千尺，疑是银河落九天"的雄伟壮丽，使作品意境开阔，气势恢宏。又以"雪练寒""冰丝带雨"直写瀑布之气寒形大，以"高垂""悬""晒未干"极写瀑布之静美势壮，以静衬动，以形传神。紧接着，作者思绪纷飞，将眼前之景和历史之境相勾连，使作品跨越千古时间，意境悠远。遥想眼前倒悬高天、飞流急下的瀑布，几千年来都如此激流不歇，从天上流到地下，从过去流到现在，昼夜不息。最后，身临其境，近处观赏瀑布，并连用四个比喻着重写瀑布之动态神韵，以神带形。先是以"露华"借喻瀑布，照应前文"雪练"之寒、"冰丝带雨"之状，描摹了瀑布飞流而下时"凉人怯衣单"的寒气逼人；再以"白虹""玉龙""晴雪"明喻瀑布之相，为瀑布绘形绘色，以"饮""下""飞"三个动词化静为动，极写瀑布奔流直下、水花飞溅的气势，蔚为壮观。全篇比喻迭出，用典妥帖，不仅描摹了瀑布高悬流动、带雨飞溅的动静之势，也描画了瀑布雪白如练、清寒凛冽的形象之美。虽然通篇不见"瀑布"字样，却尽显瀑布之壮美奇伟，与前曲《水仙子·寻梅》有异曲同工之妙。

【北越调】寨儿令·夏日即事

王九思

【题解】

　　王九思（1468—1511），字敬夫，号渼陂，鄠县（今陕西鄠邑）人，明代文学家，曾提出"文必秦汉，诗必盛唐"的主张，试图以复古的手段扭转当时浮华靡艳的文风。有散曲集《碧山乐府》、杂剧《沽酒游春》和《中山狼》（一折），另有诗文集《渼陂集》。北越调，宫调名，为"越调"的北曲形式。"寨儿令"又名"柳营曲"，曲牌名。

　　豆角儿香，麦穗儿长，响嘶啷①茧车②儿风外扬。青杏儿才黄，小鸭儿成双，雏燕语雕梁③。红石榴花满西窗，黄蜀葵④叶扫东墙。泥金团扇⑤影⑥，香玉紫纱囊。将⑦，佳节遇端阳⑧。

【注释】

　　①［嘶啷］拟声词。　②［茧车］烘干蚕茧的器具。　③［雕梁］雕花彩绘的木梁。　④［蜀葵］一种植物。其植株叶极长，花如木槿花。　⑤［泥金团扇］用泥金颜料绘制扇面的团扇。　⑥［影］晃动。　⑦［将］刚刚。　⑧［端阳］端午。

【解读】

　　散曲发展到明代出现了文人化趋向，特别是明中叶以后，词藻化、音律化的现象很突出。从作家地域分布和风格特征看，明散曲大致可分为南北两派，北派风格大多豪爽雄迈、质朴粗率，南派则清丽俊逸、细腻婉约。作为明代北派散曲作家代表的王九思，其作品风格豪放，但这首《寨儿令·夏日即事》却以清丽取胜。

　　此曲是一首描写夏日农家风光的小令，语言清新自然，生动活泼，带有强烈的感情色彩,洋溢着浓浓的生活气息。作者运用活泼形象、口语化的语言,对农家生活中常见的豆角、麦穗、蚕茧、青杏、小鸭、雏燕、红石榴花、黄蜀葵叶、团扇、纱囊等进行了生动的描写,极富生活情趣。前八句一句一景:夏日田间,豆角儿青青,散发着阵阵清香;麦穗儿金黄修长,粒粒饱满肥硕;茧车儿嘶啷嘶啷的响声,从远处随风悠悠传来;挂满枝头的青杏儿,才刚刚成熟变黄;池塘里的小鸭儿,便已成双成对地自在嬉戏;房梁上的雏燕,在私语呢喃,等待着觅食未归的父母。彤红的石榴花,映满了西窗;金黄的蜀葵花,枝叶依偎在东墙。这些常见的田园之景,在作者的笔下却别具风致,令人目不暇接,流连忘返。后三句写人,只见人们轻轻摆动着手中的泥金团扇,小孩子佩戴着辟邪用的紫色香囊,欢喜快乐地正准备喜迎端阳佳节呢!前八句虽无一语写人,却洋溢着欢快、活跃的喜庆气氛,与后三句自然衔接,水乳交融。

这首曲子抓住各种景物的不同特点,如颜色有红、黄、青、紫,形状有长、小、雏、圆,声音有时关关鸟语,有时缫车大作。再加上对瓜果蔬菜、农事器具的摹写,一派绚烂多姿、声色俱佳的夏日农家田园风光如在眼前,令人心生向往。

【中吕】朝天子·咏喇叭

王　磐

【题解】

　　王磐（约1470—1530），字鸿渐，号西楼，江苏高邮人，明代散曲作家、画家。散曲创作题材广泛。正德年间，宦官专权，朝政黑暗，官船每到一处，时常大吹喇叭以显官威，民众深受其扰，因作此曲以讽喻。"北中吕"为戏曲音乐宫调之一"中吕宫"的北曲形式。"朝天子"又名"谒金门""朝天曲"，曲牌名，一般为单调44字，11句10韵。

　　喇叭，唢呐①，曲儿小腔儿大②。官船来往乱如麻，全仗你抬声价。军听了军愁，民听了民怕。哪里去辨甚么真共假？眼见的吹翻了这家，吹伤了那家，只吹的水尽鹅飞③罢。

【注释】

　　①［唢呐］一种中国传统乐器。此曲中"吹唢呐"起着提醒民众有官员过往的作用，为官员耍官威的体现。　②［曲儿小腔儿大］喇叭、唢呐吹奏的音乐很简单，但声响却不小。　③［水尽鹅飞］喻指大家倾家荡产。

【解读】

　　《朝天子·咏喇叭》是一首咏物小令，作者面对正德年间宦官专权的乱局，以小见大，从一个小小的喇叭入手，深刻揭露了喇叭声后宦官假借权势，作威作福，欺压底层军民的黑暗现实。曲词开篇即写出本曲的吟咏对象——喇叭。虽然小小喇叭吹出的曲子简单（小），但它却能发出很大的声响。一大一小的对比让读者初读此曲便觉风趣。接着点明唢呐的作用只在于为来来往往"乱如麻"的官家船只"抬声价"，使得军民一听见喇叭声响便要发愁害怕。此处仅用"麻""全"两字便写出宦官执行公务给百姓带来的困扰，以及"官船"中宦官们能力低下及其作威作福的丑态，表现了底层百姓的不幸和现实的黑暗。纵然"愁"和"怕"，底层人民依然摆脱不了被喇叭"吹伤""吹翻"的厄运。宦官假借权势作威作福不辨真假的办事行径，使得底层百姓无可奈何，就连平静水面上的鹅也不堪唢呐侵扰飞罢了事。这一切都喻指着在往来如麻、吹着喇叭唢呐的"官船"威逼之下，百姓被剥削得倾家荡产，生活苦不堪言。

这首曲子语言本色精当，明白浅近。作为明代散曲，本曲很好地继承了元曲小令通俗易懂、嬉笑怒骂的风格，表现出作者对底层民众的深切同情与人道关怀。

［宋］苏汉臣（传）《货郎图》

【中吕】山坡羊·冰山

薛论道

【题解】

薛论道（约1531—约1600），字谈德，号莲溪居士，定兴（今属河北）人，明代散曲作家。著有散曲集《林石逸兴》。明朝后期内忧外患，薛论道报国无门，壮志难酬，作品时有讥讽时政，表达不平之气；但面对黑暗现实，薛论道并没有消沉颓废，反而在一些作品中表现出对前途的满怀信心和坚定希冀。《山坡羊·冰山》就是这样一首小令。"中吕"为古代戏曲音乐宫调之一。"山坡羊"为曲牌名，北曲，属中吕宫，以张可久《山坡羊·酒友》为正体，十一句，押九韵，或每句入韵。

　　巍巍乎①势倾华岳②，赫赫乎③风声载道④。飞霜万里尽把乾坤罩。凌凌⑤草木凋，芒芒⑥星斗摇。江湖裂胆罢了严光钓⑦，朝野寒心逼弯陶令腰⑧。狂飙，三冬⑨任尔飘。休骄，一春看尔消。

【注释】

　　①［巍巍乎］高大壮观的样子。　②［华岳］华山，"五岳"之一，也称为"西岳"。在今陕西省渭南。　③［赫赫乎］显赫盛大的样子。　④［载道］充满道路。　⑤［凌凌］寒冷。　⑥［芒芒］众多。　⑦［严光钓］严光，字子陵，东汉时期隐士。相传，严光少有高名，与东汉开国皇帝汉光武帝刘秀为同窗好友，曾一同游学。刘秀称帝之后，曾数次征召隐姓埋名的严光入朝为官，均被拒绝。后，严光归隐于富春山，在家躬耕垂钓，直至终老。后人称其垂钓处为"严陵钓台""严陵滩"。　⑧［陶令腰］陶令，即陶渊明，名潜，字元亮，东晋时期诗人。多写山林田园隐逸之乐，被称为"古今隐逸诗人之宗"。据《晋书·列传第六十四》记载，陶渊明任彭泽令时，有一次郡太守遣督邮到县巡察，下属劝说他

要穿戴整齐去拜见,他长叹说:"吾不能为五斗米折腰,拳拳事乡里小人邪!"遂解印辞官,归隐田园。 ⑨〔三冬〕冬季。

【解读】

  这首明散曲借物以讽喻时政。作者将冰山作为吟咏对象,极写冰山笼罩万里,欲使草木为之凋零,星斗为之摇动的骇人气势,并借以讽喻现实中的黑恶政治。

  曲子起笔便声势浩大,气势恢宏。首先从视觉和听觉两个维度描绘冰山风声赫赫,足以令万丈高山为之倾颓的巍峨煊赫之势。接着运用夸张手法,将冰山风霜万里、笼罩乾坤的盛大气焰描摹得淋漓尽致。冰山俯视大地,草木似为之凋零;冰山仰望天空,星斗似为之摇动。在极写冰山骇人气势之后笔锋一转,运用两个历史典故暗示之前冰川的象征意义。面对冰山般声势浩大、冷酷无望的政治环境,就算是著名隐士严光、陶渊明也无法淡泊处之。但作者并没有灰心丧气,而是发出坚定的呐喊:"狂飙,三冬任尔飘。休骄,一春看尔消。"冰山如此巍峨煊赫,也只能存在于时间有限的数九寒冬,一旦春天降临,看似壮大的冰山必然烟消云散;现实中令江湖裂胆、朝野寒心,如冰山般冷酷的恶势力必然走向灭亡。作者以浪漫主义的手法,表现了自己在"凌凌草木凋,芒芒星斗摇"的动荡昏暗时代,不畏严寒,不随世俗,对黑暗现实的极端蔑视,对前途充满信心和希望的坚定与勇毅。

  作品构思精妙,表达工巧。作者运用比兴象征,以冰山喻政治环境。在对冰山的描写上,作者充分调用多种感官,俯仰结合,动静相成,合理夸张,使得冰山豪横的姿态与嚣张的气焰跃然纸上。同时,作者化用典故,巧妙将所咏之物与所讽之现实相结合。在语言运用方面,本曲的语言气势壮阔,与曲末传达出的作者乐观主义情怀相得益彰,延续了元曲小令语言酣畅淋漓的特色,读来耐人寻味。

思与行

【记诵与积累】

◎可喜煞,巧笔难描画。他,困倚在秋千架。(《碧玉箫》)

◎家家掩映渠流水,楼阁峥嵘出翠微,遥望西湖暮山势。看了这壁,觑了那壁,纵有丹青下不得笔。(《一枝花·杭州景》)

◎孤村落日残霞,轻烟老树寒鸦,一点飞鸿影下。(《天净沙·秋》)

◎见满山满谷,红叶黄花。正是凄凉时候,离人又在天涯。

(《蟾宫曲》)

◎落花水香茅舍晚,断桥头卖鱼人散。(《寿阳曲·远浦帆归》)

◎天风海涛,昔人曾此,酒圣诗豪。我到此闲登眺,日远天高。

(《满庭芳》)

◎山接水茫茫渺渺,水连天隐隐迢迢。供吟笑,功名事了,不待老僧招。(《满庭芳》)

◎醉里乾坤大,任他高柳清风睡煞。(《沉醉东风·闲居》)

◎枯藤老树昏鸦,小桥流水人家,古道西风瘦马。夕阳西下,断肠人在天涯。(《天净沙·秋思》)

◎只道刘三谁肯把你揪摔住,白甚么改了姓更了名唤做汉高祖。

(《哨遍·高祖还乡》)

◎云霞,我爱山无价。看时行踏,云山也爱咱。

(《雁儿落兼得胜令·退隐》)

◎兴,百姓苦;亡,百姓苦。(《山坡羊·潼关怀古》)

◎山中何事?松花酿酒,春水煎茶。(《人月圆·山中书事》)

◎酒醒寒惊梦,笛凄春断肠,淡月昏黄。(《水仙子·寻梅》)

◎似白虹饮涧，玉龙下山，晴雪飞滩。(《水仙子·重观瀑布》)

◎青杏儿才黄，小鸭儿成双，雏燕语雕梁。(《寨儿令·夏日即事》)

◎狂飙，三冬任尔飘。休骄，一春看尔消。(《山坡羊·冰山》)

【熟读与精思】

《史记·高祖本纪》载："高祖还归，过沛，留。置酒沛宫，悉召故人父老子弟纵酒，发沛中儿得百二十人，教之歌。酒酣，高祖击筑，自为歌诗曰：'大风起兮云飞扬，威加海内兮归故乡，安得猛士兮守四方！'……沛父兄诸母故人日乐饮极欢，道旧故为笑乐。十余日，高祖欲去，沛父兄固请留高祖。高祖曰：'吾人众多，父兄不能给。'乃去。沛中空县皆之邑西献。高祖复留止，张饮三日。"熟读睢景臣《哨遍·高祖还乡》，并与司马迁笔下的汉高祖作比较，看看有何不同。

【学习与践行】

《元史·张养浩传》载，元文宗天历二年（1329）："关中大旱，饥民相食，特拜（养浩）陕西行台中丞。既闻命，即散其家之所有与乡里贫乏者，蹬车就道，遇饿者则赈之，死者则葬之。……到官四月，未尝家居，止宿公署，夜则祷于天，昼则出赈饥民，终日无少怠。"张养浩在赈灾途中目睹了百姓所遭受的灾难，写下七题九首怀古散曲，表达以民为本、心忧天下的博大情怀。读一读这组作品，并结合现实谈谈你对民本思想的认识。

第四单元　尺牍文

导与引

　　牍，供书写用的狭长木片。在纸张得到普及应用之前，古人的信息与情感交流就写在这种一尺左右的简牍上，这就是把书信称为"尺牍"的原因。尺牍文作为一种应用文体，其发展经历了漫长的过程。由于春秋战国时期已称文字通信为"书"，故汉代有"尺书"之说。后"尺牍"成为书信的通称，较"尺书"之说更为流行，运用更为普遍。至魏晋时期，尺牍有了长足发展，形式更加灵活、内容更加丰富、功能进一步拓展。不仅可以交流思想和传递信息，从中还可见作者的性情与文采。至唐宋两代，诞生了不少既有政治意义又有学术价值且兼具艺术性的尺牍文。至明清时期，随着人们社会交往的频繁，尺牍更加流行。从总体看，尺牍有三个突出特点：一是实用性。它是人们交际、交流思想与信息的主要工具，具有实用价值，因而成为中国古代应用性极广的一种文体。二是广泛性。尺牍包罗社会生活和个人生活的诸多方面，议论政治、讨论学术、评述人物、推举自荐、倾诉境遇以至日常所感皆可入书。三是灵活性。书信的根本在于"尽言"，即清楚畅快地表达和从容不迫地抒写，尺牍写法灵活，笔下腾挪空间大。

　　本单元精选我国古代文学史上影响甚巨的9篇尺牍文。《报任少卿书》是司马迁写给友人的回信，抒发了为写作《史记》而含垢忍辱的痛苦心情，是我国古典文学史上第一篇富于抒情性的长篇书信；《答卢谌书》是刘琨经历家国沦亡之痛后写给友人的复信，是"善叙丧乱，多感恨之辞"的典型代表，书信清俊简约的语言中洋溢着浓郁的爱国主义情感，这在清谈玄学的魏晋时期是难能可贵的；《与陈伯之书》是一封以招降为目的的密函，它晓之以理、动之以情，明代张溥盛赞其为"最有声者"；《与朱元思书》是一篇以信札形式写就的山水小品文，篇幅短小，美不胜收，是骈文中写景的精品；《答李翊书》是一篇书信体论说文，是阐述韩愈的古文理论的重要代表作之一；《寄欧阳舍人书》是曾巩写给欧阳修的感谢信，阐发了"文以载道"的主张，在曾巩文集中被"推为第一"；《答司马谏议书》是王安石针对保守派的污蔑而作的驳论文，言辞犀利，针锋相对，是我国古代驳论文名篇；《上枢密韩太尉书》是苏辙写的干谒书信，文辞恳切，才华毕显，乃"绝妙奇文"；《报刘一丈书》深刻揭露当时官僚集团内部的污浊与丑恶，"描写逢迎之状态如画"，对后世有极高的认识价值。这些尺牍文呈现了作者独特的文采与文心，为后人提供了重要的历史资料，从中既可了解作者所处时代的文化状貌与人情世态，还能从中学到自强不息、厚德载物、革故鼎新等中华民族精神。

方寸之间乾坤大，字里行间情意浓。阅读时，需仔细揣摩与品味尺牍文精妙、得体的语言，发掘蕴含在文本里的道德情操和人文精神；留心尺牍文的行文方式与结构样式，在学习与生活中学会应用。既要看到尺牍里的"小"，也要看到其中的"大"，既学文章又学做人，不断提升自己的鉴赏能力与践行能力。

文与解

报任少卿书

司马迁

【题解】

司马迁（前145？—？），字子长，夏阳（今陕西韩城）人，西汉史学家、文学家，太史令司马谈之子，家学渊源既深，又受学于孔安国、董仲舒，漫游各地，了解风俗，采集传闻。初任郎中，奉使西南。后继父职，任太史令，得尽读皇室藏书。因替李陵败降之事辩解而受宫刑，出狱后任中书令，发愤完成《史记》。《报任少卿书》是司马迁写给友人任安的一封回信。任少卿即任安，曾任郎中、益州刺史、北军使者护军等职，是司马迁的好友。他曾写信向司马迁求助，希望司马迁能够"推贤进士"，于是司马迁写了此信回复他。

太史公牛马走①司马迁再拜言，少卿足下②：曩③者辱④赐书，教以顺于接物，推贤进士为务，意气勤勤恳恳。若望⑤仆不相师，而用流俗人之言。仆非敢如此也。仆虽罢驽⑥，亦尝侧闻⑦长者之遗风矣。顾自以为身残处秽，动而见尤⑧，欲益反损，是以独郁悒而与谁语。谚曰："谁为为之？孰令听之？"盖钟子期死，伯牙终身不复鼓琴。何则？士为知己者用，女为说己者容。若仆大质⑨已亏缺矣，虽才怀随、和，行若由、夷⑩，终不可以为荣，适足以见笑而自点⑪耳。书辞宜答，会东从上来⑫，又迫贱事，相见日浅，卒卒⑬无须臾之间，得竭至意。今少卿抱不测之罪，涉旬月，迫季冬⑭；仆又薄⑮从上雍⑯，恐卒然不可为讳⑰。是仆终已不得舒愤懑以晓左右，则长逝者魂魄私恨无穷。请略陈固陋，阙然久不报，幸勿为过。

仆闻之：修身者，智之符也；爱施者，仁之端也；取与者，义之表也；耻辱者，勇之决也；立名者，行之极也。士有此五者，然后可以托于世，而列于君子之林矣。故祸莫憯于欲利，悲莫痛于伤心，行莫丑于辱先，诟莫大于宫刑。刑余之人，无所比数，非一世也，所从来远矣。昔卫灵公与雍渠同载，孔子适陈；商鞅因景监见，赵良寒心；同子参乘，袁丝变色。自古而耻之。夫以中才之人，事有关于宦竖⑱，莫不伤气，而况于慷慨之士乎！如今朝廷虽乏人，奈何令刀锯之余，荐天下豪俊哉？

仆赖先人绪业，得待罪⑲辇毂下⑳，二十余年矣。所以自惟㉑，上之不能纳忠效信，有奇策才力之誉，自结明主；次之又不能拾遗补阙，招贤进能，显岩穴之士；外之又不能备行伍，攻城野战，有斩将搴㉒旗之功；下之不能积日累劳，取尊官厚禄，以为宗族交游光宠。四者无一遂，苟合取容，无所短长之效，可见如此矣。向者，仆常厕㉓下大夫㉔之列，陪外廷㉕末议㉖。不以此时引维纲㉗，尽思虑，今以亏形为扫除之隶，在闒茸㉘之中，乃欲仰首伸眉，论列是非，不亦轻朝廷羞当世之士邪？嗟乎！嗟乎！如仆尚何言哉！尚何言哉！

且事本末未易明也。仆少负不羁之行，长无乡曲㉙之誉，主上幸以先人之故，使得奏薄伎，出入周卫㉚之中。仆以为戴盆何以望天㉛？故绝宾客之知，亡室家之业，日夜思竭其不肖之才力，务一心营职，以求亲媚于主上。而事乃有大谬不然者夫。

仆与李陵，俱居门下，素非能相善也。趣舍㉜异路，未尝衔杯酒㉝，接殷勤之余欢。然仆观其为人，自守奇士，事亲孝，与士信，临财廉，取与义。分别有让，恭俭下人，常思奋不顾身，以徇国家之急。其素所蓄积也，仆以为有国士之风。夫人臣出万死不顾一生之计，赴公家之难，斯以奇矣。今举事一不当，而全躯保妻子之臣，随而媒孽㉞其短，仆诚私心痛之。且李陵提步卒不满五千，深践戎马之地，足历王庭㉟，垂饵虎口，横挑强胡，仰亿万之师，与单于连战十有余日，所杀过半当。虏救死扶伤不给，旃㊱裘之君长咸震怖，乃悉征其左右贤王㊲，举引弓之人，一国共攻而围之。转斗千里，矢尽道穷，救兵不至，士卒死伤如积。然陵一呼劳，军士无不起，躬自流涕，沫㊳血饮泣，更张空拳，冒白刃，北向争死敌者。陵未没时，使有来报，汉公卿王侯，皆奉觞上寿㊴。后数日，陵败书闻，主上为之食不甘味，听朝不怡。大臣忧惧，不知所出。仆窃不自料其卑贱，见主上惨怆怛㊵悼，诚欲效其款款㊶之愚，以为李陵素与士大夫㊷绝甘㊸分少㊹，能得人死力，虽古之名将，不能过也。身虽陷败，彼观其意，且欲得其当而报于汉。事已无可奈何，其所摧败，功亦足以暴于天下矣。仆怀欲陈之，而未有路，适会召问，即以此指推言陵之功，欲以广主上之意，塞睚眦㊺之辞。未能尽明，明主不晓，以为仆沮贰师，而为李陵游说，遂下于理㊻。拳拳之忠，终不能自列。因为诬上，卒从吏议。家贫，货赂不足以自赎，交游莫救；左右亲近不为一言。身非木石，独与法吏为伍，深幽囹圄之中，谁可告愬㊼者？此真少卿所亲见，仆行事岂不然乎？李陵既生降，隤㊽其家声；而仆又佴㊾之蚕室㊿，重为天下观笑。悲夫！悲夫！事未易一二为俗人言也。

　　仆之先，非有剖符㊶丹书㊷之功，文史星历㊸，近乎卜祝之间，固主上所戏弄，倡优所畜，流俗之所轻也。假令仆伏法受诛，若九牛亡一毛，与蝼蚁何以异？而世又不与能死节者，特以为智穷罪极，不能自免，卒就死耳。何也？素所自树立使然也。人固有一死，或重于泰山，或轻于鸿毛，用之所趋异也。太上不辱先，其次不辱身，其次不辱理色，其次诎体受辱，其次易服受辱，其次关木索㊾被箠楚受辱，其次剔毛发婴金铁受辱，其次毁肌肤断肢体受辱，最下腐刑，极矣。传曰："刑不上大夫。"此言士节不可不勉励也。猛虎在深山，百兽震恐，及在槛阱之中，摇尾而求食，积威约之渐也。故有画地为牢势不可入，削木为吏议不可对，定计于鲜㊿也。今交手足，受木索，暴肌肤，受榜㊶箠㊷，幽于圜墙之中。当此之时，见狱吏则头枪地，视徒隶则正惕息㊸，何者？积威约之势也。及以至是言不辱者，所谓强颜耳，曷足贵乎！且西伯，伯也，拘于羑里；李斯，相也，具于五刑；淮阴㊹，王也，受械于陈；彭越⑩、张敖⑪，南面称孤，系狱抵罪；绛侯⑫诛诸吕，权倾五伯，囚于请室⑬；魏其，大将也，衣赭衣，关三木；季布为朱家钳奴；灌夫⑭受辱于居室⑮。此人皆身至王侯将相，声闻邻国，及罪至罔加，不能引决自裁，在尘埃之中，古今一体，安在其不辱也？由此言之，勇怯，势也；强弱，形也。审矣！何足怪乎？夫人不能早自裁绳墨之外，以稍陵迟至于鞭箠之间，乃欲引节，斯不亦远乎？古人所以重施刑于大夫者，殆为此也。

夫人情莫不贪生恶死，念父母，顾妻子，至激于义理者不然，乃有所不得已也。今仆不幸，早失父母，无兄弟之亲，独身孤立，少卿视仆于妻子何如哉？且勇者不必死节，怯夫慕义，何处不勉焉！仆虽怯懦欲苟活，亦颇识去就之分矣。何至自沉溺缧绁之辱哉？且夫臧获⑯婢妾，由能引决，况仆之不得已乎？所以隐忍苟活，幽于粪土之中而不辞者，恨私心有所不尽，鄙陋没世，而文彩不表于后世也。

古者富贵而名摩灭，不可胜记，唯俶傥非常之人称焉。盖文王拘而演《周易》；仲尼厄而作《春秋》；屈原放逐，乃赋《离骚》；左丘失明，厥有《国语》；孙子膑脚，《兵法》修列；不韦迁蜀，世传《吕览》；韩非囚秦，《说难》《孤愤》；《诗》三百篇，大抵圣贤发愤之所为也。此人皆意有郁结，不得通其道，故述往事，思来者。乃如左丘无目，孙子断足，终不可用，退而论书策，以舒其愤，思垂空文以自见。

仆窃不逊，近自托于无能之辞，网罗天下放失旧闻，略考其行事，综其终始，稽其成败兴坏之纪，上计轩辕，下至于兹，为十表，本纪十二，书八章，世家三十，列传七十，凡百三十篇，亦欲以究天人之际，通古今之变，成一家之言。草创未就，会遭此祸，惜其不成，已就极刑而无愠色。仆诚以著此书藏诸名山，传之其人，通邑大都，则仆偿前辱之责，虽万被戮，岂有悔哉？然此可为智者道，难为俗人言也。

且负下未易居，下流多谤议。仆以口语遇此祸，重为乡党所笑，以污辱先人，亦何面目复上父母丘墓乎？虽累百世，垢弥甚耳！是以肠一日而九回⑰，居则忽忽若有所亡，出则不知其所往。每念斯耻，汗未尝不发背沾衣也。身直为闺阁之臣⑱，宁得自引于深藏岩穴邪？故且从俗浮沉，与时俯仰，以通其狂惑。今少卿乃教以推贤进士，无乃与仆私心剌谬⑲乎！今虽欲自雕琢，曼辞⑳以自饰，无益于俗不信，适足取辱耳。要之死日，然后是非乃定。书不能悉意，略陈固陋，谨再拜。

【注释】

①［太史公牛马走］太史公，即太史令。牛马走，像牛马一样供人驱使的仆夫，此为司马迁自谦。　②［足下］古人向人表示尊敬的一种称呼。　③［曩（nǎng）］从前。　④［辱］承蒙，自谦之辞。　⑤［望］埋怨。　⑥［罢驽］疲弱无用的劣马，比喻才能低下。罢，同"疲"。　⑦［侧闻］从旁听说。犹言"伏闻"，自谦之辞。　⑧［尤］过错。　⑨［大质］身体。　⑩［由、夷］许由和伯夷，两人都是西周品德高尚的人。　⑪［点］玷污。　⑫［会东从上来］恰随汉武帝从东方回长安。太始四年（前93）三月，汉武帝东巡泰山，四月，又到海边的不其山，五月间返回长安。司马迁从驾而行。　⑬［卒（cù）卒］同"猝猝"，匆匆忙忙的样子。　⑭［季冬］冬季的第三个月，即十二月。汉律规定十二

月处决囚犯。　⑮［薄］同"迫"。　⑯［雍］地名，在今陕西凤翔县南。　⑰［不可为讳］死的委婉说法。指任安不可避免要被处死。　⑱［竖］供役使的小臣。后泛指卑贱者。　⑲［待罪］做官的谦辞。　⑳［辇毂（gǔ）下］皇帝的车驾之下，引申为皇帝身边。　㉑［惟］思考。　㉒［搴（qiān）］拔取。　㉓［厕］忝列，参与。　㉔［下大夫］太史令官位较低，属下大夫。　㉕［外廷］即外朝。汉代朝官分内朝官和外朝官。汉武帝以侍中、常侍、给事中等近臣组成内朝，参与国家大事决策。外朝则为执行一般政务的机关。　㉖［末议］微不足道的意见。"陪外廷末议"是谦辞。　㉗［维纲］纲常法纪。　㉘［闒茸（tà róng）］卑贱之人。　㉙［乡曲］乡里。　㉚［周卫］即宫禁。　㉛［戴盆何以望天］当时谚语，形容忙于职守，识见浅陋，无暇他顾。　㉜［趣舍］向往和废弃。趣，同"趋"。　㉝［衔杯酒］在一起喝酒。指私人交往。　㉞［媒孽］也作"媒蘖"，酒曲。这里是酿成之意，指构陷诬害，酿成其罪。　㉟［王庭］匈奴单于的居处。　㊱［旃（zhān）］毛织品。　㊲［左右贤王］左贤王和右贤王，匈奴封号最高的贵族。　㊳［沫］以手掬水洗脸。　㊴［上寿］这里指祝捷。　㊵［怛（dá）］悲痛。　㊶［款款］忠诚的样子。　㊷［士大夫］此指李陵的部下将士。　㊸［绝甘］舍弃甘美的食品。　㊹［分少］即使所得甚少也平分给众人。　㊺［睚眦］怒目相视。　㊻［理］掌司法之官。　㊼［愬］同"诉"。　㊽［隤（tuí）］同"颓"，败坏。　㊾［佴（èr）］居。　㊿［蚕室］温暖密封的房子。初受腐刑的人怕风，故须住此。　㉛［剖符］把竹做的契约一剖为二，皇帝与大臣各执一块，上写同样的誓词，说永远不改变立功大臣的爵位。　㉜［丹书］用丹砂写着誓词的铁制契券。凡持有丹书的大臣，其子孙犯罪可获赦免。　㉝［文史星历］此指天文历法。史籍和天文历法，都属太史令掌管。　㉞［木索］木枷和绳索。　㉟［鲜］态度鲜明。即自杀，以示不受辱。　㊱［榜］鞭打。　㊲［箠］竹棒。此处用作动词。　㊳［惕息］胆战心惊。　㊴［淮阴］指淮阴侯韩信。　㊵［彭越］汉高祖的功臣。　㊶［张敖］汉高祖功臣张耳的儿子，袭父爵为赵王。彭越和张敖都因被人诬告称孤谋反而下狱定罪。　㊷［绛侯］即周勃，勃以功封绛侯。惠帝和吕后死后，吕产、吕禄等人谋夺汉室，周勃和陈平一起定计诛诸吕，迎立刘恒为文帝。　㊸［请室］大臣犯罪等待判决的地方。　㊹［灌夫］汉景帝时为中郎将，武帝时官太仆。因得罪了丞相田蚡，被囚于居室，后受诛。　㊺［居室］少府所属的官署。　㊻［臧获］古时对奴婢的贱称。　㊼［九回］九转。形容痛苦之极。　㊽［闺阁之臣］指宦官。闺、阁都是宫中小门。此指皇帝内廷深宫。　㊾［刺（là）谬］违背，违反。　㊿［曼辞］美饰之辞。

【解读】

全文共 10 个自然段，可分为五部分。第一部分为第 1 自然段，就任安之托做出解释——自己"身残处秽"，无法"推贤进士"，交代迟复信的缘由。第二部分为第 2~3 自然段，说明自己不能"荐天下豪俊"的满腹苦衷。先正面提出士大夫应有"智、仁、义、勇、行"五种品质，才能"托于世"，然后反面提出"祸、悲、行、诟"四种不幸。宫刑是最大的"诟"，受过宫刑的人是无法与士大夫相提并论的，然后进一步说自己"四不能"，因而无法"论列是非"。第三部分为第 4~6 自然段。回顾自己因李陵事件而遭受不幸的始末，借此倾诉满腹委屈，抨击牢狱的黑暗，阐述"人固有一死，或重于泰山，或轻于鸿毛"的生死观。第四部分为第 7~9 自然段。说明自己隐忍苟活是为了"发愤著书"，完成《史记》，用著书雪耻，言语中充满苍凉与悲壮。第五部分为第 10 自然段。再次申述自己悲惨的现实处境，表明无法"推贤进士"的苦衷，前后呼应，结束全文。

书信内容繁复，思绪万千，但又文理清晰，感人肺腑。叙事、抒情、议论有机交融，使行文纡曲而前后统一，措辞委婉而情意显达，既有燕赵悲歌之遗风，又有《离骚》忧思之余韵。司马迁从自己的人生悲剧联系到历史的悲剧，从古代仁人志士的坎坷命运写到自己的不幸遭遇，以抒发人生感怀、揭露黑暗现实，寓愤懑之情于叙述、议论之中，但又不作消沉绝望之态，在痛苦决绝之中表明坚毅决心，时而慷慨激昂，时而婉转低回，沉郁顿挫，一唱三叹。从这种语言艺术特色之中亦可见司马迁隐忍负重而矢志不渝抱持死必"重于泰山"的崇高灵魂。

"人固有一死，或重于泰山，或轻于鸿毛，用之所趋异也。"司马迁是这么想的，也是这么做的。他蒙受侮辱仍发愤著书，完成皇皇巨著《史记》，实现了自己的人生价值，他自强不息的拼搏精神激励着一代又一代人奋发向前。

答卢谌书

刘　琨

【题解】

　　刘琨（271—318），字越石，中山魏昌（今河北定州）人，西晋将领、诗人。少与祖逖为友，惠帝时封广武侯，愍帝初任大将军，都督并州诸军事。后人辑有《刘越石集》。《答卢谌书》是刘琨失去并州投奔鲜卑贵族段匹䃅时所作。卢谌被段召为别驾，临去之际写信并赠诗刘琨，道相别留恋之意，刘琨回信一封并答诗一首。本文就是其中的书信部分。卢谌字子谅，范阳（今河北涿州）人，尚书卢志之子，曾为刘琨僚属，与刘琨交好。

　　琨顿首①：损书②及诗，备辛酸之苦言，畅经通之远旨③。执玩反覆，不能释手。慨然以悲，欢然以喜。昔在少壮，未尝检括④。远慕老、庄之齐物⑤，近嘉阮生⑥之放旷，怪厚薄⑦何从而生？哀乐何由而至？自顷⑧辀张⑨，困于逆乱⑩，国破家亡，亲友凋残。负杖行吟，则百忧俱至，块然⑪独坐，则哀愤两集。时复相与，举觞对膝，破涕为笑，排终身之积惨，求数刻之暂欢。譬由疾疢⑫弥年。而欲一丸销之，其可得乎？夫才生于世，世实须才。和氏之璧，焉得独曜于郢握⑬？夜光之珠⑭，何得专玩于隋掌？天下之宝，当与天下共之。但分析⑮之日，不能不怅恨耳！然后知聃、周之为虚诞，嗣宗⑯之为妄作也。昔骒骥⑰倚辀⑱于吴坂⑲，长鸣于良乐⑳，知与不知也。百里奚㉑愚于虞而智于秦，遇与不遇也。今君遇之矣，勖㉒之而已！不复属意㉓于文二十余年矣。久废㉔则无次㉕，想必欲其一反㉖，故称指㉗送一篇，适足以彰来诗之益美耳㉘。琨顿首顿首。

【注释】

①［顿首］叩头。古代写信常用于书信开头或结尾以示尊敬。　②［损书］对别人来信的敬辞。意谓对方是贬损身份给自己来信。　③［经通之远旨］指天地古今之间固定不变的道理。　④［检括］检点，约束。　⑤［老、庄之齐物］庄子著有《齐物论》，内容以齐是非、齐彼此、齐物我、齐寿夭为主，否定万物的界限差异，是一种相对主义的观点。此处老子、庄子并提，概言道家。　⑥［阮生］阮籍。　⑦［厚薄］语出《列子·力命》，意谓如果懂得听从命运，就不会感到厚薄、哀乐。　⑧［顷］最近。　⑨［輈（zhōu）张］惊恐。　⑩［逆乱］指晋永嘉之乱。　⑪［块然］孤独无依的样子。　⑫［疾疢（chèn）］疢，热病，泛指疾病。　⑬［郢握］指归楚国所有。郢，楚国都城。　⑭［夜光之珠］指随侯之珠。传说随侯见一大蛇负伤，便给它敷伤治好，后来这条大蛇衔明珠来报其德，故称随侯之珠，因夜间发光，故又称夜光之珠。　⑮［分析］这里是分离的意思。⑯［嗣宗］阮籍的字。　⑰［骒骥］千里马。　⑱［輈］车辕。　⑲［吴坂］吴地的山坡。　⑳［良乐］王良和伯乐。均为古代善相马者。　㉑［百里奚］春秋时虞国大夫。虞亡逃楚，被秦穆公用五张羊皮赎来，拜为大夫。　㉒［勖（xù）］勉励。　㉓［属意］用心，致力。　㉔［废］放弃。　㉕［次］章法。　㉖［一反］一个回赠。指对卢谌赠诗的回诗。　㉗［称指］称，符合，遵照。称指，按照你的意旨。　㉘［适足以彰来诗之益美耳］正好可以彰显你的赠诗更加精美。适，刚好。来诗，指卢谌所赠四言诗，共二十章。益美，增美。

【解读】

西晋末年，社会动乱不已，刘渊父子、石勒等相继起事，晋朝在北方的政权崩解，阶级矛盾、民族矛盾日益加深。国家动乱，刘琨在北方辗转抗敌，在颠沛流离中对务实救国有了更强烈的愿望，希冀能被识才者重用而为国出力。在答好友卢谌的这封信中，他表达了自己的满腔热忱，忧国忧民，情感真挚，令人动容。

在书信的开篇，作者首先以"备心酸之苦言，畅经通之远旨"概括好友卢谌所赠诗文。见信后又是"执玩反覆，不能释手"，以致悲喜交织，"慨然以悲，欢然以喜"。从中可见二人深厚的感情与彼此共通的思想。

  "慨然以悲，欢然以喜"是全文的感情基础，也是全文的中心句。首先作者回顾人生，检讨、反思自己年少"未尝检阅"，曾追慕老庄之哲学、嘉许阮籍行事之放纵，认为人生境遇的哀乐、厚薄实际上都并不存在，全是对自己早年虚华放诞的自责与悲伤。进而喟叹近况，"困于逆乱"，北方少数民族南下，战乱爆发，"国破家亡，亲友凋残"，以致"百忧俱至""哀愤两集"。由个人到亲友、国家，由过去到现实，由年少轻狂到中年国灭家亡，悲伤逐步加深，其情形着实令人倍感凄惶、哀伤。经历了国破家亡的切肤之痛，才会更懂对美好的珍惜。朋友间"举觞对膝，破涕为笑"的相聚，可以"排终身之积惨，求数刻之暂欢"，与友把酒言欢为这萧瑟惨淡的乱世人生带来了一丝欣喜和欣慰。这一部分作者反思过去，喟叹现实，都非常真诚，具有极强的感染力。但他也清醒地知道，短暂之欢如同"一九"，无法消除"疾疢弥年"，危难之际，最为紧要的是，"世实须才"，人尽其才。安定天下、振兴家国离不开人才。信的最后，他为好友召为别驾感到欣慰，同时寄语期待。他把卢谌比作千里马、百里奚，认为其有经天纬地之才干，应像"和氏之璧""夜光之珠"一样，"与天下共之"，发挥才智，为国效力，期待好友大展宏图。

  通览全文，此文虽为书信，但文笔沉郁，用语凝练含蓄。作者在与好友的对话中，把个人命运与国家安危紧密结合在一起，字里行间充溢着忧国忧民之情，展现了一位爱国志士宽广博大的胸怀。

与陈伯之书

丘　迟

【题解】

　　丘迟（464—508），字希范，吴兴乌程（今浙江湖州）人，南朝文学家，初仕南齐，官至殿中郎、车骑录事参军，后仕梁，官至司徒从事中郎。善诗赋文章，后人辑有《丘司空集》。陈伯之，齐末为江州刺史，曾抗击梁武帝萧衍，降梁后仍为江州刺史，封丰城县公，后弃梁投北魏。天监四年（505），临川王萧宏领兵北征，陈伯之率兵相拒，丘迟写此信劝降。

　　迟顿首。陈将军足下：无恙，幸甚幸甚！将军勇冠三军，才为世出①，弃燕雀之小志，慕鸿鹄以高翔。昔因机变化，遭遇明主，立功立事，开国称孤②，朱轮华毂，拥旄③万里，何其壮也！如何一旦为奔亡之虏，闻鸣镝④而股战，对穹庐⑤以屈膝，又何劣邪！

　　寻君去就⑥之际，非有他故，直以不能内审诸己，外受流言，沉迷猖蹶，以至于此。圣朝赦罪责功⑦，弃瑕录用，推赤心于天下，安反侧于万物⑧，将军之所知，不假⑨仆一二谈也。朱鲔涉血于友于⑩，张绣剚刃于爱子⑪，汉主不以为疑，魏君待之若旧。况将军无昔人之罪，而勋重于当世。夫迷涂知返，往哲是与⑫；不远而复⑬，先典攸高⑭。主上屈法申恩，吞舟是漏⑮；将军松柏不剪，亲戚安居，高台未倾⑯，爱妾尚在。悠悠尔心，亦何可言！

　　今功臣名将，雁行有序，佩紫⑰怀黄⑱，赞帷幄之谋，乘轺⑲建节⑳，奉疆埸㉑之任，并刑马作誓，传之子孙。将军独靦颜㉒借命，驱驰毡裘㉓之长，宁不哀哉！夫以慕容超㉔之强，身送东市㉕；

姚泓㉖之盛，面缚西都㉗。故知霜露所均㉘，不育异类；姬、汉旧邦，无取杂种。北虏僭盗中原，多历年所，恶积祸盈，理至燋烂。况伪孽㉙昏狡，自相夷戮㉚；部落携离㉛，酋豪㉜猜贰。方当系颈蛮邸，悬首藁街㉝。而将军鱼游于沸鼎之中，燕巢于飞幕㉞之上，不亦惑乎！

暮春三月，江南草长，杂花生树，群莺乱飞。见故国之旗鼓，感平生于畴日，抚弦登陴，岂不怆悢！所以廉公之思赵将，吴子之泣西河，人之情也。将军独无情哉？

想早励良规，自求多福。当今皇帝盛明，天下安乐。白环西献，楛矢㉟东来；夜郎、滇池，解辫请职㊱；朝鲜、昌海㊲，蹶角㊳受化。唯北狄野心，掘强沙塞之间，欲延岁月之命耳。中军临川殿下㊴，明德茂亲㊵，总兹戎重，吊民洛汭㊶，伐罪秦中㊷。若遂㊸不改，方思仆言。聊布往怀㊹，君其详之。丘迟顿首。

【注释】

①［才为世出］语出苏武《报李陵书》："每念足下才为世生，器为时出。"此喻陈伯之才能杰出于当世。　②［开国称孤］开国，梁时封爵，皆冠以开国之号。孤，王侯自称。此指受封爵事。　③［旄］用牦牛尾装饰的旗子。此指旄节。拥旄，古代高级武将持节统制一方之谓。　④［鸣镝（dí）］响箭。　⑤［穹庐］原指少数民族居住的毡帐。这里指代北魏政权。　⑥［去就］指陈伯之弃梁投降北魏事。　⑦［赦罪责功］赦免罪过而求其建立功业。　⑧［推赤心于天下，安反侧于万物］《后汉书·光武帝纪》："降者更相语曰：'萧王推赤心置人腹中，安得不投死乎？'"又：汉兵诛王郎，得吏人与郎交关谤毁者数千章烧之曰："令反侧子自安。"反侧，指心怀鬼胎，疑惧不安的人。此谓梁朝以赤心待人，对一切都既往不咎。　⑨［不假］不借助，不需要。　⑩［朱鲔（wěi）涉血于友于］朱鲔，王莽末年绿林军将领，曾劝说刘玄杀死光武帝的哥哥刘伯升，后被光武帝劝降。涉血，同"喋血"，谓杀人多流血满地，脚履血而行。友于，兄弟，此指刘伯升。　⑪［张绣剚（zì）刃于爱子］据《三国志·魏书·武帝纪》载："建安二年，公

（曹操）到宛。张绣降，既而悔之，复反。公与战，军败，为流矢所中。长子昂、弟子安民遇害。"建安四年，"冬十一月，张绣率众降，封列侯"。剚刃，用刀刺入人体。　⑫［是与］是，见。与，赞同。　⑬［不远而复］指迷途不远而返回。《易·复卦》："不远复，无祇悔，元吉。"　⑭［先典攸高］古代典籍，指《易经》；攸，放在主语与动词之间，相当于"就"。高，嘉许。　⑮［主上屈法申恩，吞舟是漏］桓宽《盐铁论·刑德》："明王茂其德教而缓其刑罚也。网漏吞舟之鱼。"吞舟，指吞舟之鱼。《史记·酷吏列传》："汉兴，破觚而为圜，斫雕而为朴，网漏于吞舟之鱼。"意指法网很宽，对犯有重大罪恶者亦可宽容。　⑯［高台未倾］桓谭《新论》云：雍门周说孟尝君曰："千秋万岁后，高台既已倾，曲池又已平。"此指陈伯之在梁的房舍住宅未被焚毁。　⑰［紫］紫绶，系官印的丝带。　⑱［黄］黄金印。　⑲［轺（yáo）］用两匹马拉的轻车，此指使节乘坐之车。　⑳［建节］将皇帝赐予的符节插立车上。　㉑［疆埸（yì）］边境。　㉒［靦（tiǎn）颜］面有惭愧之色。　㉓［毡裘］以毛织制之衣，北方少数民族服装，这里指代北魏。　㉔［慕容超］南燕君主。晋末宋初曾骚扰淮北，刘裕北伐将他擒获，解至建康（南京）斩首。　㉕［东市］汉代长安处决犯人的地方。后泛指刑场。　㉖［姚泓］后秦君主。刘裕北伐破长安，姚泓出降。　㉗［面缚西都］面缚，面朝前，双手反缚于后。西都，指长安。　㉘［霜露所均］霜露所及之处，即天地之间。　㉙［伪孽］这里指北魏宣武帝。　㉚［自相夷戮］指北魏内部的自相残杀。501年宣武帝的叔父咸阳王元禧谋反被杀，504年北海王元祥也因起兵作乱被囚禁而死。　㉛［携离］离心，背叛。　㉜［酋豪］部落酋长。　㉝［藁（gǎo）街］汉代长安街名。乃其时外国使节或宾客所居之处。　㉞［飞幕］动荡的帐幕，此喻陈伯之处境危险。　㉟［楛（hù）矢］用楛木做的箭。　㊱［解辫请职］解开盘结的发辫，请求封职。即表示愿意归顺。　㊲［昌海］今新疆罗布泊。这里泛指西域之国。　㊳［蹶角］以额角叩地，以示归顺。　㊴［中军临川殿下］指萧宏。时临川王萧宏任中军将军。殿下，对王侯的尊称。　㊵［茂亲］至亲。指萧宏为武帝之弟。　㊶［吊民洛汭（ruì）］吊民，慰问老百姓；汭，水流隈曲处。洛汭，洛水汇入黄河的洛阳、巩县一带。　㊷［秦中］关中，指函谷关以西的秦地，在今陕西中部地区。　㊸［遂］仍旧。　㊹［聊布往怀］姑且陈述往日的友情。

【解读】

梁武帝命临川王萧宏领兵北伐，陈伯之屯兵寿阳与梁军对抗，萧宏命丘迟写信劝降陈伯之。陈伯之收到这封劝降信后，为书信的情理所慑服，旋即率众投降。全文可分为五段，在这五个段落中，作者结合陈伯之以往的经历、现实的处境、内心的疑虑，有的放矢地逐层申说。丘迟在信中首先义正词严地谴责了陈伯之叛国投敌的卑劣行径，然后申明梁朝廷不咎既往、宽大为怀的政策，向对方晓以大义，陈述利害，并动之以故国之恩、乡关之情，最后奉劝他只有归梁才是最好的出路。

本文虽是骈文，但用典较少，而且力求摒弃晦涩冷僻之典，尽量写得明白晓畅，具体实在。全文基本使用偶体双行的四六句式，注意参差变化，具有音乐美及和谐的节律感。文章内容充实，感情真挚。作者突破骈文形式上的束缚，克服南朝骈文大多形式华美、内容空洞的弊病而自出机杼，无论是赞赏陈伯之的才能，惋惜陈伯之的失足，还是担忧陈伯之的处境，期望陈伯之的归来，均发自肺腑，真挚感人，全文循循善诱和真诚相待，无空泛说教和虚声恫吓，成就了这篇流传千古的骈文。

与朱元思书

吴 均

【题解】

吴均（469—520），字叔庠，吴兴故鄣（今浙江安吉）人，南朝文学家、史学家。好学有俊才，因私撰《齐春秋》被免官，后奉旨撰写《通史》，未及成书即去世。后人辑有《吴朝请集》。魏晋南北朝时期政治黑暗，社会动荡，不少知识分子寄情山水来排解心中的苦闷，吴均也不例外。《与朱元思书》是吴均写给他的朋友朱元思的一封书信。朱元思，吴均的好友，一作宋元思，字玉山，生平不详。

  风烟俱净①，天山共色，从流飘荡，任意东西。自富阳至桐庐，一百许里，奇山异水，天下独绝。
  水皆缥碧，千丈见底，游鱼细石，直视无碍。急湍甚箭，猛浪若奔。
  夹岸高山，皆生寒树②，负势竞上③，互相轩邈④，争高直指，千百成峰。泉水激石，泠泠⑤作响；好鸟相鸣，嘤嘤成韵。蝉则千转不穷，猿则百叫无绝。鸢飞戾天者⑥，望峰息心；经纶世务者⑦，窥谷忘反⑧。横柯上蔽⑨，在昼犹昏，疏条交映，有时见日。

【注释】

  ①〔风烟俱净〕烟雾都消散尽净。　②〔寒树〕让人看了有寒意的树，这里形容树密而绿。　③〔负势竞上〕高山凭依高峻的地势，争着向上。这一句说的是"高山"，不是"寒树"，从下文"千百成峰"可以看出。　④〔轩邈（miǎo）〕意思是这些高山仿佛都在争着往高处和远处伸展。轩，高。邈，远。这两个词在这里活用为动词。　⑤〔泠泠（líng）〕拟声词，形容水声清越。　⑥〔鸢（yuān）飞戾天者〕那些像鸢鸟一样怀着对名利的渴望极力高攀的人。鸢，猛禽。

庚，至。　⑦［经纶世务者］治理社会事务的人。经纶，筹划、治理。　⑧［窥谷忘反］看到幽美的山谷，也会流连忘返。反，同"返"，返回。　⑨［横柯上蔽］横斜的树枝在上面遮蔽着。柯，树枝。

【解读】

　　本文是吴均写给友人朱元思的一封书信，主要讲述自己乘船从富阳至桐庐沿途的所见所闻，展现了这一路的山光水色。这篇文章不单是写景，而是寓情于景，字里行间流露出醉情山水、向往美好的人生追求。

　　本文是魏晋南北朝描绘山水的上乘之作，语言清新简练，多用骈句，工整清丽，修辞丰富，给人以美的享受。本文的特点如下：一是语言简约精练。全文仅用100余字就向友人描绘了富阳至桐庐的绮丽山水，不可谓不简约；用"奇""异"二字总括其特点，用"箭""奔"二字写出水流之迅疾，用"竞""争"二字描出山峦争先恐后向上崛起的状貌，用词精练，生动晓畅。二是骈散结合，错落有致。全文多四字句，句式整齐，但其中又夹有五、六字句，从而不显得刻板，如"自富阳至桐庐，一百许里，奇山异水，天下独绝"，这种齐整之中显参差的灵活句式与富阳春江婀娜多姿的景色交相辉映。三是修辞手法多样。这是一篇骈体文，除对偶外，还运用了比喻、夸张、拟人等多种修辞手法。例如"猛浪若奔"把水浪比喻成奔腾之马，写出水势之浩大湍急；"千丈见底"又用夸张手法写出水之澄澈；"负势竞上，互相轩邈""争高直指"，不但写出了山峰千姿百态的状貌，而且赋予其人的特点——争先恐后向高远处伸展，写出了山之生气与活力。

　　一切景语皆情语。高明的作家写景，一定在景中融入个人情感，从而达到情景交融、借景抒情的目的。吴均也不例外，本文也是情景相生的。"从流飘荡，任意东西"，流露出尽享自由、无拘无束、无牵无挂的惬意之情，书信结尾的"鸢飞戾天者，望峰息心；经纶世务者，窥谷忘反"，用人的感受反衬出山水之美，明确写出置身如此美妙的景色之中，可以忘却功名利禄，含蓄地流露出作者向往大自然的高洁志趣。

答李翊书

韩　愈

【题解】

　　韩愈（768—824），字退之，河阳（今河南孟州）人，唐代文学家、政治家。韩氏郡望昌黎，世称韩昌黎。卒谥文，故世称韩文公。贞元进士。因上书言事贬为阳山令，又因谏阻宪宗迎佛骨贬为潮州刺史。倡导古文运动，为"唐宋八大家"之首。著有《昌黎先生集》。李翊（yì），唐贞元十八年（802）进士，曾向韩愈请教文章写作技巧，韩愈遂作此文以答。本文是研究韩愈文学思想和文学创作的重要史料。

　　六月二十六日愈白①：李生足下：生之书辞甚高，而其问何下而恭②也！能如是，谁不欲告生以其道。道德之归也有日矣，况其外之文③乎？抑④愈所谓望孔子之门墙而不入于其宫⑤者，焉足以知是且非邪？虽然，不可不为生言之。

　　生所谓立言者是也；生所为者与所期者甚似而几矣。抑不知生之志蕲⑥胜于人而取于人邪？将蕲至于古之立言者邪？蕲胜于人而取于人，则固胜于人而可取于人矣；将蕲至于古之立言者，则无望其速成，无诱于势利，养其根⑦而俟⑧其实⑨，加其膏⑩而希其光。根之茂者其实遂⑪，膏之沃⑫者其光晔⑬；仁义之人，其言蔼如⑭也。

　　抑又有难者：愈之所为，不自知其至犹未也，虽然，学之二十余年矣。始者非三代两汉之书不敢观，非圣人之志不敢存，处若忘，行若遗，俨乎⑮其若思，茫乎其若迷。当其取于心而注于手也，惟陈言之务去，戛戛⑯乎其难哉。其观于人，不知其非笑之为非笑也。如是者亦有年，犹不改，然后识古书之正伪，与虽正而不至焉者，昭昭然白黑分矣，而务去之，乃徐有得也。当其取于心而注于手也，汩汩然来矣。其观于人也，笑之则以为喜，誉之则以为忧，以其犹有人之说⑰者存也。如是者亦有年，然后浩乎其沛然⑱矣。吾又惧其杂也，迎而距之⑲，平心而察之，其皆醇也，然后肆⑳焉。虽然，不可以不养㉑也。行之乎仁义之途㉒，游之乎《诗》《书》之源，无迷其途，无绝其源，终吾身而已矣。

气，水也；言，浮物也。水大而物之浮者大小毕浮，气之与言犹是也，气盛㉓则言之短长与声之高下者皆宜。虽如是，其敢自谓几于成㉔乎？虽几于成，其用于人也奚取焉？虽然，待用于人者，其肖于器㉕邪？用与舍㉖属诸人㉗。君子则不然：处心有道㉘，行己有方；用则施诸人，舍则传诸其徒，垂诸文㉙而为后世法：如是者，其亦足乐乎？其无足乐也？

有志乎古者希㉚矣！志乎古必遗乎今，吾诚乐而悲之。亟㉛称其人，所以劝之，非敢褒其可褒而贬其可贬㉜也。问于愈者多矣，念生之言不志乎利，聊相为言之。愈白。

【注释】

①〔白〕说。　②〔下而恭〕谦虚而恭敬。　③〔其外之文〕作为道德之外部表现形式的文章。　④〔抑〕不过，可是，转折连词。　⑤〔望孔子之门墙而不入于其宫〕谦称自己对于圣人之道还是一个未能登堂入室的门外汉。　⑥〔蕲〕同"祈"，求，希望。　⑦〔根〕比喻道德、学问的修养。　⑧〔俟(sì)〕等待。　⑨〔实〕果实，喻立言作文。　⑩〔膏〕油。　⑪〔遂〕长得好。　⑫〔沃〕多，充足。　⑬〔晔〕明亮。　⑭〔蔼如〕和蔼温顺的样子。　⑮〔俨乎〕端庄严肃的样子。　⑯〔戛(jiá)戛〕艰难、费劲的样子。　⑰〔说〕同"悦"，喜欢。⑱〔浩乎其沛然〕像浩渺的大水一样气势充沛。这里形容文章思路宽阔。浩乎，水势盛大貌。沛然，充满盛大貌。　⑲〔迎而距之〕试图从反面去批驳自己的文章，以检验其是否精纯。距，同"拒"，抗拒，此处指批驳。　⑳〔肆〕纵恣，放手写。　㉑〔养〕培养、充实自己。　㉒〔行之乎仁义之途〕在儒家"仁义"之

坦途上前进。　㉓〔气盛〕指文章的思想纯正、内容丰富。　㉔〔几于成〕几乎达到完美无缺的地步。　㉕〔肖于器〕像一件有固定用处的器物。　㉖〔舍〕不用。　㉗〔属诸人〕完全取决于别人。　㉘〔处心有道〕心中有主见，即以儒家的思想、道德来考虑问题。　㉙〔垂诸文〕指写文章。　㉚〔希〕同"稀"，少人。　㉛〔亟〕多次。　㉜〔非敢褒其可褒而贬其可贬〕不敢随便褒奖自己认为可褒奖的人，贬斥自己认为可贬斥之人。

【解读】

《答李翊书》是韩愈写给学生李翊的回信。李翊向韩愈请教如何写好文章。韩愈结合自己的创作经历与经验，向对方讲述了为文的态度与看法。全文共五段，详细阐述了韩愈的文学观。第一段称赞李翊文辞高卓又谦恭好学，愿意就对方的提问，谈谈自己的写作之道。第二段正面提出自己的文学观——道德修养是为文的根本。道德修养好比"根""膏"，文章好比"实""光"，要想写好文章，立言传世，就要"养其根""加其膏"，"根之茂者其实遂，膏之沃者其光晔"。第三段结合自己学写古文的经历谈"道"与"文"的关系。第四段谈论"气"与"言"的关系。最后一段表明坚持古文之道的态度。

《答李翊书》在写作上颇有特色。首先是气盛言宜。针对时弊，面对各种困难与诱惑，作者展现不屈服于世俗之魄力，对有道才有文，道高才文好，气盛则言之短长与声之高下皆相宜等文学观念，更是理直气壮、自信满满。但作者又并没有因此居高临下，高歌猛进，而是依据内容、情感的变化而起伏多变。对李翊的忠告真诚而温和，没有颐指气使；讲述自己为文的经历，晓之以理，缓缓道来。文气的变化与内容、情感相切合。其次，语言生动形象。本文虽是写给学生的回信，而且还是谈论为文之道，稍不注意，就极易落入"夫子讲学"的场面，但全文丝毫没有居高临下的教导气，反而语言特别生动形象，把抽象的关系讲得通俗易懂。如把道德与文章分别比喻为"根""膏"与"实""光"，形象阐明了写好文章当在道德修养这个根本上下功夫；又如为说明气与言的关系，又以水与物作比，把内容与形式这对抽象关系新颖、形象地讲清楚了，举重若轻。最后，文思细密。韩愈虽为古文大家，但深知为文之艰苦。第一段谈到李翊向自己请教时，就说自己是门外汉，"望孔子之门墙而不入于其宫者，焉足以知是且非"，虽是谦辞，但确实道出为文之难，把道德修养确立为写好文章的关键更是暗合为文之难。道德修养是一个漫长的过程，修炼写作自然也是漫长的，无法速成，然后讲自己写作经历，更是以"难"字贯穿始终，悲喜交织，一环扣一环，行文思路针线绵密不露痕迹。

文章比较系统地阐述了作者的文学观，认为道德修养是作文的根本，思想内容决定表现形式，"气盛则言宜"；同时结合古人经验与自己实践指出写好文章的三个基本条件：一是虚心向古人学习；二是"陈言务去"，要有创见，注意修改；三是要有决心、毅力和勇气，不为名利所迷惑，不怕世人讥笑。"仁义之人，其言蔼如"，道德修养高了，文章自然好，"处心有道，行己有方；用则施诸人，舍则传诸其徒，垂诸文而为后世法"。这对我们今天为人和为文仍颇有启迪。

［宋］佚名《十八学士图》之一局部

寄欧阳舍人书

曾　巩

【题解】

　　曾巩（1019—1083），字子固，南丰（今属江西）人，北宋文学家，"唐宋八大家"之一，嘉祐二年进士，历任太平州（今安徽当涂）司法参军、馆阁校勘、集贤院校理、史馆修撰、中书舍人等职。著有《元丰类稿》。庆历六年秋，曾巩奉父亲之命写信请欧阳修为已故祖父曾致尧作一篇墓碑铭，欧阳修答应并当年完成《曾公神道碑铭》。收到墓碑铭，曾巩十分感动，于是写了这封信，表达了自己对欧阳修的感激之情和对道德文章的盛赞。由于欧阳修任起居舍人地方官吏，因此曾巩称其为"舍人"。

　　巩顿首再拜[①]舍人先生：去秋人还，蒙赐书及所撰先大父[②]墓碑铭。反覆观诵，感与惭并。

　　夫铭志之著于世，义近于史，而亦有与史异者。盖史之于善恶无所不书，而铭者，盖古之人有功德材行志义[③]之美者，惧后世之不知，则必铭而见之。或纳于庙[④]，或存于墓，一也。苟其人之恶，则于铭乎何有？此其所以与史异也。其辞之作，所以使死者无有所憾，生者得致其严[⑤]。而善人喜于见传[⑥]，则勇于自立；恶人无有所纪[⑦]，则以愧而惧[⑧]。至于通材达识[⑨]，义烈节士，嘉言善状，皆见于篇，则足为后法警劝之道。非近乎史，其将安近？[⑩]

　　及世之衰，人之子孙者，一欲[⑪]褒扬其亲，而不本乎理[⑫]。故虽恶人，皆务勒铭[⑬]，以夸后世。立言者既莫之拒[⑭]而不为，又以其子孙之所请也，书其恶焉，则人情之所不得[⑮]，于是乎铭始不实。后之作铭者，常观其人：苟托之非人⑯，则书之非公与是⑰，则不足以行世而传后。故千百年来，公卿大夫至于里巷之士，莫不有铭，而传者盖少，其故非他，托之非人，书之非公与是故也。

然则孰为其人，而能尽公与是与？非畜道德而能文章者无以为也⑱。盖有道德者之于恶人，则不受而铭之，于众人则能辨焉。而人之行，有情善而迹非⑲，有意奸而外淑⑳，有善恶相悬而不可以实指㉑，有实大于名，有名侈㉒于实。犹之用人，非畜道德者，恶能辨之不惑，议之不徇㉓？不惑不徇，则公且是矣。而其辞之不工，则世犹不传，于是又在其文章兼胜焉。故曰非畜道德而能文章者无以为也。岂非然哉？

然畜道德而能文章者，虽或并世而有，亦或数十年或一二百年而有之。其传之难如此，其遇之难又如此。若先生之道德文章，固所谓数百年而有者也。先祖之言行卓卓㉔，幸遇而得铭其公与是，其传世行后无疑也。而世之学者，每观传记所书古人之事，至其所可感，则往往蠹然㉕不知涕之流落也，况其子孙也哉？况巩也哉？其追晞㉖祖德而思所以传之之由，则知先生推一赐于巩㉗而及其三世，其感与报，宜若何而图之㉘？

抑又思若巩之浅薄滞拙㉙，而先生进之㉚；先祖之屯蹶否塞㉛以死，而先生显之。则世之魁闳㉜豪杰不世出㉝之士，其谁不愿进于门㉞？潜遁幽抑㉟之士，其谁不有望于世㊱？善谁不为？而恶谁不愧以惧？为人之父祖者，孰不欲教其子孙？为人之子孙者，孰不欲宠荣其父祖？此数美者，一归于先生。

既拜赐之辱㊲，且敢㊳进其所以然。所谕㊴世族之次㊵，敢不承教而加详㊶焉。幸甚，不宣㊷。巩再拜。

【注释】

①〔顿首载拜〕古人写信起始称呼的惯用格式。顿首，叩头。载拜，同"再

拜"。　②〔先大父〕去世的祖父。曾巩祖父曾致尧，太宗太平兴国八年（983）进士。入仕后，坚守刚直，敢于言事，屡遭贬斥，历知州府，终户部郎中，真宗大中祥符五年（1012）卒于官，享年66岁。　③〔功德材行志义〕功德，功业与德行。材行，才能与德行。志义，德行与节操。　④〔纳于庙〕置于家庙中。　⑤〔生者得致其严〕活着的人借以表达自己尊敬之情。《孝经·纪孝行》："祭则致其严。"严，尊敬。　⑥〔喜于见传〕积善之人乐于见到自己的好处流传于世。　⑦〔无有所纪〕没有什么事迹可记。　⑧〔以愧而惧〕因而惭愧和畏惧。　⑨〔通材达识〕博学多才、通达事理的人。　⑩〔非近乎史，其将安近〕这里是说铭的警恶勉善的作用，不与史书相近，那又与什么相近呢？　⑪〔一欲〕一心只想。　⑫〔不本乎理〕不根据事理。　⑬〔皆务勒铭〕都致力于刻立碑铭。　⑭〔莫之拒〕无法拒绝。是"莫拒之"的倒装。　⑮〔人情之所不得〕指不合人情。得，符合、相称。　⑯〔非人〕不适当的人。　⑰〔非公与是〕不公正，不正确。这里是说写出的铭文不公平和不合事实。　⑱〔非畜道德而能文章者无以为也〕不是积蓄有道德素养而又能写好文章的人，是不能做到"公与是"的。畜，积贮。　⑲〔情善而迹非〕内心善良但形迹不好。　⑳〔意奸而外淑〕立意奸诈但却表现出善良的样子。淑，美好，善良。　㉑〔有善恶相悬而不可以实指〕善恶相互交错，善中有恶，恶中有善，却又不能切实加以指出。悬，牵挂。　㉒〔侈〕超出。　㉓〔徇〕偏于私情。　㉔〔卓卓〕高超出群的样子。　㉕〔嘼（xì）然〕伤痛的样子。　㉖〔睎（xī）〕同"晞"，仰慕，企望。　㉗〔推一赐于巩〕推恩一次给我。指欧阳修应其所请，替他祖父作墓碑铭。　㉘〔其感与报，宜若何而图之〕那感激与报答之心，应当怎么样使之实现呢？　㉙〔滞拙〕愚笨。　㉚〔进之〕使之学有所进。　㉛〔屯（zhūn）蹶（jué）否（pǐ）塞〕困苦挫折，闭塞不通，意不得志，不顺达。巩之先祖曾致尧为官刚直，多次遭贬，故云。屯、否，皆《易》卦名，象征艰难阻塞，时运不通。　㉜〔魁闳〕高大宏伟。　㉝〔不世出〕不是代代出现。　㉞〔进于门〕拜入您的门下。　㉟〔潜遁幽抑〕隐逸困顿。　㊱〔有望于世〕对于世事前途有所期待。　㊲〔辱〕对人表示尊敬的谦辞。意思是，这对对方说是屈辱，对自己说则是荣幸。　㊳〔敢〕自言冒昧之词。　㊴〔谕〕告诉，谕示。是敬辞，旧指上告下的通称。　㊵〔世族之次〕家族传承的次序。欧阳修曾在《与曾巩论氏族书》中谈到曾氏家族的谱系问题，对曾巩提供的材料多有纠正。　㊶〔加详〕加以详细考查。这是曾巩对欧阳修来信论及曾氏世族一事的表态与回答。　㊷〔不宣〕不一一细说。旧时书信末尾常用语。

【解读】

全文共七段。第一段交代欧阳修为其祖父撰写铭文的时间，以及自己"反覆观诵"后"感与惭并"的感受。第二段叙写铭文的起源、特点、价值及与史书的异同，强调墓碑铭文的警劝扬善的重要意义。第三段抨击后世有的铭文撰写者滥作溢美夸饰的不良风气，以致名实不符，"非公与是"。第四段明确提出铭文撰写者在道德修养和写作要求方面应具备的基本素质，"非畜道德而能文章者无以为也"。第五段在上文强调铭文对撰写者要求如此之高的基础上，进一步指出"畜道德而能文章者"是世所难见难遇，极力夸赞欧阳修的道德文章，相信此碑铭必将"传世行后"。第六段再次陈述对欧阳修的感激之意。第七段简述将按欧阳修的教诲，对家世系谱详细地审核考究。

此文写作上最为人所称道的是立意高远，迂徐有致。文章虽是私人往来的书信，但其行文自占地步，不同于一般应酬文字。墓志铭本是一家一人之事，但曾巩并不局限于自家之事，而是把它与世道人心关联起来，立意高远。作为一封感谢信，没有一句泛泛阿谀之辞，甚至起首并不言谢字，而是迂回曲折，层层推进，缓缓道来。先谈墓志铭的社会意义在于褒扬美善，因而为了传世，世人纷纷托人写墓志铭，进而出现"不实""不传"的流弊，而要克服这些流弊，墓志铭撰写者必须"畜道德而能文章"，"畜道德"方能辨善恶，而徒有道德不能文章，则"世犹不传"。而道德与文章兼备之人世代罕见，"虽或并世而有，亦或数十年或一二百年而有之"。而欧阳修是"畜道德而能文章者"，是"固所谓数百年而有者"，这就引出祖父墓志铭能获欧阳修赐笔的难能可贵与荣幸之至。至此，才说到了感谢之意旨。文章由小到大，由远及近，层层递进，曲径通幽，正是这种迂徐之笔，把作者的感谢与盛赞之情表达得酣畅淋漓又不浮泛阿谀。故此文"纡徐百折，转入幽深，在南丰集中，应推为第一"（《古文观止》）。

答司马谏议书

王安石

【题解】

神宗熙宁二年（1069），王安石开始推行新法，司马光几次三番致信王安石，要求废弃新法，恢复旧制。为此，王安石写了这封《答司马谏议书》加以驳斥。司马谏议即司马光，因司马光当时任右谏议大夫（负责向皇帝提意见的官），故称司马谏议。

某启①：昨日蒙教②，窃③以为与君实④游处⑤相好之日久，而议事每不合，所操之术多异故也。虽欲强聒⑥，终必不蒙见察⑦，故略上报⑧，不复一一自辨。重念⑨蒙君实视遇厚⑩，于反覆⑪不宜卤莽，故今具道所以，冀君实或见恕也。

盖儒者⑫所争，尤在于名实，名实已明，而天下之理得矣。今君实所以见教者，以为侵官、生事、征利、拒谏，以致天下怨谤也。某则以谓受命于人主⑬，议法度而修之于朝廷，以授之于有司，不为侵官。举⑭先王之政，以兴利除弊，不为生事。为天下理财，不为征利。辟邪说⑮，难⑯壬人⑰，不为拒谏。至于怨诽之多，则固前知其如此也。

人习于苟且非一日，士大夫多以不恤国事、同俗自媚于众⑱为善。上乃欲变此，而某不量敌之众寡，欲出力助上以抗之，则众何为而不汹汹然⑲。盘庚之迁，胥怨⑳者，民也，非特朝廷士大夫而已。盘庚不为怨者故改其度㉑，度义㉒而后动，是而不见可悔故也。如君实责我以在位久，未能助上大有为，以膏泽㉓斯民，则某知罪矣。如曰今日当一切不事事㉔，守前所为而已，则非某之所敢知㉕。

无由㉖会晤，不任区区向往之至㉗。

【注释】

①［某启］某，古人写信常以"某"自称。正式抄录时再写上自己的名字。启，书信用语，陈述，说明。　②［蒙教］承蒙指教。这里指接到对方来信。　③［窃］私，私自。这里用作谦辞。　④［君实］司马光的字。古人写信称对方的字以示尊敬。　⑤［游处］同游共处，即同事交往的意思。　⑥［强聒］勉强说给人听。聒，喧扰、嘈杂。　⑦［见察］明白我的想法。见，用在动词前，表示对自己怎么样。后文"见恕""见教"之"见"用法同。察，明白、理解。　⑧［上报］给您写。　⑨［重念］再三想想。　⑩［视遇厚］看重的意思。视遇，看待。　⑪［反覆］指书信往来。　⑫［儒者］这里泛指一般封建士大夫。　⑬［人主］皇帝。这里指宋神宗赵顼。　⑭［举］推行。　⑮［辟邪说］驳斥错误的言论。辟，驳斥、排除。　⑯［难］驳斥。　⑰［壬人］佞人，指巧辩谄媚、不行正道之人。　⑱［同俗自媚于众］附和世俗的见解，向众人献媚讨好。　⑲［汹汹然］吵闹、叫嚷的样子。　⑳［胥（xū）怨］相怨，指百姓对上位者的怨恨。　㉑［改其度］改变他原来的计划。　㉒［度义］考虑到（事情）适宜就采取行动。　㉓［膏泽］施加恩惠。　㉔［一切不事事］什么事都不做。事事，做事。前一"事"是动词，后一"事"是名词。　㉕［所敢知］愿意领教的。知，领教。　㉖［无由］没有机会。　㉗［不任区区向往之至］意谓私心不胜仰慕。这是旧时写信的客套语。不任，不胜，受不住，形容情意的深重。区区，小，这里指自己，自谦词。向往，仰慕。

【解读】

　　司马光反对王安石变法，认为新法"侵官、生事、征利、拒谏"，因此去信劝王安石终止变法，恢复旧制。针对指责，王安石写了这封回信，严正申明自己与司马光的政治主张存在原则分歧，逐一驳斥了司马光的指责。

　　书信开篇便单刀直入，阐明自己与司马光的分歧并非个人私怨，而是彼此政见不同，"所操之术多异故"，因此很有必要向司马光阐述清楚，这就交代了复信的缘由。紧接着针对司马光给自己强加的罪名逐一驳斥，指出其名不副实。然后作者进一步解释了变法的动因，因为士大夫们"不恤国事""同俗自媚于众"，皇帝要改变这种世态，所以自己"出力助上以抗之"。王安石指出如果批评自己辅佐皇帝不力、造福人民不够，他是承认的；如果批评自己一味墨守成规，"一切不事事"，他是不承认的，表明了变法的态度与决心。

这篇短信笔力精锐，逻辑谨严，层层推进，逐条批驳，文字简洁而富有说服力，是驳论文的典范之作。其反驳的方法多种多样。第一，以论点驳论点，简洁明快。如"为天下理财，不为征利"，直截了当，义正词严；又如"辟邪说，难壬人，不为拒谏"，寥寥数语，"便可扫却他人数大段"（刘熙载《艺概·文概》）。第二，用证据反驳，如驳斥侵官，"某则以谓受命于人主，议法度而修之于朝廷，以授之于有司，不为侵官"，说明自己这么做并不是越俎代庖、独出心裁，而是依据皇帝意旨、朝廷法度来办的，是合理合法的。第三，举史实反驳，如对"致怨"的指责，则列举盘庚迁都之史实，表明自己将以盘庚为榜样，不为流言蜚语和困难所动，既委婉地反驳了"怨诽之多"的责备，又表达了自己变法的坚强决心。文章篇幅虽然不长，但反驳有力，言简意赅，令人信服。

文章针对司马光对新法的责难逐条加以驳斥，有力回击了对方的非难，表明自己以国事为重、革新政治的雄伟抱负，以及不避诽谤、维护新政的坚强魄力。王安石这种革故鼎新的魄力，正是中华民族生生不息的力量源泉，也是中华民族自强不息精神的体现。

上枢密韩太尉书

苏　辙

【题解】

苏辙（1039—1112），字子由，眉州眉山（今四川眉山）人，北宋文学家，"唐宋八大家"之一，与父苏洵、兄苏轼合称"三苏"。因反对王安石变法，出为河南推官，屡遭贬谪。宋哲宗时旧党上台，召为右司谏，后因事忤哲宗，贬职外调。宋徽宗时复官大中大夫致仕。著有《栾城集》。苏辙考中进士后，为求得赏识提携，便给当时身居要津的枢密使韩琦写了这封求见信。枢密即枢密使，掌军政大权的官职。韩太尉指韩琦（1008—1075），字稚圭，相州安阳（今河南安阳）人，嘉祐元年（1056）任枢密使。

太尉执事①：辙生好为文，思之至深，以为文者气之所形②。然文不可以学而能，气可以养而致。孟子曰："我善养吾浩然之气。"今观其文章宽厚宏博，充乎天地之间，称其气之小大。太史公行天下，周览③四海名山大川，与燕赵间豪俊交游，故其文疏荡④，颇有奇气⑤。此二子者岂尝⑥执笔学为如此之文哉？其气充乎其中⑦而溢乎其貌，动乎其言⑧而见乎其文，而不自知也。

辙生十有九年矣，其居家所与游者，不过其邻里乡党⑨之人，所见不过数百里之间，无高山大野可登览以自广⑩。百氏⑪之书虽无所不读，然皆古人之陈迹，不足以激发其志气。恐遂汩没⑫，故决然舍去，求天下奇闻壮观⑬，以知天地之广大。过秦汉之故都，恣观终南嵩华之高，北顾黄河之奔流，慨然想见⑭古之豪杰。至京师仰观天子宫阙之壮，与仓廪府库城池苑囿⑮之富且大也，而后知天下之巨丽。见翰林欧阳公，听其议论之宏辩，观其容貌之秀伟，与其门人贤士大夫游，而后知天下之文章聚乎此也。

太尉以才略冠天下，天下之所恃以无忧，四夷之所惮以不敢发，入则周公、召公⑯，出则方叔、召虎⑰，而辙也未之见焉。且夫人之学也，不志其大，虽多而何为？辙之来也，于山见终南嵩华之高，于水见黄河之大且深，于人见欧阳公，而犹以为未见太尉也⑱。故愿得观贤人之光耀，闻一言以自壮⑲，然后可以尽天下之大观而无憾者矣。

辙年少，未能通习吏事⑳。向之来非有取于斗升之禄㉑，偶然得之，非其所乐。然幸得赐归待选㉒，使得优游㉓数年之间，将归益治其文，且学为政。太尉苟以为可教而辱教之㉔，又幸矣。

【注释】

①［太尉执事］太尉侍从。太尉，秦、汉时官名，掌兵权，这里指韩琦。执事，供差使的人。这是旧时书信中表尊敬的话，意思是不敢直接跟对方说话，只能通过他手下的人转达，用法同"左右"。　②［文者气之所形］文是由气形成的。意思是说，养气能使文章内容充实，形式完美。　③［周览］饱览。④［疏荡］指文章风格疏朗奔放，洒脱不拘。　⑤［奇气］奇特的气概。⑥［岂尝］岂，难道。尝，曾经。　⑦［气充乎其中］精神气质充满在他们的胸中。　⑧［动乎其言］反映在他们的言辞里。　⑨［邻里乡党］乡里邻居。古代五户为邻，二十五户为里，五百户为党，一万二千五百户为乡。　⑩［自广］增广自己的见闻。　⑪［百氏］指诸子百家。　⑫［恐遂汩没］恐怕（志气）因而埋没。遂，因而。汩没，沉沦，指无所成就。　⑬［奇闻壮观］奇异的事物和宏伟的景象。　⑭［慨然想见］感慨地想到。　⑮［苑囿］猎苑。　⑯［周公、召公］周公，指姬旦。召公，指姬奭（shì）。二人都是西周初年辅佐周成王的重臣。⑰［方叔、召虎］方叔，指西周周宣王时卿士。召虎，指召穆公，西周诸侯国召国君主之一。都是周宣王时的武将，曾率兵征伐，立有军功。　⑱［而犹以为未见太尉也］却还是因为没有见到太尉（而感到遗憾）。　⑲［闻一言以自壮］听到你的一句话来激励自己。　⑳［通习吏事］通晓官吏的业务。　㉑［斗升之禄］微薄的俸禄。这里指品级不高的官。　㉒［赐归待选］朝廷允许回乡，等待吏部

的选拔任用。赐，准许。苏辙在考中进士之后，又应制科，直言当时政治得失，被列下等，授商州军推官，不就。赐归待选，是委婉的措辞。　㉓〔优游〕从容闲暇。　㉔〔辱教之〕屈尊教导我，这是一种客气话。

【解读】

这是苏辙写给枢密使韩琦的一封书信，写作此信的目的是希望得到韩太尉的接见进而获得赏识与提拔。如果把此番意思直截了当地说出，无疑显得冒失与庸俗，让人觉得反感，与一般求谒信也就没有什么差别了。苏辙非常聪明，在这封信中并没有直接道出自己仕进之意，而是另辟蹊径，迂回而至。

作者首先从"养气与作文"的关系谈起，提出"文者气之所形"，为文重在"养气"的观点。那如何"养气"呢？文章提出两条途径：一条以孟子为代表，注重自身内在修养；另一条以司马迁为代表，注重外在的阅历交游。紧接着详谈自己与邻里乡党交往、阅百氏之书的"养气"经历，但这些"不足以激发其志气"，因此希望可以"求天下奇闻壮观"、与名流清要交游。那么，"奇闻壮观"在哪里，名流清要是谁？很自然地引出拜见韩太尉的渴望之情。然后从"志其大"的假设，落实到求见太尉之意，希望可以"观贤人之光耀，闻一言以自壮"。最后煞尾申明自己应试并非为俸禄，求见并非为巴结，而是为"益治其文，且学为政"之意，希望韩太尉可以"辱教之"，道出拜谒之初衷，落落大方，不谀不媚。

由此可见，构思巧妙，"注意在此，而立言在彼"（吴楚材、吴调侯《古文观止》）是本文写作上最大的特色。苏辙写作此信的本意是为求见太尉，以期获得赏识与提拔，即"注意在此"，然而通览全信，并无一般干谒文阿谀奉承的陋习，亦无求仕进的直言不讳，而是巧妙地围绕"作文与养气"来展开议论，把干谒的旨趣深深地隐藏起来，这就是所谓"立言在彼"。谈文是虚，求谒是实，本应以实为主，以虚为宾，但作者反其道而行之，大谈文与气。这种"喧宾夺主"的创作方法，不但没有损害意义的表达，反而大大增强了文章的思想力量。由于求谒韩太尉的理由是建立在养气的基础上，这就把去信的意义置于高雅的道德文章范畴之内，不会让人觉得庸俗反胃，反而觉得拜谒韩琦是为了"养气"益文，是堂堂正正、合情合理的。这样，作者把文与气的关系阐发得越充分、透彻，把自己养气益文的愿望表达得越强烈，进谒的理由就越充分、正当，文章的辞气也就越壮直，文章的内涵也就越深邃。由此可见，"注意在此，而立言在彼"的行文安排，既含蓄地展露了才华，又不着痕迹地表达了意愿，水到渠成，妥帖自然，大大增强了文章的思想内涵，不愧为"绝妙奇文"（吴楚材、吴调侯《古文观止》）。

［宋］苏辙跋怀素《自叙帖》

报刘一丈书

宗　臣

【题解】

宗臣（1525—1560），字子相，号方域，兴化（今属江苏）人，明代文学家，"后七子"之一。嘉靖二十九年（1550）进士，授刑部主事，谢病辞归，后任稽勋员外郎。担任福建布政参议时，以击退倭寇功升福建提学副使。著有《宗子相集》。这是宗臣写给父亲宗周的朋友刘玠的回信。刘一丈，指刘玠，一是指刘玠排行第一，丈是对男性长者的尊称。

数千里外，得长者时赐一书，以慰长想，即亦甚幸矣；何至更辱①馈遗②，则不才益将何以报焉？书中情意甚殷，即长者之不忘老父，知老父之念长者深也。

至以"上下相孚③，才德称位"语不才，则不才有深感焉。夫才德不称，固自知之矣，至于不孚之病，则尤不才为甚。

且今之所谓孚者何哉？日夕策马，候权者之门，门者故不入，则甘言媚词④作妇人状，袖金以私之⑤。即门者持刺⑥入，而主人又不即出见，立厩中仆马之间，恶气袭衣袖，即饥寒毒热不可忍，不去也。抵暮，则前所受赠金者出，报客曰："相公倦，谢客矣，客请明日来。"即明日又不敢不来。夜披衣坐，闻鸡鸣即起盥栉⑦，走马推门，门者怒曰："为谁？"则曰："昨日之客来。"则又怒曰："何客之勤也！岂有相公⑧此时出见客乎？"客心耻之，强忍而与言曰："亡奈何矣，姑容我入。"门者又得所赠金，则起而入之。又立向所立厩中。幸主者出，南面召见，则惊走匍匐阶下。主者曰："进！"则再拜，故迟不起，起则上所上寿金。主者故不受，则固请，主者故固不受，则又固请，然后命吏纳之，则又再拜,又故迟不起,起则五六揖始出。出揖门者曰:"官人⑨幸顾我,他日来,幸无阻我也!"门者答揖。大喜,奔出。马上遇所交识,即扬鞭语曰:"适自相公家来,相公厚我,厚我!"且虚言状。即所交识亦心畏相公厚之矣。相公又稍稍语人曰:"某也贤。某也贤。"闻者亦心计交赞之⑩。此世所谓上下相孚也。长者谓仆⑪能之乎?

前所谓权门者,自岁时⑫伏腊⑬一刺⑭之外,即经年不往也。间道经其门,则亦掩耳闭目,跃马疾走过之,若有所追逐者。斯则仆之褊衷⑮。以此长不见悦于长吏,仆则愈益不顾也。每大言曰:"人生有命,吾惟守分而已。"长者闻之,得无⑯厌其为迂乎?

【注释】

①[辱]委屈,书信中常用谦辞。 ②[馈遗(wèi)]赠送礼物。 ③[孚]信任,融洽。 ④[甘言媚词]指甜言媚语。 ⑤[袖金以私之]将金钱藏在袖中偷偷送给看门人。私,贿赂。 ⑥[刺]谒见时用的名帖、名片。 ⑦[盥栉(guàn zhì)]洗脸梳头。 ⑧[相公]古代称宰相为"相公"。此处指严嵩。 ⑨[官人]对守门人的敬称。 ⑩[心计交赞之]心里盘算着,交口称赞。 ⑪[仆]我。谦辞。 ⑫[岁时]一年四季。 ⑬[伏腊]夏伏、冬腊,古代两个重要祭日。 ⑭[一刺]持名片拜谒一次。 ⑮[褊(biǎn)衷]狭隘的心胸。 ⑯[得无]该不会。

【解读】

宗臣生活在严嵩父子掌权时期,严嵩父子权倾朝野,陷害忠良,许多士大夫在其淫威下丧失了廉耻气节,纷纷投其门下。面对这种情况,作者借写给他父亲的朋友刘玠的回信批判当时政坛风气。

刘玠在给宗臣的信中,以"上下相孚,才德称位"相教诲,宗臣对此颇有感触,于是复信论之。对于"才德称位",宗臣的回应轻描淡写,仅"才德不称,固自知之矣"寥寥九字。"至于不孚之病,则尤不才为甚",转而重点论述"上下相孚"。宗臣详细描绘了官场的真实状貌。一个小官吏为了干谒权贵，寻找靠山，"日夕策马，候权者之门"。可是侯门不是那么好进的，"门者故不入"，但为了能攀上关系，小官吏只得向守门人谄媚送金，守门人方才替其传话。可主人又不待见小官吏，"客请明日来"，于是"立厩中仆马之间"，"饥寒毒热不可忍"，吃尽苦头。从"日夕"至"抵暮"，还是干谒未成，只好次日黎明再次干谒。没想到第二天进谒，又遭门人奚落、羞辱，只好又哀求乞怜，送钱买通，才得入内。及至被召见，"惊走匍匐阶下"，接着"再拜，故迟不起"，起则敬奉"寿金"，算是完成进谒之礼。出又是"再拜，又故迟不起，起则五六揖始出"，奴颜媚骨之态刻画得惟妙惟肖。出门之后，立即一反常态，"大喜，奔出"，遇上熟人，则狐假虎威起来，"适自相公家来，相公厚我，厚我"！得意忘形之态，掬之可出。相公也会偶尔对人说"某也贤。某也贤"，于是闻者"心计交赞之"。宗臣描绘完官场状况后，话锋一转，"长者谓仆能之乎"？转写自己与"权门""长吏"的不相孚，以"人生有命，吾惟守分而已"作结，表明自己刚正不阿的骨气与节操。

　　本文略得好，详得更好，而详中又有略。"上下相孚"的"上"显然暗指"相公"严嵩，但全文对其描绘仅寥寥数语，着墨并不多。写得最详的是守门人与小官吏之间的往来。小官吏之于守门人原本算是上者，但小官吏在守门人面前却唯唯诺诺，卑躬屈膝，为了能见上相公一面，极力讨好守门人，不惜重金，甚至蒙羞受辱；守门人仗着主子权势，反而对小官吏颐指气使，从中受贿。上下全然颠倒。守门人尚且如此，相公之本性不言而喻，所以"故不受""固故不受""然后命吏纳之"寥寥数语，相公虚伪、贪婪之形象就跃然纸上。此外，详略安排极佳之处还表现在详写进谒前，略写进谒后。由于进谒之前蓄势充分，进谒后仅以"适自相公家来，相公厚我，厚我"与"某也贤。某也贤"几句轻轻反拨，虽轻描淡写，但强烈的讽刺对比显而易见。

　　文章通过一则精彩的官场现形记的特写，深刻揭露了当时官僚集团内部的污浊与丑恶。同时通过对比作者自身的行为，正面表明作者不同流合污的高尚情操。

思与行

【记诵与积累】

◎士为知己者用，女为说己者容。(《报任少卿书》)

◎人固有一死，或重于泰山，或轻于鸿毛，用之所趋异也。

(《报任少卿书》)

◎古者富贵而名摩灭，不可胜记，唯倜傥非常之人称焉。

(《报任少卿书》)

◎究天人之际，通古今之变，成一家之言。(《报任少卿书》)

◎慨然以悲，欢然以喜。(《答卢谌书》)

◎举觞对膝，破涕为笑。(《答卢谌书》)

◎弃燕雀之小志，慕鸿鹄以高翔。(《与陈伯之书》)

◎暮春三月，江南草长，杂花生树，群莺乱飞。(《与陈伯之书》)

◎风烟俱净，天山共色，从流飘荡，任意东西。(《与朱元思书》)

◎鸢飞戾天者，望峰息心；经纶世务者，窥谷忘反。横柯上蔽，在昼犹昏，疏条交映，有时见日。(《与朱元思书》)

◎养其根而俟其实，加其膏而希其光。(《答李翊书》)

◎根之茂者其实遂，膏之沃者其光晔；仁义之人，其言蔼如也。

(《答李翊书》)

◎处心有道，行己有方；用则施诸人，舍则传诸其徒，垂诸文而为后世法。(《答李翊书》)

◎善人喜于见传，则勇于自立；恶人无有所纪，则以愧而惧。

(《寄欧阳舍人书》)

◎非畜道德而能文章者无以为也。(《寄欧阳舍人书》)

162

◎不惑不徇，则公且是矣。(《寄欧阳舍人书》)

◎文者气之所形。然文不可以学而能，气可以养而致。

(《上枢密韩太尉书》)

◎愿得观贤人之光耀，闻一言以自壮，然后可以尽天下之大观而无憾者矣。(《上枢密韩太尉书》)

◎上下相孚，才德称位。(《报刘一丈书》)

◎人生有命，吾惟守分而已。(《报刘一丈书》)

【熟读与精思】

书信是人与人交流的一种方式与媒介。尺牍文从广义来看，也是书信的一种样式，但尺牍文不同于普通家书，相对庄重，特别注重"陈情"的方式。优秀的尺牍文往往情理兼具，如丘迟给陈伯之写的劝降信就是其中典范。请仔细阅读《与陈伯之书》，想一想该文在"陈情"方式上有何独到之处。

【学习与践行】

中华优秀传统文化凝聚着中华民族自强不息的精神追求和历久弥新的精神财富，是建设中华民族精神家园的重要支撑。司马迁在《报任少卿书》中讲述了自己的不幸遭遇，从中我们能真切感受到司马迁的顽强毅力和忍辱负重的精神品格，君子自强不息的精神在司马迁身上得到充分体现，你是如何看待这种精神品质的？请结合自己的学习与生活经历，思考如何更好地践行中华民族自强不息的精神，使自己成为一个能担当民族复兴大任的时代新人。

第五单元　家书家训

导与引

　　作为尺牍文的一种特殊形式，家书也是一种古老而悠久的重要应用文体。与一般书信不同的是，它专指家中亲人间来往的信件，有特定的书写对象，用于信息沟通和情感交流，带有浓郁的亲情色彩。家训，又称家诫、家范、庭规等，是指家庭或家族中长辈对子孙的垂诫和训示。在古代，家书家训往往合在一起，共叙共商家事、国事、天下事，不仅是亲人遥寄情思的方式，也是长者以身垂范的情感结晶，蕴含着中华民族的思想理念和道德规范，承载着厚重的中华人文精神。

　　我国的家书家训最早可追溯至先秦时期，此后渐成一种固定的文化传统。家书家训至秦汉时期内容渐次丰富，并在魏晋南北朝时期臻于完善，于隋唐和宋元时期持续发展，明清到达巅峰，清代后期盛极而衰。家书家训的创作群体蔚为壮观，上至帝王将相，下至平民百姓。他们将自身的家国情怀、理想热血、世事感悟与儿女情长等熔铸于一纸书信中，因而家书家训的创作内容也极为丰富，涉及立志、修身、为人、处世、读书、做官、治国、教子、家庭琐事等诸多方面，情感真挚，语言自然，充盈着浓浓的亲情和殷殷的期盼。在千百年历史的长河中，涌现出许多传世名篇。

　　本单元精选历代11则家书家训：有殷殷嘱托儿子继承祖志，尽忠职守，撰写史书的《命子迁》，有学子修身立志典范的诸葛亮《诫子书》，有"古今家训，以此为祖"之誉的颜之推《颜氏家训》，有教导儿子崇尚节俭、力戒侈靡的司马光《训俭示康》，有殷殷嘱托儿子"夙兴夜寐，无忝尔所生"的朱熹《与长子受之》，有悲壮苍凉、一唱三叹、雄强恣肆、令人感叹的夏完淳《狱中上母书》，有"读书中举、中进士做官，此是小事，第一要明理作个好人"的郑燮《潍县署中与舍弟墨第二书》，有集前人家书之大成的曾国藩《道光二十二年十一月十七日与兄弟书》，还有被誉为"20世纪最伟大的情书"的林觉民《与妻书》，有源于吴越国国王钱镠并经钱文选重编的留给每个中国人的宝贵精神遗产《钱氏家训》。这些作品不仅承载着浓浓的血脉之情，也浓缩了中国传统"立德、立功、立言"的文化意旨，承续着中华民族的精神道统、行为方式和价值理念。

　　阅读这些作品，首先要了解绵延几千年家书家训的基本知识，理解文质兼美的家训家书是中华传统美德的重要组成部分，它对人的精神品格与心灵的滋养是其他文字所无法替代的，对人的成长成才具有重要意义。要通过反复诵读，体悟其语言美和情感美，并深入作者的内心世界，了解他们的心路历程，感受作者对亲人深沉的爱意和对国家与民族的大义，体悟他们的胸怀抱负和人格风范。在学习过程中做到学、行、信融合，践行先辈遗风，厚植家国情怀，让自己成为人格健全、心灵健康的文化人、文明人。

文与解

命子迁

司马谈

【题解】

司马谈（约前169—前110），司马迁之父，夏阳（今陕西韩城）人，史学家，曾于汉武帝建元至元封年间任太史令一职，掌管国家图书典籍、天文历算，兼修国史。著有《论六家之要指》，又根据《国语》《战国策》《楚汉春秋》等书，收集资料，撰写史籍，未成而卒，逝前叮嘱其子司马迁继其遗职，继修史书，是以有此篇。标题为编者所拟。

余先①周室之太史②也。自上世尝显功名于虞夏③，典天官事④。后世中衰，绝于予乎？汝复为太史，则续吾祖矣。今天子接千岁之统⑤，封泰山⑥，而余不得从行，是命也夫，命也夫！

余死，汝必为太史；为太史，无忘吾所欲论著矣。且夫孝始于事亲，中于事君，终于立身。扬名于后世，以显父母，此孝之大者。夫天下称诵周公，言其能论歌文武之德，宣周邵⑦之风，达太王王季⑧之思虑，爰及公刘⑨，以尊后稷⑩也。幽厉之后⑪，王道缺，礼乐衰⑫，孔子修旧起废，论《诗》《书》，作《春秋》，则学者至今则之。自获麟以来四百有余岁⑬，而诸侯相兼，史记放绝⑭。今汉兴，海内一统，明主贤君忠臣死义之士，余为太史而弗论载，废天下之史文，余甚惧焉，汝其念哉！

【注释】

①〔先〕祖先。　②〔太史〕西周春秋时期朝廷大臣，掌管起草文书，策命诸侯卿大夫，记载史事，掌管国家典籍、天文历法、祭祀等。秦汉设太史令，职位渐低。　③〔虞夏〕虞舜时期和夏朝。　④〔典天官事〕主管天官的事务。天官，周代以冢宰为天官，是百官之长。　⑤〔千岁之统〕继承千年传统。　⑥〔封泰山〕古代帝王在泰山筑坛祭天，报天之功，称为封；在梁父山上开场祭地，报地之功，称之为禅。　⑦〔周邵〕指召公奭，周公旦之弟，燕国始封之君。　⑧〔太王王季〕太王，古公亶父，周文王祖父。王季，太王之子，文王之父。　⑨〔公刘〕周族的祖先。　⑩〔后稷〕周族的始祖，名"弃"。因发展农业有功，被舜追封为"后稷"。　⑪〔幽厉之后〕幽、厉，周幽王、周厉王，西周国君，是历史上有名的昏君。　⑫〔王道缺，礼乐衰〕西周时期的"王道"秩序不复存在，礼崩乐坏。　⑬〔自获麟以来四百有余岁〕鲁哀公十四年获麟，至汉元封元年共三百七十一年。故此说之。　⑭〔史记放绝〕各国的史书散失断绝。

【解读】

《命子迁》是史学家司马迁之父司马谈的遗训。司马谈弥留之际嘱托司马迁要肩负家族传承，继其职守，继续撰写史书。一番谆谆教诲情真意切，深切感人。

司马谈开门见山亮明自家身份，望其子能继承祖志，续其未竟事业。再表达因病重不能继续随行前往泰山封禅的无限遗憾。他告诫儿子司马迁"为太史，无忘吾所欲论著矣"，并将孝之含义分为三层，"孝始于事亲，中于事君，终于立身"，层层递进，论证写史记实，踵武前贤，"扬名于后世，以显父母"，乃是最大之孝。因为这一行为，于私是立身扬名，为父母尽孝，于公是史官的使命与责任，是忠君爱国的大事。接着，司马谈解释为何如此热切地希望儿子继其遗志。只因他认为自孔子死后四百多年间，诸侯兼并，史记断绝，而自己作为史官却不能详述当今海内一统，明主贤君、忠臣义士等的伟业事迹，实乃平生一大憾事。文章篇幅短小，寥寥数语之间，使一个尽忠职守、忠诚于国家史学事业的史官形象，一个深爱儿子、注重对子女言传身教的父亲形象，合二为一，跃然纸上。

司马迁没有辜负父亲的期待，三年后承袭父职，成为新一代太史公，历经磨难最终撰出史学巨著《史记》。《命子迁》也被司马迁写入《史记》，以示不忘父亲遗志。可以说，司马谈的家训《命子迁》成就了其子司马迁的皇皇巨著《史记》。

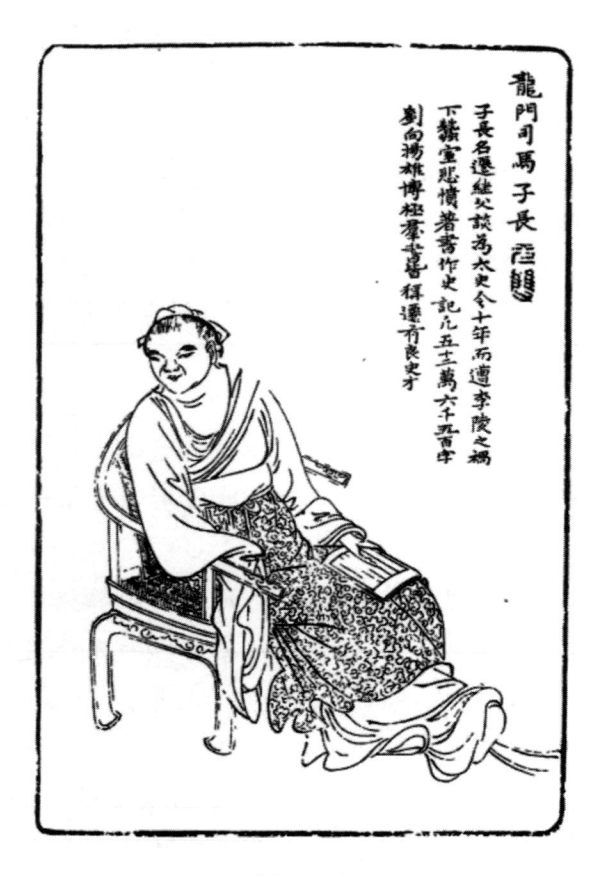

司马迁画像

诸葛亮家书二则

【题解】

诸葛亮（181—234），字孔明，琅邪阳都（今山东沂南）人，三国时期蜀汉政治家、军事家。著作辑为《诸葛亮集》。蜀汉建兴十二年（234），已至晚年呕心沥血于国事的诸葛亮，顾不上亲自教育年仅八岁的儿子诸葛瞻，他一方面为儿子的聪慧可爱感到由衷的高兴，却又隐隐担忧儿子难成大器，于是写下这篇《诫子书》。不久后诸葛亮便病逝于北伐魏国的五丈原军中，这封信便成了他留给儿子的遗训。《诫外生书》则是诸葛亮写给二姐所生之子庞涣的书信，教导他如何立志、修身、成才。

诫子书

夫君子之行，静以修身，俭以养德。非淡泊无以明志，非宁静无以致远。夫学须静也，才须学也，非学无以广才，非志无以成学。淫慢①则不能励精，险躁②则不能治性。年与时驰③，意与日去，遂成枯落，多不接世④，悲守穷庐⑤，将复何及⑥！

诫外生⑦书

夫志当存高远，慕先贤，绝情欲⑧，弃疑滞⑨，使庶几之志⑩，揭然⑪有所存，恻然⑫有所感；忍屈伸⑬，去细碎，广咨问，除嫌吝⑭，虽有淹留⑮，何损于美趣，何患于不济。若志不强毅，意不慷慨，徒碌碌滞于俗，默默束于情，永窜伏于凡庸，不免于下流⑯矣！

【注释】

①〔淫慢〕淫,放纵。慢,怠惰。 ②〔险躁〕轻薄浮躁。 ③〔年与时驰〕年龄随同时光而消逝。 ④〔多不接世〕意思是对社会没什么贡献。接世,这里有"济世"的意思,也有"用于世"的意思。 ⑤〔穷庐〕陋室。庐,这里指居住的房屋。 ⑥〔将复何及〕哪里又能够比得上(那些君子)呢。 ⑦〔外生〕外甥。 ⑧〔情欲〕这里泛指各种不应有的情感、欲望。 ⑨〔疑滞〕疑惑、不顺畅。 ⑩〔庶几之志〕这里指贤者之志。 ⑪〔揭然〕明显的样子。 ⑫〔恻然〕悲伤的样子。 ⑬〔屈伸〕屈曲与伸直,引申为失意和得意,侧重于失意。 ⑭〔嫌吝〕怨恨耻辱。 ⑮〔淹留〕滞留,停留。这里指暂时不能升迁。 ⑯〔下流〕兼指社会地位与品德的低下。

【解读】

两封家书加起来篇幅不足百字,但言简意赅,短小精悍,说理平易近人。它们不仅仅是慈父殷切教导子侄之语,更是诸葛亮本人对其毕生经验的总结。

《诫子书》全文概括了诸葛亮一生的做人治学经验,旨在劝勉儿子要勤学立志,淡泊自守。其思想精华凝结于一个"静"字,强调修身养性要学会宁静淡泊,戒急戒躁。通过"静"与"躁"的鲜明对比,指出宁静淡泊的重要和放纵怠慢、偏激急躁的危害。读来振聋发聩,发人深省。《诫外生书》着重强调立志做人的重要性。开篇便开宗明义地指出"夫志当存高远",指出做人应立大志,紧接着围绕如何立志从正反两方面进行论述,告诫外甥要有远大志向。高远的志向需要见贤思齐,以古圣先贤为榜样,不能沉湎于情爱和欲望,不能因琐事而分心;要能屈能伸、随遇而安,要抛却杂念,虚心求教学习,胸怀开阔豁达。如果没有远大的志向,则会终其一生随波逐流,为儿女情长所累,庸庸碌碌,毫无建树。

修身、齐家、治国、平天下是古人成就人生理想的四个阶段。先须修身、齐家,方能治国、平天下。因此古代读书人注重教导子孙修身养性、立身处世之道。在中国历史上的众多家书中,《诫子书》与《诫外生书》堪称修身立志的经典之作,对后世影响深远。"静以修身,俭以养德""非淡泊无以明志,非宁静无以致远""志当存高远"这样的至理名言流传千古,成为一代又一代中华儿女自我激励的座右铭,对于当下我们立志勤学、建功立业、报效国家,仍有不可忽视的价值与意义。

[明] 佚名《诸葛亮立像图》

勉　学（节选）

颜之推

【题解】

　　颜之推（531—595），字介，琅邪临沂（今山东临沂）人，南北朝时期文学家、教育家，历经北齐、北周、隋三朝。博览群书，学识渊博，著有《观我生赋》《颜氏家训》等。《颜氏家训》全书共7卷20篇，以修身、治家、处世、为学等为其主要内容，文字生动优美，思想内涵深邃，是中国现存最早的家训专著，被推为古今"家训之祖"。勉学，即劝学。在颜之推所处的时代，贵族子弟平素养尊处优，不学无术，一旦社会出现动荡，这些人就到了穷途末路。鉴于此，颜之推作文劝勉子弟要以万事为师，靠勤学以立世，珍惜光阴，博览群书，躬身行之。

　　有客难主人①曰："吾见强弩长戟，诛罪安民，以取公侯者有矣；文义②习吏，匡时富国，以取卿相者有矣；学备古今，才兼文武，身无禄位，妻子饥寒者，不可胜数，安足贵学乎？"主人对曰："夫命之穷达，犹金玉木石也；修以学艺，犹磨莹雕刻也。金玉之磨莹，自美其矿璞③，木石之段块，自丑其雕刻；安可言木石之雕刻，乃胜金玉之矿璞哉？不得以有学之贫贱，比于无学之富贵也。且负甲为兵，咋笔④为吏，身死名灭者如牛毛，角立⑤杰出者如芝草；握素披黄⑥，吟道咏德，苦辛无益者如日蚀，逸乐名利者如秋荼⑦，岂得同年而语⑧矣。且又闻之：生而知之者上，学而知之者次。所以学者，欲其多知明达耳。必有天才，拔群出类，为将则暗与孙武、吴起⑨同术，执政则悬得管仲、子产之教⑩，虽未读书，吾亦谓之学矣。今子即不能然，不师古之踪迹，犹蒙被而卧耳。

夫所以读书学问，本欲开心明目，利于行耳。未知养亲者，欲其观古人之先意承颜⑪，怡声下气⑫，不惮劬劳⑬，以致甘腝⑭，惕然惭惧，起而行之也；未知事君者，欲其观古人之守职无侵，见危授命⑮，不忘诚谏，以利社稷，恻然自念，思欲效之也；素骄奢者，欲其观古人之恭俭节用，卑以自牧⑯，礼为教本，敬者身基，瞿然⑰自失，敛容抑志也；素鄙吝者，欲其观古人之贵义轻财，少私寡欲，忌盈恶满，赒穷恤匮⑱，赧然悔耻，积而能散也；素暴悍者，欲其观古人之小心黜己，齿弊舌存⑲，含垢藏疾，尊贤容众，茶然⑳沮丧，若不胜衣㉑也；素怯懦者，欲其观古人之达生委命㉒，强毅正直，立言必信，求福不回㉓，勃然奋厉，不可恐慑也：历兹以往，百行皆然。纵不能淳，去泰去甚㉔。学之所知，施无不达。世人读书者，但能言之，不能行之，忠孝无闻，仁义不足；加以断一条讼，不必得其理；宰千户县㉕，不必理其民；问其造屋，不必知楣横而棁竖㉖也；问其为田，不必知稷早而黍迟也；吟啸谈谑，讽咏辞赋，事既优闲，材增迂诞，军国经纶，略无施用：故为武人俗吏所共嗤诋㉗，良由是乎！

夫学者所以求益耳。见人读数十卷书，便自高大，凌㉘忽长者，轻慢同列；人疾之如仇敌，恶之如鸱枭㉙。如此以学自损，不如无学也。

古之学者为己，以补不足也；今之学者为人，但能说㉚之也。古之学者为人，行道以利世也；今之学者为己，修身以求进也。夫学者犹种树也，春玩其华，秋登㉛其实；讲论文章，春华也，修身利行，秋实也。

人生小幼，精神专利，长成已后，思虑散逸，固须早教，勿失机也。吾七岁时，诵《灵光殿赋》，至于今日，十年一理，犹不遗忘；二十之外，所诵经书，一月废置，便至荒芜矣。然人有坎壈㉜，失于盛年，犹当晚学，不可自弃。孔子云："五十以学《易》，可以无大过矣。"魏武、袁遗，老而弥笃，此皆少学而至老不倦也。曾子七十乃学，名闻天下；荀卿五十始来游学，犹为硕儒；公孙弘㉝四十余，方读《春秋》，以此遂登丞相；朱云亦四十，始学《易》《论语》；皇甫谧㉞二十，始受《孝经》《论语》：皆终成大儒，此并早迷而晚寤也。世人婚冠未学，便称迟暮，因循面墙，亦为愚耳。幼而学者，如日出之光，老而学者，如秉烛夜行，犹贤乎瞑目而无见者也。

【注释】

①［主人］作者的自称。　②［文义］文，文饰，这里作阐释解。义，礼仪。③［矿璞］矿，未经冶炼的金属。璞，未经雕琢的玉石。　④［咋（zé）笔］操笔。　⑤［角立］如角样挺立。　⑥［握素披黄］手持书卷勤奋读书。素，绢素。黄，黄卷。均代指书籍。　⑦［秋荼］荼至秋而花叶茂盛，比喻繁多。　⑧［同年而语］相提并论。　⑨［孙武、吴起］孙武，春秋时军事家，著有《孙子兵法》。吴起，战国时军事家。　⑩［悬得管仲、子产之教］悬，遥合。管仲和子产均为春秋时政治家，曾分别辅助齐桓公和郑简公。　⑪［先意承颜］指孝子先父母之意而顺承其志。　⑫［怡声下气］指声气和悦，形容恭顺的样子。　⑬［劬（qú）劳］辛勤劳累。　⑭［腝（ruǎn）］形容食物鲜嫩柔软。　⑮［授命］献出生命。　⑯［卑以自牧］以谦卑自守。　⑰［瞿然］惊愕的样子。　⑱［赒（zhōu）穷恤匮］赒，救济。恤，体恤。匮，穷乏。　⑲［齿弊舌存］意思是说物之刚者易亡折而柔者常存。　⑳［苶（nié）然］疲惫的样子。　㉑［不胜衣］谦虚退让的样子。　㉒［达生委命］达生，不受世务牵累。委命，听任命运支配。㉓［不回］不违祖先之道。　㉔［去泰去甚］去其过甚。谓事宜适中。　㉕［千户县］最小的县。　㉖［楣横而棳（zhuō）竖］楣，房屋的横梁。棳，梁上短柱。㉗［嗤（chī）诋］讥笑谩骂。　㉘［凌］欺侮。　㉙［鸱枭（chī xiāo）］鸱为猛禽，枭传说食母，古人以为恶鸟。　㉚［说］同"悦"。　㉛［登］成熟。㉜［坎壈（lǎn）］困顿，不得志。　㉝［公孙弘］西汉人，汉武帝时任丞相。㉞［皇甫谧］晋朝人，医学家，著有《针灸甲乙经》等。

【解读】

本文题为"勉学",意为努力学习。《勉学》是颜之推对于读书学习的见解,他认为读书做学问,本意在于使心胸开阔、眼睛明亮,以有利于做实事。为学不仅要博览机要,更要言行一致,知行合一。文章以主客问答落笔,在一问一答之中将学习的目的论证而出。读书不是为了官位显达,封妻荫子,获得功名利禄,而是"欲其多知明达耳""欲开心明目,利于行耳""求益耳"。接着指出古今学者学习目的不同,并以种树为喻,讲论文章是春华,修身立行是秋实,阐明读书学习是为了"修身以求进",陶冶身心,涵养德行,不断使自身进步,以利于行。再以背诵《灵光殿赋》为例现身说法,论述读书学习"固须早教,勿失机也",并以孔子等先贤事例论证任何人都要不断学习,如若"失于盛年",则"犹当晚学,不可自弃",向后辈学人指出读书做学问应抱有的态度。"学之所知,施无不达",只有通过学习才能使自身的发展成为可能。"学不可以已",只有不断学习,才能有成人立身立德之效。总之,在颜之推看来,学习的目的在于充实提高自身,弥补自身的不足之处;在于立德修身,不断积极进取;更在于将所学知识应用于生活实践、造福社会。

这篇家训语言质朴,情感真切,讲明了凡是学习的人,都应该熟读书卷,力求弄通弄懂,从中明白读书做学问的诀窍。颜之推虽历经四朝,仕途坎坷,命运无常,自然生命早已湮没于历史长河之中,但其关于修身齐家、治学为人、经世致用的思想绵延不绝,历久弥新。

训俭示康

司马光

【题解】

　　司马光（1019—1086），字君实，号迂叟，陕州夏县（今属山西）涑水乡人，世称涑水先生，北宋政治家、史学家、文学家。卒赠太师、温国公，谥文正。主持编纂中国历史上第一部编年体通史《资治通鉴》，另有《稽古录》《涑水记闻》《潜虚》《家范》等，著作辑为《温国文正司马公文集》。为使子孙后代避免奢侈之风的影响和侵蚀，司马光撰写《训俭示康》以告诫儿子司马康要继承和发扬俭朴家风，洁身自好，永不奢侈腐化。

　　吾本寒家[①]，世以清白[②]相承。吾性不喜华靡[③]，自为乳儿，长者加以金银华美之服，辄羞赧弃去之。二十忝科名[④]，闻喜宴独不戴花。同年[⑤]曰："君赐不可违也。"乃簪[⑥]一花。平生衣取蔽寒，食取充腹；亦不敢服垢弊[⑦]以矫俗干名[⑧]，但顺吾性而已。众人皆以奢靡为荣，吾心独以俭素为美。人皆嗤吾固陋[⑨]，吾不以为病[⑩]。应之曰："孔子称'与其不逊也宁固。'[⑪]又曰'以约失之者鲜矣。'[⑫]又曰'士志于道，而耻恶衣恶食者，未足与议也。'[⑬]古人以俭为美德，今人乃以俭相诟病。嘻，异哉！"

　　近岁风俗尤为侈靡，走卒类士服，农夫蹑丝履。吾记天圣[⑭]中，先公为群牧判官[⑮]，客至未尝不置酒[⑯]，或三行五行[⑰]，多不过七行。酒沽于市，果止于梨、栗、枣、柿之类；肴止于脯、醢[⑱]、菜羹，器用瓷、漆。当时士大夫家皆然，人不相非也。会数而礼勤[⑲]，物薄[⑳]而情厚。近日士大夫家，酒非内法[㉑]，果、肴非远方珍异，食非多品，器皿非满案，不敢会宾友，常数月营聚②，然后敢发书③。苟或不然，人争非之，以为鄙吝。故不随俗靡者，盖鲜矣。嗟乎！风俗颓弊如是㉔，居位者虽不能禁，忍助之乎！

又闻昔李文靖公㉕为相，治居第于封邱门内㉖，厅事前仅容旋马，或言其太隘。公笑曰："居第当传子孙，此为宰相厅事诚隘，为太祝奉礼㉗厅事已宽矣。"参政鲁公㉘为谏官，真宗遣使急召之，得于酒家，既入，问其所来，以实对。上曰："卿为清望官㉙，奈何饮于酒肆？"对曰："臣家贫，客至无器皿、肴、果，故就酒家觞㉚之。"上以无隐，益重之。张文节㉛为相，自奉养如为河阳掌书记㉜时，所亲或规之曰："公今受俸不少，而自奉若此。公虽自信清约，外人颇有公孙布被之讥㉝。公宜少从众。"公叹曰："吾今日之俸，虽举家锦衣玉食，何患不能？顾人之常情，由俭入奢易，由奢入俭难。吾今日之俸岂能常存？一旦异于今日，家人习奢已久，不能顿俭，必致失所。岂若吾居位、去位、身存、身亡，常如一日乎？"呜呼！大贤之深谋远虑，岂庸人所及哉！

御孙曰："俭，德之共也；侈，恶之大也。"㉞共，同也；言有德者皆由俭来也。夫俭则寡欲，君子寡欲，则不役于物，可以直道而行；小人㉟寡欲，则能谨身节用㊱，远罪丰家㊲。故曰："俭，德之共也。"侈则多欲。君子多欲则贪慕富贵，枉道速祸；小人多欲则多求妄用，败家丧身；是以居官必贿，居乡必盗。故曰："侈，恶之大也。"

昔正考父馆粥㊳以糊口，孟僖子㊴知其后必有达人。季文子㊵相三君，妾不衣帛，马不食粟，君子以为忠。管仲镂簋朱纮㊶，山节藻棁㊷，孔子鄙其小器㊸。公叔文子享卫灵公㊹，史䲡㊺知其及祸；及戌㊻，果以富得罪出亡。何曾㊼日食万钱，至孙以骄溢倾家。石崇㊽以奢靡夸人，卒以此死东市㊾。近世寇莱公㊿豪侈冠一时，然以功业大，人莫之非，子孙习其家风，今多穷困。其余以俭立名，以侈自败者多矣，不可遍数，聊举数人以训汝。汝非徒身当服行，当以训汝子孙，使知前辈之风俗云。

【注释】

①［寒家］指门第低微，余资少。　②［清白］清正廉洁的家风。　③［华靡］生活豪华奢侈。　④［忝科名］名列进士的科名。忝，有愧于，谦辞。　⑤［同年］科举时同榜登科的人。　⑥［簪］插，戴。　⑦［垢弊］肮脏破烂的衣服。　⑧［矫俗干名］指违背世俗去求取名声。矫，违背。干，追求。　⑨［固陋］浅陋。　⑩［病］缺点。　⑪［与其不逊也宁固］语出《论语·述而》。与其骄纵不逊，宁可简陋寒酸。不逊，骄傲。　⑫［以约失之者鲜（xiǎn）矣］语出《论语·里仁》。约，节俭、俭约。鲜，少。　⑬［"士志于道"句］语出《论语·里仁》。　⑭［天圣］宋仁宗年号（1023—1032）。　⑮［先公为群牧判官］先公，去世的父亲，这里指司马池。群牧，宋代主管国家马匹的机构。　⑯［置酒］准备酒宴。　⑰［行］行酒，劝酒一次为一行。　⑱［醢（hǎi）］用肉、鱼等制成的肉酱。　⑲［礼勤］礼仪殷勤周到。　⑳［物薄］食物简单。　㉑［内法］内宫酿酒之法。　㉒［营聚］经营张罗。　㉓［发书］发出请柬。　㉔［颓弊如是］颓废堕落到如此地步。　㉕［李文靖公］指宋真宗时期的宰相李沆，谥号"文靖"。　㉖［治居第于封邱门内］在汴京城门内营造宅院。治居第，营造住宅。封邱门，汴京城门。　㉗［太祝奉礼］太常寺的两个官职，主管祭祀。常由功臣子孙担任。　㉘［参政鲁公］指宋仁宗时期任参知政事的鲁宗道。　㉙［清望官］尊贵而有名望的官员，如门下侍郎、太子詹事等。　㉚［觞］古代的一种酒器。文中之意为请人饮酒。　㉛［张文节］宋朝仁宗时任宰相的张知白，谥号"文节"。其在真宗时曾任河阳节度判官，故下文以"掌书记"称之。　㉜［掌书记］唐朝官名，相当于宋代判官。　㉝［公孙布被之讥］汉武帝时任宰相的公孙弘，把自己的俸禄都用于供养宾客，而自己却非常节俭，用着布被子。这遭到了当时的大臣汲黯的讥讽，说他为人虚伪。　㉞［"御孙"句］语出《左传·庄公二十四年》。御孙，春秋时鲁国大夫。　㉟［小人］指普通百姓。　㊱［谨身节用］约束自己，节约用度。　㊲［远罪丰家］远离犯罪，使家道丰盈。　㊳［正考父饘（zhān）粥］正考父，春秋时宋国大夫。饘粥，稠粥。　㊴［孟僖子］春秋时鲁国大夫。　㊵［季文子］春秋时鲁国大夫季孙行父。　㊶［管仲镂

簋（guǐ）朱纮（hóng）]用刻有花纹的簋和红色的帽带，形容生活的奢华。管仲，春秋时齐国齐桓公的相。簋，盛食物的器具。朱，涂上红彩。纮，古代帽子的系带。　㊷［山棁（jié）藻棁（zhuō）］古代天子的庙饰，后用以形容居处豪华奢侈，越等僭礼。山棁，刻成山形的斗拱。藻棁，画有藻纹的梁上短柱。　㊸［孔子鄙其小器］语见《论语·八佾》。子曰："管仲之器小哉！"　㊹［公叔文子享卫灵公］公叔文子，春秋时卫国大夫公孙发。卫灵公，春秋时卫国国君。享，宴请。　㊺［史鰌（qiū）］字子鱼，春秋时期卫国谏臣，曾"尸谏"卫灵公。　㊻［及戍］等到其子公孙戍的时候。及，等到。戍，公叔文子之子公孙戍。　㊼［何曾］晋武帝时任太傅。　㊽［石崇］晋朝时大臣，富豪。时与晋武帝舅父王恺斗富。　㊾［东市］刑场。　㊿［寇莱公］宋真宗初年任宰相的寇准，被封为莱国公。

【解读】

　　《训俭示康》是宋朝政治家、史学家司马光写给儿子司马康的一篇训诫文。文章围绕"成由俭，败由奢"这一古训，结合作者人生经历，并援引诸多历史实例，对其子进行训诫教导。从中不难感受到一位父亲对子女品行高洁、持身守正、大道而行的教诲和希冀。家训旁征博引，说理透彻，对比鲜明，旨深意远。

　　作者开篇便强调自身"世以清白相承"的家风，指出"吾心独以俭素为美"，不喜华靡，现身说法，言语真切。接着追忆天圣年间士大夫往来宴聚普遍尚俭的旧事，慨叹近日愈趋侈靡、讲究排场的风气，复举李文靖、鲁宗道、张文节等本朝有识之士的节俭言行和俭朴美德，并大加赞扬，说明"由俭入奢易，由奢入俭难"，进而引用春秋时御孙遗训"俭，德之共也；侈，恶之大也"辩证阐述"俭"与"侈"的得失利弊，使文章主旨更深入一层。最后连举六名古人和本朝人的俭、侈事例，正反对比，论述俭能立名得福而侈必招祸自败的深刻道理。末尾以"训词"作结，勉励子孙行俭戒奢，保持家风，点明题旨。文章语言平实自然，明白晓畅。虽是告诫后人，却并不正面严肃训诫，而是以一个老人、一个父亲的形象回首往事，在今昔对比之间，用亲切自然的语调信笔写来，尽显自然之色。

"一粥一饭当思来之不易,半丝半缕恒念物力维艰。"艰苦奋斗、勤俭节约是中华民族的传统美德。司马光承继先辈遗风,一生始终以俭朴修身,并以"平生衣取蔽寒,食取充腹"身体力行之,虽然"众人以奢靡为荣",他却始终坚持"独以俭素为美",以此对其子言传身教之。这也使得这篇文章穿透千年历史尘埃仍然保持鲜活的生命力。其中"由俭入奢易,由奢入俭难"的家训,业已成为后世传诵的名言。

司马光像

与长子受之

朱 熹

【题解】

朱熹（1130—1200），字元晦，一字仲晦，号晦庵，别称紫阳，祖籍徽州婺源（今江西婺源），南宋哲学家、教育家，儒学集大成者，后世尊称为"朱子"。著有《四书章句集注》《周易本义》《楚辞集注》《诗集传》等，其中《四书章句集注》是我国封建社会钦定的教科书和科举考试的标准。著作辑为《朱子全书》。朱熹极为看重长子受之（朱塾），对他充满了期望。受之年幼时，即亲自教导他并为之延请名师。但幼时聪慧的受之，随着年岁日长，开始染上了懒惰之习性。这令朱熹极度担忧。于是，朱熹决定将受之送到千里之外的好友吕祖谦门下学习。乾道九年（1173），受之离家前往拜师，临别之际朱熹专门写下了这封书信，给予其多方面的叮咛嘱咐。

早晚受业请益，随众例不得怠慢。日间思索有疑，用册子随手劄①记，候见质问，不得放过。所闻诲语，归安下处②，思省切要之言，逐日劄记，归日要看③。见好文字，录取下来。不得自擅出入，与人往还。初到，问先生有合见者见之，不合见则不必往。人来相见，亦启禀然后往报之，此外不得出入一步。

居处须是居敬，不得倨肆④惰慢。言语须要谛当⑤，不得戏笑喧哗。凡事谦恭，不得尚气凌人，自取耻辱。

不得饮酒，荒思废业，亦恐言语差错，失己忤人，尤当深戒。不可言人过恶，及说人家长短是非。有来告者，亦勿酬答。于先生之前，尤不可说同学之短。

交友之间，尤当审择，虽是同学，亦不可无亲疏之辨。此皆当请于先生，听其所教。大凡敦厚忠信，能言吾过者，益友也；其谄谀⑥轻薄，傲慢亵狎⑦，导人为恶者，损友也。推此求之，亦自合见得五七分，更问以审之⑧，百无所失矣。但恐志趣卑凡，不能克己从善，则益者不期⑨疏而日远，损者不期近而日亲。此须痛加检点而矫革之，不可荏苒⑩渐习，自趋小人之域。如此则虽有贤师长，亦无救拔自家处矣。

见人嘉言善行，则敬慕而纪录之。见人好文字胜己者，则借来熟看，或传录之，而咨问之，思之与齐而后已。不拘长少，惟善是取。

以上数条，切宜谨守。其所未及，亦可据此推广，大抵只是勤谨二字。循之而上，有无限好事。吾虽未敢言，而窃为汝愿之。反之而下，有无限不好事。吾虽不欲言，而未免为汝忧之也。

盖汝若好学，在家足可读书作文，讲明义理，不待远离膝下，千里从师。汝既不能如此，即是自不好学，已无可望之理。然今遣汝者，恐汝在家汩于俗务⑪，不得专意，又父子之间，不欲昼夜督责，及无朋友闻见⑫，故令汝一行。汝若到彼，能奋然勇为，力改故习，一味勤谨，则吾犹有望。不然则徒劳费，只与在家一般；他日归来，又只是旧时伎俩人物。不知汝将何面目，归见父母亲戚乡党故旧耶？

念之，念之。夙兴夜寐，无忝尔所生⑬。在此一行，千万努力。

【注释】

①［劄（zhá）］书写。　②［归安下处］回到住处。　③［归日要看］指归家时朱熹要亲自检查。　④［倨（jù）肆］傲慢放肆。　⑤［谛当（dàng）］谨慎恰当。谛，仔细，这里是谨慎的意思。　⑥［谄（chǎn）谀］巴结逢迎。⑦［亵狎（xiè xiá）］轻慢，不庄重。　⑧［更问以审之］再加上请教老师和慎重

选择。　⑨〔不期〕没料到。　⑩〔荏苒〕时光渐逝。　⑪〔汩于俗务〕被世俗事务淹没。　⑫〔无朋友闻见〕不便结交朋友增加见闻。　⑬〔无忝（tiǎn）尔所生〕不要辱没生育你的父母。忝，辱没他人而自己有愧。

【解读】

《与长子受之》是朱熹在长子朱塾（字受之）离家远行求学时写给他的一封家信。信中，朱熹以"穷理、正心、修己、治人"为根本，从"勤、谨"二字着眼，事无巨细地进行治学和处世指导，告诫其子要勤学、勤问、勤思、谨起居、谨言谈、谨交友，敦厚忠信，见贤思齐。语言浅近，说理透彻，娓娓道来，亲切感人。

在这封书信中，朱熹教育儿子以"勤谨"为立身行事之本，"循之而上，有无限好事"。学习上要儿子多记、多问、多思，强调三者密切相关。要早晚向老师请益，有疑问记下来，随时问老师；每日记下学习所得并进行思考。看到好的文字道理要记录下来。为人处世方面要谨于起居，不能懒惰。言语要谨慎，谦恭不伤人；不得饮酒，怕酒后失言；不能议人长短。在交游方面，要"审择"，向老师求教；要结交有益于自己的朋友，不交损友；要多检点和约束自己，加强自身修养，多吸引益友。要敦厚忠信，见善思齐。

朱熹对儿子反复叮嘱，用心良苦，生怕自己不在身边时儿子走上邪路。朱熹也把别的儿子送去外地求学。好在儿子们都明白朱熹的良苦用心。朱塾后来担任淮西运使、湖南总领等官职，朱在（朱熹第三子）初任泉州通判，后累升至吏部郎。朱氏后人绵延不绝，代有才人，而朱熹的这封家书也和他的学说一起泽溉后人。

狱中上母书

夏完淳

【题解】

　　夏完淳（1631—1647），原名复，字存古，别号灵胥，松江华亭（今上海松江）人，明末抗清英雄，诗人。早慧，才思敏捷，有神童之称。其诗词或慷慨悲壮，或凄怆哀婉。著作辑为《夏完淳集》。清顺治四年（1647），夏完淳决定渡海加入鲁王军队继续抗击清廷，临行前回家探亲时被捕，押解至南京受讯。在狱中，夏完淳深知自己来日无多，于是满怀悲怆写就这篇流传千古的《狱中上母书》。

　　不孝完淳，今日死矣。以身殉父，不得以身报母矣。痛自严君①见背②，两易春秋③，冤酷④日深，艰辛历尽。本图复见天日⑤，以报大仇，恤死荣生⑥，告成黄土⑦。奈天不佑我，钟虐⑧先朝，一旅⑨才兴，便成齑粉⑩。去年之举⑪，淳已自分⑫必死，谁知不死，死于今日也！斤斤⑬延此二年之命，菽水之养⑭，无一日焉。致慈君⑮托迹于空门，生母⑯寄生于别姓，一门漂泊，生不得相依，死不得相问。淳今日又溘然先从九京⑰，不孝之罪，上通于天。

　　呜呼！双慈⑱在堂，下有妹女，门祚⑲衰薄，终鲜兄弟⑳。淳一死不足惜，哀哀八口，何以为生！虽然，已矣！淳之身，父之所遗；淳之身，君之所用。为父为君，死亦何负于双慈！但慈君推干就湿㉑，教《礼》习《诗》，十五年如一日。嫡母慈惠，千古所难。大恩未酬，令人痛绝。——慈君托之义融女兄㉒，生母托之昭南女弟㉓。

　　淳死之后，新妇遗腹得雄㉔，便以为家门之幸；如其不然，万勿置后㉕。会稽大望㉖，至今而零极㉗矣。节义文章，如我父子者几人哉！立一不肖后，如西铭先生㉘，为人所诟笑，何如不立之为愈耶！呜呼！大造茫茫，总归无后㉙，有一日中兴再造㉚，则庙食㉛千秋，岂止麦饭豚蹄㉜不为馁鬼而已哉！若有妄言立后者，淳且与先文忠㉝在冥冥诛殛㉞顽嚚㉟，决不肯舍！

兵戈天地，淳死后，乱且未有定期。双慈善保玉体，无以淳为念。二十年后，淳且与先文忠为北塞之举㊱矣！勿悲，勿悲。相托之言，慎勿相负！

武功甥将来大器㊲，家事尽以委之。寒食盂兰㊳，一杯清酒，一盏寒灯，不至作若敖之鬼㊴，则吾愿毕矣！新妇结褵㊵二年，贤孝素著。武功甥好为我善待之。亦武功渭阳情㊶也。语无伦次，将死言善㊷。痛哉，痛哉！

人生孰无死？贵得死所耳。父得为忠臣，子得为孝子。含笑归太虚㊸，了我分内事。大道本无生㊹，视身若敝屣。但为气所激，缘悟天人理㊺。恶梦十七年，报仇在来世。神游天地间，可以无愧矣！

【注释】

①〔严君〕对父亲的敬称。这里指父亲夏允彝，其于清顺治二年（1645）殉国。　②〔见背〕古人谓父母或长辈去世。　③〔两易春秋〕换了两次春秋，即经过了两年。易，更换。　④〔冤酷〕冤仇与惨痛。　⑤〔复见天日〕指恢复明朝。　⑥〔恤死荣生〕使死去的人（指其父）得到抚恤，使活着的人（指其母）得到荣耀封赠。　⑦〔告成黄土〕把复国成功的事向祖先的坟墓祭告。黄土，地下。　⑧〔钟虐〕钟，聚焦。虐，上天惩罚。　⑨〔一旅〕指吴易的抗清军队。夏完淳曾在其中担任参谋。　⑩〔齑（jī）粉〕碎粉末。这里比喻吴易军队被击溃。　⑪〔去年之举〕指1646年起兵抗清失败事。吴易兵败后，夏完淳只身流亡。　⑫〔自分（fèn）〕自己料想。　⑬〔斤斤〕仅仅。　⑭〔菽水之养〕形容生活清苦，后常代指对父母的供养。《礼记·檀弓下》："啜菽饮水尽其欢，斯之谓

185

孝。" ⑮〔慈君〕作者的嫡母盛氏。 ⑯〔生母〕作者生母陆氏,夏允彝的妾。 ⑰〔九京〕春秋时晋大夫的墓地,后泛指墓地。 ⑱〔双慈〕嫡母与生母。 ⑲〔门祚（zuò）〕家门福运。 ⑳〔终鲜（xiǎn）兄弟〕没有兄弟。鲜,少、缺乏。 ㉑〔推干就湿〕把床上干燥之处让给幼儿,自己睡在湿处,形容母亲抚育子女的辛劳。 ㉒〔义融女兄〕作者的姐姐夏淑吉,别号义融。 ㉓〔昭南女弟〕作者的妹妹夏惠吉,字昭南,号兰隐。 ㉔〔新妇遗腹得雄〕新妇,这里指作者的妻子。雄,男孩。 ㉕〔置后〕抱养别人的孩子为后嗣。 ㉖〔会稽大望〕会稽郡有声望的大家族。这里指夏姓大族。古代传说,夏禹曾会诸侯于会稽,后来会稽姓夏的人就说禹是他们的祖先。 ㉗〔零极〕零落到极点。 ㉘〔西铭先生〕张溥,别号西铭,明末文学家,复社领袖,夏完淳的老师无后,次年由钱谦益等代为立嗣。钱谦益后来投降了清朝。人们认为这有损张溥的名节。 ㉙〔大造茫茫,总归无后〕如果上天不明,让明朝灭亡,那么即使自己有后也会被杀,终归无后。大造,造化,指天地,大自然。茫茫,广大而辽阔。 ㉚〔中兴再造〕指复兴明王朝。 ㉛〔庙食〕指死后在祠庙里享受祭祀,受人奉祀。 ㉜〔麦饭豚蹄〕指简单的祭品。 ㉝〔文忠〕夏允彝死后,南明鲁王谥为文忠公。 ㉞〔诛殛（jí）〕诛杀。 ㉟〔顽嚚（yín）〕顽劣奸诈的人。 ㊱〔北塞之举〕在北方起兵。 ㊲〔武功甥将来大器〕武功甥,作者姐姐夏淑吉的儿子侯檠,字武功。大器,大材。 ㊳〔盂兰〕旧俗的农历七月十五日燃灯祭祀,"超度鬼魂",称盂兰盆会。 ㊴〔若敖之鬼〕没有子孙后嗣按时祭祀的饿鬼。若敖,若敖氏,春秋时楚国公族名。这一族的后代令尹子文看到族人子越椒行为不正,估计他可能会给整个家庭带来灾难,临死前对族人哭着说:"鬼犹求食,若敖氏之鬼,不其馁而。"后来,若敖氏终于因为越椒叛楚而被灭全族（见《左传·宣公四年》）。后世即以"若敖之鬼"喻指绝嗣没有后代之人。 ㊵〔结褵（lí）〕代指成婚。 ㊶〔渭阳情〕指甥舅之间的情谊。《诗经·秦风·渭阳》有"我送舅氏,曰至渭阳"句,据说晋公子重耳出亡秦国避难,秦穆公收容他并帮助他回国做晋君,送他归国之时,外甥康公送他到渭水之阳,作诗赠别。后世用渭阳比喻甥舅。 ㊷〔将死言善〕《论语·泰伯》:"人之将死,其言也善。"意为人临死之时所说的话真诚不欺。 ㊸〔太虚〕天。 ㊹〔大道本无生〕依照道家的说法,人本来是从无而生,死后又归于无。 ㊺〔缘悟天人理〕因此明白了天意与人事的道理。

【解读】

《狱中上母书》是明末英雄夏完淳临刑前写给嫡母和生母的一封绝笔信,信中回顾了两年来起兵抗清的坎坷经历,抒发了国难家仇集于一身、死不瞑目的英雄遗恨,表现了坚贞不屈的气节和视死如归的大无畏精神。书信一唱三叹,深婉有致,悲壮苍凉,感人肺腑。

信中,作者先言自己因抗清兵败身陷囹圄,难以报母的"不孝之罪",后嘱托后事述其死后为家人生计的担忧,再写其抱憾复国之志未酬,来生仍愿忠义报国的壮志豪情,最后抒发与母诀别的慷慨之情。夏完淳临刑前为"不得以身报母"而深感悲痛,为家中"八口"的生计问题而深感忧虑,但又认为"为父为君,死亦何负于双慈","以身殉父"是死得其所。两种情感交错并行,使得夏完淳陷入忠孝难以两全的痛苦之中。夏完淳的难是忠臣之难,难在复国无望;是孝子之难,难在报母不成。他一边哀叹赴死后"一门漂泊,生不得相依,死不得相问",无法奉养双慈的不孝之痛无以言喻;一边高唱"人生孰无死?贵得死所耳",将自身视若敝屣,毅然决然地选择追随父亲、恩师的足迹,杀身成仁的忠义之情溢于言表。一句"虽然,已矣",道尽了作者心中对双慈的万般不舍,也写就了一曲壮志未酬、视死如归的英雄悲歌,将一个一腔热血、舍身为国的少年内心交织的儿女情长、英雄气概和家国大义描绘得淋漓尽致。读来感慨万千,令人潸然泪下。

回首过往双慈的"菽养之恩",再遥想身死之后的满门零落、家国不复,夏完淳悲痛难抑。"故其忠肝义胆,发为文章,无非点点碧血所化。"(陈均《夏节愍全集序》)国仇与家恨,生离与死别,种种复杂的感情凝成笔墨,所至皆感情充沛,慷慨悲壮,具有一种回肠荡气、撼动人心的艺术力量。夏完淳的忠肝义胆,未酬壮志,报母孝心,都凝聚于这一封短短的书信中,感动着一代又一代的读者。

潍县署中与舍弟墨第二书（节选）

郑　燮

【题解】

　　郑燮（1693—1766），字克柔，号板桥，江苏兴化人，清代书画家、文学家，一生主要客居扬州，为"扬州八怪"之一。其诗、书、画世称"三绝"。著作辑为《郑板桥集》。郑墨是郑板桥的堂弟，兄弟俩感情很深。郑板桥儿子出生后自己一直在外为官，儿子就在家里由堂弟郑墨和自己的妻子负责管教。他给郑墨和妻子等写了多封信，交流对儿子的教育问题。本文是作者在山东潍县任知县时写给堂弟郑墨的第二封信。公署，县衙门。舍弟，自己的弟弟。舍，谦辞，用于对别人称自己的辈分低或同辈年龄小的亲属。

　　余五十二岁始得一子，岂有不爱之理？然爱之必以其道，虽嬉戏顽耍，务令忠厚悱恻[①]，毋为刻急[②]也！

　　平生最不喜笼中养鸟，我图娱悦，彼在囚牢，何情何理，而必屈物之性以适吾性乎？至于发系蜻蜓、线缚螃蟹，为小儿顽具[③]，不过一时片刻，便摺拉[④]而死。夫天地生物，化育劬劳[⑤]，一蚁一虫，皆本阴阳五行之气氤氲而出[⑥]，上帝亦心心爱念。而万物之性人为贵，吾辈竟不能体天之心以为心，万物将何所托命乎！

　　蛇蚖[⑦]、蜈蚣、豺狼、虎、豹，虫之最毒者也，然天既生之，我何得而杀之？若必欲尽杀，天地又何必生？亦惟驱之使远，避之使不相害而已。蜘蛛结网，于人何罪？或谓其夜间咒月，令人墙倾壁倒，遂击杀无遗，此等说话，出于何经何典，而遂以此残物之命，可乎哉？可乎哉？

我不在家，儿子便是你管束。要须长其忠厚之情，驱其残忍之性，不得以为犹子而姑纵惜⑧也。家人儿女总是天地间一般人，当一般爱惜，不可使吾儿凌虐他。凡鱼飧⑨果饼，宜均分散给，大家欢嬉跳跃。若吾儿坐食好物，令家人子远立而望，不得一沾唇齿，其父母见而怜之，无可如何，呼之使去，岂非割心剜肉⑩乎？

夫读书中举、中进士做官，此是小事，第一要明理作个好人。可将此书读与郭嫂、饶嫂⑪听，使二妇人知爱子之道，在此不在彼也。

（书后又一纸）

所云不得笼中养鸟，而予又未尝不爱鸟，但养之有道耳。欲养鸟，莫如多种树，使绕屋数百株，扶疏茂密，为鸟国鸟家。将旦时睡梦初醒，尚辗转在被，听一片啁啾⑫，如云门、咸池⑬之奏。及披衣而起，颒面⑭漱口啜茗，见其扬翚振彩⑮，倏往倏来⑯，目不暇给⑰，固非一笼一羽之乐而已。大率平生乐处，欲以天地为囿⑱，江汉为池，各适其天，斯为大快，比之盆鱼、笼鸟其钜细、仁忍，何如也。

【注释】

①〔悱恻（fěi cè）〕内心忧思悲苦，这里指有悲悯同情之心。　②〔毋为刻急〕不要苛刻急躁。毋，不要，不可。　③〔顽具〕玩具。　④〔摺（zhé）拉〕折腾，摧残。　⑤〔化育劬（qú）劳〕化生和养育子女很是劳累辛苦。　⑥〔皆本阴阳五行之气氤氲（yīn yūn）而出〕都是由阴阳五行之气交互作用而生长出来的。五行，指金、木、水、火、土，我国古代思想家用这五种物质来解释世界万物的起源。氤氲，云气浓郁的状态，这里指阴阳五行之气的交互作用。　⑦〔虺（wán）〕古书上说的一种毒蛇。　⑧〔姑纵惜〕姑息纵容，溺爱。　⑨〔鱼飧（sūn）〕鱼羹。　⑩〔割心剜肉〕形容伤心至极。剜，割。　⑪〔郭嫂、饶嫂〕郑燮的妾氏。　⑫〔啁啾（zhōu jiū）〕鸟的鸣叫声。　⑬〔云门、咸池〕古代乐舞

名，相传为黄帝、尧帝之舞。　⑭〔靧（huì）面〕洗脸。　⑮〔扬翚（huī）振彩〕张开五彩缤纷的翅膀飞翔。　⑯〔倏（shū）往倏来〕急快地一会儿飞过来飞过去。　⑰〔目不暇给（jǐ）〕眼睛都看不过来。　⑱〔以天地为囿（yòu）〕把天地作为园林。囿，圈养动物的园林。

【解读】

郑板桥的家书可以说是"齐家"的典范，他出身书香门第，非常重视对孩子的教育。在这封书信中，郑板桥与堂弟郑墨探讨如何教育孩子的问题。作者认为应顺从孩子的天性进行教育，需要"爱之必以其道"。爱子，特别是爱独生子，是人之常情，但爱需要正确的方法、手段。"以其道"是真爱，不以其道是假爱。

郑板桥在信中先以"笼中养鸟"为例阐述"爱之必以其道"的教子之理。"父母之爱子，则为之计深远。"他希望儿子能明白事理，成为一个好人。他认为"读书中举、中进士做官，此是小事，第一要明理作个好人"。他反复嘱咐其弟要教导孩子"忠厚悱恻"，要"长其忠厚之情，驱其残忍之性"。郑板桥并不因儿子是独子而骄纵，反而对其严格教育，并希望弟弟及家人不要因孩子是兄长之子而迁就，要严加管束，使其有忠厚善良、平等待人之心。作者认为，万物有其存在的价值，人不能以自己的喜好来决定它们的命运，不能"屈物之性以适吾性"，要"体天之心以为心"，并且要一般爱惜家人儿女。郑板桥对儿子深沉的父爱与对弟弟的浓厚亲情，在这一封短短的书信中尽显。读来令人颇觉温情款款，又深受教育。

书信语言晓畅，意义深刻，于最朴素平常之事中见真理。作为爱子心切的家长的郑板桥，在教导孩子时首先关心的不是能不能取得世俗意义上的成功，而是能不能做一个好人，能不能明白事理，做到勤俭忠恕，平等待人。这种教导孩子的理念，不仅在封建社会是难能可贵的，在当下对家长如何教育子女也是极有启发意义的。

道光二十二年十一月十七日与兄弟书（节选）

曾国藩

【题解】

曾国藩（1811—1872），字伯涵，号涤生，谥文正，湖南湘乡白杨坪（今属双峰）人，清末洋务派和湘军首领。有《冰鉴》《经史百家杂钞》《十八家诗钞》等，作品辑为《曾文正公全集》。其家书在教子弟读书、作文、立身、治家等方面留下诸多宝贵经验，其教育思想至今依然闪烁着光芒。本篇题目为编者所加。

诸位贤弟足下：

十一月前八日，已将日课钞与弟阅①，嗣后每次家书，可钞三页付回。日课本皆楷书，一笔不苟，惜钞回不能作楷书耳。

冯树堂进攻最猛，余亦教之如弟，知无不言。可惜弟不能在京与树堂日日切磋，余无日无刻不太息②也！九弟③在京年半，余懒散不努力；九弟去后，余乃稍能立志，盖余实负九弟矣！

余尝语岱云曰："余欲尽孝道，更无他事；我能教诸弟进德业一分，则我之孝有一分，能教诸弟进十分，则我孝有十分。若全不能教弟成名，则我大不孝矣！"九弟之无所进，是我之大不孝也！惟愿诸弟发奋立志，念念有恒；以补我不孝之罪，幸甚幸甚！

岱云与易五近亦有日课册，惜其识不甚超越，余虽日日与之谈论，渠④究不能悉心领会，颇疑我言太夸。然岱云近极勤奋，将来必有所成。何子敬近待我甚好，常彼此作诗唱和，盖因其兄钦佩我诗，且谈字最相合，故子敬亦改容加礼。

子贞⑤现临隶字，每日临七八页，今年已千页矣，近又考订《汉书》⑥之讹，每日手不释卷。盖子贞之学，长于五事，一曰

《仪礼》⑦精，二曰《汉书》熟，三曰《说文》⑧精，四曰各体诗好，五曰字好。此五事者，渠意皆欲有所传于后。以余观之，前三者余不甚精，不知浅深究竟何如，若字则必传千古无疑矣。诗亦远出时手之上，必能卓然成家。近日京城诗家颇少，故余亦欲多做几首。

金竺虔在小珊家住，颇有面善心非之隙，唐诗甫亦与小珊有隙，余现仍与小珊来往，泯然无嫌⑨，但心中不甚惬洽⑩耳。黄子寿处本日去看他，功夫甚长进，古文有才华，好买书，东翻西阅，涉猎颇多，心中已有许多古董。

何世兄⑪亦甚好，沉潜之至，天分亦高，将来必有所成。吴竹如近日未出城，余亦未去，盖每见则耽搁一天也，其世兄亦极沉潜，言动中礼，现在亦学倭艮峰⑫先生。吾观何、吴两世兄之姿质，与诸弟相等，远不及周受珊、黄子寿，而将来成就，何、吴必更切实。此其故，诸弟能看书自知之，愿诸弟勉之而已。此数人者，皆后起不凡之人才也，安得诸弟与之联镳并驾⑬，则余之大幸也！

季仙九先生到京服阕⑭，待我甚好，有青眼相看之意。同年会课，近皆懒散，而十日一会如故。予今年过年，尚须借银百五十金，以五十还杜家，以百金用。李石梧到京，交出长郡馆公费，即在公项借用，免出外开口更好，不然，则尚须张罗也。

门上陈升，一言不合而去，故余作《傲奴》诗，现换一周升作门上，颇好。予读《易·旅卦》"丧其童仆"，《象》曰："以旅与下，其义丧也。"解之者曰："以旅与下者，谓视童仆如旅人，刻薄寡恩，漠然无情，则童仆亦将视主上如逆旅⑮矣。"予待下虽不刻薄，而颇有视如逆旅之意，故人不尽忠，以后余当视之如家人手足也。分虽严明，而情贵周通，贤弟待人，亦宜知之。

予每闻折差到，辄望家信，不知能设法多寄几次否？若寄信，则诸弟必须详写日记数天，幸甚！余写信亦不必代诸弟多立课程，盖恐多看则生厌，故但将予近日实在光景写示而已，伏惟⑯诸弟细察。

【注释】

①［日课钞与弟阅］日课，日记。钞，同"抄"。　②［太息］叹息。　③［九弟］指曾国荃，他在曾氏族中行九，故称之。　④［渠］人称代词，他、他们。　⑤［子贞］何绍基，字子贞。晚清诗人、学者、书法家。　⑥［《汉书》］东汉班固编撰。凡一百卷，分一百二十篇，是中国第一部纪传体断代史。与《史记》《后汉书》《三国志》并称"前四史"。　⑦［《仪礼》］简称《礼》，亦称《礼经》或《士礼》，是春秋战国时的礼制汇编，共十七篇。儒家经典之一。　⑧［《说文》］指东汉许慎所著《说文解字》。　⑨［泯然无嫌］指表面上没有嫌隙。　⑩［不甚惬（qiè）洽］指不太快意与和睦融洽。　⑪［何世兄］指前文所提何子敬。　⑫［倭艮峰］指乌齐格里·倭仁，字艮峰。晚清大臣、理学家。与曾国藩相交甚笃，亦师亦友。　⑬［联镳（biāo）并驾］并驾齐驱。　⑭［季仙九先生到京服阕（què）］季仙九，即季芝昌，号仙九，曾国藩的老师。服阕，守丧期满除服。　⑮［逆旅］客舍，旅馆。　⑯［伏惟］古代奏疏或信函中的常用语，表下对上的谦敬之辞。文中表示希望的意思。

【解读】

本篇是曾国藩在京翰林院任庶吉士时写给弟弟们的一封家书，作者以亲切的口吻，从习字读书、立志有恒、勤奋沉潜、待人处世等方面对弟弟们进行细致入微的关心和教导。言辞恳切，字里行间充满一位大哥哥对弟弟们的爱怜。

曾国藩重孝悌之义，极为重视对兄弟及后辈子弟的教育。在这封书信中，曾国藩以鼓励表扬的口吻对各位弟弟进行了逐一评点，并对他们分别寄予厚望。他首先强调人需"发奋立志，念念有恒"。一个人要想有所成就，立志是首要的，有了远大的志向，就不会甘愿成为不入流的闲人。正如曾国藩在另一封写给弟弟们的书信中所说："第一要有志,第二要有识,第三要有恒。有志则不甘为下流;有识则知学问无尽,不敢以一得自足,如河伯之观海,如井蛙之窥天,皆无识者也;有恒则断无不成之事。此三者缺一不可。"其次,他也认为勤奋沉潜必不可少,并以自身和诸弟学业进退为例,以何、吴两人的沉潜与周受珊、黄子寿的天资对比论述,谆谆教诲弟弟们勤能补拙,习字要一笔不苟,读书要手不释卷,日夜勤勉,全身心投入,方可有所寸进。最后,他叮嘱弟弟们待人接物和为人处世之道,以自身与友人相交经历,以及对待家仆之事,强调与人相处贵在"周通"。

  信中的曾国藩,是一个望弟成才、立德修身的如父兄长,有血有肉,情深意长。他会因自己于学业偶有所倦怠而不厌其烦地告诫弟弟们要发奋图强,立志恒心;会因自己与朋友相交甚笃而耐心教导弟弟们与人交往贵在情深义重;会因自己与亲人相别在外而殷切嘱托弟弟们回复信件聊解挂念之情。写下这封书信时,距离他发愤立志,起始作日课、自律修身,已逾两度春秋。也正是在这一年,曾国藩写下了著名的日课十二条:"一曰主敬,二曰静坐,三曰早起,四曰读书不二,五曰读史,六曰谨言,七曰养气,八曰保身,九曰日知所亡,十曰月无忘所能,十一曰作字,十二曰夜不出门。"以此规训勉励自己。此后,他严于律己,沉潜于读书修身,至终不辍。

与妻书

林觉民

【题解】

林觉民（1887—1911），字意洞，号抖飞，又号天外生，福建闽县（今福州）人，中国民主革命烈士。14 岁进福建高等学堂，肄业后到日本留学，加入中国同盟会，从事革命活动。1911 年春回国随黄兴等革命党人参加黄花岗之役，失败被捕，从容就义，为"黄花岗七十二烈士"之一。起义前三天，即 1911 年 4 月 24 日，林觉民写下两封绝笔信，一封写给父亲，后人名为《禀父书》，另一封写给妻子，即这封《与妻书》。

意映卿卿①如晤，吾今以此书与汝永别矣！吾作此书时，尚是世中一人；汝看此书时，吾已成为阴间一鬼。吾作此书，泪珠和笔墨齐下，不能竟书②而欲搁笔，又恐汝不察吾衷③，谓吾忍舍汝而死，谓吾不知汝之不欲吾死也，故遂忍悲为汝言之。

吾至爱汝，即此爱汝一念，使吾勇于就死也。吾自遇汝以来，常愿天下有情人都成眷属；然遍地腥云，满街狼犬，称心快意，几家能彀④？司马青衫，吾不能学太上之忘情⑤也。语云：仁者"老吾老以及人之老，幼吾幼以及人之幼"。吾充吾爱汝之心，助天下人爱其所爱，所以敢先汝而死，不顾汝也。汝体吾此心，于啼泣之余，亦以天下人为念，当亦乐牺牲吾身与汝身之福利，为天下人谋永福也。汝其勿悲！

汝忆否？四五年前某夕，吾尝语曰："与使吾先死也，无宁汝先吾而死。"汝初闻言而怒，后经吾婉解，虽不谓吾言为是，而亦无词相答。吾之意盖谓以汝之弱，必不能禁失吾之悲，吾先死，留苦与汝，吾心不忍，故宁请汝先死，吾担悲也。嗟夫！谁知吾卒先汝而死乎？

吾真真不能忘汝也！回忆后街之屋，入门穿廊，过前后厅，又三四折，有小厅，厅旁一室，为吾与汝双栖之所。初婚三四个月，适冬之望日⑥前后，窗外疏梅筛月影，依稀掩映；吾与汝并肩携手，低低切切，何事不语？何情不诉？及今思之，空余泪痕。又回忆六七年前，吾之逃家复归也，汝泣告我："望今后有远行，必以告妾，妾愿随君行。"吾亦既许汝矣。前十余日回家，即欲乘便以此行之事语汝，及与汝相对，又不能启口，且以汝之有身⑦也，更恐不胜悲，故惟日日呼酒买醉。嗟夫！当时余心之悲，盖不能以寸管⑧形容之。

吾诚愿与汝相守以死，第以今日事势观之，天灾可以死，盗贼可以死，瓜分之日可以死，奸官污吏虐民可以死，吾辈处今日之中国，国中无地无时不可以死。到那时使吾眼睁睁看汝死，或使汝眼睁睁看吾死，吾能之乎？抑汝能之乎？即可不死，而离散不相见，徒使两地眼成穿而骨化石⑨，试问古来几曾见破镜能重圆⑩？

则较死为苦也，将奈之何？今日吾与汝幸双健。天下人不当死而死与不愿离而离者，不可数计，钟情如我辈者，能忍之乎？此吾所以敢率性就死不顾汝也。吾今死无余憾，国事成不成自有同志者在。依新⑪已五岁，转眼成人，汝其善抚之，使之肖我。汝腹中之物，吾疑其女也，女必像汝，吾心甚慰。或又是男，则亦教其以父志为志，则吾死后尚有二意洞在也。幸甚，幸甚！吾家后日当甚贫，贫无所苦，清静过日而已。

吾今与汝无言矣。吾居九泉之下遥闻汝哭声，当哭相和也。吾平日不信有鬼，今则又望其真有。今人又言心电感应有道，吾亦望其言是实，则吾之死，吾灵尚依依旁⑫汝也，汝不必以无侣悲。

吾平生未尝以吾所志语汝，是吾不是处；然语之，又恐汝日日为吾担忧。吾牺牲百死而不辞，而使汝担忧，的的非吾所忍。吾爱汝至，所以为汝谋者惟恐未尽。汝幸而偶⑬我，又何不幸而生今日之中国！吾幸而得汝，又何不幸而生今日之中国！卒不忍独善其身。嗟夫！巾⑭短情长，所未尽者，尚有万千，汝可以模拟得之。吾今不能见汝矣！汝不能舍吾，其时时于梦中得我乎？一恸⑮。辛未⑯三月念⑰六夜四鼓⑱，意洞手书。

家中诸母⑲皆通文，有不解处，望请其指教，当尽吾意为幸。

【注释】

①〔意映卿卿〕意映，作者妻子的名字。卿卿，旧时夫妻间的爱称，多用于丈夫称呼妻子。　②〔竟书〕写完信。　③〔衷〕内心。　④〔彀（gòu）〕同"够"。　⑤〔太上之忘情〕古人有"太上忘情"之说，意思是修养最高的人，忘了喜怒哀乐之情。　⑥〔望日〕即月亮圆的那天，一般指农历每月十五日，有时也指十六日。　⑦〔有身〕有身孕。　⑧〔寸管〕指笔。　⑨〔骨化石〕传说一男子外出未归，其妻天天登山远望，日久天长变成一块石头，后人称之为"望夫石"。　⑩〔破镜能重圆〕南朝陈的徐德言夫妻，国亡时，破镜各执一半为信，后得重聚。后喻夫妻失散重新团圆。　⑪〔依新〕林觉民长子。　⑫〔旁〕靠近。　⑬〔偶〕婚配，嫁给。　⑭〔巾〕指作者写这封信时所用的白布方巾。　⑮〔一恸〕大恸。　⑯〔辛未〕应是"辛亥"，即1911年。　⑰〔念〕俗同"廿"，二十。　⑱〔四鼓〕四更天。　⑲〔诸母〕各位伯母、叔父。

【解读】

《与妻书》以"情"为线，通过生活片段的追忆及对死后的想象，传递出一个年轻革命者的坚定信仰和高尚情操。全文情感真挚炽热，笔调凄婉动人，读来荡气回肠，具有强烈的感染力与震撼力。

这封信写于中国革命紧要关头之时，妻与儿、家与国、生与死，无不牵动作者的心魄。作者以"意映卿卿如晤"落笔，道出心中"至爱汝"而又"忍舍汝而死"的复杂心绪。接着解释为何"忍舍汝而死"的深层缘由,从而表明作者矢志拯救国家民族的大义。在信中,作者通过追忆夫妻过往的生活,将对妻子的至爱至情与作者的至真至性串联起来,形成一幅感人的夫妻日常画面:"与使吾先死也,无宁汝先吾而死"的爱情对话,"吾与汝并肩携手,低低切切"的甜美情景,"今后有远行,必以告妾"的殷殷嘱托,妻子有身孕"恐不胜悲"以酒消愁的难言苦衷……这些生活场景再现了作者对妻子刻骨铭心的爱。不但如此,作者还对死后抱有爱的想象,希望真"有鬼",以与妻子哭声相和,心灵相契,互慰相思,最终感于"巾短情长",不觉"一恸"。读此信,令人扼腕感叹!

书信语言浅近平易而又掷地有声,文气连贯而又错落有致,集记叙、抒情、说理为一体,层层递进,回旋曲折,使感情的抒发与说理有机统一。既在缓缓回忆与妻子相识的过往中深情诉说夫妻恩爱的难舍之情,又在痛斥现实黑暗的义愤填膺中倾诉为革命献身之理。文中"吾至爱汝"的爱意深情与"即此爱汝一念,使吾勇于就死"的勇敢决绝刚柔并济,交相辉映,使文章既缠绵悱恻,又充满浩然之气。

最令人感佩的是,作者在尽情倾诉夫妻至爱的同时,又畅叙了儿女之情必须服从革命伟业的至理,将一己之爱升华到国家与民族的大爱。林觉民信中以天下为己任、义无反顾为国献身的壮怀,与历史上那些气贯长虹、感人肺腑的爱国诗篇,如曹植的"捐躯赴国难,视死忽如归"、林则徐的"苟利国家生死以,岂因祸福避趋之"等有异曲同工之妙。这种"天下兴亡,匹夫有责"的担当意识,"先天下之忧而忧,后天下之乐而乐"的忧患意识,使《与妻书》在历史长河中光芒四射。

钱氏家训

钱文选

【题解】

《钱氏家训》最早可追溯到钱镠所订立的"八训""十训"。钱镠（852—932），字具美（一作巨美），小字婆留，杭州临安（今浙江临安）人，五代十国时期吴越国开国国君，在位41年，庙号太祖，谥号武肃王。治国有略，修身治家也十分谨严，两度订立治家"八训""十训"，晓谕子孙。1924年，钱镠32代孙、安徽广德人钱文选根据先祖"八训""十训"并吸纳其他家训精华，总结归纳，纂修《钱氏家训》。《钱氏家训》是家训中的珍贵遗产，是我们的精神财富。

个人篇

心术不可得罪于天地，言行皆当无愧于圣贤。
曾子之三省①勿忘，程子之四箴②宜佩③。
持躬④不可不谨严，临财不可不廉介⑤。
处事不可不决断，存心不可不宽厚。
尽前行者地步窄，向后看者眼界宽。
花繁柳密处拨得开，方见手段；
风狂雨骤时立得定，才是脚跟。
能改过则天地不怒，能安分则鬼神无权。
读经传⑥则根柢⑦深，看史鉴则议论⑧伟⑨。
能文章则称述多，蓄道德则福报厚。

家庭篇

欲造优美之家庭，须立良好之规则。

内外六间[10]整洁，尊卑次序谨严。

父母伯叔孝敬欢愉，妯娌弟兄和睦友爱。

祖宗虽远，祭祀宜诚；子孙虽愚，诗书[11]须读。

娶媳求淑女，勿计妆奁[12]；嫁女择佳婿，勿慕富贵。

家富提携宗族，置义塾与公田[13]；岁饥赈济亲朋，筹仁浆与义粟[14]。

勤俭为本，自必丰亨[15]；忠厚传家，乃能长久。

社会篇

信交朋友，惠普乡邻。

恤寡矜[16]孤，敬老怀幼。

救灾周急[17]，排难解纷。

修桥路以利人行，造河船以济众渡。

兴启蒙之义塾[18]，设积谷之社仓[19]。

私见尽要铲除，公益概行提倡。

不见利而起谋，不见才而生嫉。

小人固当远，断不可显为仇敌；

君子固当亲，亦不可曲为附和。

国家篇

执法如山，守身如玉。

爱民如子，去蠹[20]如仇。

严以驭役，宽以恤民。

官肯著意一分，民受十分之惠；

上㉑能吃苦一点，民沾万点之恩。

利在一身勿谋也，利在天下者必谋之；

利在一时固谋也，利在万世者更谋之。

大智兴邦，不过集众思；大愚误国，只为好自用㉒。

聪明睿智，守之以愚；功被㉓天下，守之以让；

勇力振世，守之以怯；富有四海，守之以谦。

庙堂之上，以养正气为先；海宇之内，以养元气为本。

务本节用㉔则国富，进贤使能则国强；

兴学育才则国盛，交邻有道则国安。

【注释】

①［曾子之三省］曾子"一日三省"的自我修养主张。 ②［程子之四箴］宋代大儒程颐的自警之作《四箴》。孔子曾对颜渊谈克己复礼："非礼勿视，非礼勿听，非礼勿言，非礼勿动。"程颐撰文阐发孔子四句箴言以自警，分视、听、言、动四则。 ③［佩］佩戴，意思是珍存以作警示。 ④［持躬］律己，要求自己。 ⑤［廉介］清廉耿介。耿介，正直而有骨气。 ⑥［经传］原指经典古书和解释经典的书籍，泛指比较重要的古书。 ⑦［根柢］树木的根，比喻事业或学业的基础。 ⑧［议论］谈论，谈吐。 ⑨［伟］才识卓越。 ⑩［闾］本义是里巷的门，这里指街道房屋。 ⑪［诗书］本义指《诗经》和《尚书》，后常泛指书籍。 ⑫［妆奁］古代妇女梳妆用的镜匣，代指嫁妆。 ⑬［公田］旧时一个家族共有的田产。 ⑭［仁浆、义粟］施舍给人的钱米。 ⑮［丰亨］丰，丰饶、丰富。亨，通达。这里指家庭富裕顺达。 ⑯［矜］怜悯，怜惜。 ⑰［周急］接济急需救济的人。 ⑱［义塾］旧时由私人集资或用地方公益金创办的免收学费的学校，义学。 ⑲［社仓］古代一种民办粮仓，不特指某个粮仓，而是一种储粮制度。一般没有专门的仓库而在祠堂庙宇储藏粮食，粮食的来源是劝捐或募捐，存丰补歉，用于救济。 ⑳［蠹（dù）］蠹虫，咬器物的虫子，比喻危害集体利益的坏人。 ㉑［上］君王。 ㉒［自用］自以为是。 ㉓［被］覆盖。

㉔〔务本节用〕抓住生财根本尽量节约开支,即开源节流。务本,古代经济以农为本,务本就是搞好耕织根本,努力创造财富。节用,有计划地合理消费,节约开支。

【解读】

　　《钱氏家训》是一部饱含修身处世智慧的治家宝典,家训以儒家"修身、齐家、治国、平天下"的理想为据,分个人、家庭、社会、国家四个篇章,对子孙立身处世、持家治业的思想行为准则做了全面的规范和教诲。其字字珠玑,微言大义,思想植根深厚,含义博大精深,是钱氏家族的珍贵历史遗产,也是钱氏家族人才辈出的传家宝。其中个人篇主要着眼于个人修养,强调要以圣贤标准要求己身,用心持正,行事坦荡,言行有度,慎独自省,无愧天地,无愧圣贤教诲。家庭篇强调治家规则,正所谓无规矩不成方圆,欲成和美家庭,首先需立下规则。只有对内对外都须树立良好的行为规范,以忠实厚道传承家业,才能源远流长。社会篇教育子孙为人处世之理,包括对百姓有公德同情之心,对社会有责任担当之义,以及要信交朋友,敬老怀幼,排难解忧。国家篇则告诫子孙要读书修身,兼济天下,做到执法如山,保持节操,体恤百姓,谦恭自处。

　　善事国家、重德修身、崇文尚学是《钱氏家训》最为核心的价值取向。钱氏后人秉承祖训,赓续家风,造就了吴越钱氏一门世代家风谨严、人才兴盛的传奇,在千百年历史流转中始终书香绵延,代有才人出。宋朝皇帝称"忠孝盛大唯钱氏一族",清乾隆帝也感佩其家族教子有道,在南巡时御赐"清芬世守"匾额。现当代钱氏家族更是人才济济,出现以钱玄同、钱穆、钱锺书、钱学森、钱伟长、钱三强等为代表的文坛硕儒和科技巨擘,被世人公认为"千年名门望族,两浙第一世家"。

思与行

【记诵与积累】

◎且夫孝始于事亲,中于事君,终于立身。扬名于后世,以显父母,此孝之大者。(《命子迁》)

◎夫君子之行,静以修身,俭以养德。非淡泊无以明志,非宁静无以致远。(《诫子书》)

◎古之学者为己,以补不足也;今之学者为人,但能说之也。古之学者为人,行道以利世也;今之学者为己,修身以求进也。夫学者犹种树也,春玩其华,秋登其实;讲论文章,春华也,修身利行,秋实也。(《勉学》)

◎由俭入奢易,由奢入俭难。(《训俭示康》)

◎居处须是居敬,不得倨肆惰慢。言语须要谛当,不得戏笑喧哗。凡事谦恭,不得尚气凌人,自取耻辱。(《与长子受之》)

◎交友之间,尤当审择,虽是同学,亦不可无亲疏之辨。

(《与长子受之》)

◎大凡敦厚忠信,能言吾过者,益友也;其谄谀轻薄,傲慢亵狎,导人为恶者,损友也。(《与长子受之》)

◎见人嘉言善行,则敬慕而记录之。(《与长子受之》)

◎人生孰无死?贵得死所耳。(《狱中上母书》)

◎夫读书中举、中进士做官,此是小事,第一要明理作个好人。

(《潍县署中与舍弟墨第二书》)

◎发奋立志,念念有恒。

(《道光二十二年十一月十七日与兄弟书》)

◎吾充吾爱汝之心，助天下人爱其所爱，所以敢先汝而死，不顾汝也。汝体吾此心，于啼泣之余，亦以天下人为念，当亦乐牺牲吾身与汝身之福利，为天下人谋永福也。(《与妻书》)

◎勤俭为本，自必丰亨；忠厚传家，乃能长久。(《钱氏家训》)

◎信交朋友，惠普乡邻。恤寡矜孤，敬老怀幼。救灾周急，排难解纷。(《钱氏家训》)

【熟读与精思】

本单元所选家书家训，不仅仅是对家事的叮咛与嘱托，更是对国事、天下事的关切与热忱，其中无不体现中华民族"修身、齐家、治国、平天下"的美德。阅读本单元作品，体会其中的深邃内涵，想一想，我们今天应如何秉持这种美德。

【学习与践行】

中国的传统教育很大一部分是家族教育和家庭教育，它们构筑起中国教育的基本底色。本单元所选历代家书家训不仅是亲情的重要载体，也是古人实行家族教育和家庭教育的重要方式。其中可以看到父母长辈的以身作则，看到家长对子女立志、求学、交友、为人、处世的勉励警醒。阅读这些古人教育的智慧，一定会令你有所收获。请就你最有感触的一点，谈谈在生活中该如何与家人相处，并在实际生活中付诸行动。

第六单元　碑铭文

导与引

　　碑文是刻在石碑上的文辞，有碑志、碑铭的称谓。志，记识、记载。古代碑文按照其用途和内容大致可以分为纪功碑文、宫室庙宇碑文和墓碑文三种。纪功碑文用来记述某一个人或某一次重大历史事件的功业，宫室庙宇碑文主要用来记载这些建筑物兴建的缘由和经过，墓碑文则用来记述死者生前事迹兼诉悼念、称颂之情。铭文是刻在器物、碑版上的文字。铭，记载、镂刻。商周时代，铸造器物时常常在上面铸字，起初只是记上器主的名氏、器物的名称或是铸工的名字，后来借此来记载功德、颂扬祖先的业绩，这就是铭文之始。铭可以分为两类。一类是沿着器物之铭发展下来的述功纪行的文字，有时用于警诫勉励；另一类是记述死者生平事迹的墓碑文，也就是墓志铭。古人作铭，常以身边的物件如鼎、镜、钺、剑、枕、杖、笥、奁、漏刻等为题，并且把铭文刻在这些器物上。也可以就某名山大川或建筑物为题，立石勒铭。器物之铭起初也用以颂扬功德，后来主要是记物寓意，形容该物的某方面特征以比况人事，用以劝勉儆诫。秦以后的碑均以石材为料。刻字于石，与铸字于器一样，不过是"以石代金，同乎不朽"而已。

　　本单元所选的9篇文章皆为各类碑铭文经典之作。其中，纪功碑文有班固的《封燕然山铭并序》，该文是中国边塞纪功碑文的源头；宫室庙宇碑文有柳宗元的《箕子碑》、苏轼的《潮州韩文公庙碑》，前者提出伟大人物的三个标准，为后人效仿，后者在历代碑文中别具一格，丰词瑰调，气焰光采，被誉为"千古奇观"；墓碑文有韩愈的《柳子厚墓志铭》、欧阳修的《泷冈阡表》和张溥的《五人墓碑记》，《柳子厚墓志铭》是韩愈为表彰亡友柳宗元人品学问而作的，堪称"昌黎墓志第一"，《泷冈阡表》是欧阳修为亡父所作墓表，饱含深情，脍炙人口，与韩愈的《祭十二郎文》、袁枚的《祭妹文》并称为我国古代三大祭文，张溥的《五人墓碑记》亦被前人称赞可与"史公《伯夷》《屈原》二传并垂不朽"。还选了我国最早的座右铭——汉代崔瑗《座右铭》、刘禹锡《陋室铭》和张载《西铭》，《座右铭》是我国座右铭文体的滥觞，从人与己、名与实等方面提出待人处世、自身修养的准则；《陋室铭》是托物言志的铭文，兼具极高的思想性和艺术性，家喻户晓，传诵不衰；《西铭》虽篇幅不长，却是张载体大思精的哲学思想的高度浓缩。这些碑铭文均出自名家之手，质朴凝重，内蕴丰沃，条理清晰，用语典雅，风格独具。

　　碑铭文虽说是一种应用文体，但具有独特的文学价值和历史价值。阅读这些文章，需要反复诵读，了解所记述人物的生平事迹，揣摩其中的语言，体悟蕴含其中的思想与情感，学习为学为人的道理，提升自己的思想道德修养；碑铭文有独特的结构样式，学习时要特别留意；文中还有不少脍炙人口的警策名句，要加强积累，为写作储备丰富的语料，真正做到学以致用。

文与解

封燕然山铭（并序）

班　固

【题解】

班固（32—92），字孟坚，扶风安陵（今陕西咸阳）人，东汉史学家、文学家。初继续其父班彪《史记后传》，被人告发私改国史，下狱。后得释，召为兰台令史，转迁为郎，典校秘书。奉诏继续完成其父所著书，历20余载，基本写完《汉书》。后人辑有《班兰台集》。东汉永元元年（89），班固随大将军窦宪北伐匈奴，大败北单于。窦宪登燕然山，令班固撰此铭文，刻石勒功以纪汉威德。封，在山上筑土为坛祭天，以报天之功。铭，文体名，常刻于钟鼎或山石，以流传后世。

惟永元元年秋七月，有汉元舅①曰车骑将军窦宪，寅②亮③圣皇，登④翼⑤王室，纳于大麓⑥，惟清缉熙⑦。乃与执金吾⑧耿秉⑨，述职巡御，治兵于朔方。鹰扬之校，螭⑩虎之士，爰⑪该⑫六师，暨南单于东胡、乌桓、西戎、氐、羌侯王君长之群，骁骑十万。元戎⑬轻武，长毂⑭四分，雷辐蔽路，万有三千余乘。勒⑮以八阵，莅以威神，玄甲耀日，朱旗绛天。遂陵⑯高阙⑰，下鸡鹿⑱，经碛卤⑲，绝大漠⑳，斩温禺㉑以衅鼓㉒，血尸逐㉓以染锷㉔。然后四校㉕横徂㉖，星流彗扫㉗，萧条万里，野无遗寇。

于是域灭区殚，反旆㉘而旋，考传验图，穷览其山川。遂逾涿邪㉙，跨安侯㉚，乘㉛燕然，蹑冒顿㉜之区落㉝，焚老上㉞之龙

207

庭㉟。将上以摅㊱高、文之宿愤㊲，光祖宗之玄灵；下以安固后嗣，恢拓境宇，振大汉之天声㊳。兹可谓一劳而久逸，暂费而永宁也。乃遂封山刊石，昭铭盛德。其辞曰：

铄王师兮征荒裔，剿凶虐兮截㊴海外，复㊵其邈兮亘地界，封神丘㊶兮建隆嵑㊷，熙㊸帝载㊹兮振万世。

【注释】

①［元舅］君主之舅。窦宪是汉章帝刘炟的皇后章德窦太后之兄、汉和帝刘肇之舅。 ②［寅］敬。 ③［亮］信。 ④［登］升。 ⑤［翼］辅佐。 ⑥［纳于大麓］语出《尚书·舜典》。孔安国注："麓，录也，纳之使大录万机也。"即总领万事。 ⑦［缉熙］光明的意思，指政治清明。 ⑧［执金吾］官名。金吾为两端涂金的铜棒，此官执之以示权威。 ⑨［耿秉］字伯初，与窦宪一起率军大破北匈奴。 ⑩［螭（chī）］蛟龙之属。螭虎与鹰扬都是形容将士之勇猛。 ⑪［爰（yuán）］乃，于是。 ⑫［该］率领。 ⑬［元戎］古代大型战车。 ⑭［长毂（gǔ）］兵车。 ⑮［勒］约束，统率。 ⑯［陵］登。 ⑰［高阙］高阙塞，在今内蒙古杭锦后旗东北面。 ⑱［鸡鹿］鸡鹿塞，在今内蒙古磴口西北哈萨格峡谷口。 ⑲［碛（qì）卤］戈壁，咸水湖。 ⑳［绝大漠］绝，直接穿越。大漠，指蒙古高原的大沙漠。 ㉑［温禺］温禺鞮王，匈奴大臣称号。 ㉒［衅鼓］杀人以其血涂在鼓上。 ㉓［尸逐］即尸逐骨都侯，匈奴大臣称号。 ㉔［锷］刃。 ㉕［四校］四面的将校，指将校们率领的各路军队。 ㉖［横祖］横行。 ㉗［星流彗扫］形容行动迅疾。 ㉘［旆（pèi）］指旌旗。 ㉙［涿邪］涿邪山，在蒙古国境内。 ㉚［安侯］河流名称，即今蒙古国鄂尔浑河。 ㉛［乘］登上。 ㉜［冒顿（mò dú）］秦末汉初匈奴单于之名，公元前209年杀父自立。 ㉝［区落］处所，指冒顿单于东灭东胡，西破月氏，南进占今河套一带的广大区域。 ㉞［老上］老上单于，冒顿之子，名稽粥。 ㉟［龙庭］匈奴单于祭天地鬼神之所。 ㊱［摅（shū）］抒发。 ㊲［高、文之宿愤］指公元前200年，汉高祖刘邦亲自率军迎击匈奴的入侵，被冒顿单于围困在平城（今山西大同东北）东面的白登山达七天之久。汉文帝时匈奴入侵，杀死汉太守，文帝欲亲征，太后不许。 ㊳［天声］雷霆之声，比喻国家的声威。 ㊴［截］整治。

㊵〔夐（xiòng）〕远。此处用作动词，意为远至。　㊶〔神丘〕燕然山。
㊷〔隆碣〕隆碣，犹言高高的碑碣。碣，同"碣"，碑碣。　㊸〔熙〕发扬光大。
㊹〔载〕事业。

【解读】

　　东汉以降，匈奴分裂为南北两部。南匈奴归顺汉朝，北匈奴成为汉朝北方的主要祸患。永元元年，北匈奴大乱，加上饥蝗之灾，南单于向汉请兵援助，于是汉和帝令车骑将军窦宪为统帅、执金吾耿秉为副出征北伐。这次出征攻无不克，大获全胜。这篇碑铭文就是记颂此次战绩的。这是我国"边塞纪功"碑文的源头，传诵千古。

　　文章以"永元元年秋七月"起笔，点出时间，进而揭出统帅窦宪、执金吾耿秉，道出其"治兵于朔方"，开门见山、言简意赅交代了伟大历史事件的时间、地点、关键人物。接着不惜笔墨渲染窦宪率兵出征的气势与赫赫战功。用"六师""十万""万有三千余乘""八阵"等数词描绘士兵队伍之庞大，战车之众多，场面之壮观，又用"鹰扬之校""螭虎之士""玄甲耀日""雷辎蔽路""朱旗绛天"等比喻、夸张手法，从视觉、听觉、想象等多个角度，生动传神地展现了出征将士的昂扬斗志和威武气势。紧接着，又用"陵""下""经""绝""斩""血"六个动词栩栩如生地刻画出将士们跨越艰难险阻、所向披靡的英勇形象。而后用"四校横徂，星流彗扫，萧条万里，野无遗寇"写出各路人马交错前进，攻无不克战无不胜的凌厉气势与赫赫战功。最后道出此次战役于上"以摅高、文之宿愤，光祖宗之玄灵"；于下"以安固后嗣，恢拓境宇，振大汉之天声"，从而可以"一劳而久逸，暂费而永宁"，揭示出战役的历史意义与刻石铭文的必要。

　　此文充分体现了铭文的艺术特点。早期的刻石碑文短小整齐，大多采用韵文形式，汉以后铭文前增加序文，序、铭一体。序文篇幅较长，骈散叠用，铭文篇幅较短，序文反而成了主体，铭文博而居次。铭之为体，或为祝颂，或为警戒。这是铭的内容特点。陆机《文赋》

209

说:"铭博约而温润。"这是由铭的内容特点而来的铭之艺术特性,是说铭这种文体要事博而辞约,温和而柔润,通俗来说,内容要广博而概括,文字要委婉而通畅。本文概述汉军北征匈奴,从出兵写至凯旋,从战场内写到战场外,从历史回顾写到战略评议,可以谓之博;对如此宏大的历史与战争场面的概述仅三百余字,又不可谓不约;写战争却全然不尚杀戮场景,仅有盛大军威之点染,北伐的一切都是以固江山、求安宁为目的,又不可谓不温润。可见,此文深得铭之体性。

文章记述了汉出兵征讨匈奴战争的盛况,阐明这次胜利出征的意义及封山刊石的目的,结构严谨、文短气盛、思想深蕴,洋溢着强烈的自豪感和爱国主义激情。

[宋]李唐《文姬归汉图》之一

座右铭

崔 瑗

【题解】

崔瑗（78—143），字子玉，涿郡安平（今河北安平）人，东汉文学家、书法家。少锐志好学，18岁游学京师，师事贾逵，精通天文、历数等。40余岁为郡吏，曾因事下狱。顺帝时举茂才，任汲县令。汉安元年（142）迁济北相，被劾贪赃下狱，上书申辩获释。著有《七苏》《草书势》等。座右铭是古人置之座右以自警自戒的铭文，往往是对人生经验、人生态度等的浓缩。

无道人之短，无说己之长。施人慎勿念，受施慎勿忘①。世誉②不足慕，唯仁为纪纲③。隐心④而后动，谤议庸⑤何伤？无使名过实，守愚圣所臧⑥。在涅⑦贵不淄⑧，暧暧⑨内含光。柔弱生之徒，老氏诫刚强⑩。行行鄙夫志⑪，悠悠故难量。慎言节饮食，知足胜不祥⑫。行之苟有恒，久久自芬芳。

【注释】

①［施人慎勿念，受施慎勿忘］语出《战国策》。《战国策·魏策》载信陵君窃符救赵，赵王郊迎。唐且说信陵君："人之有德于我也，不可忘也；吾有德于人也，不可不忘也。" ②［世誉］世俗的荣誉。 ③［纪纲］法度。 ④［隐心］谓忖度于心而能安。 ⑤［庸］岂，哪里。 ⑥［无使名过实，守愚圣所臧］《越绝书》："范子曰：'名过实者灭，圣人不使名过实。'"《孔子家语》："孔子曰：'聪明睿智，守之以愚。'"守愚，安于愚拙而不取巧。臧，褒奖。 ⑦［涅］一种矿物，古代用作黑色染料。 ⑧［淄］黑色，此处用作动词，变为黑色。 ⑨［暧（ài）暧］光线不够明亮的样子。 ⑩［柔弱生之徒，老氏诫刚强］《老子》曰："坚强者死之徒，柔弱者生之徒。""强大处下，柔弱处上。"又曰："柔弱胜刚强。"

211

徒，类。 ⑪［行（hàng）行鄙夫志］行行，刚强的样子。鄙夫，粗鄙浅陋之人。⑫［慎言节饮食，知足胜不祥］慎言节饮食出自《周易·颐》"君子以慎言语、节饮食"。知足胜不祥出自《老子》"知足不辱，知止不殆，可以长久"。

【解读】

　　铭文起源很早，座右铭却至东汉才出现，其首创者便是崔瑗。崔瑗之兄为州人所杀，他早年亲手杀死仇人，亡命天涯，逢大赦，始回家乡，于是作此铭以自诫，常置座右。这便是座右铭的来历。在这篇铭文中，崔瑗告诫自己时时处处要守愚藏锋，谨小慎微，以免遭不测。此文虽短，影响却很深远，为后人所模仿不绝。

　　此文在艺术上有两点很突出。一是结构上每两句构成一个意思，且意思往往相对甚至相矛盾。作者正是通过这种对立、矛盾突出主观选择的价值和意义，显示独造的修养和品德。这样，全文结构便由这两句一意所组成，颇类似后世律诗的结构。二是采用五言形式。铭文一般用在比较正规的场合，开国大典，盖世奇功，往往刻山勒石，以传诸后世，所以多采用四言形式，以示典雅庄重；即以《文选》所收铭文为例，也多为四言形式。而崔瑗此文通篇采用五言形式，确颇独特。其时五言形式仅在民间流传，汉乐府民歌中比较多地采用这一五言形式，而当时的文人圈子里则不太多见。此前虽有班固《咏史》通篇五言，但技巧颇为生疏，"质木无文"（钟嵘《诗品》）。崔瑗采用此形式，大概是因为"座右铭"是写给自己看的，所以显得比较随便，而更为重要的是，说明崔瑗比较注重从乐府民歌中汲取营养。

　　中国传统强调仁、义、礼、智、信，这篇《座右铭》正是这方面人生经验的总结，提出的自我修养和为人处世的原则，在今天仍有借鉴价值。

柳子厚墓志铭

韩　愈

【题解】

　　此文是韩愈为亡友柳宗元而作的。子厚，柳宗元的字，作墓志铭例当称死者官衔，因韩柳是笃交，故称字。墓志铭是悼念死者的一种文体，内容包括"志""铭"两部分，"志"以散文形式叙写死者姓名、籍贯、家世以及生平事迹等，"铭"则以韵文形式安慰亲属、赞颂死者。

　　子厚讳①宗元。七世祖庆②为拓跋魏侍中③，封济阴公。曾伯祖奭④为唐宰相，与褚遂良⑤、韩瑗⑥俱得罪武后，死高宗朝。皇考⑦讳镇，以事母弃太常博士⑧，求为县令江南，其后以不能媚权贵失御史。权贵⑨人死，乃复拜侍御史⑩。号为刚直⑪，所与游皆当世名人。

　　子厚少精敏，无不通达。逮其父时⑫，虽少年已自成人，能取进士第⑬，崭然见头角；众谓柳氏有子⑭矣。其后以博学宏词⑮授集贤殿正字⑯。俊杰廉悍⑰，议论证据今古⑱，出入⑲经史百子，踔厉风发⑳，率常㉑屈其座人；名声大振，一时皆慕与之交，诸公要人争欲令出我门下㉒，交口荐誉之。

　　贞元十九年，由蓝田尉㉓拜监察御史。顺宗即位，拜礼部员外郎㉔。遇用事者㉕得罪，例出㉖为刺史；未至，又例贬州司马㉗。居闲益自刻苦，务记览，为词章泛滥㉘停蓄㉙，为深博无涯涘㉚，而自肆于山水间。元和中，尝例召至京师，又偕出为刺史，而子厚得柳州。既至，叹曰："是岂不足为政邪！"因其土俗，为设教禁㉜，州人顺赖㉝。其俗以男女质㉞钱，约不时赎㉟，子本相侔㊱，

213

则没为奴婢。子厚与设方计[37]，悉令赎归；其尤贫力不能者，令书其佣，足相当[38]，则使归其质。观察使下其法[39]于他州，比一岁，免而归者且千人。衡湘以南为进士者，皆以子厚为师，其经承子厚口讲指画为文词者，悉有法度可观。

其召至京师而复为刺史也，中山刘梦得禹锡亦在遣中，当诣播州[40]。子厚泣曰："播州非人所居，而梦得亲在堂[41]，吾不忍梦得之穷，无辞以白其大人[42]；且万无母子俱往理。"请于朝，将拜疏[43]，愿以柳易播，虽重得罪[44]，死不恨。遇有以梦得事白上者，梦得于是改刺连州[45]。呜呼！士穷乃见节义。今夫平居里巷相慕悦，酒食游戏相征逐[46]，诩诩强笑[47]语以相取下[48]，握手出肺肝相示，指天日涕泣，誓生死不相背负[49]，真若可信；一旦临小利害，仅如毛发比[50]，反眼若不相识；落陷阱，不一引手救，反挤之又下石焉者，皆是也。此宜禽兽夷狄所不忍为，而其人自视以为得计，闻子厚之风，亦可以少愧矣！

子厚前时少年，勇于为人[51]，不自贵重顾藉[52]，谓功业可立就，故坐[53]废退[54]；既退，又无相知有气力[55]得位者推挽[56]，故卒死于穷裔[57]，材不为世用，道不行于时也。使子厚在台省[58]时，自持其身已能如司马刺史时，亦自不斥；斥时有人力能举之，且必复用不穷。然子厚斥不久，穷不极，虽有出于人，其文学辞章，必不能自力以致必传于后如今，无疑也。虽使子厚得所愿，为将相于一时[59]；以彼易此，孰得孰失，必有能辨之者。

子厚以元和十四年十一月八日卒，年四十七，以十五年七月十日归葬万年[60]先人墓侧。子厚有子男二人：长曰周六，始四岁；季曰周七[61]，子厚卒乃生。女子二人，皆幼。其得归葬也，费皆出观察使河东裴君行立[62]。行立有节概[63]，立然诺，与子厚结交，子厚亦为之尽，竟赖其力。葬子厚于万年之墓者，舅弟卢遵。遵，涿人，性谨慎，学问不厌。自子厚之斥，遵从而家[64]焉，逮其死不去；既往葬子厚，又将经纪⑥其家，庶几有始终者。铭曰：

是惟子厚之室⑥，既固既安，以利其嗣人。

【注释】

①〔讳〕名。在死者名字前称讳，以表示尊敬。 ②〔七世祖庆〕即柳庆，北魏时封平齐公。其子柳旦，为北周中书侍郎，封济阴公。文章是韩愈误记。 ③〔拓跋魏侍中〕指北魏国君门下省的长官。拓跋魏，指南北朝时的魏王朝。拓跋是姓，用以区别三国时的曹魏。 ④〔曾伯祖奭（shì）〕即柳奭，唐高宗李治王皇后的外祖，曾任中书令。 ⑤〔褚遂良〕字登善，官至尚书右仆射。 ⑥〔韩瑗〕字伯玉，官至侍中。 ⑦〔皇考〕古时在位皇帝对先皇的尊称，后引申为对先祖的尊称，此处指柳宗元父亲柳镇。 ⑧〔太常博士〕太常寺掌宗庙礼仪的属官。 ⑨〔权贵〕指窦参。官任中书侍郎。 ⑩〔侍御史〕御史台的属官，职掌纠察百僚，审讯案件。 ⑪〔号为刚直〕郭子仪曾表柳镇为晋州录事参军，晋州太守骄悍好杀戮，官吏不敢与他相争，而柳镇独能抗之以理，故云。 ⑫〔逮其父时〕在他父亲在世的时候。逮，及、到。 ⑬〔取进士第〕唐德宗贞元九年（793），柳宗元进士及第。 ⑭〔有子〕有光耀门楣之子。 ⑮〔博学宏词〕唐代科举考试的一种名目，用以选拔博学之士。在唐制中，进士及第者可应博学宏词考选，取中后即授予官职。 ⑯〔集贤殿正字〕官名。集贤殿，收藏整理图书的机构。正字，集贤殿设学士、正字等官，正字掌管编校典籍、刊正文字的工作。 ⑰〔廉悍〕方正廉洁，坚毅有骨气。 ⑱〔证据今古〕引据今古事例作证。 ⑲〔出入〕融会贯通，深入浅出。 ⑳〔踔（chuō）厉风发〕议论纵横，言辞奋发，见识高远。踔，远。厉，高。 ㉑〔率常〕总是。 ㉒〔令出我门下〕都想叫他做自己的门生以沾光彩。 ㉓〔蓝田尉〕蓝田县的县尉。蓝田，地名，今属陕西省。尉，县府管理治安，缉捕盗贼的官吏。监察御史，御史台的属官，掌分察百僚，巡按郡县，纠视刑狱，整肃朝仪诸事。 ㉔〔礼部员外郎〕官名，掌管辨别和拟定礼制之事及学校贡举之法。 ㉕〔用事者〕掌权者，指王叔文。 ㉖〔例出〕按规定遣出。 ㉗〔例贬州司马〕例贬，依照"条例"贬官。司马，本是州刺史属下掌管军事的副职，唐时已成为有职无权的冗员。 ㉘〔泛滥〕文笔汪洋恣肆。 ㉙〔停蓄〕文笔雄厚凝练。 ㉚〔无涯涘（sì）〕无边际。涯涘，水的边际。 ㉛〔是岂不足为政邪〕指柳州地虽偏远，也可以做出政绩。是，指柳

州。　㉜〔教禁〕教谕和禁令。　㉝〔顺赖〕顺从信赖。　㉞〔质〕抵押。　㉟〔不时赎〕不按时赎取。　㊱〔子本相侔（móu）〕利息和本钱相等。　㊲〔与设方计〕替债务人想方设法。　㊳〔足相当〕佣工所值足以抵销借款本息。　㊴〔观察使下其法〕观察使推行赎回人质的办法。观察使，中央派往地方掌管监察的官。　㊵〔诣播州〕前往播州。播州，今贵州遵义。　㊶〔亲在堂〕母亲健在。　㊷〔大人〕父母。文章指刘禹锡之母。　㊸〔拜疏〕上呈奏章给皇帝。　㊹〔重得罪〕再加一重罪。　㊺〔连州〕地名，今属广东。　㊻〔征逐〕往来频繁。　㊼〔诩（xǔ）诩强笑〕讨好取媚。　㊽〔取下〕指采取谦下的态度。　㊾〔背负〕背叛，变心。　㊿〔如毛发比〕比喻事情之细微。比，类似。　㉛〔为人〕助人。　㉒〔顾藉〕顾惜。　㉓〔坐〕因他人获罪而受牵连。　㉔〔废退〕指远谪边地，不用于朝廷。　㉕〔有气力〕掌握权力、占据高位。　㉖〔推挽〕推举、提携。　㉗〔穷裔〕穷困的边远之地。裔，边缘。　㉘〔台省〕御史台和尚书省。　㉙〔为将相于一时〕在被贬的"八司马"中，只有程异后来得到李巽推荐，位至宰相，但不久便死，也没有什么政绩。文章暗借程异作比。　㉚〔万年〕地名，在今陕西临潼东北。　㉛〔周七〕即柳告，字用益，柳宗元遗腹子。　㉜〔河东裴君行立〕即裴行立，绛州稷山（今山西稷山）人，时任桂管观察使，是柳宗元的上司。河东，郡名，治所在今山西永济。　㉝〔节概〕气节、节操。　㉞〔从而家〕跟从柳宗元以为己家。　㉟〔经纪〕经营、料理。　㊱〔室〕幽室，即墓穴。《诗经·唐风·葛生》："百岁之后，归于其室。"

【解读】

　　本文是韩愈为悼念亡友柳宗元而为其创作的墓志铭。全文可分为六部分。第一部分追述柳宗元先世的家境、事迹、荣耀、节操，由此可见柳宗元成长的家庭环境与条件。这是墓志铭的常规写法。第二部分讲述"子厚少精敏"，很小就"崭然见头角""俊杰廉悍""踔厉风发"，让当时豪杰诸公交口称赞，描绘了一个才华横溢、人中俊杰的柳宗元少年形象。第三部分讲柳宗元因"遇用事者得罪"而一贬再贬，重点写其被贬柳州后，在当地施行教化、制定禁令，爱民如子，赢得百姓顺从和信赖。第四部分写柳宗元与刘禹锡同时被贬后，柳宗元用自己的柳州换刘禹锡"非人所居"之播州，赞扬其重义的人格。第五部分评议柳宗元的政治才能与文学才能，断定其文学辞章必定传于后世。最后交代其身后安厝及子女情况。这也是名人墓志铭必不可少的笔墨。

　　墓志铭一般以历数家世、铺排功德居多，格式大同小异，写法刻板夸张，有的甚至不切实际地歌功颂德，但本文是韩愈就其所知据事直书，客观公允。写法既有墓志铭的"例行公事"，也有别开生面之处。在夹叙夹议中展现柳宗元的高洁人品和卓绝才华，高度赞美其为人、为文、为官。叙述、议论、抒情巧妙融合，成为一篇优秀的文学家评传。例如，文中记柳宗元与刘禹锡同时被贬，柳贬柳州，刘贬播州。刘家有老母，播州乃荒僻之地，柳宗元基于朋友间的义气宁愿以柳易播。韩愈记载了这件事并情不能已地发表议论，勾勒了当时社会的虚伪世态。"呜呼！士穷乃见节义……亦可以少愧矣！"墓志铭本是为记述死者生平而作，不宜发表议论，韩愈却能打破旧的格局，行议论于叙事之中，前人视为"变调"，实际这正是有才能的作家的创造。总之，本篇在夹叙夹议中反复感叹，情辞激宕，为墓志铭的写作创立了一种新的风格。

　　通过对柳宗元的生平事迹的综述，作者高度赞扬了柳宗元的文章学问、政治才能和道德品行，对柳宗元受排挤、长期遭贬、穷困潦倒的经历给予深切的同情，对柳宗元的一生给予了高度的评价，抑扬隐显而不失实，饱含朋友交游无限爱惜之情。

陋室铭

刘禹锡

【题解】

刘禹锡（772—842），字梦得，洛阳人，生于嘉兴（今属浙江）。唐德宗贞元九年（793）进士，后参加王叔文"永贞革新"，失败后被贬为朗州（今湖南常德）司马，又因写诗讽刺保守派被发落到连州（今属广东）做刺史，之后又做过夔州、和州等地刺史。晚年任太子宾客，加检校吏部尚书。著有《刘宾客集》。本文是刘禹锡参加政治革新运动失败后为自己居室题写的一篇铭文。

山不在高，有仙则名。水不在深，有龙则灵。斯是陋室，惟吾德馨。苔痕上阶绿，草色入帘青。谈笑有鸿儒①，往来无白丁②。可以调素琴③，阅金经④。无丝竹⑤之乱耳，无案牍⑥之劳形。南阳诸葛庐，西蜀子云亭⑦，孔子云：何陋之有？

【注释】

①［鸿儒］大儒，这里指博学的人。鸿，大。儒，指学者，文士。 ②［白丁］这里指没有什么学问的浅薄的人。 ③［调素琴］弹奏不加装饰的琴。调，抚弄，这里指弹（琴）。素琴，不加装饰的琴。 ④［金经］现今学术界仍存在争议，有学者认为是指佛经（《金刚经》），也有人认为是装饰精美的经典（《四书五经》）。金，珍贵的。金者贵义，是珍贵的意思，儒释道的经典都可以说是金经。 ⑤［丝竹］琴瑟、箫管等乐器的总称，"丝"指弦乐器，"竹"指管乐器。此处泛指各种音乐。 ⑥［案牍］（官府的）公文，文书。此处泛指官署公务。 ⑦［南阳诸葛庐，西蜀子云亭］南阳有诸葛亮的草庐，西蜀有扬子云的亭子。这两句是说，诸葛庐和子云亭都很简陋，因为居住的人很有名，所以受到人们的景仰。

【解读】

"永贞革新"失败后,刘禹锡被贬安徽和州,成为一名通判。按规定,通判应在县衙里住三间三厢的房子。可和州知县看人下菜,见刘禹锡失势被贬,就故意刁难。仅半年,知县就逼迫刘禹锡搬家三次,房舍面积一次比一次小,最后仅是斗室,实在欺人太甚,于是刘禹锡愤然写下这篇《陋室铭》。

本文以山水起兴。山水随处可见,仙和龙却不是处处可见,有了仙和龙,寻常山水也可焕然生辉。同样,陋室比比皆是,德馨之人却并不多见。居室的格调取决于主人的品格。只要主人的品格高尚,陋室也可以变得优雅超俗。文章从三个角度对陋室作了描述。首先写陋室之景。"苔痕上阶绿,草色入帘青"写出陋室自然淳朴、宁静雅致之美,但从苔痕草色之中,也可隐约见出陋室之"陋"。其次写陋室之人。"谈笑有鸿儒,往来无白丁",在这里有饱学之士可以高谈阔论、畅叙情怀,从中可以看出居室主人交往之雅。再次写陋室之事。"可以调素琴,阅金经。无丝竹之乱耳,无案牍之劳形",闲下来的时候,可以在陋室抚琴弄弦,展卷读经。"无丝竹之乱耳"与"调素琴"呼应,"无案牍之劳形"与"阅金经"呼应,两个"无"字摒除了声色享乐和利禄的诱惑,展露了主人宁静淡泊、潇洒自适的生活情趣。文章末尾,引用孔子的话"何陋之有?"暗含着"君子居之"的意思,肯定了自己的高尚情操,也显示出语言的幽默机智,令人回味无穷。

这篇托物言志的铭文,写作上巧妙运用比兴含蓄表达主题。开篇四句,既是比,也是兴。言山水引出陋室,言仙龙引出德馨,言名、灵暗喻陋室不陋。用南阳诸葛庐、西蜀子云亭类比陋室,暗喻作者政治、文学的两大理想。此外,多对偶、排比句式。对偶使文章内容跌宕起伏,排比营造磅礴气势,全文气势贯通、节奏感强,展现了骈体文的特色。总之,文章富有诗歌的含蓄与韵姿,不啻短小精悍的千古名文。

箕子碑

柳宗元

【题解】

柳宗元（773—819），字子厚，河东（今山西永济）人，世称柳河东，唐代政治家、文学家，"唐宋八大家"之一，出身官宦家庭，少有才名，贞元进士，授校书郎，调蓝田尉，升监察御史里行。与刘禹锡参加改革，失败后贬为永州司马，最后官终柳州刺史，故又称柳柳州。著有《柳河东集》。箕子名胥余，商王武丁的后代，纣王的伯叔辈，担任太师，封于箕地，故名箕子。本文是柳宗元为箕子庙写的碑记，又名《箕子庙碑》。

  凡大人[1]之道有三：一曰正蒙难[2]，二曰法授圣[3]，三曰化及民[4]。殷有仁人曰箕子[5]，实具兹道以立于世，故孔子述六经之旨，尤殷勤焉[6]。

  当纣之时，大道悖乱，天威之动不能戒，圣人之言无所用。进死以并命，诚仁矣，无益吾祀故不为。委身以存祀，诚仁矣，与亡吾国故不忍。具是二道，有行之者矣。是用保其明哲，与之俯仰；晦是谟[7]范[8]，辱于囚奴；昏而无邪，隤[9]而不息；故在《易》曰"箕子之明夷[10]"，正蒙难也。及天命既改，生人[11]以正，乃出大法，用为圣师。周人得以序彝伦[12]而立大典；故在《书》曰"以箕子归作《洪范》[13]"，法授圣也。及封朝鲜，推道训俗，惟德无陋，惟人无远，用广殷祀，俾夷为华，化及民也。率[14]是大道，丛[15]于厥躬[16]，天地变化，我得其正，其大人欤？

  於乎！当其周时未至，殷祀[17]未殄[18]，比干[19]已死，微子[20]已去，向使纣恶未稔而自毙，武庚[21]念乱以图存，国无其人，谁与兴理？是固人事之或然者也。然则先生隐忍而为此，其有志于斯乎？

唐某年，作庙汲郡②，岁时致祀，嘉先生独列于易象，作是颂㉓云：

蒙难以正，授圣以谟。宗祀用繁，夷民其苏。宪宪㉔大人，显晦不渝㉕。圣人之仁，道合隆污。明哲在躬，不陋为奴。冲让㉖居礼，不盈称孤。高而无危，卑不可逾。非死非去，有怀故都。时诎㉗而伸，卒㉘为世模。易象是列，文王为徒。大明宣昭，崇祀式㉙孚㉚。古阙颂辞，继在后儒。

【注释】

① [大人] 有德行的人，伟大的人。　② [正蒙难] 为了正义而冒险犯难。蒙，遭受。　③ [法授圣] 把一种传道的方法教给圣人。　④ [化及民] 施教化于民。　⑤ [箕子] 商纣的叔父，因谏纣被囚，后假装疯被充做奴隶。周武王灭了殷商，传说箕子带了五千人避开他，到朝鲜去做国王。　⑥ [尤殷勤焉] 特别恳切地提到他。焉，于此，于是。此处指对箕子。　⑦ [谟] 谋划。　⑧ [范] 法，原则。　⑨ [隤(tuí)] 跌倒。　⑩ [明夷] 卦名，象征暗君在上、明臣在下，明臣隐藏起自己的智慧。此处指箕子能韬晦，在艰难之中保持正直的品德。明，指太阳。夷，灭，指太阳落山。　⑪ [生人] 即生民，避唐太宗李世民讳，改民为人。谓抚育百姓。　⑫ [彝伦] 常伦，伦常。　⑬ [《洪范》] 相传为禹时的文献，箕子增订并献给周武王。　⑭ [率] 遵循。　⑮ [丛] 聚集。　⑯ [厥躬] 其身。　⑰ [殷祀] 殷的祭祀之礼。　⑱ [殄(tiǎn)] 尽、绝。　⑲ [比干] 纣的叔父，沫邑（今河南淇县）人，谏纣不听，为其所杀。　⑳ [微子] 纣的庶兄，殷商贵族，后受封于周成王，为宋君。　㉑ [武庚] 名禄父，纣王子。周武王灭商，封武庚以存殷祀。武王死，武庚与管叔蔡叔反叛被杀。　㉒ [汲郡] 今河南卫辉。　㉓ [颂] 一种用于颂赞的文体名。　㉔ [宪宪] 兴盛的样子。　㉕ [渝] 变更。　㉖ [冲让] 冲和谦让。　㉗ [诎(qū)] 同"屈"，卷曲，屈曲。　㉘ [卒] 终于。　㉙ [式] 发语词。　㉚ [孚] 诚实，信任。

【解读】

　　本文是柳宗元为汲郡建造箕子庙所写的碑文。箕子为人耿直正道，因不满纣王暴行，进谏劝善，反遭迫害，但箕子自强不息，忍辱负重，终成伟业。柳宗元因参加王叔文集团推行的政治变革，因失败获罪，被贬蛮荒之地，他的遭遇与商代贤者箕子的遭遇有类似之处，惺惺相惜，于是撰写该文表达对箕子的同情与推崇，同时也暗寓自己的信念和抱负。

　　文章主要是赞美箕子的"大人之道"。那什么是"大人之道"呢？柳宗元开篇便提出"大人之道"即"一曰正蒙难，二曰法授圣，三曰化及民"。这是全文之纲目。紧接着便从这三方面阐释分析了箕子身上的"大人之道"。纣王时代，是非颠倒，大道不行，于是不顾性命、冒死进谏者有之，委曲求全以求先人宗祀保存者有之，但都无济于事，于是箕子明哲保身，暂且与世沉浮，辱身于囚徒之中，貌似糊涂却心中无邪，形同柔弱却自强不息，可谓蒙受苦难却能坚守正道，这便是"正蒙难"。待天命更改，社会步入正轨，箕子又向圣君呈送治理天下的法典，规范社会伦理道德，稳定社会基础，维护社会稳定，这便是"法授圣"。相传箕子到了朝鲜，又在当地推行道义、驯化民俗，重视人的能力而不论关系是否亲疏，重视人的品性而不论出身是否卑微，形成了崇德尚善的好风气，这便是"化及民"。文章高度赞颂了箕子忍辱负重的坚韧、明哲保身的智慧，倾其所能辅佐圣明君主，建立国家典章制度，推崇教化治理民众的伟大功勋。结尾说到隐忍图存，道出箕子本意，表达了对箕子的同情与崇敬之情。文章虽然简短，但论说充分，层次分明，是论述文中的佳作。

　　读此文，不仅可以了解箕子的伟大，更重要的是从此知道伟大人物的三个标准："一曰正蒙难，二曰法授圣，三曰化及民。"这就告诉我们，一个人即便遭遇灭顶之灾，也不能放弃正道、放弃正义，更不能放弃心中的希望与理想。

泷冈阡表

欧阳修

【题解】

《泷冈阡表》是欧阳修在他父亲死后六十年所作的墓表。泷冈，地名，在今江西省永丰县沙溪南凤凰山上。原稿是作者四十多岁时送母亲灵柩归葬家乡泷冈所作，名为《先君墓表》，一直到他年过六旬才又改为流传至今的《泷冈阡表》，用以悼念父母。

呜呼！惟我皇考崇公①卜吉②于泷冈之六十年，其子修始克表于其阡，非敢缓也，盖有待也。

修不幸，生四岁而孤。太夫人③守节自誓，居贫，自力于衣食，以长④以教，俾至于成人。太夫人告之曰："汝父为吏廉，而好施与，喜宾客。其俸禄虽薄，常不使有余，曰'毋以是为我累'。故其亡也，无一瓦之覆，一垅之植⑤，以庇而为生。吾何恃而能自守邪？吾于汝父，知其一二，以有待于汝也。自吾为汝家妇，不及事吾姑，然知汝父之能养也。汝孤而幼，吾不能知汝之必有立，然知汝父之必将有后也。吾之始归也，汝父免于母丧方逾年，岁时祭祀，则必涕泣曰：'祭而丰不如养之薄也。'间御⑥酒食，则又涕泣曰：'昔常不足而今有余，其何及⑦也！'吾始一二见之，以为新免于丧适然⑧耳。既而其后常然，至其终身未尝不然。吾虽不及事姑，而以此知汝父之能养也。汝父为吏，常夜烛治官书，屡废而叹。吾问之，则曰：'此死狱也，我求其生不得⑨尔。'吾曰：'生可求乎？'曰：'求其生而不得，则死者与我皆无恨也，矧求而有得邪？以其有得，则知不求而死者有恨也。夫常求其生犹失之死，而世常求其死也。'回顾乳者剑⑩汝而立于旁，因指而叹曰：'术者⑪谓我岁行在戌⑫将死，使其言然，吾不及见儿之立也，后当以我语告之。'其平居教他子弟，常用此语，吾耳熟焉，故能详也。其施于外事，吾不能知；其居于家无所矜饰⑬，而所为如此，是真发于中者邪。呜呼！其心厚于仁者邪，此吾知汝父之必将有后也。汝其勉之！夫养不必丰，要于孝；利虽不得溥于物⑭，要其心之厚于仁。吾不能教汝，此汝父之志也。"修泣而志之，不敢忘。

先公少孤力学，咸平三年进士及第，为道州⑮判官⑯，泗、绵⑰二州推官⑱，又为泰州⑲判官。享年五十有九，葬沙溪之泷冈。太夫人姓郑氏，考讳德仪，世为江南名族。太夫人恭俭仁爱而有礼，初封福昌⑳县太君㉑，进封乐安、安康、彭城㉒三郡太君。自其家少微时，治其家以俭约，其后常不使过之，曰："吾儿不能苟合于世，俭薄所以居患难也。"其后修贬夷陵，太夫人言笑自若，曰："汝家故贫贱也，吾处之有素矣，汝能安之，吾亦安矣。"

自先公之亡二十年，修始得禄㉓而养。又十有二年，列官于朝㉔，始得赠封其亲。又十年，修为龙图阁㉕直学士、尚书吏部郎中，留守南京㉖，太夫人以疾终于官舍，享年七十有二。又八年，修以非才入副枢密㉗，遂参政事。又七年而罢。自登二府㉘，天子推恩，褒其三世，故自嘉祐以来，逢国大庆，必加宠锡㉙。皇曾祖府君累赠金紫光禄大夫㉚、太师㉛、中书令㉜。曾祖妣累封楚国太夫人。皇祖府君累赠金紫光禄大夫、太师、中书令兼尚书令㉝。祖妣累封吴国太夫人。皇考崇公累赠金紫光禄大夫、太师、中书令兼尚书令。皇妣累封越国太夫人。今上㉞初郊㉟，皇考赐爵为崇国公，太夫人进号魏国。

于是小子修泣而言曰：呜呼！为善无不报，而迟速有时，此理之常也。惟我祖考，积善成德，宜享其隆，虽不克有于其躬，而赐爵受封，显荣褒大，实有三朝㊱之锡命。是足以表见于后世，而庇赖其子孙矣。乃列其世谱，具刻于碑。既又载我皇考崇公之遗训，太夫人之所以教而有待于修者，并揭于阡，俾知夫小子修之德薄能鲜，遭世窃位，而幸全大节不辱其先者，其来有自。

熙宁三年岁次庚戌四月辛酉朔十有五日乙亥，男推诚保德崇仁翊戴功臣、观文殿学士㊲、特进㊳、行兵部尚书、知青州㊴军州事、兼管内劝农使、充京东东路㊵安抚使、上柱国、乐安郡开国公，食邑㊶四千三百户，食实封一千二百户，修表。

【注释】

①［皇考崇公］欧阳修父亲名观，字仲宾，追封崇国公。《礼记·曲礼下》说古代"（祭）父曰皇考"，"生曰父"，"死曰考"。　②［卜吉］占卜吉地。　③［太夫人］欧阳修的母亲郑氏。　④［长］养育。　⑤［无一瓦之覆，一垄之植］没有片瓦可资覆盖（没有房屋），没有一块田地可以耕种。　⑥［间御］偶尔进贡。　⑦［何及］哪里来得及。　⑧［适然］偶然。　⑨［求其生不得］无法减免死刑。　⑩［剑］此处是挟、抱之义。　⑪［术者］旧时推算星相、占卜吉凶的人。　⑫［岁行在戌］古代分岁星运行为十二辰以纪年，此指岁星运行在戌年。欧阳修父亲死于宋真宗大中祥符三年庚戌。　⑬［矜饰］夸张粉饰。　⑭［溥于物］普及、扩充于他人。　⑮［道州］今湖南道县。　⑯［判官］州郡长官僚属，职掌文书。　⑰［泗、绵］泗，泗州，今安徽泗县。绵，绵州，今四川绵阳。　⑱［推官］州郡长官僚属，职掌刑事，也称军事推官。　⑲［泰州］今江苏泰州。　⑳［福昌］今河南宜阳。　㉑［县太君］朝廷给予较高官员母亲的封号。封号等级是国太夫人、郡太夫人、郡太君、县太君等。　㉒［乐安、安康、彭城］乐安，古代郡名，今山东博兴。安康，古代郡名，今陕西石泉。彭城，古代郡名，今江苏徐州。　㉓［得禄］宋仁宗天圣八年（1030），欧阳修中进士后授将仕郎，试秘书省校书郎，充西京留守推官。　㉔［十有二年，列官于朝］宋仁宗康定元年（1040），欧阳修还京任馆阁校勘，修《崇文总目》，后任太子中允等。　㉕［龙图阁］宋朝藏图书典籍的馆阁之一，设学士、直学士、待制等官。　㉖［留守南京］南京，即应天府，今河南商丘。宋制，西京、南京、北京各置留守一人，以知府兼任。　㉗［副枢密］为枢密副使。枢密使是全国最高军事长官。

㉘〔二府〕宋制，枢密院掌军事，中书省掌政事，并称二府。　㉙〔宠锡〕赐赠官号。锡，同"赐"。　㉚〔金紫光禄大夫〕汉朝始置光禄大夫，掌顾问，宋代为散官，加金章紫绶者，称金紫光禄大夫。　㉛〔太师〕周朝所设宰辅之官，位高为三公之一，唐以后改为赠官。　㉜〔中书令〕隋唐时宰相之职，宋为赠官。　㉝〔尚书令〕唐初为宰相职，宋改为赠官。　㉞〔今上〕宋神宗赵顼。　㉟〔初郊〕在熙宁元年（1068）十一月丁亥。古代郊为祭天大典，皇帝多于此时对大臣加官以示恩宠。　㊱〔三朝〕宋仁宗、英宗、神宗三朝。　㊲〔推诚保德崇仁翊戴功臣、观文殿学士〕欧阳修于治平四年（1067）除观文殿学士，改赐推诚保德崇仁翊戴功臣。　㊳〔特进〕汉代所置官名，位在三公之下。唐宋改为散官。　㊴〔青州〕在今山东益都。　㊵〔京东东路〕宋时路名，辖今山东中部、东部地区，治在青州。　㊶〔食邑〕食封地的租税。

【解读】

　　《泷冈阡表》是一篇追悼亡父的碑文。父亲亡故时欧阳修年仅四岁，他对父亲生平的了解来自母亲的追忆，母亲的细叙还原了一个孝心与仁义并存的父亲形象，同时也传递了母亲的温良和恭俭的品格，收到一碑双表的感人效果。

　　文章在选材上对家常琐事不事描绘而又句句入心，结构上虚实相衬、不事铺张而又缓缓深入。全文共六段。第一段简要交代现在才为父亲作墓表是因为有所待。为何有"待"？第二段表明"待"的缘由，通过母亲的言语知晓父亲奉亲至孝、为官清廉、治狱严谨。母亲从"知汝父之能养"再到"知汝父之必将有后"，据父亲的孝心与仁义可知这样的人一定会有显荣宗族的后人。第三段记述父亲的官职、年岁与墓地，至此追述父亲生平的事迹结束；而后又专记母亲治家俭约、安之若素的人生态度，在不经意间再次彰显母亲的美德。第四段是"待"的结果，作者在仕途上屡遭波折，直至"登二府，天子推恩，褒其三世"，才觉得"足以表见于后世，而庇赖其子孙矣"。第五段表明作表不仅仅是记叙其父的生平，更是希冀带给子孙世人以教训；"既又载我皇考崇公之遗训，太夫人之所以教而有待于修者"两句既是归结全篇的中心，又是记载父亲的遗训，也是追思母亲的教诲。最后一段记叙作表的时间及当时自己的赐号、官职、封爵、禄秩及名字。文章结构严谨，前后关照，融叙事抒情于一体，语疏情茂，动人心扉。明人薛瑄评价："欧阳公《泷冈阡表》，皆所谓出于肺腑者也，故皆不求工而自工。"所言甚是。

《泷冈阡表》语言质朴，叙述手法简洁，意旨深厚旷达。一方面体现了欧阳修为文"反对浮靡雕琢和枯燥艰涩"的风格，另一方面传递了"仁""孝""温良""恭俭"的父母亲的品德。这是本文要义之所在，也是中华优秀传统美德之体现。学习时，要悉心体悟，让优良传统成为自己的行为习惯。

［宋］欧阳修《谱图序稿》

西 铭

张 载

【题解】

张载（1020—1077），字子厚，凤翔郿县（今陕西眉县）人，北宋思想家、教育家，理学创始人之一。年少喜论兵法，后求之于儒家"六经"，曾任司法参军、县令、军事判官等职。后因政治原因回归故里，专事著书立说。《西铭》原名《订顽》，为《正蒙·乾称篇》中的一部分。张载曾撰《砭愚》和《订顽》分别贴在学堂的东、西两牖。程颐见后，将《砭愚》改称《东铭》、《订顽》改称《西铭》。后朱熹又将《西铭》从《正蒙·乾称篇》中分出，使其成为独立的篇章。

乾称父，坤称母①；予兹藐焉，乃混然中处②。故天地之塞，吾其体③；天地之帅，吾其性④。民，吾同胞；物，吾与也⑤。

大君者，吾父母宗子⑥；其大臣，宗子之家相也。尊高年，所以长其长；慈孤弱，所以幼其幼；圣，其合德⑦；贤，其秀也⑧。凡天下疲癃、残疾、茕独、鳏寡⑨，皆吾兄弟之颠连而无告者也。

于时保之，子之翼也⑩；乐且不忧，纯乎孝者也。违曰悖德，害仁曰贼，济恶者不才⑪，其践形⑫，唯肖者也。

知化⑬则善述其事，穷神⑭则善继其志。不愧屋漏为无忝，存心养性为匪懈⑮。恶旨酒，崇伯子之顾养⑯；育英才，颍封人之锡类⑰。不弛劳而底豫，舜其功也⑱；无所逃而待烹，申生其恭也⑲。体其受而归全者，参乎⑳！勇于从而顺令者，伯奇也㉑。

富贵福泽，将厚吾之生也；贫贱忧戚，庸玉女于成㉒也。存，吾顺事；没，吾宁也㉓。

【注释】

①〔乾称父，坤称母〕源自《周易》。《周易·说卦》："乾，天也，故称乎父；坤，地也，故称乎母。"　②〔予兹藐焉，乃混然中处〕我如此藐小却混天地之道于一身，而处天地之间。予，我。藐，弱小。　③〔故天地之塞，吾其体〕充塞于天地之间的就是我的形色之体。《孟子·公孙丑上》："其为气也，至大至刚，以直养而无害，则塞于天地之间。"吾其体，我以天地二气为体，此身气血都禀受于它们。　④〔天地之帅，吾其性〕天地的乾健坤顺性质为阴阳二气所遵循。帅，带领。吾其性，我因此而成就了自己的本性。朱熹《朱子语类》卷九十八："帅是主宰，乃天地之常理也，吾之性即天地之理。"　⑤〔物，吾与也〕万物都是我的同伴。与，同伴。　⑥〔大君者，吾父母宗子〕大君，君主、帝王。宗子，宗法社会享有继承权的嫡长子。天子是天地的嫡长子。　⑦〔圣，其合德〕圣人与天地德性相合为一。《易传·乾卦·文言》："夫大人者，与天地合其德，与日月合其明，与四时合其序，与鬼神合其吉凶。"　⑧〔贤，其秀也〕贤人是钟集天地的灵秀而产生的。秀，灵秀。　⑨〔疲癃（lóng）、残疾、茕独、鳏寡〕疲癃，曲腰高背之疾，泛指年老多病之人。茕独，孤苦伶仃的人。鳏寡，鳏夫和寡妇。　⑩〔于时保之，子之翼也〕朱熹《西铭解》："畏天以自保者，犹其敬亲之至也。"　⑪〔济恶者不才〕助长为恶者是不成材的。⑫〔践形〕体现出人的天赋品质。　⑬〔知化〕通晓事物变化之理。　⑭〔穷神〕穷究事物之神妙。　⑮〔不愧屋漏为无忝，存心养性为匪懈〕在隐僻独处能不做亏心事，才算无辱于乾坤父母；保存善心，培养天性不松懈。忝，羞辱，有愧于。匪，同"非"。　⑯〔恶旨酒，崇伯子之顾养〕禹厌恶美酒，顾念父母的养育之恩。崇伯子，夏禹，其父鲧封于崇，史称崇伯。旨酒，美酒。　⑰〔育英才，颖封人之锡类〕颖考叔经由培育英才而将恩德施与其同类。颖封人，颖考叔，春秋时郑国人，以事母至孝著称，曾任颖谷封人。锡，同"赐"。　⑱〔不弛劳而底豫，舜其功也〕竭尽全力，至孝事亲，毫不松懈，使之快乐，成就了舜的功业。　⑲〔无所逃而待烹，申生其恭也〕人无所逃于天地之间，命里该死的时候，就只能像申生那样，顺天命而死。申生，春秋时晋献公太子，晋献公宠爱骊姬，申生为其所僭，自经而死。恭，申生死后的谥号。　⑳〔体其受而归全者，参乎〕将从父母那里得来的身体完全归还父母的是曾参。曾参，孔子弟子，以孝著称。　㉑〔勇于从而顺令者，伯奇也〕勇于

听从以顺父母的是伯奇。伯奇，古代孝子。　㉒〔庸玉女于成〕用磨炼使之有所成就。庸，用，以。玉，磨炼。　㉓〔存，吾顺事；没，吾宁也〕存，生存。顺事，顺从天地之事。没，同"殁"，死亡。宁，安宁。

【解读】

　　《西铭》篇幅不长，凡 200 余字，却是张载体大思精哲学思想的高度浓缩。全文凡五段，依次阐述张载关于人与宇宙、人与社会、人与家庭等关系的哲学思考。

　　第一段讲的是"民胞物与""天人一体"的思想。张载从《易经》"乾称父，坤称母"起笔，肯定天地是我们的父母，人只是天地之间的一小部分，天地由气组成，人和其他万物一样也是由气组成，因此人与万物是同类。第二段从社会层面提出"天下一家亲"的思想。天子是乾坤父母的长子，大臣是这个家庭的管家，尊敬年高者就是礼敬同胞中的长者，慈爱孤苦弱小者就是保育同胞中的幼弱者，大家骨肉相连，休戚与共，因此人与人相处，要老吾老、幼吾幼。圣人、贤人之所以为圣人、贤人，就是因为他们的品性合乎天性。第三段讲的是家庭中的孝道。子女保育父母，是对乾坤父母应有的协助，乐于保育而不为己忧是对乾坤父母的孝敬。倘若没有做到这些，就是乾坤父母的不肖之子，是悖德。第四段讲的是如何对乾坤父母尽孝。要对乾坤父母尽孝，就要能知造物者善化万物的功业，洞透造化不可知、不可测的奥秘，时时存孝心、养天性，即便是独处或处偏僻无人处，也不要做"违德"之事，无愧无怍，才对得起天地神明，才称得上是理想人格，并列举历史上六位道德理想人物加以佐证。第五段告诫人们要顺从天命。无论是富贵福禄，还是贫贱忧戚，都是乾坤父母给予我们的恩赐。富贵福禄是用来丰富我们的生活的，贫贱忧戚是用来磨炼我们的意志的，我们都应顺从乾坤父母所给予的这一切，乐天知命，尽伦尽责。

　　《西铭》所表达的既是一种哲学思想，更是一种处世哲学。全文就如何处理个人与宇宙、社会、家庭等关系做出深邃的哲学思考。它想要表达的其实是，如何从个人的视角来看待宇宙，又如何用这种宇宙来看待社会、家庭，以及个人一生的问题。张载提出的"民胞物与""天下一家亲"思想与传统儒家的"礼运大同"理想一脉相承，它把中国传统哲学中"天人合一"的思想上升到一个新境界，代表了旧时代中国知识分子最高的人生理想。这是博大、深邃、理性的人生思考，为我们处理个人与宇宙、社会、家庭等关系提供了价值指引。这一理想曾激励、引导无数正直的中国知识分子勇于以天下国家为己任，救邦国于危难，拯生民于涂炭，置生死利害于度外。这是值得充分继承的优秀传统文化遗产。另外，在阅读时结合"横渠四句"，即"为天地立心，为生民立命，为往圣继绝学，为万世开太平"，可以更好地理解本文。

张载像

潮州韩文公庙碑

苏 轼

【题解】

　　韩文公即韩愈,"文"是韩愈的谥号。元和十四年(819),唐宪宗命迎法门寺佛骨到京师供人瞻礼,韩愈上《谏迎佛骨表》力陈朽骨不足信。宪宗大怒,欲处以极刑,幸裴度等疏救,贬潮州刺史。韩愈任潮州虽不满一年,却给潮州百姓留下了深刻印象,死后,潮州立庙纪念他。庙原在刺史公堂后面,宋哲宗元祐五年(1090),为便民祷祀,徙庙城南。苏轼受潮州知州王涤请托,为重修的韩愈庙撰写了这篇碑文。

　　匹夫而为百世师,一言而为天下法。是皆有以参天地之化①,关盛衰之运,其生也有自来,其逝也有所为矣。故申吕自岳降②,而傅说为列星③,古今所传,不可诬也。孟子曰:"我善养吾浩然之气。"是气也,寓于寻常之中,而塞乎天地之间。卒然遇之,则王公失其贵,晋、楚失其富,良、平④失其智,贲、育⑤失其勇,仪、秦⑥失其辩,是孰使之然哉?其必有不依形而立,不恃力而行,不待生而存,不随死而亡者矣。故在天为星辰,在地为河岳。幽则为鬼神,而明则复为人。此理之常,无足怪者。

　　自东汉以来,道丧文弊,异端并起,历唐贞观、开元之盛,辅以房、杜⑦、姚、宋⑧而不能救。独韩文公起布衣,谈笑而麾之,天下靡然从公,复归于正,盖三百年于此矣。文起八代⑨之衰,而道济天下之溺;忠犯人主之怒,而勇夺三军之帅。岂非参天地,关盛衰,浩然而独存者乎!盖尝论天人之辨,以谓人无所不至,惟天不容伪。智可以欺王公,不可以欺豚鱼⑩;力可以得天下，不可以得匹夫匹妇之心。故公之精诚，能开衡山之云，而不能回宪宗之惑⑪；能驯鳄鱼之暴⑫，而不能弭皇甫镈、李逢吉之谤⑬；能信于南海⑭之民，庙食⑮百世，而不能使其身一日安于朝廷之上。盖公之所能者，天也。其所不能者，人也。

始潮人未知学，公命进士赵德为之师。自是潮之士，皆笃于文行，延及齐民，至于今，号称易治。信乎孔子之言："君子学道则爱人，小人学道则易使也。"⑯潮人之事公也，饮食必祭，水旱疾疫，凡有求必祷焉。而庙在刺史公堂⑰之后，民以出入为艰。前守欲请诸朝作新庙，不果。元祐五年，朝散郎⑱王君涤来守是邦，凡所以养士治民者，一以公为师。民既悦服，则出令曰："愿新公庙者听。"民谨趋之。卜地⑲于州城之南七里，期年而庙成。或曰："公去国万里，而谪于潮，不能一岁而归。没而有知，其不眷恋于潮审⑳矣。"轼曰："不然。公之神在天下者，如水之在地中，无所往而不在也。而潮人独信之深，思之至，焄蒿凄怆㉑，若或见之。譬如凿井得泉，而曰水专在是，岂理也哉！"

元丰七年，诏拜公昌黎伯㉒，故榜㉓曰昌黎伯韩文公之庙。潮人请书其事于石，因作诗以遗之，使歌以祀公。其词曰：

公昔骑龙白云乡，手抉㉔云汉分天章㉕，天孙㉖为织云锦裳。飘然乘风来帝旁，下与浊世扫秕糠㉗，西游咸池略扶桑㉘，草木衣被昭回光㉙，追逐李、杜参翱翔，汗流籍、湜走且僵㉚，灭没倒影不能望㉛，作书抵佛讥君王，要观南海窥衡湘。历舜九嶷㉜吊英皇㉝，祝融㉞先驱海若㉟藏，约束蛟鳄如驱羊。钧天㊱无人帝悲伤，讴吟下招遣巫阳㊲，犦牲鸡卜羞我觞㊳。于粲荔丹与蕉黄，公不少留我涕滂，翩然被发下大荒㊴。

【注释】

①［参天地之化］有与天地共同化育万物的能力。《礼记·中庸》："可以赞天

地之化育，则可以与天地参矣。" ②〔申吕自岳降〕申、吕指申伯和吕侯，伯夷的后代。相传他们诞生时有山岳降神的吉兆。 ③〔傅说为列星〕傅说，商王武丁的宰相。相传他死后飞升上天，和众星并列。 ④〔良、平〕张良和陈平，汉高祖刘邦的开国功臣，以足智多谋著称。 ⑤〔贲、育〕孟贲和夏育，古代著名的勇士。 ⑥〔仪、秦〕张仪和苏秦，战国纵横家，以能言善辩著称。 ⑦〔房、杜〕即房玄龄和杜如晦，唐太宗时的贤相。 ⑧〔姚、宋〕即姚崇和宋璟，唐玄宗前期的名相。 ⑨〔八代〕指东汉、魏、晋、宋、齐、梁、陈、隋。 ⑩〔豚鱼〕泛指小动物。豚，小猪。 ⑪〔不能回宪宗之惑〕指韩愈谏迎佛骨，唐宪宗不听一事。 ⑫〔能驯鳄鱼之暴〕韩愈任潮州刺史时作《祭鳄鱼文》，令鳄鱼迁走，据说后来鳄鱼果然迁走，从此潮州无鳄鱼患。 ⑬〔不能弭皇甫镈（bó）、李逢吉之谤〕韩愈贬潮州后上表谢罪，宪宗读后想让他官复原职，遭到宰相皇甫镈中伤阻止，就改韩愈为袁州刺史。唐穆宗时，宰相李逢吉曾弹劾韩愈，罢去韩愈御史大夫职务，降为兵部侍郎。 ⑭〔南海〕潮州属南海郡，所以借南海指潮州。 ⑮〔庙食〕接受后世的立庙祭祀。 ⑯〔君子学道则爱人，小人学道则易使也〕语见《论语·阳货》。君子，指士大夫。小人，指老百姓。 ⑰〔刺史公堂〕州官办公的厅堂。刺史，唐代州的最高行政长官。 ⑱〔朝散郎〕无实职的文散官，官阶为从七品。 ⑲〔卜地〕选择地址。古代选址之前要占卜，因此称卜地。 ⑳〔审〕明白。 ㉑〔焄（xūn）蒿凄怆〕祭祀时引起悲伤的情感。焄，指祭物的香气。蒿，香气蒸发上升的样子。 ㉒〔昌黎伯〕韩愈的祖籍在昌黎（今属河北），世称昌黎伯。 ㉓〔榜〕木匾。此处用作动词，题匾。 ㉔〔手抉〕用手挑取。 ㉕〔天章〕天宇的文彩。 ㉖〔天孙〕星名，即织女星。 ㉗〔秕糠〕本指米的皮屑，这里比喻邪说异端。 ㉘〔西游咸池略扶桑〕咸池，神话中太阳沐浴的地方。略，到。扶桑，神话中日没的地方。 ㉙〔草木衣被昭回光〕是说韩愈的道德文章辉映一代，如同日月光照大地，泽及草木一样。 ㉚〔汗流籍、湜走且僵〕籍、湜，张籍和皇甫湜，唐代文学家，韩愈同时代人。张籍、皇甫湜汗水流尽、两腿走僵也望尘莫及。 ㉛〔灭没倒影不能望〕形容张籍、皇甫湜像倒影一样容易灭没，不能仰望韩愈日月般的光辉。 ㉜〔九嶷〕山名，又名苍梧，在今湖南宁远。 ㉝〔英皇〕女英、娥皇，尧帝的两个女儿，同嫁舜帝为妃。 ㉞〔祝融〕传说的火神。 ㉟〔海若〕传说中的海神。 ㊱〔钧天〕天的中央。 ㊲〔巫阳〕神巫名。 ㊳〔犦（bó）牲鸡卜羞我觞〕犦牲，用牦牛作祭品。鸡卜，用鸡骨占卜。羞，进献。觞，酒杯。　㊴〔翩然被（pī）发下大荒〕祈望韩愈快快降临人世享受祭祀。被，同"披"。大荒，即大地。

【解读】

《潮州韩公文庙碑》评述韩愈在道德、文学上的贡献，赞扬了韩愈在潮州的政绩，讨论了韩愈生平的得失和遭遇。文章写得感情澎湃、气势磅礴，格式自然多变，手法生动灵活，不拘旧套。既写了重要事件，勾勒韩愈的一生，又在行文中暗寓作者自己的身世之感，因而与一般呆板的碑文不同。

文章并不是从韩愈的生平、籍贯起笔，而是从一代伟人的历史功绩写起，他们能够"匹夫而为百世师，一言而为天下法""参天地之化，关盛衰之运"。出笔豪迈，醒人心目。究竟谁有如此大的伟力呢？作者没有直接给出答案，而是举申伯、吕侯加以说明。伟人之所以能参天地、关盛衰、生有因、死有为，是因为其秉受天地浩然之气。接着连用三组排比句，从多个角度极力铺陈此气无处不在、无所不能。而后以"是孰使之然哉"提顿，汹涌之势得以缓冲，文章跌宕起伏。

如果说对浩然正气的描述、评论是凌空泛写，那么接下来则是转入韩愈自身，落地聚焦。为凸显韩愈的历史勋业，从东汉以来"道丧文弊，异端并起"的宏大背景说起，再以贞观、开元盛世及房玄龄、杜如晦、姚崇、宋璟等名相对衰弊的文风都无能为力，反衬一笔。接着，用四个排比句，从文、道、忠、勇四个方面概括了韩愈的道德文章和为人行事。而韩愈在文、道、忠、勇四个方面的表现，正是上文所写浩然正气的体现，因此上文放笔泛写浩然之气，实则是为本段突出韩愈蓄势，如此便将一、二两段完全挽合起来。可见行文之严谨，立意之精巧。

概述完韩愈伟大功绩后转而从"天人之辨"入手概述其人生遭遇。所谓"天人之辨"，就是要分清天意和人为两种情况。苏轼即从这两个角度进行对照，主要是为说明韩愈"所能者天也，其所不能者人也"，从而突出韩愈受贬谪、遭诽谤、不能安身于朝廷全是人为的结果。这既是总结韩愈，也是感叹自己。苏轼写作本碑文前后屡遭弹劾诬陷，不得不多次乞请外郡，宦海浮沉，始终未能安立朝廷，与韩文公遭遇相似，难免不借他人酒杯浇自家衷怀，字里行间渗透身世之感。

写了遭遇写政绩。第三段重点写韩愈在潮州的政绩及潮州人民对韩愈的崇敬和怀念。韩愈在潮州期间大兴文化教育事业，重视水利，根除民患，因此当王涤倡议重建韩文公庙，"民谨趋之"，可见潮州人对韩愈是"信之深，思之至"。虽着墨不多，但通过这几件具体事例和百姓反映，足以见出韩愈在潮州影响深广。

碑文最后交代韩愈被诏封的时间，点名庙额的由来，并展开浪漫想象，缀以歌词礼赞庙主。既吟叹其生前事功，又想象其身后之灵，文笔瑰奇，色彩斑斓，用一种浪漫主义笔调再次歌颂了韩愈的业绩与韩愈的精神。

这篇碑文历叙韩愈一生的文章功业，喟叹其不遇，赞赏其遗泽，将议论、描述、抒情等熔铸于一炉，高论卓识，纵横挥洒，骈散兼施，文情并茂，是历代碑文中的佳作，正如王世贞所说："此碑自始至末，无一懈怠，佳言格论，层见迭出，如太牢之悦口，夜明之夺目，苏文古今所推，此尤其最得意者。"

五人墓碑记

张 溥

【题解】

张溥（1602—1641），字乾度，改字天如，号西铭，太仓（今江苏太仓）人，明代文学家。崇祯进士，选庶吉士，曾与郡中名士结为复社，以复兴古学为己任，从事文学和政治活动，跟魏忠贤阉党的残余势力做斗争。著有《七录斋集》等。五人即颜佩韦、杨念如、马杰、沈扬、周文元。此五人在与阉党斗争中，为保护群众英勇就义。阉党失败后，苏州百姓将五人安葬在苏州城的虎丘山上，立碑纪念。张溥为其撰写此碑文。

五人者，盖当蓼洲周公①之被逮，激于义而死焉者也。至于今，郡之贤士大夫请于当道②，即除逆阉废祠之址以葬之，且立石于其墓之门，以旌③其所为。呜呼，亦盛矣哉！

夫五人之死，去今之墓而葬焉，其为时止十有一月尔。夫十有一月之中，凡富贵之子，慷慨得志之徒，其疾病而死，死而湮没不足道者，亦已众矣，况草野之无闻者欤！独五人之皦皦④，何也？

予犹记周公之被逮，在丙寅三月之望。吾社之行为士先者⑤，为之声义⑥，敛赀财⑦以送其行，哭声震动天地。缇骑⑧按剑而前，问："谁为哀者？"众不能堪，抶而仆之⑨。是时以大中丞抚吴者为魏之私人⑩，公之逮所由使也。吴之民方痛心焉，于是乘其厉声以呵，则噪而相逐。中丞匿于溷藩⑪以免。既而以吴民之乱请于朝，按诛⑫五人，曰颜佩韦、杨念如、马杰、沈扬、周文元，即今之傫然⑬在墓者也。

然五人之当刑也，意气扬扬，呼中丞之名而詈⑭之，谈笑以死。断头置城上，颜色不少变。有贤士大夫发五十金，买五人之头而函之，卒与尸合。故今之墓中全乎为五人也。

嗟乎！大阉之乱，缙绅⑮而能不易其志者，四海之大，有几人欤？而五人生于编伍⑯之间，素不闻诗书之训，激昂大义，蹈死不顾，亦曷故哉？且矫诏⑰纷出，钩党⑱之捕遍于天下，卒以吾郡之发愤一击，不敢复有株治⑲；大阉亦逡巡畏义，非常之谋⑳难于猝发，待圣人㉑之出而投缳道路㉒，不可谓非五人之力也。

由是观之，则今之高爵显位，一旦抵罪，或脱身以逃，不能容于远近，而又有剪发杜门，佯狂不知所之者㉓，其辱人贱行，视五人之死，轻重固何如哉？是以蓼洲周公忠义暴于朝廷，赠谥褒美，显荣于身后；而五人亦得以加其土封㉔，列其姓名于大堤之上，凡四方之士无不有过而拜且泣者，斯固百世之遇也。不然，令五人者保其首领，以老于户牖之下，则尽其天年，人皆得以隶使之，安能屈豪杰之流，扼腕墓道㉕，发其志士之悲哉？故余与同社诸君子，哀斯墓之徒有其石也，而为之记，亦以明死生之大，匹夫之有重于社稷也。

贤士大夫者，冏卿因之吴公㉖，太史文起文公、孟长姚公也。

【注释】

①［蓼（liǎo）洲周公］即周顺昌，字景文，号蓼洲，吴县（今苏州）人。万历年间进士，曾任福州推官、吏部主事、文选员外郎等职，因不满朝政，辞职归家。东林党人魏大中被逮，途经吴县时，周顺昌不避株连，曾招待过他。后被魏忠贤陷害，死于狱中。　②［当道］执掌政权的人。指当地的行政长官。　③［旌］表扬，赞扬。　④［皦皦（jiǎo）］同"皎皎"，光洁，明亮。文中指显赫。　⑤［吾社之行为士先者］吾社，指作者和郡中名士倡导建立的"应社"。行为士先，品行成为读书的榜样。　⑥［声义］伸张正义。　⑦［赀（zī）财］钱财。　⑧［缇（tí）骑］穿橘红色衣服的朝廷护卫马队。明清逮治犯人也用缇骑，

故后世用以称呼捕役。 ⑨[箠（chì）而仆之]谓将其打倒在地。箠，鞭打。仆，使仆倒。 ⑩[是时以大中丞抚吴者为魏之私人]这时做苏州巡抚的人是魏忠贤的党羽。大中丞，官职名。抚吴，做吴地的巡抚。魏之私人，魏忠贤的党徒。 ⑪[匿于溷（hùn）藩]藏在厕所。溷，厕所。 ⑫[按诛]追究案情判定死罪。按，审查。 ⑬[傫（lěi）然]聚集的样子。 ⑭[詈（lì）]骂。 ⑮[缙绅]指古代缙笏（将笏插于腰带）、垂绅（垂着衣带）的人，即士大夫。缙，同"搢"，插。绅，大带。 ⑯[编伍]指平民。古代编制平民户口，五家为一"伍"。 ⑰[矫诏]假托君命颁发的诏令。 ⑱[钩党]被指为有牵连的同党。 ⑲[株治]株连惩治。 ⑳[非常之谋]指篡夺帝位的阴谋。 ㉑[圣人]指崇祯皇帝朱由检。 ㉒[投缳（huán）道路]天启七年，崇祯即位，将魏忠贤放逐到凤阳去守陵，不久又派人去逮捕他。他得知消息后，畏罪吊死在路上。投，掷、扔。缳，绳圈，绞索。 ㉓[剪发杜门，佯狂不知所之者]剃发为僧，闭门索居，假装疯癫而不知下落的。 ㉔[加其土封]增修他们的坟墓。 ㉕[扼腕墓道]用手握腕，表示情绪激动、振奋或惋惜。 ㉖[囧（jiǒng）卿因之吴公]囧卿，太仆卿，官职名。因之吴公，指吴默，字因之。

【解读】

本文是一篇碑志文，写的都是真实历史。五人的就义与周顺昌有关。周顺昌是万历年进士，廉洁正直，体恤百姓，敢于仗义执言，在百姓中有很高声望。天启四年（1624），阉党专政，苏州巡抚周起元因触犯阉党被革职，周顺昌为其鸣不平，大骂阉党；同年，东林党人魏大中等人被捕，周顺昌为其伸张正义，鞭笞阉党卑劣行径，与阉党结下仇怨。天启六年（1626），魏忠贤指使人诬告周顺昌贪污，派人赴苏州缉拿周顺昌。当差役前来抓捕周顺昌的时候，市民激愤，群起而攻之，当场打死缇骑，围困中丞。朝廷得知此事，欲严惩追究。为保护群众，颜佩韦、杨念如、马杰、沈扬、周文元五人主动投案，不幸遇难。

《五人墓碑记》最鲜明的艺术特色是反向对比，用"反墨"手法很好地刻画了五人形象，突出了他们的高贵品质。以"死"为例，从死的态度、意义等维度设计对比。面对死的两种截然不同态度，五人是英勇就义、谈笑赴死，而高爵显位则是"辱人贱行"，这就突出了五人视死如归的英雄气概和高爵显位者的卑鄙凶残。这种极端有的是选择两个事物，有的是选择同一事物的不同状态，如就五人本身而言，如果"保其首领，以老于户牖之下"，虽能"尽其天年"，但不会"屈豪杰之流，扼腕墓道，发其志士之悲"，通过这种极端的假设进一步肯定了死的意义。总之，反向对比效果极佳。

《五人墓碑记》的思想独特性体现在因公义而非私利反抗强暴的高贵品质上。贯穿文章中心的句子是："独五人之皦皦，何也？"为什么五人之死与其他人的死不一样呢？五人是普通百姓，牺牲于抗暴的路上，但他们的抗暴不同于历史上常见的起义。历史上的起义大多是走投无路。但五人不一样，他们抗暴是因"周公之被逮"而痛心。吴民、五人与周公并无血缘亲情关系，官府逮捕的是周公，并没有直接侵害五人利益；他们乃编伍之人，种地耕田，仍有生计可谋。在这样的情况下，他们的选择很有可能如同鲁迅笔下的华老栓，对革命者、起义者不闻不问。但他们的价值恰恰表现在"舍生取义"，为正义和公义以死抗争，无私无畏。作者对他们"激于义而死"的精神给予高度赞美，充分肯定斗争的重大意义和不朽功绩，进而揭示"明死生之大，匹夫之有重于社稷"的主题思想。这正是中华民族崇尚正义的核心思想理念与见义勇为的传统美德的生动写照。

思与行

【记诵与积累】

◎一劳而久逸,暂费而永宁。(《封燕然山铭》)

◎无道人之短,无说己之长。施人慎勿念,受施慎勿忘。

(《座右铭》)

◎世誉不足慕,唯仁为纪纲。(《座右铭》)

◎行之苟有恒,久久自芬芳。(《座右铭》)

◎虽少年已自成人,能取进士第,崭然见头角。

(《柳子厚墓志铭》)

◎俊杰廉悍,议论证据今古,出入经史百子,踔厉风发,率常屈其座人。(《柳子厚墓志铭》)

◎士穷乃见节义。(《柳子厚墓志铭》)

◎山不在高,有仙则名。水不在深,有龙则灵。斯是陋室,惟吾德馨。(《陋室铭》)

◎谈笑有鸿儒,往来无白丁。(《陋室铭》)

◎凡大人之道有三:一曰正蒙难,二曰法授圣,三曰化及民。

(《箕子碑》)

◎汝能安之,吾亦安矣。(《泷冈阡表》)

◎为善无不报,而迟速有时,此理之常也。(《泷冈阡表》)

◎民,吾同胞;物,吾与也。(《西铭》)

◎知化则善述其事,穷神则善继其志。不愧屋漏为无忝,存心养性为匪懈。(《西铭》)

◎富贵福泽,将厚吾之生也;贫贱忧戚,庸玉女于成也。(《西铭》)

241

◎匹夫而为百世师，一言而为天下法。是皆有以参天地之化，关盛衰之运。(《潮州韩文公庙碑》)

◎文起八代之衰，而道济天下之溺；忠犯人主之怒，而勇夺三军之帅。(《潮州韩文公庙碑》)

◎盖尝论天人之辨，以谓人无所不至，惟天不容伪。智可以欺王公，不可以欺豚鱼；力可以得天下，不可以得匹夫匹妇之心。

(《潮州韩文公庙碑》)

◎激昂大义，蹈死不顾。(《五人墓碑记》)

◎亦以明死生之大，匹夫之有重于社稷也。(《五人墓碑记》)

【熟读与精思】

"天人合一"是中国传统文化的一个基本问题，作为中国哲学的基本特征之一，它强调天与人、人与人、人与社会的自然和谐关系，倡导把人看作宇宙自然的一部分，在实践中达到主观与客观、情感与理性、权利与义务、个体与社会的和谐统一。张载的《西铭》是"表现'天人合一'思想最鲜明、最深刻的例子"(季羡林语)。请在熟读《西铭》的基础上，谈谈你对"天人合一"的理解。

【学习与践行】

中国传统美德讲究仁义礼智信、温良恭俭让、忠孝勇恭廉。崔瑗的《座右铭》正是在这方面以切己体验，提出自我修养、为人处世原则与行为规范的。这些对你有何启发？在学习与生活中应如何坚守与践行？请根据实际情况，为自己写一则座右铭。

第七单元　序跋文

导与引

序文是一种历史悠久的文体。序也作"叙",或称"引",以今人习惯,冠于一书之前的叫序,也称序言、前言等;置于书后的称跋,也叫后记。"序"主要是说明作者写书的缘起和过程,作者的写作意图或著作的主要内容。约在晋朝出现另一种"序",即饮宴赋诗后,集众人所作之诗加"序"说明缘起。这类"序"稍稍不同于先秦两汉的书序。唐初出现一种赠言体的"序",称为"赠序",唐及以后不少文人使用这种文体,它们往往结合被送行者的生活写成临别赠言,兼以抒发胸臆或对某事表示写作者的见解。无论是"序言""赠言"或是"后记",都是作者对人生境况、社会世相或学术生态等真情实感的流露或宣泄。

本单元选取了11篇经典序跋文。序文有多种,有自序《太史公自序》,阐述了作者的家族世系、家学渊源、著书经过及旨趣等,熔作者的遭遇和志向于一炉,不仅一部《史记》总括于此,而且司马迁一生本末也备见于此;《五代史伶官传序》借历史警醒后人朝代更替带来的诸种变化;《〈正气歌〉序》是写在一篇作品前面的序言,用以介绍背景以及表明心志;《送孟东野序》和《送东阳马生序》属赠序,向朋友表赠别或嘱托之意;而《滕王阁序》和《兰亭集序》则是宴饮活动中,对参与者创作的诗集的介绍及抒怀。跋文有《〈先大夫集〉后序》《〈金石录〉后序》,这些跋文补充介绍著作的相关史实及其意义,同时表现了主人公的独特精神品质。序跋文类型多样,但有一个共同特点，它们或叙述，或抒情，或议论，或叙述、抒情、议论、描写兼而有之，让读者深切感受到文人的志趣和激越的情怀。

  一般来说，序、跋的写作包括以下几部分：首先，介绍作品写作的缘起，即为什么写这部作品，是因为什么样的机缘，其间发生了怎样的故事，等等。其次，说明写作的意义，阐明写作的意图和意义，介绍作品的价值。只有让读者认识到其中的价值，才能吸引读者进行更积极的阅读。再次，介绍作品的内容，让读者在最短的时间里了解最有价值的信息，提高读者的阅读效率。另外，可以介绍一些作品写作过程中的趣事，既能吸引读者阅读，也能增添序、跋的韵味。最后，少不了表达自己的感触、感谢等。

  序跋文是实用文体，在古今都有极高的应用价值。阅读时，首先要了解序跋文的创作背景，在疏通文义的基础上，以知人论世的方法读懂文章的内容，进而明确作者的写作意图，加深对文章主旨的理解，以提升自己的人文素养。此外，还要学习文章的结构样式、表达方式和语言特点，将读写融为一体，不断提升自己的写作能力。

文与解

太史公自序（节选）

司马迁

【题解】

司马迁创作的中国历史上第一部纪传体通史《史记》，"究天人之际，通古今之变，成一家之言"，是中国史书的典范，被鲁迅誉为"史家之绝唱，无韵之离骚"。本文历述太史公世谱家学之本末。从重黎氏到司马氏千余年家世，其父司马谈重老庄学术思想，司马迁的成长经历，继承父志为太史公，及著述《史记》之始末，无不具备于此篇序言之中。

太史公①曰："先人②有言：'自周公卒五百岁而有孔子。孔子卒后至于今五百岁，有能绍明世、正《易传》，继《春秋》、本《诗》《书》《礼》《乐》之际？'意在斯乎！意在斯乎！小子何敢让焉！"

上大夫壶遂③曰："昔孔子何为而作《春秋》哉？"太史公曰："余闻董生④曰：'周道衰废，孔子为鲁司寇⑤，诸侯害之，大夫壅之。孔子知言之不用，道之不行也，是非二百四十二年之中，以为天下仪表，贬天子，退诸侯，讨大夫，以达王事而已矣。'子曰：'我欲载之空言，不如见之于行事之深切著明也。'夫《春秋》，上明三王⑥之道，下辨人事之纪，别嫌疑，明是非，定犹豫，善善恶恶，贤贤贱不肖，存亡国，继绝世，补敝起废，王道

245

之大者也。《易》著天地、阴阳⑦、四时、五行，故长于变；《礼》经纪人伦，故长于行；《书》记先王之事，故长于政；《诗》记山川、溪谷、禽兽、草木、牝牡⑧、雌雄，故长于风；《乐》乐所以立，故长于和；《春秋》辨是非，故长于治人。是故《礼》以节人，《乐》以发和，《书》以道事，《诗》以达意，《易》以道化，《春秋》以道义。拨乱世反之正，莫近于《春秋》。《春秋》文成数万，其指⑨数千。万物之散聚皆在《春秋》。《春秋》之中，弑君三十六，亡国五十二，诸侯奔走不得保其社稷⑩者不可胜数。察其所以，皆失其本已。故《易》曰'失之豪厘，差以千里'。故曰'臣弑君，子弑父，非一旦一夕之故也，其渐久矣'。故有国者不可以不知《春秋》，前有谗而弗见，后有贼而不知。为人臣者不可以不知《春秋》，守经事而不知其宜，遭变事而不知其权。为人君父而不通于《春秋》之义者，必蒙首恶之名。为人臣子而不通于《春秋》之义者，必陷篡弑之诛，死罪之名。其实皆以为善，为之不知其义，被之空言而不敢辞。夫不通礼义之旨，至于君不君，臣不臣，父不父，子不子。夫君不君则犯，臣不臣则诛，父不父则无道，子不子则不孝。此四行者，天下之大过也。以天下之大过予之，则受而弗敢辞。故《春秋》者，礼义之大宗也。夫礼禁未然之前，法施已然之后；法之所为用者易见，而礼之所为禁者难知。"

壶遂曰："孔子之时，上无明君，下不得任用，故作《春秋》，垂空文以断礼义，当一王之法。今夫子上遇明天子，下得守职，万事既具，咸各序其宜，夫子所论，欲以何明？"

太史公曰："唯唯，否否，不然。余闻之先人曰：'伏羲⑪至纯厚，作《易》八卦。尧舜之盛，《尚书》载之，礼乐作焉。汤武之隆，诗人歌之。《春秋》采善贬恶，推三代之德，褒周室，非独刺讥而已也。'汉兴以来，至明天子，获符瑞⑫，建封禅，改正朔⑬，易服色，受命于穆清，泽流罔极，海外殊俗，重译款塞，请来献见者不可胜道。臣下百官力诵圣德，犹不能宣尽其意。且士贤能而不用，有国者之耻；主上明圣而德不布闻，有司之过也。且余尝掌其官，废明圣盛德不载，灭功臣世家贤大夫之业不述，堕先人所言，罪莫大焉。余所谓述故事，整齐其世传，非所谓作也，而君比之于《春秋》，谬矣。"

于是论次其文。七年而太史公遭李陵之祸，幽于缧绁⑭。乃喟然而叹曰："是余之罪也夫。是余之罪也夫！身毁不用矣！"退而深惟曰："夫《诗》《书》隐约者，欲遂其志之思也。昔西伯拘羑里，演《周易》；孔子厄陈、蔡，作《春秋》；屈原放逐，著《离骚》；左丘⑮失明，厥有《国语》；孙子膑脚，而论兵法；不韦迁蜀，世传《吕览》；韩非囚秦，《说难》《孤愤》；《诗》三百篇，大抵贤圣发愤之所为作也。此人皆意有所郁结，不得通其道也，故述往事，思来者。"于是卒述陶唐⑯以来，至于麟止⑰，自黄帝始。

【注释】

①［太史公］司马迁自称。　②［先人］指司马迁的父亲司马谈。　③［壶遂］人名，曾和司马迁一起参加太初改历，官至詹事，秩二千石，故称"上大夫"。　④［董生］指汉代儒学大师董仲舒。　⑤［司寇］掌管刑狱的官。鲁定公十年（前500），孔子在鲁国由中都宰升任司空和大司寇，是年52岁。　⑥［三王］指夏、商、周三代的开国之君禹、汤、文王。　⑦［阴阳］古代以阴阳解释世间万物的发展变化，认为凡天地万物皆分属阴阳。　⑧［牝牡（pìn mǔ）］牝为雌，牡为雄。　⑨［指］同"旨"。　⑩［社稷］土神和谷神。古时以社稷为国家政权的象征，王朝建立，必先立社稷坛；灭人之国，也必先改置被灭国的社稷坛。　⑪［伏羲］神话中人类的始祖。曾教民结网，从事渔猎畜牧。据说《易经》中的八卦就是他画的。　⑫［符瑞］吉祥的征兆。汉初思想界盛行"天人感应"之说，此曰"获符瑞"，指公元前122年，汉武帝猎获了一头白麟，于是改元"元

狩"。　⑬［正朔］正是一年的开始，朔是一月的开始，正朔即指一年的第一天。古时候改朝换代都要重新确定何时为一年的第一个月，以示受命于天。周以夏历的十一月为岁首，秦以夏历的十月为岁首，汉初承秦制，至汉武帝元封元年（前110）改用太初历，才用夏历的正月为岁首，直到清末，历代沿用。"改正朔"即指此。　⑭［缧绁（léi xiè）］原是捆绑犯人的绳索，这里引申为监狱。　⑮［左丘］春秋时鲁国的史官。相传他失明后撰成《国语》一书。　⑯［陶唐］即唐尧。尧最初住在陶丘（今山东定陶），后迁往唐（今河北唐县），故称陶唐氏。《史记》列为五帝之一。　⑰［至于麟止］汉武帝元狩元年（前122）猎获白麟一只，《史记》记事即止于此年。鲁哀公十四年（前481），亦曾猎获麒麟，孔子听说后停止《春秋》的写作，后人称之为"绝笔于获麟"。《史记》写到捕获白麟为止，是有意仿效孔子作《春秋》的意思。

【解读】

　　《太史公自序》一般简称《自序》，为《史记》全书总论，是一篇内容丰富、学术价值很高的自序传论文。《史记》是司马迁一生心血的结晶，是他对于历史的最大贡献，所以《太史公自序》实即作者自述的思想体系，是研究司马迁思想和《史记》价值最重要的历史文献。《自序》由三部分组成：第一部分历叙世系和家学渊源，概括作者前半生经历；第二部分用对话形式表达撰《史记》的目的，是为完成父亲临终前的嘱托，上续孔子《春秋》，并通过对历史人物的描绘、评价，来抒发作者心中的抑郁不平之气，表白他以古人身处逆境、发愤著书的事迹自励，终于在遭受宫刑之后，忍辱负重，完成《史记》这部巨著；第三部分是《史记》一百三十篇的各篇小序。全序规模宏大，文气深沉浩瀚，是《史记》全书的纲领。

　　《自序》将全书纲领体例交代得清清楚楚。读者读《史记》之前须将《自序》熟读，深沉有得，然后可读各篇纪、传、世家；读纪、传、世家如果不得其解，仍须从《自序》中求得解答。《自序》实际上是司马迁教人读《史记》的方法。其体制如同《周易》的《系辞》，《毛诗》的《小序》，都关系到一书的体要。《史记》自《黄帝本纪》起一百三十篇，合起来说是总的一篇。这部史书的末尾必须收束得尽，承载得起，意理要包括得完，气象更要笼罩得住。《史记》的最后一篇以作者自序世系开始，逐层卸下，中间载有六家、六经两论，气势已经极盛，后又排出一百三十段，行行列列，整整齐齐，最后又总序一百三十篇总目，可以说无往不收，无微不至。它的文势有如百川汇海，万壑朝宗，令后世学者赞叹不已。

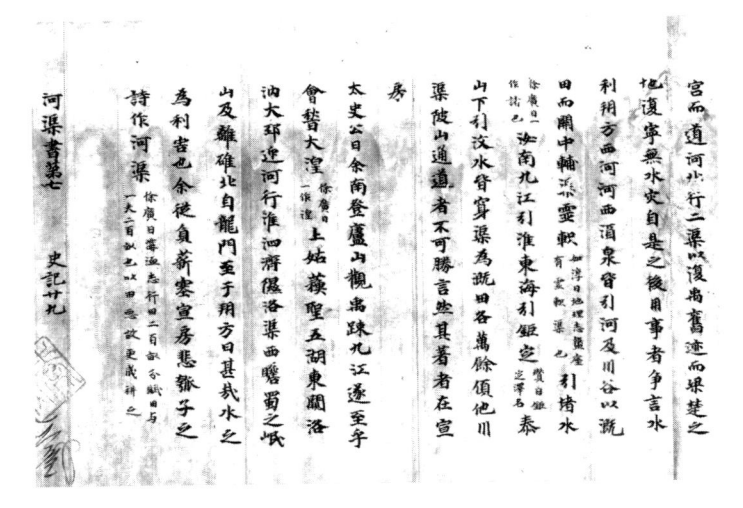

［唐］佚名《史记·河渠书》残卷（局部）

兰亭集序

王羲之

【题解】

　　王羲之（321—379），字逸少，琅邪临沂（今属山东）人，后迁无锡，晚年隐居剡县金庭（今属浙江），东晋书法家，有"书圣"之称。其书法兼善隶、草、楷、行各体，精研体势，博采众长，自成一家，影响深远。代表作《兰亭序》被誉为"天下第一行书"。永和九年（353）的上巳节，王羲之与谢安、孙绰、支遁等名士共41人集会兰亭，举行禊礼，饮酒赋诗。事后有人提议将当日所作37首诗汇编成集，这便是《兰亭集》，众人推举王羲之为之作序，王羲之一气呵成，便是这篇《兰亭集序》。

　　永和①九年，岁在癸丑，暮春②之初，会于会稽山阴③之兰亭，修禊④事也。群贤⑤毕至，少长咸集。此地有崇山峻岭，茂林修竹；又有清流激湍，映带⑥左右，引以为流觞曲水⑦，列坐其次。虽无丝竹管弦之盛，一觞一咏⑧，亦足以畅叙幽情。

　　是日也，天朗气清，惠风⑨和畅，仰观宇宙之大，俯察品类之盛，所以⑩游目骋⑪怀，足以极视听之娱，信⑫可乐也。

　　夫人之相与，俯仰一世⑬，或取诸⑭怀抱，悟言一室之内；或因寄所托，放浪形骸之外⑮。虽趣舍万殊⑯，静躁⑰不同，当其欣于所遇，暂得于己，快然自足，不知老之将至。及其所之既倦⑱，情随事迁，感慨系之⑲矣。向之所欣，俯仰之间，已为陈迹，犹不能不以之兴怀。况修短随化，终期于尽。古人云："死生亦大矣。"岂不痛哉！

　　每览昔人兴感之由，若合一契⑳，未尝不临文嗟悼㉑，不能喻②之于怀。固知一死生为虚诞，齐彭殇为妄作㉓。后之视今，亦犹今之视昔。悲夫！故列叙时人，录其所述，虽世殊事异，所以兴怀，其致一也㉔。后之览者，亦将有感于斯文。

【注释】

①［永和］晋穆帝年号（345—356）。　②［暮春］春季的末一个月。③［会（kuài）稽山阴］郡名，包括今浙江西部、江苏东南部一带。山阴，今浙江绍兴。　④［修禊（xì）］这次聚会是为了举行禊礼。古代习俗，于阴历三月上旬的巳日（魏以后定为三月三日），人们群聚于水滨嬉戏洗濯，以祓除不祥和求福。实际上这是古人的一种游春活动。　⑤［群贤］指谢安等41位社会名流。⑥［映带］映衬，围绕。　⑦［流觞曲水］古代的一种劝酒取乐方式，用漆制酒杯盛酒放入弯曲的水道中任其漂流，杯停在谁的面前，谁就引杯饮酒。　⑧［一觞一咏］喝点酒，作点诗。　⑨［惠风］和风。　⑩［所以］用来。　⑪［骋］奔驰，敞开。　⑫［信］实在。　⑬［夫人之相与，俯仰一世］人与人相交往，很快便度过一生。　⑭［取诸］从……中取得。　⑮［因寄所托，放浪形骸之外］就着自己所爱好的事物，寄托自己的情怀，不受约束，放纵无羁地生活。⑯［趣舍万殊］各有各的爱好。　⑰［静躁］安静与躁动。　⑱［所之既倦］（对于）所喜爱或得到的事物已经厌倦。之，往、到达。　⑲［感慨系之］感慨随着产生。系，附着。　⑳［契］符契，古代的一种信物，在符契上刻字，剖而为二，各执一半，作为凭证。　㉑［临文嗟悼］读古人文章时叹息哀伤。临，面对。㉒［喻］明白。　㉓［固知一死生为虚诞，齐彭殇（shāng）为妄作］本来知道把死和生等同起来的说法是不真实的，把长寿和短命等同起来的说法是妄造的。虚诞，虚妄荒诞的话。殇，未成年死去的人。妄作，妄造、胡说。一死生、齐彭殇都是庄子的看法。　㉔［其致一也］人们的思想情趣是一样的。

【解读】

这篇书序先叙兰亭因修禊事而"群贤毕至"，实际说明作诗缘由；又用"一觞一咏，亦足以畅叙幽情"叙写作诗时的情景，指明《兰亭集》是一部游宴诗集，作者众多，诗为即兴之作；结尾以"故列叙时人，录其所述"说明成书经过，又以"后之览者，亦将有感于斯文"指出本书意义。作者借题发挥，从一次普通游宴谈生死观，并以此批判当时士大夫阶层中崇尚虚无的思想倾向，立意不同凡响。

前面两段主要是叙事、写景，先叙述集会的时间、地点，然后点明兰亭优美的自然环境：山岭蜿蜒，清流映带；风和日丽，天朗气清，仰可以观宇宙之无穷，俯可以察万类之繁盛。在这里，足以"游目骋怀"，"极视听之娱"，可以自由自在地观察、思考，满足人们目视耳闻的需求。这里正是与会者"畅叙幽情"、尽兴尽欢的绝好场所。这些描写都富有诗情画意，作者的情感也是平静、闲适的。

第三段起笔锋一转，由描叙变为抒情和议论，由欣赏良辰美景、流觞畅饮而引发乐与忧、生与死的感慨，作者的情绪由平静转向激荡。第三段是文章重点和难点所在，"死生亦大矣"是全文的中心。作者指出人们的生活态度和生活方式虽然各有不同，有的喜欢"静"，有的喜欢"躁"，但不论哪一种人，生命的历程本质上都是相同的，对人生的感受也是相同的：在"欣于所遇"时"快然自足，不知老之将至"，享受人生的快乐；在"所之既倦"时"情随事迁，感慨系之"，悲叹人生变幻莫测；在"向之所欣，俯仰之间，已为陈迹"即人至老年时，回顾过去，则"不能不以之兴怀"，伤感人生天地之间，若白驹过隙，忽然而已；等到"修短随化，终期于尽"，面临死亡，每个人都会发出"岂不痛哉"的感叹，深感死亡的悲痛。

这篇序言疏朗简净，辞采秀逸，韵味深长，突出代表了王羲之的散文风格。且其造语玲珑剔透，朗朗上口，是古代骈文的精品。议论部分的文字也非常简洁，富有表现力。其朴素的行文与东晋时代雕章琢句、华而不实的文风形成鲜明对照。不过，《兰亭集序》给我们以震撼并让我们产生共鸣的恐怕主要不是其高超的表达技巧，而是王羲之对生与死、乐与悲、永恒与短暂的思考。自然之美是永恒的，在它们面前，人只是匆匆过客；快乐也是稍纵即逝的，生命的终点迟早会出现在我们眼前。既如此，那就让我们记取孔子的话："发愤忘食，乐以忘忧，不知老之将至。"

滕王阁序

王 勃

【题解】

　　王勃(约650—约676),字子安,绛州龙门(今山西河津)人,唐代文学家,"初唐四杰"之一。擅长五律和五绝,主要文学成就是骈文,无论数量还是质量均堪称一时之最。唐高宗上元二年(675)九月九日,为庆祝豫章滕王阁新修落成,阎公大会宾客,让其婿吴子章作序以彰其名,不料假意推让时王勃全不推辞。阎公起初不悦,及至读到"落霞与孤鹜齐飞,秋水共长天一色"一句,大惊道:"此真天才,当垂不朽矣!"本篇原题作《秋日登洪府滕王阁饯别序》。

　　南昌故郡,洪都新府①。星分翼轸②,地接衡庐③。襟④三江⑤而带⑥五湖⑦,控蛮荆⑧而引瓯越⑨。物华天宝⑩,龙光射牛斗之墟⑪;人杰地灵,徐孺⑫下陈蕃之榻。雄州雾列⑬,俊采⑭星驰。台隍枕夷夏之交,宾主尽东南之美。都督阎公之雅望,棨戟⑮遥临;宇文新州之懿范,襜帷暂驻。十旬休暇,胜友如云;千里逢迎,高朋满座。腾蛟起凤⑯,孟学士之词宗;紫电清霜⑰,王将军之武库。家君作宰,路出名区⑱;童子何知,躬逢胜饯。

　　时维九月,序属三秋。潦水尽而寒潭清,烟光凝而暮山紫。俨骖䯄⑲于上路,访风景于崇阿⑳。临帝子之长洲,得仙人之旧馆。层峦耸翠,上出重霄;飞阁流丹,下临无地。鹤汀凫渚㉑,穷岛屿之萦回;桂殿兰宫,列冈峦之体势。

　　披绣闼㉒,俯雕甍㉓,山原旷其盈视,川泽盱其骇瞩㉔。闾阎㉕扑地,钟鸣鼎食之家;舸㉖舰弥津,青雀黄龙之舳。虹销雨霁,彩彻区明。落霞与孤鹜齐飞,秋水共长天一色。渔舟唱晚,

253

响穷彭蠡之滨，雁阵惊寒，声断衡阳之浦。

遥襟俯畅，逸兴遄飞。爽籁发而清风生，纤歌凝而白云遏。睢园绿竹，气凌彭泽之樽㉗；邺水朱华㉘，光照临川之笔。四美具，二难并。穷睇眄于中天㉙，极娱游于暇日。天高地迥，觉宇宙之无穷；兴尽悲来，识盈虚之有数㉚。望长安于日下，指吴会于云间。地势极而南溟深，天柱高而北辰远。关山难越，谁悲失路之人；萍水相逢㉛，尽是他乡之客。怀帝阍㉜而不见，奉宣室以何年？

嗟乎！时运不齐，命途多舛。冯唐易老，李广难封。屈贾谊于长沙，非无圣主；窜梁鸿㉝于海曲，岂乏明时？所赖君子安贫，达人知命。老当益壮，宁移白首之心？穷且益坚，不坠青云之志。酌贪泉而觉爽，处涸辙以犹欢。北海虽赊，扶摇可接；东隅已逝，桑榆非晚。孟尝高洁，空余报国之情；阮籍猖狂，岂效穷途之哭！

勃，三尺微命，一介书生。无路请缨，等终军之弱冠㉞；有怀投笔，慕宗悫㉟之长风。舍簪笏㊱于百龄，奉晨昏㊲于万里。非谢家之宝树，接孟氏之芳邻。他日趋庭，叨陪鲤对；今晨捧袂㊳，喜托龙门。杨意不逢，抚凌云而自惜；钟期既遇，奏流水以何惭？

呜呼！胜地不常，盛筵难再；兰亭已矣，梓泽㊴丘墟。临别赠言，幸承恩于伟饯；登高作赋，是所望于群公。敢竭鄙诚，恭疏短引；一言均赋㊵，四韵俱成。请洒潘江，各倾陆海云尔㊶：

　　滕王高阁临江渚，佩玉鸣鸾罢歌舞。
　　画栋朝飞南浦云，珠帘暮卷西山雨。
　　闲云潭影日悠悠，物换星移几度秋。
　　阁中帝子今何在？槛外长江空自流。

【注释】

①〔南昌故郡，洪都新府〕南昌是汉朝设置的豫章郡的治所，所以说"故

郡"。唐初把豫章郡改为"洪州",所以说"新府"。"南昌"一作"豫章"。②〔星分翼轸〕古人习惯以天上星宿与地上区域对应,称为"某地在某星之分野"。据《晋书·天文志》,豫章属吴地,吴越扬州当牛斗二星的分野,与翼轸二星相邻。翼、轸,星宿名,属二十八宿。 ③〔衡庐〕衡山和庐山。衡,衡山,此代指衡州(治所在今湖南衡阳)。庐,庐山,此代指江州(治所在今江西九江)。④〔襟〕以……为襟。因豫章在三江上游,如衣之襟,故称。 ⑤〔三江〕太湖的支流松江、娄江、东江,泛指长江中下游的江河。 ⑥〔带〕以……为带。五湖在豫章周围,如衣带束身,故称。 ⑦〔五湖〕一说指太湖、鄱阳湖、青草湖、丹阳湖、洞庭湖,又一说指菱湖、游湖、莫湖、贡湖、胥湖,皆在鄱阳湖周围,与鄱阳湖相连。以此借为南方大湖的总称。 ⑧〔蛮荆〕古楚地,今湖北、湖南一带。 ⑨〔瓯越〕古越地,即今浙江地区。古东越王建都于东瓯(今浙江永嘉),境内有瓯江。 ⑩〔物华天宝〕地上的宝物焕发为天上的宝气。 ⑪〔龙光射牛斗之墟〕龙光,指宝剑的光辉。牛、斗,星宿名。墟,域,所在之处。据《晋书·张华传》,晋初,牛、斗二星之间常有紫气照射。张华请教精通天象的雷焕,雷焕称这是宝剑之精,上彻于天。张华命雷焕为丰城令寻剑,在丰城(今江西丰城,古属豫章郡)牢狱掘地四丈,得一石匣,内有龙泉、太阿二剑。后这对宝剑入水化为双龙。 ⑫〔徐孺〕徐孺子的省称。徐孺子名稚,东汉豫章南昌人,当时隐士。据《后汉书·徐稚传》,东汉名士陈蕃为豫章太守,不接宾客,唯徐稚来访时才设一榻,徐稚去后又悬置起来。 ⑬〔雾列〕像雾一样陈列,形容繁华。⑭〔采〕同"寀",官员,这里指人才。 ⑮〔棨戟〕外有赤黑色缯作套的木戟,古代大官出行时用。这里代指仪仗。 ⑯〔腾蛟起凤〕宛如蛟龙腾跃、凤凰起舞,形容人很有文采。《西京杂记》:"董仲舒梦蛟龙入怀,乃作《春秋繁露》。"又:"扬雄著《太玄经》,梦吐凤凰集《玄》之上,顷而灭。" ⑰〔紫电清霜〕《古今注》:"吴大皇帝(孙权)有宝剑六,二曰紫电。"《西京杂记》:"高祖(刘邦)斩白蛇剑,刃上常带霜雪。"《春秋繁露》亦记其事。 ⑱〔路出名区〕(自己因探望父亲)路过这个有名的地方(指洪州)。出,过。 ⑲〔骖騑〕驾车的马匹。⑳〔崇阿〕高大的山陵。 ㉑〔鹤汀凫渚〕鹤所栖息的水边平地,野鸭聚处的小洲。 ㉒〔绣闼〕绘饰华美的门。 ㉓〔雕甍〕雕饰华美的屋脊。 ㉔〔骇瞩〕对所见的景物感到惊骇。 ㉕〔闾阎〕里门,这里代指房屋。 ㉖〔舸〕船。《方言》:"南楚江、湘,凡船大者谓之舸。" ㉗〔睢园绿竹,气凌彭泽之樽〕今日盛

255

宴好比当年梁园雅集，大家酒量也胜过陶渊明。　㉘［朱华］荷花。曹植《公宴诗》："秋兰被长坂，朱华冒绿池。"　㉙［穷睇眄于中天］极目远望天空。　㉚［识盈虚之有数］知道万事万物的消长兴衰是有定数的。　㉛［萍水相逢］浮萍随水漂泊，聚散不定。比喻向来不认识的人偶然相遇。　㉜［帝阍］天帝的守门人。屈原《离骚》："吾令帝阍开关兮，倚阊阖而望予。"此处借指皇帝的宫门。　㉝［梁鸿］东汉人，作《五噫歌》讽刺朝廷，因此得罪汉章帝，避居齐鲁、吴中。　㉞［弱冠］古人20岁行冠礼，表示成年，称"弱冠"。　㉟［宗悫］据《宋书·宗悫传》，宗悫字元干，南朝宋南阳人，年少时向叔父自述志向，云"愿乘长风破万里浪"。后因战功受封。　㊱［簪笏］冠簪、手板。官吏用物，这里代指官职地位。　㊲［奉晨昏］侍奉父母。《礼记·曲礼上》："凡为人子之礼……昏定而晨省。"　㊳［捧袂］举起双袖，表示恭敬的姿势。　㊴［梓泽］即晋代石崇的金谷园，故址在今河南洛阳西北。　㊵［一言均赋］每人都写一首诗。　㊶［请洒潘江，各倾陆海云尔］钟嵘《诗品》："陆（机）才如海，潘（岳）才如江。"这里形容各位宾客的文采。

【解读】

　　《滕王阁序》是一首踌躇满志、激情飞扬的青春曲。青春年少、意气风发、饱有才学的王勃前往南海探望父亲，路过南昌，适逢阎都督在滕王阁大宴宾客。席间，王勃当仁不让，挥毫泼墨，写下这篇传世美文，一时惊艳四座。作者以其灵活多变的笔法描写近景远观、山容水态、亭台楼阁，他捕捉意象，创造意境，使读者如同身临其境，进入审美境界。尤其是景物描写瑰丽多姿、出神入化，妙不可言。想见青天碧水，水天相接，上下浑然一色，彩霞自上而下，孤鹜自下而上，相映增辉，构成一幅色彩绚丽、流光溢彩的绝妙图画。全文一气呵成，感慨涌于笔端，又与作者欢饮娱乐的情景相得益彰，浑然一体，堪称天才之笔。

　　作者表现手法高超。情由景生，情景交融。写景是为抒情，景与情相互渗透，浑然天成，恰似行云流水，挥洒自如，自然流畅。对比铺叙，色彩鲜明。作者无论是状绘洪州胜景、滕王阁盛况还是叙抒人物的遭遇情绪，都能洋洋洒洒，辗转生发，极成功地运用了铺叙渲染的方法。而这种铺叙又是在对比之中进行的，这就使文章一波三折，跳跃起伏，回环往复。化静为动，以物拟人。运用拟人化的手法，将客观静止的事物写成富有动态之感——这是《滕王阁序》的又一艺术特点。

　　王勃不仅是遣词造句的高手，其由景而入情化理的叙志言情也颇具气势。作者极目远眺，从满眼望去的秋日盛景的喜悦中生发出路途坎坷的感慨。但年轻气盛、满怀济世报国之志、忧国忧民的王勃虽遭遇险阻、壮志难酬，其不甘沉沦、"穷且益坚"之执着精神却没有泯灭，他以众多"时运不齐"、身处困顿、失意流落的历史人物来自我安慰和自勉，告诫自己不可自暴自弃、消极厌世。并以大鹏自喻，表明扶摇直上九霄的凌云之志。作者处境困顿而情操不移、逆境中壮志弥坚的高尚情怀，令人肃然起敬。本篇中，纵横跌宕的笔势很好地展示了抑扬沉浮的情感历程，失望与希望、痛苦与追求、失意与奋进的复杂情感被作者宣泄得淋漓尽致。

[元] 夏永《滕王阁图》

257

春夜宴从弟桃花园序

李 白

【题解】

李白（701—762），字太白，号青莲居士，祖籍陇西成纪（今甘肃天水），唐代诗人，人称"诗仙"，与"诗圣"杜甫并称为"李杜"。其诗作豪迈奔放，清新飘逸，想象丰富，意境奇妙，语言精美，立意新奇，艺术成就极高。有《李太白集》传世。此序于开元二十一年（733）前后作于安陆。李白与堂弟们在春夜宴饮赋诗，并为之作此序文。

夫天地者万物之逆旅也；光阴者百代之过客也。而浮生若梦，为欢几何？古人秉烛夜游，良有以也。况阳春①召我以烟景②，大块③假我以文章。会桃花之芳园，序天伦之乐事。群季④俊秀，皆为惠连⑤；吾人咏歌，独惭康乐⑥。幽赏未已，高谈转清。开琼筵⑦以坐花，飞⑧羽觞⑨而醉月。不有佳咏，何伸雅怀？如诗不成，罚依金谷酒数⑩。

【注释】

①［阳春］温暖的春天。　②［烟景］春天的美好景色。　③［大块］大自然。《庄子·齐物论》："夫大块噫气，其名为风。"成玄英疏："大块者，造物之名，自然之称。"清人俞樾认为"大块"就是地。　④［群季］诸弟。古人兄弟按年龄排列，称伯、仲、叔、季。　⑤［惠连］南朝宋文学家谢惠连，谢灵运的族弟，时人称他们为"大小谢"。作者借以赞誉诸弟的才华。　⑥［康乐］南朝宋诗人谢灵运，晋时袭封康乐公，所以称谢康乐，开山水诗一派。这里是作者借以自愧。　⑦［琼筵］比喻珍美的筵席。南朝齐谢朓《始出尚书省》诗："既通金闺籍，复酌琼筵醴。"　⑧［飞］形容不断举杯喝酒。　⑨［羽觞］古代喝酒用的两

边有耳的杯子。　⑩〔罚依金谷酒数〕依,按照,根据。金谷酒数,泛指宴会上罚酒的杯数。

【解读】

《春夜宴从弟桃花园序》为李白33岁时所作。此序以诗笔行文,将景、情、思融合成美丽的意境,洋溢着蓬勃旺盛的春的气息,将生活升华到诗的高度。虽然是文,却与李白的诗一样飘逸俊爽。在桃李芬芳的季节,李白与自己的几位堂弟共游于醉柳轻烟的园中,映现在诗人眼中的是无限的阳春风光,大自然的景色就是最美丽的文章。众人谈笑风生,摆酒设宴,四处春花飘香,清风轻轻拂来,席间各赋新诗,作不出诗来的要罚酒,一时间笑语盈盈,确是人生一大乐事。

作为一篇序,李白通过标题传递了四个基本信息:时间、地点、人物、事件。且把夜宴之由和夜宴之乐暗合在文中。"夫天地者万物之逆旅也。"开篇一个"夫"字,破空而起,抒发感慨。天地是万物的旅舍。世间万物,品类繁多,却都不过是天地间匆匆过客。"光阴者百代之过客也。"白驹过隙,一点一滴的时间悄然流逝,形成历史。天地如此广袤,时间流逝之快,是众多骚人在诗文中经常流露的感慨。李白选择天地和光阴作为对象,从时空角度感慨人之渺小。宇宙的广袤反衬人之渺小,渺小之悲却因李白选择将天地和光阴作为主语,使得开篇就具有壮阔之感。

"而浮生若梦,为欢几何?"一个"而"字表明上下文句的关系。梦本短暂、虚幻,更何况人生如浮萍一般无法把握,不能做主。李白一生的志向是"安社稷,济苍生,功成身退",却最终没能实现。他求官未得隐居安陆,政治上不得意,又因追逐月亮而结束生命。短暂的人生就像浮萍一般,对李白来说又有几多欢乐?

李白擅长以骈句筑文,此文笔势大开大合,如行云流水,潇洒飘逸,饱满的热情和昂扬的精神令人神清气爽,仅百来字就把作者的气魄和才华展现得淋漓尽致。

送孟东野序

韩 愈

【题解】

　　孟郊是中唐诗人，46岁中进士，50岁被授为溧阳县尉。孟郊走马上任之际，韩愈写作此文予以赞扬和宽慰，流露出对朝廷用人不当的感慨和不满。韩愈倡导的"文道合一""气盛言宜""务去陈言""文从字顺"等写作主张，对后人具有指导意义。

　　大凡物不得其平则鸣：草木之无声，风挠之鸣。水之无声，风荡之鸣。其跃也，或激①之；其趋也，或梗之；其沸也，或炙之。金石之无声，或击之鸣。人之于言也亦然，有不得已者而后言。其歌也有思，其哭也有怀，凡出乎口而为声者，其皆有弗平者乎！

　　乐也者，郁于中而泄于外者也，择其善鸣者而假之鸣。金、石、丝、竹、匏、土、革、木②八者，物之善鸣者也。维天之于时也亦然，择其善鸣者而假之鸣。是故以鸟鸣春，以雷鸣夏，以虫鸣秋，以风鸣冬。四时之相推敚③，其必有不得其平者乎？

　　其于人也亦然。人声之精者为言，文辞之于言，又其精也，尤择其善鸣者而假之鸣。其在唐、虞④，咎陶、禹，其善鸣者也，而假以鸣，夔弗能以文辞鸣，又自假于《韶》⑤以鸣。夏之时，五子以其歌鸣。伊尹鸣殷，周公鸣周。凡载于《诗》《书》六艺，皆鸣之善者也。周之衰，孔子之徒鸣之，其声大而远。《传》曰："天将以夫子为木铎⑥。"其弗信矣乎！其末也，庄周以其荒唐之辞鸣。楚，大国也，其亡也，以屈原鸣。臧孙辰、孟轲、荀卿，以道鸣者也。杨朱、墨翟、管夷吾、晏婴、老聃、申不害、韩非、慎到、田骈、邹衍、尸佼、孙武、张仪、苏秦之属，皆以其术鸣。秦之兴，李斯鸣之。汉之时，司马迁、相如、扬雄，最其善鸣者也。其下魏晋氏，鸣者不及于古，然亦未尝绝也。就其善者，其声清以浮，其节数⑦以急，其辞淫以哀，其志弛以肆⑧；其为言也，乱杂而无章。将天丑其德莫之顾邪？何为乎不鸣其善鸣者也！

唐之有天下，陈子昂、苏源明、元结、李白、杜甫、李观，皆以其所能鸣。其存而在下者，孟郊东野始以其诗鸣。其高出魏晋，不懈而及于古，其他浸淫⑨乎汉氏矣。从吾游者，李翱、张籍其尤也。三子者之鸣信善矣。抑不知天将和其声，而使鸣国家之盛邪，抑将穷饿其身，思愁其心肠，而使自鸣其不幸邪？三子者之命，则悬乎天矣。其在上也奚以喜，其在下也奚以悲！东野之役于江南⑩也，有若不释然者，故吾道其命于天者以解之。

【注释】

①〔激〕阻遏水势。《孟子·告子上》："今夫水，搏而跃之，可使过颡；激而行之，可使在山。"后世也用以称石堰之类的挡水建筑物为激。　②〔金、石、丝、竹、匏（páo）、土、革、木〕我国古代用这八种质料制成的各类乐器的总称，也称"八音"。如钟属金类，磬属石类，瑟属丝类，箫属竹类，笙属匏类，埙属土类，鼓属革类，柷（zhù）属木类。　③〔推敓（duó）〕推移。敓，同"夺"。④〔唐、虞〕尧帝国号为唐，舜帝国号为虞。　⑤〔《韶》〕舜时乐曲名。⑥〔天将以夫子为木铎〕语出《论语·八佾》。木铎，木舌的铃。古代发布政策教令时，先摇木铎以引起人们注意，后以木铎比喻宣扬教化的人。　⑦〔其节数（shuò）〕节，节奏。数，短促。　⑧〔弛以肆〕弛，松弛，引申为颓废。肆，放荡。　⑨〔浸淫〕逐渐渗透。此有接近意。　⑩〔役于江南〕指赴溧阳就任县尉。唐代溧阳县属江南道。

【解读】

这篇文章共四段：第一段论述"物不平则鸣"的道理。从草木、水受外力的激动而发出声音，论及人的言论、歌、哭，都是因为有所不平的缘故。第二段列举自然界多种现象论证"不平则鸣"的观点，为下文阐述"人也亦然"打下基础。第三段论证人也如此，不平则鸣。该段承接上文，从自然界论及人类社会，列举众多历史人物的事迹，论证"物不得其平则鸣"的论点。第四段从唐朝陈子昂、李白等人一直说到孟郊等，认为他们都是善于用诗文来抒发情怀的人。作者发问：孟郊、李翱、张籍三人的优秀诗文，不知是上天要使他们的声音和谐来歌颂国家的兴盛，还是要使他们穷困饥饿、心情忧愁，而为自己的不幸悲歌？最终点明题旨，借以抒发对孟郊怀才不遇的感慨。

韩愈将行文立意于以文章复古明道，展现了志存古道的伟大抱负。文中"不平则鸣"表明的是"真"的状态或态度，择其善而鸣体现了一种"善"的价值取向，两者的统一构成其"美"的存在。而真正表明其美学追求与审美价值取向的论点并非"物不得其平则鸣"，而是"择其善鸣者而假之鸣"。作者溯古论今，独辟蹊径，反复以古人之鸣与今人之鸣相比较，于论述中寄托感慨，在叙说中有讽刺，达到了奇而不诡、收放自如的行文风格。全篇紧紧扣住一个"鸣"字进行论述，"鸣"字出现 38 次，句法变换 29 回，声调顿挫之处更是层出不穷。

文章运用比兴手法，从"物不平则鸣"写到"人不平则鸣"。全序仅篇末用少量笔墨直接点到孟郊，其他内容的安排虽出人意料，但又紧紧围绕孟郊其人其事而设，言在彼而意在此，因而并不显得空疏游离，体现了布局谋篇的独到造诣。

五代史伶官传序

欧阳修

【题解】

宋仁宗庆历初年，民众起义接踵而起，西夏又侵扰西北。欧阳修、范仲淹等力图实行政治改革，以挽救北宋王朝危机，却接二连三遭到当权派打击。欧阳修为此忧心忡忡，担心五代的惨痛历史即将重演。而宋太祖时薛居正奉命主修的《旧五代史》"繁猥失实"，无助于劝善惩恶，于是自己动手，撰成74卷《新五代史》并写作此篇史论。

呜呼！盛衰之理，虽曰天命，岂非人事哉！原①庄宗之所以得天下，与其所以失之者，可以知之矣。

世言晋王②之将终也，以三矢赐庄宗③而告之曰："梁，吾仇也；燕王，吾所立；契丹与吾约为兄弟；而皆背晋以归梁。此三者，吾遗恨也。与尔三矢，尔其无忘乃父之志！"庄宗受而藏之于庙。其后用兵，则遣从事④以一少牢⑤告庙，请其矢，盛以锦囊，负而前驱，及凯旋而纳之。

方其系⑥燕父子以组，函梁君臣之首，入于太庙，还矢先王，而告以成功，其意气之盛，可谓壮哉！及仇雠⑦已灭，天下已定，一夫夜呼，乱者四应，仓皇东出，未及见贼而士卒离散，君臣相顾，不知所归。至于誓天断发⑧，泣下沾襟，何其衰也！岂得之难而失之易欤？抑本其成败之迹，而皆自于人欤？《书》曰："满招损，谦得益。"忧劳可以兴国，逸豫⑨可以亡身，自然之理也。

故方其盛也，举天下之豪杰，莫能与之争；及其衰也，数十伶人困之，而身死国灭，为天下笑。夫祸患常积于忽微，而智勇多困于所溺⑩，岂独伶人也哉？作《伶官传》。

【注释】

①〔原〕推究，考察。　②〔晋王〕即李克用，因受唐王朝之召镇压黄巢起义有功，封为晋王。　③〔庄宗〕即后唐庄宗李存勖，李克用长子，继父为晋王，又于后梁龙德三年（923）称帝，国号唐。同年灭后梁。同光四年（926），在兵变中被杀，在位仅三年。　④〔从事〕原指州郡长官的僚属，这里泛指一般幕僚随从。　⑤〔少牢〕用一猪一羊祭祀。　⑥〔系〕捆绑。　⑦〔仇雠（chóu）〕仇敌。　⑧〔誓天断发〕截发置地，向天发誓。　⑨〔逸豫〕安逸舒适。　⑩〔溺〕溺爱，对人或事物爱好过分。

【解读】

此文通过对五代时期后唐盛衰过程的具体分析，推论出"忧劳可以兴国，逸豫可以亡身"和"祸患常积于忽微，而智勇多困于所溺"的结论，说明国家兴衰败亡不由天命而取决于"人事"，借以告诫当时北宋王朝执政者要吸取历史教训，居安思危，防微杜渐，力戒骄侈纵欲。文章开门见山提出全文主旨：盛衰之理，决定于人事。然后便从"人事"下笔，叙述庄宗由盛转衰、骤兴骤亡的过程，以史实具体论证主旨。具体写法上，采用先扬后抑和对比论证的方法，先极赞庄宗成功时意气之盛，再叹其失败时形势之衰，兴与亡、盛与衰前后对照，强烈感人，最后再辅以《尚书》古训，更增强了文章说服力。全文紧扣"盛衰"二字，夹叙夹议，史论结合，笔带感慨，语调顿挫多姿，感染力很强，成为历来传诵的佳作。

本文前半部分以叙史为主。作者开宗明义，用一兼带感叹语气的反诘句道出此文中心："盛衰之理，虽曰天命，岂非人事哉！"文章接着写道："原庄宗之所以得天下，与其所以失之者，可以知之矣。"表明作者将列举庄宗得失天下的史例作为论据，对上述论点加以论证。这一过渡句使论点与论据间衔接紧密自然，论点有总领全篇之功，而下面文字的出现又不致突兀。文章后半部分，作者由叙事转入论理，论证步步深入，立意层层递进。作者将庄宗得失天下之事浓缩为一段简洁对偶的文字,反证此论,再次通过一盛一衰的强烈对比,与篇首立论形成前后照应、首尾呼应之势,使此文中心论点更加鲜明突出。同时阐明作者写作《伶官传》"善善恶恶"的目的并非就史论史,而是具有广泛而现实的醒世意义。

文章行文曲折,一唱三叹,皆出天籁,仅随意点缀,就能化腐朽为神奇,灵动不已,这是欧阳修作品呈现出来的特点。通观全篇,融叙事、议论、抒情为一体,叙事生动晓畅,论证层层深入,感情深沉浓烈,实为一篇不可多得的佳作。

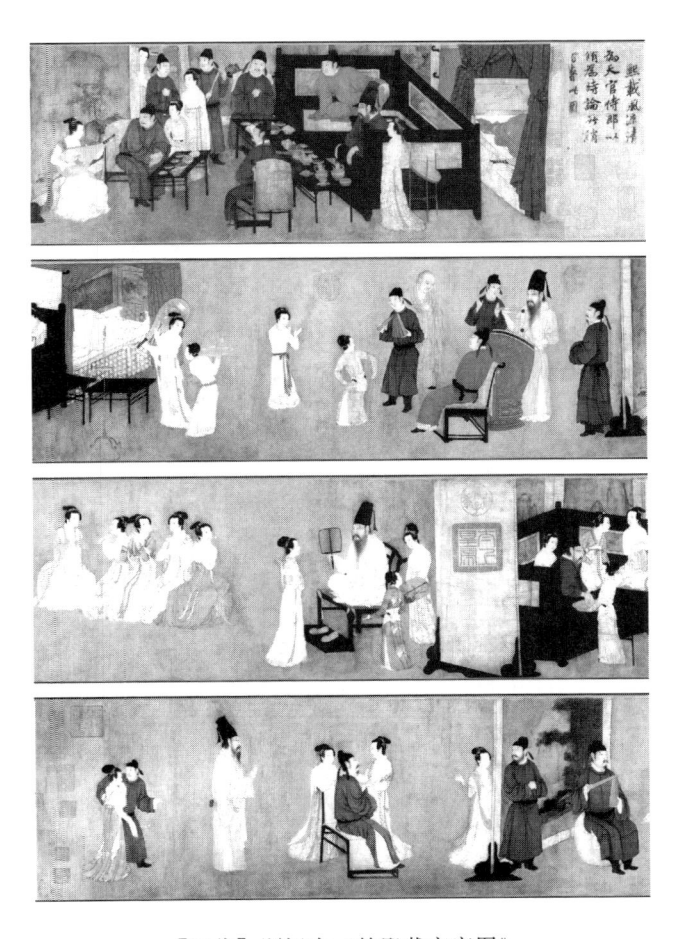

[五代] 顾闳中《韩熙载夜宴图》

《先大夫集》后序

曾 巩

【题解】

　　《先大夫集》是曾巩祖父曾致尧的诗文集,作者写这篇序时其祖父已经去世,故称"先大夫"。作者搜集祖父遗稿编成一集,于宋仁宗至和元年(1054)十二月二日写成这篇"后序"。在文中,作者比较详细地介绍了祖父的著作情况、历官行事以及在政务上的作为和尝试,最后提出世人应该如何认清祖父真实面目的看法,字里行间浸透着对祖父的钦佩、敬重之情。

　　公所为书,号《仙凫羽翼》者三十卷,《西陲要纪》者十卷,《清边前要》五十卷,《广中台志》八十卷,《为臣要纪》三卷,《四声韵》五卷。总一百七十八卷,皆刊行于世。今类次①诗赋书奏一百二十三篇,又自为十卷,藏于家。方五代之际,儒学既摈②焉,后生小子,治术业于闾巷,文多浅近。是时公虽少,所学已皆知治乱得失兴坏之理,其为文闳深隽美③。而长于讽谕,今类次乐府已下是也。

　　宋既平天下,公始出仕。当此之时,太祖、太宗已纲纪大法④矣,公于是勇言当世之得失。其在朝廷,疾当事者不忠,故凡言天下之要,必本天子忧怜百姓、劳心万事之意,而推大臣从官执事之人,观望⑤怀奸、不称天子属任之心,故治久未洽。至其难言⑥,则人有所不敢言者。虽屡不合而出,其所言益切,不以利害祸福动其意也。

　　始公尤见奇于太宗,自光禄寺丞、越州监酒税召见,以为直史馆,遂为两浙转运使。未久而真宗即位,益以材见知。初试以知制诰⑦,及西兵起⑧,又以为自陕以西经略判官。而公常激切论大臣,当时皆不悦,故不果用⑨。然真宗终感其言,故为泉州,未尽一岁,拜苏州,五日,又为扬州。将复召之也,而公于是时又上书,语斥大臣尤切,故卒以龃龉⑩终。

公之言,其大者⑪,以自唐之衰,民穷久矣,海内既定,天子方修法度。而用事者尚多烦碎,治财利之臣又益急,公独以谓宜遵简易、罢管榷⑫固,以与民休息,塞⑬天下望。祥符⑭初,四方争言符应,天子因之,遂用事泰山,祠汾阴,而道家之说亦滋基,自京师至四方,皆大治宫观。公益诤⑮,以谓天命不可专任,宜绌⑯奸臣,修人事,反复至数百千言。呜呼!公之尽忠,天子之受尽言,何必古人。此非传之所谓主圣臣直者乎?何其盛也!何其盛也!

公在两浙,奏罢苛税二百三十余条。在京西,又与三司⑰争论,免民租,释逋负⑱之在民者,盖公之所试如此。所试者大,其庶几⑲矣。公所尝言甚众,其在上前及书亡者,盖不得而集。其或从或否,而后常可思者,与历官行事,庐陵欧阳公已铭公之碑特详焉,此故不论,论其不尽载者。

公卒以龃龉终,其功行或不得在史氏记,藉令⑳记之,当时好公者少,史其果可信欤?后有君子欲推而考之,读公碑与其书,及余小子㉑之序其意者,具见其表里,其于虚实之论可核矣。

公卒乃赠谏议大夫。姓曾氏,讳某,南丰人。序其书者,公之孙巩也。至和元年十二月二日谨序。

【注释】

①[类次]分类编次。 ②[摈(bìn)]摒弃、排斥。 ③[闳(hóng)深隽(juàn)美]气势宏大,意境深邃,韵味隽永,辞藻秀美。 ④[纲纪大法]整顿朝廷纲纪,制定国家大法。 ⑤[观望]做事敷衍不肯尽心竭力。 ⑥[难

言]问难责备的言辞。 ⑦[知制诰(gào)]负责起草诏令的官员。 ⑧[西兵起]指李继迁占据银州、夏州等五个州后,拥兵作乱围攻灵武,关西一带发生战事。 ⑨[不果用]最终没有受到重用。 ⑩[龃龉(jǔ yǔ)]本意是说上下牙齿不相配合,文中指君臣的意见不一,相处不够和谐。 ⑪[其大者]重要的内容,主要的问题。 ⑫[罢管榷]意指应该废除那些与民争利的国家专利、专卖政策。 ⑬[塞(sè)]满足。 ⑭[祥符]即大中祥符,宋真宗赵恒年号(1008—1016)。 ⑮[诤(zhèng)]直言规谏。 ⑯[绌(chù)]同"黜",贬黜、罢免、降职。 ⑰[三司]北宋时盐铁、度支、户部合称三司,是最高的财政机构,负责统筹国家的财政。 ⑱[逋(bū)负]指拖欠国家赋税的人。 ⑲[庶几]差不多。 ⑳[藉令]即使。 ㉑[余小子]谦称,作者指称自己。

【解读】

文章开篇即紧扣题目,从祖父留下的著作写起,接着简介祖父从小好学不倦,关心国事。这既对祖父留下丰富著作的原因作了交代,又为后面写祖父直言敢谏、关心百姓等历官行状予以铺垫,足见构思之精巧。然后重点叙说祖父以国事为重,"勇言当世之得失",常常言别人"所不敢言者",得到宋太宗赏识。但由于"常激切论大臣"引起当权者不悦,最后因上书"语斥大臣尤切,故卒以龃龉终"。与此相应,作者又从另一个侧面重点记叙祖父关心国计民生和百姓疾苦等一系列言行,充分体现了祖父竭力躬行儒家传统民本思想的精神风貌。作者是正统文人,他对祖父的这些作为的赞赏,正可视为他自己政治观点和处世态度的表达和张扬。

全文融感情于叙事之中,显得感慨低回。曾巩对祖父的了解主要假之于祖父的遗著和亲旧间的传闻。文章取夹叙夹议的形式,将自己的议论与对祖父生平事迹的介绍结合得非常紧密,使得文章饱含感情。他既为祖父的悲剧命运而感叹,感叹当时朝臣的非难及天子优容纳谏的圣德,又不能直言批评造成这一命运的君主,只好抚卷长叹:"呜呼!公之尽忠,天子之受尽言,何必古人。此非传之所谓主圣臣直者乎?何其盛也!何其盛也!"这是感慨,但感叹之中又有讽刺,是讽刺与批评的一种含蓄的表达形式，也更加凸显一种鲜明的对比和深刻的矛盾。

  《先大夫集》中所辑录的主要是这类批评尖锐、言辞激切的章表文字，人物本身的坎坷经历与文集的内容，决定了文章易于显现出一种辞危言苦的特点和倾向。序文夹叙夹议，以叙述人物直言批评时政的事迹为主，不时杂以慨叹与评论，反复称述其直言忠谏的品格，措辞极有分寸，藏锋不露，感人肺腑。与其说这是一篇序言，毋宁说它是一篇谏诤之臣的传略：序与传略写法的结合，使它独具异彩。

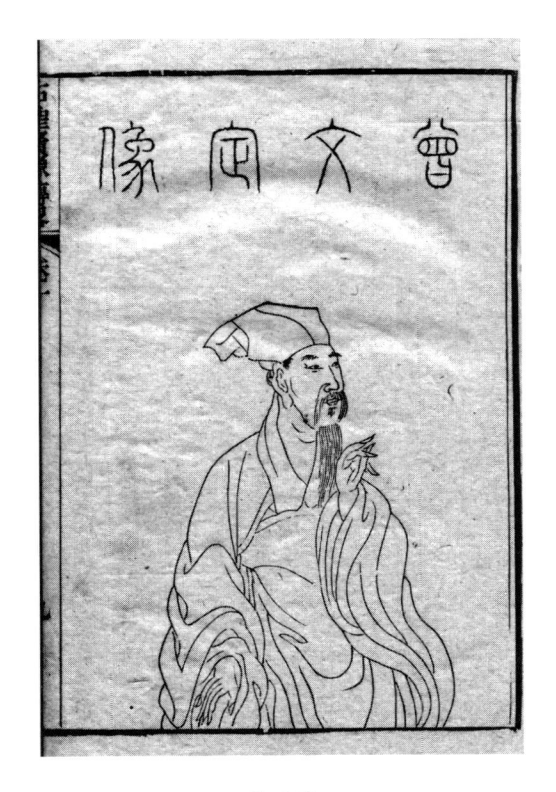

曾巩像

《金石录》后序

李清照

【题解】

  《金石录》是金石学名著，北宋赵明诚撰。最早刻本是南宋孝宗淳熙前后刊行的龙舒郡斋本，宁宗开禧元年（1205）赵不谫重刻此书，收入李清照所作《后序》。李清照创作《〈金石录〉后序》时正值北宋灭亡而南宋刚刚建立的时候，社会正处于大变革时期。李清照在流离之间看着自己与丈夫赵明诚收集的文物不断流失，不由感慨文物得之难，失之易也。

  右①《金石录》三十卷者何？赵侯德甫②所著书也。取上自三代、下迄五季，钟、鼎、甗③、鬲④、盘、匜、尊、敦⑤之款识⑥，丰碑大碣、显人晦士⑦之事迹，凡见于金石刻者二千卷，皆是正讹谬，去取褒贬。上足以合圣人之道，下足以订史氏之失者，皆载之。可谓多矣。呜呼！自王播、元载之祸，书画与胡椒无异；长舆、元凯之病，钱癖与传癖何殊？名虽不同，其惑一也。

  余建中辛巳，始归⑧赵氏。时先君作礼部员外郎，丞相时作礼部侍郎，侯年二十一，在太学作学生。赵、李族寒，素贫俭。每朔望谒告，出，质衣，取半千钱，步入相国寺，市碑文果实。归，相对展玩咀嚼，自谓葛天氏之民也。后二年，出仕宦，便有饭蔬衣练，穷遐方绝域⑨，尽天下古文奇字之志。日就月将，渐益堆积。丞相居政府，亲旧或在馆阁，多有亡诗、逸史、鲁壁、汲冢所未见之书。遂力传写，浸觉有味，不能自已。后或见古今名人书画，三代奇器，亦复脱衣市易。尝记崇宁间，有人持徐熙《牡丹图》，求钱二十万。当时虽贵家子弟，求二十万钱，岂易得耶？留信宿⑩计无所出而还之。夫妇相向惋怅者数日。

后屏居乡里十年，仰取俯拾，衣食有余。连守两郡，竭其俸入，以事铅椠⑪。每获一书，即同共勘校，整集签题。得书、画、彝、鼎，亦摩玩舒卷，指摘疵病，夜尽一烛为率。故能纸札精致，字画完整，冠诸收书家。余性偶强记，每饭罢，坐归来堂烹茶，指堆积书史，言某事在某书某卷第几叶第几行，以中否角胜负，为饮茶先后。中，即举杯大笑，至茶倾覆怀中，反不得饮而起。甘心老是乡矣！故虽处忧患困穷，而志不屈。收书既成，归来堂起书库，大橱簿甲乙，置书册。如要讲读，即请钥上簿，关出卷帙。或少损污，必惩责揩完涂改，不复向时之坦夷也。是欲求适意，而反取僇慄⑫。余性不耐⑬，始谋食去重肉⑭，衣去重采⑮，首无明珠翡翠之饰，室无涂金刺绣之具。遇书史百家，字不刓缺⑯，本不讹谬者，辄市之，储作副本。自来家传《周易》《左氏传》，故两家者流，文字最备。于是几案罗列，枕席枕藉，意会心谋，目往神授，乐在声色狗马之上。

至靖康丙午岁，侯守淄川，闻金寇犯京师，四顾茫然，盈箱溢箧，且恋恋，且怅怅，知其必不为己物矣。建炎丁未春三月，奔太夫人丧南来，既长物不能尽载，乃先去书之重大印本者，又去画之多幅者，又去古器之无款识者。后又去书之监本者，画之平常者，器之重大者。凡屡减去，尚载书十五车。至东海，连舻渡淮，又渡江，至建康。青州故第，尚锁书册什物，用屋十余间，期明年春再具舟载之。十二月，金人陷青州，凡所谓十余屋者，已皆为煨烬⑰矣。

建炎戊申秋九月，侯起复知建康府，己酉春三月罢，具舟上芜湖，入姑孰，将卜居赣水上。夏五月，至池阳，被旨知湖州，过阙上殿。遂驻家池阳，独赴召。六月十三日，始负担舍舟，坐岸上，葛衣岸巾，精神如虎，目光烂烂射人，望舟中告别。余意

271

甚恶⑱，呼曰："如传闻城中缓急，奈何？"戟手遥应曰："从众。必不得已，先弃辎重，次衣被，次书册卷轴，次古器；独所谓宗器者，可自负抱，与身俱存亡，勿忘之！"遂驰马去。涂中奔驰，冒大暑，感疾。至行在，病痁⑲。七月末，书报卧病。余惊怛，念侯性素急，奈何病痁，或热，必服寒药，疾可忧。遂解舟下，一日夜行三百里。比至，果大服柴胡、黄芩药，疟且痢，病危在膏肓。余悲泣，仓皇不忍问后事。八月十八日，遂不起，取笔作诗，绝笔而终，殊无分香卖屦⑳之意。葬毕，余无所之。

朝廷已分遣六宫，又传江当禁渡。时犹有书二万卷，金石刻二千卷，器皿、茵褥，可待百客，他长物称是。余又大病，仅存喘息。事势日迫，念侯有妹婿，任兵部侍郎，从卫在洪州，遂遣二故吏，先部送行李往投之。冬十二月，金寇陷洪州，遂尽委弃。所谓连舻渡江之书，又散为云烟矣。独余少轻小卷轴书帖，写本李、杜、韩、柳集，《世说》《盐铁论》，汉唐石刻副本数十轴，三代鼎鼐十数事，南唐写本书数箧，偶病中把玩，搬在卧内者，岿然独存㉑。

上江既不可往，又虏势叵测，有弟迒，任敕局删定官，遂往依之。到台，守已遁；之剡，出陆，又弃衣被走黄岩，雇舟入海，奔行朝，时驻跸章安。从御舟海道之温，又之越。庚戌十二月，放散百官，遂之衢。绍兴辛亥春三月，复赴越；壬子，又赴杭。先侯疾亟㉒时，有张飞卿学士，携玉壶过视侯，便携去，其实珉㉓也。不知何人传道，遂妄言有颁金之语，或传亦有密论列者。余大惶怖，不敢言，亦不敢遂已，尽将家中所有铜器等物，欲赴外庭投进。到越，已移幸四明。不敢留家中，并写本书寄剡，后官军收叛卒取去，闻尽入故李将军家。所谓岿然独存者，无虑十去五六矣。惟有书画砚墨，可五七箧，更不忍置他所，常在卧榻下，手自开阖。在会稽，卜居士民钟氏舍。忽一夕，穴壁负五箧去。

余悲恸不已，重立赏收赎。后二日，邻人钟复皓出十八轴求赏，故知其盗不远矣。万计求之，其余遂不可出，今知尽为吴说运使贱价得之。所谓岿然独存者，乃十去其七八。所有一二残零，不成部帙书册三数种。平平书帖，犹复爱惜如护头目，何愚也耶！

今日忽阅此书，如见故人。因忆侯在东莱静治堂，装卷初就，芸签缥带，束十卷作一帙。每日晚更散，辄校勘二卷，跋题一卷。此二千卷，有题跋者五百二卷耳。今手泽㉔如新，而墓木已拱㉕，悲夫！昔萧绎㉖江陵陷没，不惜国亡而毁裂书画；杨广江都倾覆，不悲身死而复取图书。岂人性之所著，死生不能忘之欤？或者天意以余菲薄㉗，不足以享此尤物㉘耶？抑亦死者有知，犹斤斤爱惜，不肯留在人间耶？何得之艰而失之易也！

呜呼，余自少陆机作赋之二年，至过蘧瑗知非之两岁㉙，三十四年之间，忧患得失，何其多也！然有有必有无，有聚必有散，乃理之常。人亡弓，人得之，又胡足道。所以区区记其终始者，亦欲为后世好古博雅者之戒云。绍兴二年、玄黓岁壮月朔甲寅，易安室题。

【注释】

① [右] 以上。后序在书末，故云。　② [赵侯德甫] 唐时以州、府长官称侯，赵明诚曾任莱州、淄州、建康府及湖州长官。德甫，赵明诚之字。　③ [甗(yǎn)] 陶制炊具。　④ [鬲(lì)] 陶制炊具。　⑤ [敦(duì)] 青铜制食器。　⑥ [款识(zhì)] 铭刻在金石器物上的文字。　⑦ [晦士] 犹隐士。　⑧ [归] 嫁。　⑨ [遐(xiá)方绝域] 边远荒僻之地。　⑩ [信宿] 两夜。　⑪ [铅椠(qiàn)] 书写用具，这里指校勘、刻写。　⑫ [憀慄(liáo lì)] 不安的样子。　⑬ [不耐] 无能，缺乏持家的本事。　⑭ [重肉] 两样荤菜。　⑮ [重采] 两件绸衣。　⑯ [刓(wán)缺] 缺落。　⑰ [煨(wēi)烬] 灰烬。煨，热灰。　⑱ [意甚恶] 情绪很不好。　⑲ [痁(shān)] 疟疾。　⑳ [分香卖屦(jù)] 指就家事留遗嘱。　㉑ [岿然独存] 指遭劫难而得幸存者。　㉒ [疾疴(jí)] 病

危。　㉓〔珉（mín）〕似玉的石头。　㉔〔手泽〕亲手书写之墨迹。　㉕〔墓木已拱〕指死已多时。　㉖〔萧绎〕梁元帝，名绎字世诚，自号金楼子。西魏伐梁，江陵陷没，萧绎"聚图书十余万卷尽烧之"。　㉗〔菲薄〕指命薄。　㉘〔尤物〕特异之物。　㉙〔过蘧（qú）瑗知非之两岁〕指52岁。《淮南子·原道训》："蘧伯玉年五十而知四十九年之非。"蘧瑗，字伯玉，春秋时卫国大夫。

【解读】

　　《〈金石录〉后序》可看作一篇带有作者自传性质的散文，叙述赵明诚、李清照夫妇收集、整理金石文物的经过和《金石录》的内容与成书过程，回忆婚后34年间的忧患得失，婉转曲折，细密详实，语言简洁流畅。这是一篇风格清新、词采俊逸的佳作，它的特点主要在一个"真"字，李清照把她对丈夫赵明诚的真挚而深婉的感情，倾注于行云流水般的文笔中，娓娓动人地叙述着自己的经历和衷曲，使读者随着她的欢欣而欢欣，随着她的悲切而悲切，心驰神往，掩卷凄然。

　　本文主要围绕两个方面展开叙写。一是搜集、整理、校阅金石书画的甘苦；二是金兵南下、宋室南渡过程中，这些金石书画相继散失的悲痛。前一部分突出李清照夫妇节衣缩食、潜心文物的乐趣，物质虽然艰苦，精神却十分充实。后半部分详记金石书画散失的过程，突出国破家亡、丈夫病故、孤身漂泊的遭遇，这就把个人遭遇同家国之恨紧紧联系在一起。全文笔端充满感情，真实记录了作者一生的坎坷经历，也从一个侧面反映了当时的社会现实，有十分重要的史料价值。

　　后序可谓匠心独运，在剪裁、叙事、抒情等方面迥别于一般书序，具有很强的艺术感染力。所结撰的重点放在叙述金石书画的"得之艰而失之易"上，是一篇带有自传性而又抒情性极强的文学散文。全文叙事清晰，层次分明，情节衔接天衣无缝；两千多字，句式有长有短，其优美神似诗歌，而形式却打破了诗歌格律的死板，是迈向通俗文学的一个见证。

《正气歌》序

文天祥

【题解】

文天祥（1236—1283），初名云孙，字宋瑞，又字履善，道号浮休道人、文山，吉州庐陵（今江西吉安）人，南宋大臣、文学家。祥兴元年（1278）被俘，次年被送至大都（今北京），迭经威逼利诱，始终不屈。元世祖至元十九年（1283）被害。这篇是文天祥在大都狱中所作《正气歌》的序言。

予囚北庭①，坐一土室，室广八尺，深可四寻②，单扉③低小，白间④短窄，污下⑤而幽暗。当此夏日，诸气萃然⑥。雨潦⑦四集，浮动床几，时则为水气。涂泥半朝⑧，蒸沤历澜⑨，时则为土气。乍晴暴热，风道四塞⑩，时则为日气。檐阴薪爨⑪，助长炎虐，时则为火气。仓腐寄顿⑫，陈陈逼人，时则为米气。骈肩杂遝⑬，腥臊⑭污垢，时则为人气。或圊溷⑮、或毁尸、或腐鼠，恶气杂出，时则为秽气，叠是数气⑯，当之者鲜不为厉⑰。而予以孱弱，俯仰其间，于兹二年矣，幸而无恙，是殆有养致然⑱。然尔亦安知所养何哉？孟子曰："我善养吾浩然之气。"彼气有七，吾气有一，以一敌七，吾何患焉⑲。况浩然者，乃天地之正气也。作《正气歌》一首。

【注释】

①［北庭］指元朝首都大都（今北京）。　②［寻］古时八尺为一寻。　③［单扉］单扇门。　④［白间］窗户。　⑤［污下］低下。　⑥［萃然］聚集的样子。　⑦［雨潦］下雨形成的地上积水。　⑧［涂泥半朝］狱房墙上涂的泥有一半是潮湿的。　⑨［蒸沤历澜］热气蒸，积水沤。　⑩［风道四塞］四面的

风道均被堵塞。　⑪〔薪爨〕烧柴做饭。　⑫〔仓腐寄顿〕仓库里贮存的米谷腐烂了。　⑬〔骈肩杂遝〕拥挤杂乱的样子。　⑭〔腥臊〕此指囚徒身上发出的酸臭气味。　⑮〔圊（qīng）溷〕厕所。　⑯〔叠是数气〕这些气加在一起。　⑰〔鲜不为厉〕很少有不生病的。　⑱〔是殆有养致然〕这大概是因为会保养元气才达到这样的。　⑲〔吾何患焉〕我还怕什么呢。

【解读】

　　作者在狱中受尽肉体和精神的双重折磨，但他依然以孱弱之躯，始终保持着不屈的斗志，作者认为这是自己的"浩然之气"战胜了邪气。

　　本序紧紧围绕一个抽象的主题——气而展开。气有两类，一是各式各样侵害人体的污秽恶浊之气，二是象征人的崇高精神的浩然正气。本序大部分文字却在描绘前一种气。文章开头先勾勒出牢狱的总体情状：狭小、低矮、幽暗，给人难以忍受的压迫感，使人觉得生命在这里难以维持。接着一一写出牢狱中交杂纷呈的七种污秽恶浊之气。这七种气既是具体实在的东西，又具有象征性，代表人世间的丑恶力量。作者在这里用一连串排比句式，加强了七种污浊之气汹汹逼人的气势，似乎要压垮一切、销蚀一切。人们当然有理由发出疑问：在这样的环境中，人还能活下去吗？紧接着文章发生转折："而予以孱弱，俯仰其间，于兹二年矣，幸而无恙。""无恙"二字在内涵上与前文形成强烈反差，在音节上短促而有力。此时文势陡然一顿，好像汹涌而来的七种气一下子撞到了铁墙上。下面顺势引出主题：浩然正气。这气是天地间的正气，足以战胜一切邪恶。这样，文章进入高潮，好像从地狱般的深渊里突然冲起一道直上天际的光芒。再回头看，前文尽量铺写种种邪气都是为了反衬这一股正气。七种邪气越是写得充分，浩然正气以一敌七的力量越是显得强大无比。本序既是介绍写作《正气歌》的背景，更是揭示《正气歌》的主旨，让人在体会作者的浩然正气之前就已经对他的人格肃然起敬。

送东阳马生序

宋　濂

【题解】

宋濂（1310—1381），字景濂，号潜溪，别号玄真子、玄真道士，浦江（今属浙江）人，元末明初文学家，曾被明太祖朱元璋誉为"开国文臣之首"，学者称太史公。因长孙宋慎牵连胡惟庸党案而被流放茂州，途中病死于夔州。明洪武十一年（1378），即告老还乡的第二年，作者应诏从家乡浦江到应天（今南京）去朝见，同乡晚辈马君则前来拜访，宋濂写下此篇赠序，介绍自己的学习经历和学习态度，以勉励他刻苦求学。

余幼时即嗜学。家贫，无从致书以观，每假借①于藏书之家，手自笔录，计日以还。天大寒，砚冰坚，手指不可屈伸，弗之怠②。录毕，走③送之，不敢稍逾约。以是人多以书假余，余因得遍观群书。既加冠④，益慕圣贤之道⑤。又患无硕师名人与游，尝趋百里外，从乡之先达执经叩问。先达德隆望尊，门人弟子填其室，未尝稍降辞色⑥。余立侍左右，援疑质理，俯身倾耳以请；或遇其叱咄⑦，色愈恭，礼愈至，不敢出一言以复；俟其欣悦，则又请焉。故余虽愚，卒获有所闻。

当余之从师也，负箧曳屣⑧行深山巨谷中。穷冬烈风，大雪深数尺，足肤皲裂而不知。至舍，四支僵劲不能动，媵人持汤沃灌⑨，以衾拥覆，久而乃和。寓逆旅，主人日再食，无鲜肥滋味之享。同舍生皆被绮绣，戴朱缨宝饰之帽，腰白玉之环，左佩刀，右备容臭，烨然若神人；余则缊袍敝衣处其间，略无慕艳意，以中有足乐者，不知口体之奉不若人也。盖余之勤且艰若此。今虽耄老⑩，未有所成，犹幸预君子之列，而承天子之宠光，缀公卿之后，日侍坐备顾问，四海亦谬称⑪其氏名，况才之过于余者乎？

今诸生学于太学，县官⑫日有廪稍⑬之供，父母岁有裘葛之遗⑭，无冻馁之患矣；坐大厦之下而诵诗书，无奔走之劳矣；有司业、博士⑮为之师，未有问而不告、求而不得者也；凡所宜有之书，皆集于此，不必若余之手录，假诸人而后见也。其业有不精、德有不成者，非天质之卑，则心不若余之专耳，岂他人之过哉？

东阳马生君则，在太学已二年，流辈甚称其贤。余朝京师，生以乡人子谒余，撰长书以为贽⑯，辞甚畅达。与之论辨，言和而色夷。自谓少时用心于学甚劳，是可谓善学者矣。其将归见其亲也，余故道为学之难以告之。谓余勉乡人以学者，余之志也；诋⑰我夸际遇之盛⑱而骄乡人者，岂知予者哉？

【注释】

①〔假借〕借。 ②〔弗之怠〕即"弗怠之"，不懈怠，不放松读书。 ③〔走〕跑，这里意为"赶快"。 ④〔加冠〕古代男子到20岁时，举行加冠（束发戴帽）仪式，表示已成年。 ⑤〔圣贤之道〕指孔孟儒家的道统。宋濂是一个主张仁义道德的理学家，所以十分推崇它。 ⑥〔稍降辞色〕把言辞放委婉些，把脸色放温和些。辞色，言辞和脸色。 ⑦〔叱咄（duō）〕训斥，呵责。 ⑧〔曳屣〕拖着鞋子。 ⑨〔持汤沃灌〕指拿热水浸洗。汤，热水。沃灌，浇水洗。 ⑩〔耄（mào）老〕年老。八九十岁的人称耄。宋濂此时69岁。 ⑪〔谬称〕不恰当地赞许。这是作者的自谦之语。 ⑫〔县官〕这里指朝廷。 ⑬〔廪（lǐn）稍〕当时政府免费供给的俸粮称"廪"或"稍"。 ⑭〔遗（wèi）〕赠，这里指接济。 ⑮〔司业、博士〕分别为太学的次长官和教授。 ⑯〔贽（zhì）〕古时晚辈初次拜长辈时所赠的礼物。 ⑰〔诋（dǐ）〕毁谤。 ⑱〔际遇之盛〕际遇的得意，指得到皇帝的赏识重用。

【解读】

《送东阳马生序》是赠序，作者采取倒叙，叙述了个人早年虚心求教和勤苦学习的经历，生动而具体地描述了自己借书求师之难，饥寒奔走之苦，并与太学生优越的条件加以对比，有力地说明学业能否有所成就，主要不在天资的高下和条件的优劣，而在于主观努力，以勉励青年人珍惜良好的读书环境，专心治学。全文结构严谨，详略有致，用对比说理，在叙事中穿插细节描绘，读来生动感人。

作者紧扣赠序主题，把自己对马生的劝诫、勉励和期望，诚恳而又不失含蓄地从容道出，表现出"雍容浑穆"的大家风度。又成功运用对比映衬的手法，使左右有对比，前后有照应，文章于宽闲中显示严整。

与其他劝学文章不同，作者以平等的态度、平行的视角进行励志。全文对"学"的意义只字未提，而是在"非苦学无以成"上大做文章，抓住怎样实现学有所成这一点现身说法，并不避讳自己早年家贫、求学辛苦的往事，坦诚而具体地叙说自己艰苦求学历程，语重心长地教育年轻后生。文中所叙求学的种种艰辛令人慨叹。

宋濂是寒门学子的典型代表，学者陈雄认为："宋濂的一生闪耀着三种精神：锲而不舍的求知精神、经世实用的献身精神和通达融合的创新精神。""寒门可以出贵子"，宋濂的故事对今天的我们依然有着积极的意义和广远的价值；宋濂的精神镜像为今天的我们铺上了一条"勤学乐学"的学问之道。宋濂作为一位有良心的传统士大夫，心系社稷，忧国忧民，在对后学朴素的苦口劝学中蕴含了自己为国为民的深刻情怀，更值得世代传诵，万众敬仰。《送东阳马生序》作为一篇劝学的经典之作，感动并影响着后世的莘莘学子。

译《天演论》自序

严 复

【题解】

严复（1854—1921），原名传初，曾改名宗光，字又陵，后改名复，字幾道，福建侯官（今福州）人，中国近代启蒙思想家、翻译家。曾留学英国海军学校，致力于研究英国社会的政治、经济制度。回国后宣传变法图强，翻译西方学术著作《天演论》《原富》等。1912年京师大学堂改名为北京大学后担任首任校长。著作有《严幾道诗文钞》等，著译编为《严译名著丛刊》。本文是1896年9月9日为所译《天演论》而写的自序。

英国名学家穆勒约翰[①]有言："欲考一国之文字语言而能见其理极，非谙晓数国之言语文字者不能也。"斯言也，吾始疑之，乃今深喻笃信，而叹其说之无以易也。岂徒言语文字之散者而已，即至大义微言，古之人殚毕生之精力，以从事于一学，当其有得，藏之一心则为理，动之口舌、著之简策则为词。固皆有其所以得此理之由，亦有其所以载焉以传之故。呜呼，岂偶然哉！自后人读古人之书，而未尝为古人之学，则于古人所得以为理者，已有切肤精忾[②]之异矣。又况历时久远，简牍沿讹。声音代变，则通假难明；风俗殊沿，则事意参差。夫如是，则虽有故训疏义之勤，而于古人诏示来学之旨，愈益晦矣。故曰，读古书难。虽然，彼所以托焉而传之理，固自若也。使其理诚精，其事诚信，则年代国俗无以隔之。是故不传于兹，或见于彼，事不谋而各有合。考道之士，以其所得于彼者，反以证诸吾古人之所传，乃澄湛精莹[③]，如寐初觉。其亲切有味，较之觇毕为学者万万有加焉。此真治异国语言文字者之至乐也。

今夫六艺之于中国也，所谓日月经天，江河行地者尔。而仲尼之于六艺也，《易》《春秋》最严。司马迁曰："《易》本隐而之显，《春秋》推见至隐④。"此天下至精之言也。始吾以谓本隐之显者，观象系辞以定吉凶而已，推见至隐者，诛意⑤褒贬而已。及观西人名学，则见其于格物致知之事，有内籀之术⑥焉，有外籀之术⑦焉。内籀云者，察其曲而知其全者也，执其微以会其通者也。外籀云者，据公理以断众事者也，设定数以逆未然者也。乃推卷起曰：有是哉，是固吾《易》《春秋》之学也！迁所谓"本隐之显"者，外籀也；所谓"推见至隐"者，内籀也。其言若诏之矣。二者即物穷理之最要涂术⑧也。而后人不知广而用之者，未尝事其事，则亦未尝咨其术而已矣。

近二百年，欧洲学术之盛，远迈古初⑨。其所得以为名理、公例者，在在见极⑩，不可复摇。顾吾古人之所得，往往先之，此非傅会扬己之言也。吾将试举其灼然不诬⑪者，以质天下⑫。夫西学之最为切实而执其例可以御蕃变⑬者，名、数、质、力四者之学是已。而吾《易》则名、数以为经，质、力以为纬，而合而名之曰《易》。大宇之内，质、力相推，非质无以见力，非力无以呈质。凡力皆乾也，凡质皆坤也。奈端⑭动之例三⑮，其一曰："静者不自动，动者不自止；动路必直，速率必均。"此所谓旷古之虑⑯。自其例出而后天学明，人事利者也。而《易》则曰："乾，其静也专，其动也直。"后二百年，有斯宾塞尔者，以天演自然言化，著书造论，贯天地人而一理之，此亦晚近之绝作也。其为天演界说曰："翕以合质，辟以出力⑰，始简易而终杂糅。"而《易》则曰："坤，其静也翕，其动也辟。"至于全力不增减之说⑱，则有自强不息为之先，凡动必复之说⑲，则有消息之义⑳居其始。而"易不可见，乾坤或几乎息"㉑之旨，尤为"热力平均，天地乃毁"②之言相发明也。此岂可悉谓之偶合也耶！虽然，由斯之说，必谓彼之所明，皆吾中土所前者，甚者可谓其学皆得于东来，则又不关事实，适用自蔽之说也。夫古人发其端，而后人莫能竟其绪，古人拟其大，而后人未能议其精，则犹之不学无术未化之民而已。祖父虽圣，何救子孙之童昏㉓也哉！

　　大抵古书难读，中国为尤。二千年来，士徇利禄，守阙残，无独辟之虑。是以生今日者，乃转于西学，得识古之用焉。此可与知者道，难与不知者言也。风气渐通，士知拿陋㉔为耻。西学之事，问涂日多，然亦有一二巨子，訑然㉕谓彼之所精，不外象、数、形下之末；彼之所务，不越功利之间。逞臆为谈，不咨其实，讨论国闻、审敌自镜之道，又断断乎不如是也。赫胥黎氏此书之旨，本以救斯宾塞任天为治之末流，其中所论，与吾古人有甚合者。且于自强保种之事，反复三致意焉。夏日如年，聊为迻译㉖。有以多符空言无裨实政相稽者，则固不佞㉗所不恤也。

　　光绪丙申重九严复序。

【注释】

　　①〔穆勒约翰〕即约翰·穆勒（1806—1873），英国哲学家，著有《逻辑体系》《论自由》等。　②〔切肤精怃〕切和精指深切精微，肤和怃指表面粗浅。　③〔澄湛精莹〕比喻了解透彻。　④〔推见至隐〕从明显推论隐微。　⑤〔诛意〕责备人动机不善。　⑥〔内籀（zhòu）之术〕归纳法。　⑦〔外籀之术〕演绎法。　⑧〔最要涂术〕最重要的途径和方法。　⑨〔远迈古初〕远远超过古代。　⑩〔在在见极〕往往看到最正确的事理。　⑪〔灼然不诬〕明白可信。　⑫〔以质天下〕以就正于天下人。　⑬〔御蕃变〕驾驭繁复变化的事物。　⑭〔奈端〕英国数学家、物理学家牛顿（1643—1727）的旧译名。　⑮〔动之例三〕指牛顿的力学三定律。　⑯〔旷古之虑〕前所未有的思想。　⑰〔翕（xī）以合质，辟以出力〕聚合成为物质，分解就放出能量。　⑱〔全力不增减之说〕即能量守恒定律。　⑲〔凡动必复之说〕指牛顿力学第三定律：作用力和反作用力相等，方

向相反。　⑳［消息之义］《易经·丰》："天地盈虚，与时消息。"指寒暑往来、陵谷变迁的盛衰变化。　㉑［易不可见，乾坤或几乎息］见《易经·系辞上》。意思是变化不存在了，乾坤也就近乎止息了。　㉒［热力平均，天地乃毁］即德国物理学家克劳修斯等人主张的"热寂说"。　㉓［童昏］幼稚无知。　㉔［弇（yǎn）陋］闭塞鄙陋。　㉕［訑（yí）然］骄傲自大的样子。　㉖［迻（yí）译］翻译。　㉗［不佞］不才。

【解读】

《天演论》亦译《进化论与伦理学》，是英国生物学家、哲学家赫胥黎的著作。严复通过翻译《天演论》，把达尔文的生物进化论概括为"物竞""天择"说，所谓"物竞者，物争自存也；天择也，存其宜种也"（《原强》），并认为这一学说同样适用于人类社会。这实际上接受了斯宾塞"以天演自然言化""贯天地人而一理之"（自序）的社会学。严复认为赫胥黎的《天演论》可以"救斯宾塞任天为治之末流"，而且反复论述"自强保种之事"，因而有翻译的价值。这些思想观点，反映了当时中国知识分子寻求救亡图存学说的普遍愿望，因而引起了社会的强烈反响。

本序第一段中，作者指出中国古代和外国均存在精深的理论，主张不受"年代国俗"的限制，广泛吸收中国古代的有益学说和外国的科学文化。第二段分三个层次论述西方"内籀之术"和"外籀之术"与中国古代《易》《春秋》的理论相一致。首先，严复认为六艺在中国像江河日月一样不朽。其中又以《易》《春秋》最为重要。其次，严复说西方逻辑学中"内籀之术"即归纳法，从个别推知一般，"外籀之术"即演绎法，从一般推知个别。最后，严复认为中西双方的看法不谋而合。所谓"本隐之显"便是"外籀"，"推见至隐"便是"内籀"。"外籀"和"内籀"是"即物穷理之最要涂术"，后人之所以不"广而用之"是由于缺乏实践。第三段中，作者赞扬欧洲学术昌盛："近二百年，欧洲学术之盛，远迈古初。其所得以为名理、公例者，在在见极，不可复摇。"接着指出："吾古人之所得，往往先之。"然后一一加以验证。第四段中，作者对那些坚持守旧、反对革新、拒绝学习新知识的"一二巨子"进行抨击，同时批判了那些追求利禄、抱残守缺、因袭旧说、毫无创见的儒生，接着介绍《天演论》一书宗旨，从而表明翻译此书的目的。

这篇序言中，严复针对当时的顽固派对西学的偏见，举例说明西方"名数质力"之学与中国经学有相互发明之处；《天演论》所论"与吾古人有甚合者"。这是不得不以牵强附会来说明西学的价值，提醒人们注意从西学中获得"自强保种"即救亡图存之道，从中反映近代以来严复等一批爱国知识分子寻求自强的努力。

严复《赠联王荷舫》

思与行

【记诵与积累】

◎是故《礼》以节人,《乐》以发和,《书》以道事,《诗》以达意,《易》以道化,《春秋》以道义。(《太史公自序》)

◎《诗》三百篇,大抵贤圣发愤之所为作也。此人皆意有所郁结,不得通其道也,故述往事,思来者。(《太史公自序》)

◎仰观宇宙之大,俯察品类之盛,所以游目骋怀,足以极视听之娱,信可乐也。(《兰亭集序》)

◎虽趣舍万殊,静躁不同,当其欣于所遇,暂得于己,快然自足,不知老之将至。及其所之既倦,情随事迁,感慨系之矣。

(《兰亭集序》)

◎固知一死生为虚诞,齐彭殇为妄作。后之视今,亦犹今之视昔。

(《兰亭集序》)

◎物华天宝,龙光射牛斗之墟;人杰地灵,徐孺下陈蕃之榻。

(《滕王阁序》)

◎层峦耸翠,上出重霄;飞阁流丹,下临无地。鹤汀凫渚,穷岛屿之萦回;桂殿兰宫,列冈峦之体势。(《滕王阁序》)

◎落霞与孤鹜齐飞,秋水共长天一色。(《滕王阁序》)

◎关山难越,谁悲失路之人;萍水相逢,尽是他乡之客。

(《滕王阁序》)

◎老当益壮,宁移白首之心?穷且益坚,不坠青云之志。

(《滕王阁序》)

◎大凡物不得其平则鸣:草木之无声,风挠之鸣。水之无声,

风荡之鸣。(《送孟东野序》)

◎就其善者，其声清以浮，其节数以急，其辞淫以哀，其志弛以肆；其为言也，乱杂而无章。(《送孟东野序》)

◎忧劳可以兴国，逸豫可以亡身，自然之理也。

(《五代史伶官传序》)

◎夫祸患常积于忽微，而智勇多困于所溺，岂独伶人也哉？"

(《五代史伶官传序》)

◎彼气有七，吾气有一，以一敌七，吾何患焉。况浩然者，乃天地之正气也。(《〈正气歌〉序》)

◎其业有不精、德有不成者，非天质之卑，则心不若余之专耳，岂他人之过哉？(《送东阳马生序》)

【熟读与精思】

本单元虽说都是实用性极强的序跋文章，但从思想情感看，不乏充满强烈的英雄主义气概之作，如《正气歌序》等。请熟读这些篇章，想一想这些英雄人物身上具有哪些共同特质，说一说这些优秀品质对你有何启发。

【学习与践行】

加强中华优秀传统文化教育，对于永续中华民族的根与魂，坚守中华民族的共同理想信念，筑牢民族文化自信、价值自信的根基，维护国家文化安全，增强国家文化软实力，培养青少年做堂堂正正的中国人，具有重要意义。请以本单元文章样式为基础，结合其他单元文章，为即将出国求学的友人写一则赠序。

第八单元　小　说

导与引

　　在我国古典文学中，较之诗文，小说是一种晚熟的文学形式。先秦两汉，是古典小说的萌芽期，先秦寓言、史传文学，以及追溯到远古时期的神话传说对中国古典小说产生了积极影响。魏晋南北朝是古典小说发展的雏形期，这一时期的作品以谈鬼说怪、称奇述异的"志怪"和记载人物遗闻逸事的"志人"为主要特色，为小说创作走向成熟进一步奠定了基础。唐代传奇通过艺术的想象和虚构，对生活进行概括集中，表达作者对现实的认识与评价，标志着古典小说发展到了成熟期。对此，鲁迅在《中国小说史略》中有着精辟的论述："小说亦如诗，至唐代而一变，虽尚不离于搜奇记逸，然叙述宛转，文辞华艳，与六朝之粗陈梗概者较，演进之迹甚明，而尤显者乃在是时则始有意为小说。"宋元时期，在民间"说话"艺术的基础上产生了一种崭新的小说形式——话本，这是古典小说发展的开拓期和转折期。

　　自此以后，古典小说的发展由文言一路分为文言与白话两途，而且就其广泛影响来说，用白话写成的通俗小说占据明显优势。此外，由于不少话本讲述的是历代兴亡故事，说话艺人不能一次将一大段历史讲完，必须连续讲若干次，在每次讲以前，就需要用题目向听众揭示主要内容，这种形式直接影响了长篇章回体小说的产生，我们在章回体小说中经常看到的"话说""看官"等字样，正反映了这种影响。明清时期是古典小说的繁荣期和鼎盛期，小说这种文学形式充分显示出它的社会作用和文学价值，其数量、艺术和思想成就都达到了高峰，明清小说也由此取得与唐诗、宋词、元曲齐名的地位。

我国古典小说形成的土壤在民间，兴起的主要原因是满足大众的精神消遣需要，由此促成其"讲故事"的传统。它强调情节曲折、生动、首尾完整；注重在事件发展中展示人物性格、命运，反映普通民众的生活愿望、价值立场、理想追求；讲究语言的雅俗共赏，体现旺盛的语言活力。本单元的6篇作品主要是从明清古典小说繁荣时期的代表作品中节选的，这些代表作品包括白话章回体小说的四座高峰《水浒传》《三国演义》《西游记》《红楼梦》，熔志怪、传奇于一炉并从传统散文与白话小说中吸取营养而创作的《聊斋志异》，以及古代讽刺小说的高峰《儒林外史》，它们展现了我国古典小说的创作特点和艺术思想成就。

阅读本单元小说要注意知人论世，在人物与社会环境的共生、互动关系中把握人物性格的形成和发展，关注作品的社会意义。要了解作者如何运用多种艺术手法达成创作意图，品味小说在语言描摹、形象塑造、情节铺垫、环境营造等方面的独特魅力，欣赏小说的不同风格类型，体会中国古典小说的民族传统，不断提高小说鉴赏能力和审美品位。还要把握作品中的传统文化，通过思考探究和生活实践，加深领会其精髓和时代价值，形成文化自觉的意识，并努力厚植中华文化底蕴，积极传承和弘扬中华优秀传统文化。

文与解

林教头风雪山神庙

施耐庵

【题解】

施耐庵（1296—1370），原名彦端，字肇瑞，号子安，别号耐庵，原籍盐城（今属江苏），生于兴化（今属江苏），元末明初小说家，曾任钱塘县尹，后辞官归家。其创作的《水浒传》是我国第一部描写农民起义的长篇巨著，叙述了北宋末年以宋江为首的英雄人物在梁山水泊聚众起义的故事。反抗不公的主题、丰富复杂的情节、鲜明生动的人物，使这部小说广受民众欢迎。《林教头风雪山神庙》是其中的优秀篇章，反映出这部古典名著思想和艺术上的杰出成就。

话说当日林冲正闲走间，忽然背后人叫，回头看时却认得是酒生儿李小二。当初在东京①时，多得林冲看顾，后来不合②偷了店主人家钱财，被捉住了，要送官司问罪；又得林冲主张陪话③，救了他，免送官司；又与他陪了些钱财，方得脱免。京中安不得身，又亏林冲赍发④他盘缠，于路投奔人，不想今日却在这里撞见。林冲道："小二哥，你如何地在这里？"李小二便拜道："自从得恩人救济，赍发小人，一地里投奔人不着，迤逦⑤不想来到沧州，投托一个酒店里，姓王，留小人在店中做过卖⑥。因见小人勤谨，安排的好菜蔬，调和的好汁水，来吃的人都喝采，以此买卖顺当。主人家有个女儿，就招了小人做女婿。如今丈人、丈母都死了，只剩得小人夫妻两个，权在营前⑦开了个茶酒店。因讨钱过来，遇见恩人。恩人不知为何事在这里？"林冲指着脸上道："我因恶了高太尉⑧，生事陷害，受了一场官司，刺配⑨到这里。如今叫我管天王堂，未知久后如何。不想今日在此见你。"

李小二就请林冲到家里面坐定，叫妻子出来拜了恩人。两口儿欢喜道："我夫妻二人正没个亲眷，今日得恩人到来，便是从天降下。"林冲道："我是罪囚，恐怕玷辱你夫妻两个。"李小二道："谁不知恩人大名？休恁地⑩说。但有衣服，便拿来家里浆洗缝补。"当时管待林冲酒食，至晚送回天王堂。次日，又来相请，因此林冲得李小二家来往，不时间送汤送水来营里，与林冲吃。林冲因见他两口儿恭敬孝顺，常把些银两与他做本钱。

且把闲话休题，只说正话。光阴迅速，却早冬来。林冲的绵衣裙袄，都是李小二浑家⑪整治缝补。忽一日，李小二正在门前安排菜蔬下饭，只见一个人闪将进来，酒店里坐下，随后又一人闪入来。看时，前面那个人是军官打扮，后面这个走卒模样，跟着也来坐下。李小二入来问道："可要吃酒？"只见那个人将出⑫一两银子与小二道："且收放柜上，取三四瓶好酒来；客到时，果品酒馔⑬只顾将来，不必要问。"李小二道："官人请甚客？"那人道："烦你与我去营里请管营⑭、差拨⑮两个来说话；问时，你只说有个官人请说话，商议些事务，专等专等。"

李小二应承了，来到牢城里，先请了差拨；同到管营家里，请了管营，都到酒店里。只见那个官人和管营、差拨两人讲了礼。管营道："素不相识，动问官人高姓大名？"那人道："有书在此，少刻便知，且取酒来。"李小二连忙开了酒，一面铺下菜蔬果品酒馔，那人叫讨副劝盘⑯来，把了盏，相让坐了。小二独自一个掉梭也似伏侍不暇。那跟来的人讨了汤桶⑰，自行烫酒。约计吃过十数杯，再讨了按酒⑱，铺放桌上。只见那人说道："我自有伴当烫酒，不叫你休来，我等自要说话。"

李小二应了，自来门首叫老婆道："大姐，这两个人来得不尴尬[19]。"老婆道："怎么的不尴尬？"小二道："这两个人语言声音是东京人。初时又不认得管营，向后我将按酒入去，只听得差拨口里呐出一句'高太尉'三个字来。这人莫不与林教头身上有些干碍？我自在门前理会。你且去阁子背后听说什么。"老婆道："你去营中寻林教头来认他一认。"李小二道："你不省得：林教头是个性急的人，摸不着便要杀人放火；倘或叫得他来看了，正是前日说的什么陆虞候，他肯便罢？做出事来，须连累了我和你。你只去听一听再理会。"老婆道："说得是。"便入去听了一个时辰，出来说道："他那三四个交头接耳说话，正不听得说什么。只见那一个军官模样的人，去伴当怀里取出一帕子物事，递与管营和差拨，帕子里面的，莫不是金银？只听差拨口里说道：'都在我身上，好歹要结果他性命。'"正说之时，阁子里叫将汤来。李小二急去里面换汤时，看见管营手里拿着一封书。小二换了汤，添些下饭，又吃了半个时辰，算还了酒钱，管营、差拨先去了。次后那两个低着头也去了。

转背没多时，只见林冲走将入店里来，说道："小二哥，连日好买卖。"李小二慌忙道："恩人请坐，小人却待正要寻恩人，有些要紧话说。"林冲问道："什么要紧的事？"小二哥请林冲到里面坐下，说道："却才有个东京来的尴尬人，在我这里请管营、差拨吃了半日酒。差拨口里呐出'高太尉'三个字来，小人心下疑惑。又着浑家听了一个时辰，他却交头接耳，说话都不听得，临了只见差拨口里应道：'都在我两个身上，好歹要结果了他。'那两个把一包金银递与管营、差拨；又吃一回酒，各自散了。不知什么样人，小人心疑，只怕恩人身上有些妨碍。"林冲道："那人生得什么模样？"李小二道："五短身材，白净面皮，没甚髭须，约有

291

三十余岁；那跟的也不长大，紫棠色面皮。"林冲听了大惊道："这三十岁的正是陆虞候。那泼贱贼，敢来这里害我！休要撞着我，只教他骨肉为泥！"李小二道："只要提防他便了。岂不闻古人言'吃饭防噎，走路防跌'？"

林冲大怒，离了李小二家，先去街上买把解腕尖刀㉑，带在身上。前街后巷，一地里去寻。李小二夫妻两个捏着两把汗。当晚无事。次日天明起来，洗漱罢，带了刀，又去沧州城里城外，小街夹巷，团团寻了一日。牢城营里，都没动静。林冲又来对李小二道："今日又无事。"小二道："恩人，只愿如此。只是自放仔细便了。"林冲自回天王堂，过了一夜。街上寻了三五日，不见消耗，林冲也自心下慢了。

到第六日，只见管营叫唤林冲到点视厅㉑上，说道："你来这里许多时，柴大官人㉒面皮，不曾抬举得你。此间东门外十五里有座大军草场，每月但是纳草纳料的，有些常例钱㉓取觅。原是一个老军看管，如今我抬举你去替那老军来守天王堂。你在那里寻几贯盘缠。你可和差拨便去那里交割。"林冲应道："小人便去。"

当时离了营中，径到李小二家，对他夫妻两个说道："今日管营拨我去大军草场管事，却如何？"李小二道："这个差使，又好似天王堂。那里收草料时，有些常例钱钞。往常不使钱时，不能勾这差使。"林冲道："却不害我，倒与我好差使，正不知何意？"李小二道："恩人休要疑心。只要没事便好了。只是小人家离得远了，过几时挪工夫来望恩人。"就在家里安排几杯酒，请林冲吃了。

话不絮烦，两个相别了。林冲自来天王堂取了包裹，带了尖刀，拿了条花枪，与差拨一同辞了管营，两个取路投草料场来。正是严冬天气，彤云密布，朔风渐起，却早纷纷扬扬卷下一天大雪来。

　　林冲和差拨两个在路上，又没买酒吃处，早来到草料场外。看时，一周遭有些黄土墙，两扇大门；推开看里面时，七八间草房做着仓廒㉔，四下里都是马草堆，中间两座草厅。到那厅里，只见那老军在里面向火。差拨说道："管营差这个林冲来替你回天王堂看守，你可即便交割。"老军拿了钥匙，引着林冲分付道："仓廒内自有官司封记，这几堆草，一堆堆都有数目。"老军都点见了堆数，又引林冲到草厅上，老军收拾行李，临了说道："火盆、锅子、碗碟都借与你。"林冲道："天王堂内，我也有在那里。你要，便拿了去。"老军指壁上挂一个大葫芦说道："你若买酒吃时，只出草场，投东大路去三二里，便有市井。"老军自和差拨回营里来。

　　只说林冲就床上放了包裹被卧，就坐下生些焰火起来。屋后有一堆柴炭，拿几块来生在地炉里，仰面看那草屋时，四下里崩坏了，又被朔风吹撼，摇振得动。林冲道："这屋如何过得一冬？待雪晴了，去城中唤个泥水匠来修理。"向了一回火，觉得身上寒冷，寻思："却才老军所说二里路外有那市井，何不去沽些酒来吃？"便去包里取些碎银子，把花枪挑了酒葫芦，将火炭盖了，取毡笠子戴上，拿了钥匙出来，把草厅门拽上。出到大门首，把两扇草场门反拽上锁了，带了钥匙，信步投东。雪地里踏着碎琼乱玉，迤逦背着北风而行。

　　那雪正下得紧，行不上半里多路，看见一所古庙。林冲顶礼道："神明庇佑，改日来烧钱纸。"又行了一回，望见一簇人家，林冲住脚看时，见篱笆中挑着一个草帚儿在露天里。林冲径到店里，主人道："客人那里来？"林冲道："你认得这个葫芦么？"主人看了道："这葫芦是草料场老军的。"林冲道："原来如此。"店主道："既是草料场看守大哥，且请少坐。天气寒冷，且酌三杯，权当接风⑤。"店家切一盘熟牛肉，烫一壶热酒，请林冲吃。又自买了些牛肉，又吃了数杯，就又买了一葫芦酒，包了那两块牛肉，留下碎银子，把花枪挑了酒葫芦，怀内揣了牛肉，叫声相扰，便出篱笆门，依旧迎着朔风回来。看那雪，到晚越下得紧了。

再说林冲踏着那瑞雪，迎着北风，飞也似奔到草场门口开了锁，入内看时，只叫得苦。原来天理昭然，佑护善人义士。因这场大雪，救了林冲的性命。那两间草厅，已被雪压倒了。林冲寻思："怎地好？"放下花枪、葫芦在雪里，恐怕火盆内有火炭延烧起来，搬开破壁子，探半身入去摸时，火盆内火种都被雪水浸灭了。林冲把手床上摸时，只拽的一条絮被。林冲钻将出来，见天色黑了。寻思："又没打火处，怎生安排？"想起离了这半里路上，有个古庙，可以安身。"我且去那里宿一夜。等到天明，却做理会。"把被卷了，花枪挑着酒葫芦，依旧把门拽上，锁了，望那庙里来。入得庙门，再把门掩上，旁边止有一块大石头，掇将过来，靠了门。入得里面看时，殿上塑着一尊金甲山神，两边一个判官，一个小鬼，侧边堆着一堆纸。团团看来，又没邻舍，又无庙主。林冲把枪和酒葫芦放在纸堆上；将那条絮被放开；先取下毡笠子，把身上雪都抖了；把上盖白布衫脱将下来，早有五分湿了，和毡笠放在供桌上；把被扯来，盖了半截下身。却把葫芦冷酒提来慢慢地吃，就将怀中牛肉下酒。

正吃时，只听得外面必必剥剥地爆响。林冲跳起身来，就壁缝里看时，只见草料场里火起，刮刮杂杂的烧着。当时林冲便拿枪，却待开门来救火，只听得外面有人说将话来。林冲就伏在门边听时，是三个人脚步响，且奔庙里来，用手推门，却被石头靠住了，再也推不开。三人在庙檐下立地看火。数内一个道："这条计好么？"一个应道："端的亏管营、差拨两位用心，回到京师，禀过太尉，都保你二位做大官。这番张教头⑥没得推故了！"一个道："林冲今番直吃我们对付了，高衙内这病必然好了。"又一个道："张教头那厮，三回五次托人情去说：'你的女婿没了。'张教头越不肯应承。因此衙内病患看看重了。太尉特使俺两个央浼^㉒二位干这件事，不想而今完备了。"又一个道："小人直爬入墙里去，四下草堆上点了十来个火把，待走那里去！"那一个道："这早晚烧个八分过了。"又听得一个道："便逃得性命时，烧了大军草料场，也得个死罪。"又一个道："我们回城里去罢。"一个道："再看一看，拾得他一两块骨头回京，府里见太尉和衙内时，也道我们也能会干事。"

  林冲听那三个人时，一个是差拨，一个是陆虞候，一个是富安。自思道：天可怜见林冲！若不是倒了草厅，我准定被这厮们烧死了！轻轻把石头掇开，挺着花枪，左手拽开庙门，大喝一声："泼贼那里去！"三个人急要走时，惊得呆了，正走不动。林冲举手，胳察的一枪，先搠^㉘倒差拨，陆虞候叫声："饶命！"吓的慌了手脚，走不动。那富安走不到十来步，被林冲赶上，后心只一枪，又搠倒了。翻身回来，陆虞候却才行得三四步。林冲喝声道："奸贼，你待那里去！"劈胸只一提，丢翻在雪地上，把枪搠在地里，用脚踏住胸脯，身边取出那口刀来，便去陆谦脸上阁着，喝道："泼贼！我自来又和你无什么冤仇，你如何这等害我？正是杀人可恕，情理难容。"陆虞候告道："不干小人事，太尉差遣，不敢不来。"林冲骂道："奸贼，我与你自幼相交，今日倒来害我，怎不干你事？且吃我一刀！"把陆谦上身衣服扯开，把尖刀向心窝里只一剜^㉙，七窍迸出血来，将心肝提在手里。回头看时，差拨正爬将起来要走。林冲按住喝道："你这厮原来也恁的歹！且吃我一刀！"又早把头割下来，挑在枪上。回来把富安、陆谦头都割下来。把尖刀插了，将三个人头发结做一处，提入庙里来，都摆在山神面前供桌上，再穿了白布衫，系了胳膊，把毡笠子带上，将葫芦里冷酒都吃尽了。被与葫芦都丢了不要,提了枪,便出庙门投东去。

【注释】

①［东京］指北宋都城东京开封府。 ②［不合］不该。 ③［主张陪话］出头做主,为他说好话。 ④［赍发］资助。 ⑤［迤逦（yǐ lǐ）］缓慢前行,这里有颠沛流离的意思。 ⑥［过卖］堂倌,酒食店里招待顾客的伙计。 ⑦［营前］指牢城营前面。牢城,收管发配囚犯的地方。 ⑧［恶了高太尉］触怒了高太尉。恶,冒犯、触怒。高太尉,指殿帅府太尉高俅。太尉,官名,属高级武官。 ⑨［刺配］脸上刺字,发往远地充军。刺,古时肉刑,在罪犯额面或其他处肌肤上刺字,用墨染上颜色。 ⑩［恁（nèn）地］如此,这样。 ⑪［浑家］妻子。 ⑫［将出］拿出。下文"将来""将汤"的"将"也是"拿"的意思。 ⑬［馔（zhuàn）］饭食。 ⑭［管营］看管牢城营的官吏。 ⑮［差拨］管牢狱囚犯的公差。 ⑯［劝盘］敬酒时放酒杯的托盘。 ⑰［汤桶］热水桶。 ⑱［按酒］下酒的菜。 ⑲［不尴尬］鬼鬼祟祟,行为、态度不正常。 ⑳［解腕尖刀］日常应用的小佩刀。一般尖长,背厚,刃薄,柄短,类似于现在的匕首。 ㉑［点视厅］点验犯人的厅堂。 ㉒［柴大官人］指柴进。林冲到沧州前在柴进庄上住过几天,临行时,柴进给沧州大尹和牢城管营、差拨写去书信,让他们照顾林冲。 ㉓［常例钱］按惯例送的钱,是旧时官员、吏役向人勒索的名目之一。 ㉔［仓廒（áo）］粮仓。 ㉕［接风］设宴接待远方来的客人。 ㉖［张教头］林冲岳父。 ㉗［央浼（měi）］恳求,请托。 ㉘［搠（shuò）］扎,刺。 ㉙［剜（wān）］挖。

【解读】

《林教头风雪山神庙》写的是林冲发配沧州后,陆谦等人贿买管营、差拨,把林冲调去管理草场,意欲放火烧死林冲,终逼林冲杀人复仇。林冲由忍辱负重到奋起反抗的思想转变是这段故事的中心。林冲为八十万禁军枪棒教头,有一定的社会地位,有正义感,也有着软弱妥协的性格。因此,虽屡遭屈辱迫害以至刺配沧州,仍委曲求全,希望重返京都恢复昔日生活。酒馆店家李小二的出场说明林冲对底层人民的扶助，表现其侠义气概和正直性格。当李小二报信后，林冲买刀寻人，足见复仇心切；被派去守草料场又随遇而安，打算修屋以供长住；直到草场火起，林冲在山神庙听到陆谦等人的对话，才认识到高太尉必欲置自己于死地的险恶。原来的幻想彻底破灭，忍无可忍之下，林冲杀死仇人，毅然走上反抗的道路。

这段故事在情节安排上先制造悬念，再揭示真相，起伏跌宕，引人入胜。陆谦在高太尉指使下来沧州密谋杀害林冲之事，是通过李小二夫妻的观察分析，以及林冲根据李小二提供情况的判断才逐步明确的。小说先写酒店来人行动鬼祟，说话偷偷摸摸，再写林冲根据李小二提供来人的身材相貌等特点，推断来人正是仇敌陆谦。林冲接管草场，表面看紧张的情节舒缓下来，实际上矛盾冲突即将暴发。风雪山神庙是作者设计的一场"隔墙戏"。陆谦在庙门外通过对话，是一份自供状，把阴谋的主使者、原因、内容作了全盘交代，促使林冲思想发生了根本转变，故事由此推向高潮。

本文的环境描写很出色。"风雪山神庙"的"风雪"既推动情节层层发展，逐步将情节引向高潮，又渲染气氛，表现人物性格。小说在林冲刚去草场、到草场、出门沽酒、沽酒返回，四次描写风大雪紧。彤云密布，朔风怒号，大雪飞扬，草料场破败，古庙孤寂，形成一种荒凉冷酷的气氛。因风雪天寒，林冲要喝酒，才会在沽酒途中见到山神庙；因风雪压倒草厅，林冲也才会到山神庙安身，从而听到陆谦等人的阴谋。本文的细节描写也很巧妙。作者在林冲第一次走出草场和草厅被压倒后的细节描写中，有力地说明了草场的起火，不是林冲失误所致，而是有人放火。这不仅表现了林冲精细谨慎、安分守己的性格特点，而且使小说结构严密，前后照应，故事的发展合情合理。

群英会蒋干中计

罗贯中

【题解】

　　罗贯中（1330—1400），名本，字贯中，号湖海散人，浙江杭州人，祖籍太原，元末明初小说家、戏曲家。在群众传说与民间艺人、下层文人创作的基础上大量吸收《三国志》和裴松之注的材料，创作出长篇章回体历史小说《三国演义》。小说以宏伟的结构，把百年左右头绪纷繁、错综复杂的事件和众多的人物，组织得完整严密，展现了汉末三国时代各封建统治集团之间的政治、军事、外交斗争，揭示了东汉末年社会的动荡，表达了人民呼唤安定的强烈愿望。本篇选自《三国演义》第四十五回，是赤壁之战故事中的一个著名片段。

　　却说周瑜送了玄德，回至寨中，鲁肃入问曰："公既诱玄德至此，为何又不下手？"瑜曰："关云长，世之虎将也，与玄德行坐相随，吾若下手，他必来害我。"肃愕然。忽报曹操遣使送书至。瑜唤入。使者呈上书看时，封面上判云："汉大丞相付周都督开拆。"瑜大怒，更不开看，将书扯碎，掷于地下，喝斩来使。肃曰："两国相争，不斩来使。瑜曰："斩使以示威！"遂斩使者，将首级付从人持回。随令甘宁①为先锋，韩当为左翼，蒋钦为右翼。瑜自部领诸将接应。来日四更造饭，五更开船，鸣鼓呐喊而进。

　　却说曹操知周瑜毁书斩使，大怒，便唤蔡瑁②、张允等一班荆州降将为前部，操自为后军，催督战船，到三江口③。早见东吴船只，蔽江④而来。为首一员大将，坐在船头上大呼曰："吾乃甘宁也！谁敢来与我决战？"蔡瑁令弟蔡壎前进。两船将近，甘宁拈弓搭箭，望蔡壎射来，应弦而倒。宁驱船大进，万弩齐发。曹军不能抵当。右边蒋钦，左边韩当，直冲入曹军队中。曹军大半是青、徐⑤之兵，素不习水战，大江面上，战船一摆，早立脚不住。甘宁等三路战船，纵横水面。周瑜又催船助战。曹军中箭着炮者，不计其数，从巳时⑥直杀到未时⑦。周瑜虽得利，只恐寡不敌众，遂下令鸣金⑧，收住船只。曹军败回。操登旱寨，再整军士，唤蔡瑁、张允责之曰："东吴兵少，反为所败，是汝等不用心耳！"蔡瑁曰："荆州水军，久不操练；青、徐之军，又素不习水战。故尔致败。今当先立水寨，令青、徐军在中，荆州军在外，每日教习精熟，方可用之。"操曰："汝既为水军都督，可以便宜从事⑨，何必禀我！"于是张、蔡二人，自去训练水军。沿江一带分二十四座水门⑩，以大船居于外为城郭，小船居于内，可通往来。至晚点上灯火，照得天心水面通红。旱寨三百余里，烟火不绝。

却说周瑜得胜回寨，犒赏三军，一面差人到吴侯⑪处报捷。当夜瑜登高观望，只见西边火光接天。左右告曰："此皆北军灯火之光也。"瑜亦心惊。次日，瑜欲亲往探看曹军水寨，乃命收拾楼船一只，带着鼓乐，随行健将数员，各带强弓硬弩，一齐上船迤逦前进。至操寨边，瑜命下了碇石⑫，楼船上鼓乐齐奏。瑜暗窥他水寨，大惊曰："此深得水军之妙也！"问："水军都督是谁？"左右曰："蔡瑁、张允。"瑜思曰："二人久居江东，谙习⑬水战，吾必设计先除此二人，然后可以破曹。"正窥看间，早有曹军飞报曹操，说："周瑜偷看吾寨。"操命纵船擒捉。瑜见水寨中旗号动，急教收起碇石，两边四下一齐轮转橹棹，望江面上如飞而去。比及曹寨中船出时，周瑜的楼船已离了十数里远，追之不及，回报曹操。

操问众将曰："昨日输了一阵，挫动锐气；今又被他深窥吾寨。吾当作何计破之？"言未毕，忽帐下一人出曰："某自幼与周郎同窗交契⑭，愿凭三寸不烂之舌，往江东说此人来降。"曹操大喜，视之，乃九江人，姓蒋，名干，字子翼，现为帐下幕宾。操问曰："子翼与周公瑾相厚乎？"干曰："丞相放心。干到江左⑮，必要成功。"操问："要将何物去？"干曰："只消一童随往，二仆驾舟，其余不用。"操甚喜，置酒与蒋干送行。干葛巾⑯布袍，驾一只小舟，径到周瑜寨中，命传报："故人蒋干相访。"周瑜正在帐中议事，闻干至，笑谓诸将曰："说客至矣！"遂与众将附耳低言，如此如此。众皆应命而去。

瑜整衣冠，引从者数百，皆锦衣花帽，前后簇拥而出。蒋干引一青衣小童，昂然而来。瑜拜迎之。干曰："公瑾别来无恙！"瑜曰："子翼良苦：远涉江湖，为曹氏作说客耶？"干愕然曰："吾久别足下，特来叙旧，奈何疑我作说客也？"瑜笑曰："吾虽不及师旷⑰之聪，闻弦歌而知雅意。"干曰："足下待故人如此，便请告退。"瑜笑而挽其臂曰："吾但恐兄为曹氏作说客耳。既无此心，何速去也？"遂同入帐。叙礼毕，坐定，即传令悉召江左英杰与子翼相见。

须臾，文官武将，各穿锦衣；帐下偏裨⑱将校，都披银铠：分两行而入。瑜都教相见毕，就列于两傍而坐。大张筵席，奏军中得胜之乐，轮换行酒。瑜告众官曰："此吾同窗契友也。虽从江北到此，却不是曹家说客。——公等勿疑。"遂解佩剑付太史慈⑲曰："公可佩我剑作监酒：今日宴饮，但叙朋友交情；如有提起曹操与东吴军旅之事者，即斩之！"太史慈应诺，按剑坐于席上。蒋干惊愕，不敢多言。周瑜曰："吾自领军以来，滴酒不饮；今日见了故人，又无疑忌，当饮一醉。"说罢，大笑畅饮。座上觥筹交错⑳。饮至半酣，瑜携干手，同步出帐外。左右军士，皆全装贯带㉑，持戈执戟而立。瑜曰："吾之军士，颇雄壮否？"干曰："真熊虎之士也。"瑜又引干到帐后一望，粮草堆如山积。瑜曰："吾之粮草，颇足备否？"干曰："兵精粮足，名不虚传。"瑜佯醉大笑曰："想周瑜与子翼同学业时，不曾望有今日。"干曰："以吾兄高才，实不为过。"瑜执干手曰："大丈夫处世，遇知己之主，外托君臣之义，内结骨肉之恩，言必行，计必从，祸福共之。假使苏秦、张仪、陆贾②、郦生③复出，口似悬河，舌如利刃，安能动我心哉！"言罢大笑。蒋干面如土色。瑜复携干入帐，会诸将再饮；因指诸将曰："此皆江东之英杰。今日此会，可名'群英会'。"饮至天晚，点上灯烛，瑜自起舞剑作歌。歌曰：

丈夫处世兮立功名；立功名兮慰平生。慰平生兮吾将醉；吾将醉兮发狂吟！

歌罢，满座欢笑。至夜深，干辞曰："不胜酒力矣。"瑜命撤席，诸将辞出。瑜曰："久不与子翼同榻，今宵抵足而眠。"于是佯作大醉之状，携干入帐共寝。瑜和衣卧倒，呕吐狼藉。蒋干如何睡得着？伏枕听时，军中鼓打二更，起视残灯尚明。看周瑜时，鼻息如雷。干见帐内桌上，堆着一卷文书，乃起床偷视之，却都是往来书信。内有一封，上写"蔡瑁张允谨封"。干大惊，暗读之。书略曰：

某等降曹，非图仕禄，迫于势耳。今已赚㉔北军困于寨中，但得其便，即将操贼之首，献于麾下。早晚人到，便有关报。幸勿见疑。先此敬覆。

干思曰："原来蔡瑁、张允结连东吴！"遂将书暗藏于衣内。再欲检看他书时，床上周瑜翻身，干急灭灯就寝。瑜口内含糊曰："子翼，我数日之内，教你看操贼之首！"干勉强应之。瑜又曰：

"子翼，且住！……教你看操贼之首！……"及干问之，瑜又睡着。干伏于床上，将近四更，只听得有人入帐唤曰："都督醒否？"周瑜梦中做忽觉之状，故问那人曰："床上睡着何人？"答曰："都督请子翼同寝，何故忘却？"瑜懊悔曰："吾平日未尝饮醉；昨日醉后失事，不知可曾说甚言语？"那人曰："江北有人到此。"瑜喝："低声！"便唤："子翼。"蒋干只妆睡着。瑜潜出帐。干窃听之，只闻有人在外曰："张、蔡二都督道：'急切不得下手，……'"后面言语颇低，听不真实。少顷，瑜入帐，又唤："子翼。"蒋干只是不应，蒙头假睡。瑜亦解衣就寝。干寻思："周瑜是个精细人，天明寻书不见，必然害我。"睡至五更，干起唤周瑜；瑜却睡着。干戴上巾帻㉕，潜步出帐，唤了小童，径出辕门㉖。军士问："先生那里去？"干曰："吾在此恐误都督事，权且告别。"军士亦不阻当。

干下船，飞棹回见曹操。操问："子翼干事若何？"干曰："周瑜雅量高致，非言词所能动也。"操怒曰："事又不济，反为所笑！"干曰："虽不能说周瑜，却与丞相打听得一件事。乞退左右。"干取出书信，将上项事逐一说与曹操。操大怒曰："二贼如此无礼耶！"即便唤蔡瑁、张允到帐下。操曰："我欲使汝二人进兵。"瑁曰："军尚未曾练熟，不可轻进。"操怒曰："军若练熟，吾首级献于周郎矣！"蔡、张二人不知其意，惊慌不能回答。操喝武士推出斩之。须臾，献头帐下，操方省悟曰："吾中计矣！"后人有诗叹曰：

  曹操奸雄不可当，一时诡计中周郎。蔡张卖主求生计，谁料今朝剑下亡！

众将见杀了张、蔡二人，入问其故。操虽心知中计，却不肯认错，乃谓众将曰："二人怠慢军法，吾故斩之。"众皆嗟呀不已。操于众将内选毛玠、于禁为水军都督，以代蔡、张二人之职。

细作㉗探知，报过江东。周瑜大喜曰："吾所患者，此二人耳。今既剿除，吾无忧矣。"

【注释】

①［甘宁］和下文的韩当、蒋钦，都是东吴的将领。　②［蔡瑁］和下文的张允，原来都是荆州刺史刘表的部下，后来投降曹操。　③［三江口］在今湖北黄冈西。　④［蔽江］遮蔽江面。　⑤［青、徐］青州和徐州，在今山东和江苏一带。　⑥［巳（sì）时］相当于上午9～11时。　⑦［未时］相当于下午1～3时。　⑧［鸣金］敲锣，古代作战时收兵的信号。　⑨［便（biàn）宜从事］看怎么方便就怎么办。　⑩［水门］用战船在水上布置了作战的阵地，从阵地通向外面的门。　⑪［吴侯］指东吴的统治者孙权。　⑫［碇（dìng）石］停船用的石块。　⑬［谙（ān）习］熟习。指了解得很深刻，掌握得很熟练。　⑭［交契］交情深厚。契，情意相投。　⑮［江左］古人以东为左，以西为右，所以称江东为江左。　⑯［葛巾］用葛布做的头巾。葛，一种植物，纤维可以织布。　⑰［师旷］春秋时晋国乐师，善于辨音。　⑱［偏裨（pí）］指将佐。偏将和裨将，都是副将。　⑲［太史慈］东吴的将领。　⑳［觥（gōng）筹交错］酒杯和酒筹交互错杂，形容许多人相聚饮酒的热闹场面。觥，古代用兽角等做的酒器。筹，酒筹，行酒令（用游戏方法决定饮酒次序）的竹签。　㉑［全装贯带］全副武装，束着腰带。　㉒［陆贾］（前240—前170）汉初楚国人，政治家、思想家、外交家，善辞令，被称为"有口辩士"。　㉓［郦生］即郦食其（lì yì jī）（？—前203），秦汉时期谋士、说客，多次给刘邦献计，后说齐王田广归汉。　㉔［赚］诱骗。　㉕［巾帻（zé）］头巾。　㉖［辕门］军营的门。　㉗［细作］暗探。

【解读】

《三国演义》长于描写战争，能写出每次战争的特点，即在具体条件下不同战略战术的运用。《群英会蒋干中计》讲述的就是赤壁之战中一次成功运用反间计的"智斗"。作者描写周瑜运用谋略的情节错落有致，环环相扣，别具匠心。正当曹军受挫时，幕僚蒋干献计，并毛遂自荐前往劝降周瑜。蒋干过江后，周瑜准确判断其来意，将计就计，实施反间计。"瑜整衣冠，引从者数百，皆锦衣花帽，前后簇拥而出"，蒋干则"引一青衣小童，昂然而来"。作者描写双方自信之态，历历在目。二人寒暄未止，周瑜当头点破，"为曹氏作说客耶"。蒋干一愕，毫无准备，只有矢口否认。这样，蒋干一开始即陷入被动。接着，周瑜大设"群英会"，大摆筵席盛待蒋干，并令太史慈监酒，但言军务即行杀头，毫不通融，蒋干至此又是一愕，"不敢多言"。饮至半酣，周瑜执蒋干之手，观军容战备，言君臣之意，慷慨力战之气充沛，蒋干至此三愕。这里将蒋干由希望至失望乃至绝望的心理过程描写得淋漓尽致，惟妙惟肖。而后周瑜利用蒋干无法交差的处境和不甘空手而回的心理，示之以伪，诱其盗信，借刀杀人，谈笑间置蔡瑁、张允二将于死地。

　　本文在情节发展过程中细腻地描写了人物的言谈举止、音容笑貌，突出刻画了周瑜、蒋干、曹操的形象。周瑜窥敌水寨，决定削弱曹操水军，这是决断谋略的气魄；他听说蒋干来访，立刻决定乘机施行反间计，可见其捕捉战机的敏锐；他少年得志，豪放自信的性格充分体现在群英会里三次"笑"、三次"大笑"的音容中，也体现在舞剑、作歌、狂吟等举止上。蒋干是一个自作聪明的谋士，他在曹操面前夸下海口，保证劝说周瑜来降，到了东吴却被周瑜的力量威慑至"惊愕"，随后步步落网，却自以为步步得计。作者用白描手法把这个愚笨而又自负的人物形象栩栩如生地展现出来。曹操老谋深算，为什么单凭蒋干的情报就上当杀了蔡瑁、张允？这与他多疑的本性有关。当然，老练的他马上醒悟又不肯认错，于是给蔡、张二人加上"急慢军法"的罪名以掩饰自己的错误，这也符合曹操刚愎狡诈的性格特点。

孙行者一调芭蕉扇

吴承恩

【题解】

吴承恩（约1500—约1582），字汝忠，号射阳山人，淮安府山阳县（今江苏淮安）人，明代小说家。早年希望以科举进身，然屡试不中，中年后补为岁贡生。一度任长兴县丞，不久因"耻折腰"拂袖而归。晚年在历代民间传说和无名作者创作的基础上创作了章回体神魔小说《西游记》。小说通过唐僧师徒四人西天取经的故事表现丰富的社会内容，曲折地反映现实矛盾，表达人民的愿望。小说中有许多降妖除魔、克难西行的故事，"孙悟空三调芭蕉扇"即为其中之一，这里节选的是"一调芭蕉扇"。

却说那行者霎时径到翠云山，按住祥光，正自找寻洞口，忽然闻得丁丁之声，乃是山林内一个樵夫伐木。行者即趋步至前，又闻得他道：

> 云际依依认旧林，断崖荒草路难寻。西山望见朝来雨，南涧归时渡处深。

行者近前作礼道："樵哥，问讯了。"那樵子撇了柯斧[①]，答礼道："长老何往？"行者道："敢问樵哥，这可是翠云山？"樵子道："正是。"行者道："有个铁扇仙的芭蕉洞，在何处？"樵子笑道："这芭蕉洞虽有，却无个铁扇仙，只有个铁扇公主，又名罗刹女。"行者道："人言他有一柄芭蕉扇，能熄得火焰山，敢是他么？"樵子道："正是，正是。这圣贤有这件宝贝，善能熄火，保护那方人家，故此称为铁扇仙。我这里人家用不着他，只知他叫做罗刹女，乃大力牛魔王妻也。"

行者闻言，大惊失色。心中暗想道："又是冤家了！当年伏了红孩儿，说是这厮养的。前在那解阳山破儿洞遇他叔子，尚且不肯与水，要作报仇之意，今又遇他父母，怎生借得这扇子耶？"樵子见行者沉思默虑，嗟叹不已，便笑道："长老，你出家人，有何忧疑？这条小路儿向东去，不上五六里，就是芭蕉洞，休得心焦。"行者道："不瞒樵哥说，我是东土唐朝差往西天求经的唐僧大徒弟。前年在火云洞，曾与罗刹之子红孩儿有些言语②，但恐罗刹怀仇不与，故生忧疑。"樵子道："大丈夫鉴貌辨色，只以求扇为名，莫认往时之溲话③，管情借得。"行者闻言，深深唱个大喏④道："谢樵哥教诲，我去也。"

遂别了樵夫，径至芭蕉洞口，但见那两扇门紧闭牢关，洞外风光秀丽。好去处！正是那：

> 山以石为骨，石作土之精。烟霞含宿润，苔藓助新青。嵯峨势耸欺蓬岛，幽静花香若海瀛。几树乔松栖野鹤，数株衰柳语山莺。诚然是千年古迹，万载仙踪。碧梧鸣彩凤，活水隐苍龙。曲径萝藤垂挂，石梯藤葛攀笼。猿啸翠岩忻月上，鸟啼高树喜晴空。两林竹荫凉如雨，一径花浓没绣绒。时见白云来远岫，略无定体漫随风。

行者上前叫："牛大哥，开门！开门！"呀的一声，洞门开了，里边走出一个毛儿女，手中提着花篮，肩上担着锄子，真个是一身蓝缕无妆饰，满面精神有道心。行者上前迎着，合掌道："女童，累你转报公主一声。我本是取经的和尚，在西方路上，难过火焰山，特来拜借芭蕉扇一用。"那毛女道："你是那寺里和尚？叫甚名字？我好与你通报。"行者道："我是东土来的，叫做孙悟空和尚。"

那毛女即便回身，转于洞内，对罗刹跪下道："奶奶，洞门外有个东土来的孙悟空和尚，要见奶奶，拜求芭蕉扇，过火焰山一用。"那罗刹听见"孙悟空"三字，便似撮盐入火⑤，火上浇油；骨都都红生脸上，恶狠狠怒发心头。口中骂道："这泼猴！今日来了！"叫："丫鬟，取披挂，拿兵器来！"随即取了披挂，拿两口青锋宝剑，整束出来。行者在洞外闪过，偷看怎生打扮，只见他：

  头裹团花手帕，身穿纳锦云袍。腰间双束虎筋绦，微露绣裙偏绡。
  凤嘴弓鞋三寸，龙须膝裤金销。手提宝剑怒声高，凶比月婆容貌。

那罗刹出门，高叫道："孙悟空何在？"行者上前，躬身施礼道："嫂嫂，老孙在此奉揖。"罗刹咄的一声道："谁是你的嫂嫂！那个要你奉揖！"行者道："尊府牛魔王，当初曾与老孙结义，乃七兄弟之亲。今闻公主是牛大哥令正⑥，安得不以嫂嫂称之！"罗刹道："你这泼猴！既有兄弟之亲，如何坑陷我子？"行者佯问道："令郎是谁？"罗刹道："我儿是号山枯松涧火云洞圣婴大王红孩儿，被你倾⑦了。我们正没处寻你报仇，你今上门纳命，我肯饶你！"行者满脸陪笑道："嫂嫂原来不察理，错怪了老孙。你令郎因是捉了师父，要蒸要煮，幸亏了观音菩萨收他去，救出我师。他如今现在菩萨处做善财童子，实受了菩萨正果，不生不灭，不垢不净，与天地同寿，日月同庚。你倒不谢老孙保命之恩，返怪老孙，是何道理！"罗刹道："你这个巧嘴的泼猴！我那儿虽不伤命，再怎生得到我的跟前，几时能见一面？"行者笑道："嫂嫂要见令郎,有何难处?你且把扇子借我,扇息了火,送我师父过去,我就到南海菩萨处请他来见你,就送扇子还你,有何不可!那时节,你看他可曾损伤一毫。如有些须之伤,你也怪得有理;如比旧时标致,还当谢我。"罗刹道:"泼猴,少要饶舌⑧!伸过头来,等我砍上几剑!若受得疼痛,就借扇子与你;若忍耐不得,教你早见阎君!"行者叉手向前,笑道:"嫂嫂切莫多言。老孙伸着光头,任尊意砍上多少,但没气力便罢。是必借扇子用用。"那罗刹不容分说,双手轮剑,照行者头上乒乒乓乓,砍有十数下,这行者全不认真⑨。罗刹害怕,回头要走,行者道:"嫂嫂,那里去?快借我使使!"那罗刹道:"我的宝贝原不轻借。"行者道:"既不肯借,吃你老叔一棒!"

好猴王,一只手扯住,一只手去耳内掣出⑩棒来,幌一幌,有碗来粗细。那罗刹挣脱手,举剑来迎,行者随又轮棒便打。两个在翠云山前,不论亲情,却只讲仇隙。这一场好杀:

裙钗本是修成怪,为子怀仇恨泼猴。行者虽然生狠怒,因师路阻让娥流。先言拜借芭蕉扇,不展骁雄耐性柔。罗刹无知轮剑砍,猴王有意说亲由。女流怎与男儿斗,到底男刚压女流。这个金箍铁棒多凶猛,那个霜刃青锋甚紧稠。劈面打,照头丢,恨苦相持不罢休。左挡右遮施武艺,前迎后架骋奇谋。却才斗到沉酣处,不觉西方坠日头。罗刹忙将真扇子,一扇挥动鬼神愁!

那罗刹女与行者相持到晚,见行者棒重,却又解数周密,料斗他不过,即便取出芭蕉扇,幌一幌,一扇阴风,把行者扇得无影无形,莫想收留得住。这罗刹得胜回归。

那大圣飘飘荡荡,左沉不能落地,右坠不得存身。就如旋风翻败叶，流水淌残花。滚了一夜，直至天明，方才落在一座山上，双手抱住一块峰石。定性良久，仔细观看，却才认得是小须弥山。大圣长叹一声道："好利害妇人！怎么就把老孙送到这里来了？我当年曾记得在此处告求灵吉菩萨降黄风怪救我师父。那黄风岭至此直南上有三千余里，今在西路转来，乃东南方隅，不知有几万里。等我下去问灵吉菩萨一个消息，好回旧路。"

正踌躇间，又听得钟声响亮，急下山坡，径至禅院。那门前道人认得行者的形容[11]，即入里面报道："前年来请菩萨去降黄风怪的那个毛脸大圣又来了。"菩萨知是悟空，连忙下宝座相迎，入内施礼道："恭喜！取经来耶？"悟空答道："正好未到！早哩，早哩！"灵吉道："既未曾得到雷音[12]，何以回顾荒山？"行者道："自上年蒙盛情降了黄风怪，一路上，不知历过多少苦楚。今到火焰山，不能前进，询问土人，说有个铁扇仙芭蕉扇，扇得火灭，老孙特去寻访。原来那仙是牛魔王的妻，红孩儿的母。他说我把他儿子做了观音菩萨的童子，不得常见，跟我为仇，不肯借扇，与我争斗。他见我的棒重难撑，遂将扇子把我一扇，扇得我悠悠荡荡，直至于此，方才落住。故此轻造禅院，问个归路，此处到火焰山，不知有多少里数？"灵吉笑道："那妇人唤名罗刹女，又叫做铁扇公主。他的那芭蕉扇本是昆仑山后，自混沌[13]开辟以来，天地产成的一个灵宝，乃太阴之精叶，故能灭火气。假若扇着人，要飘八万四千里，方息阴风。我这山到火焰山，只有五万余里。此还是大圣有留云之能，故止住了。若是凡人，正好不得住也。"行者道："利害！利害！我师父却怎生得度那方？"灵吉道："大圣放心，此一来，也是唐僧的缘法，合教大圣成功。"行者道："怎见成功？"灵吉道："我当年受如来教旨，赐我一粒'定风丹'，一柄'飞龙杖'。飞龙杖已降了风魔。这定风丹尚未曾见用，如今送了大圣，管教那厮扇你不动，你却要了扇子，扇息火，却不就立此功也！"行者低头作礼，感谢不尽。那菩萨即于衣袖中取出一个锦袋儿，将那一粒定风丹与行者安在衣领里边，将针线紧紧缝了，送行者出门道："不及留款⑭。往西北上去，就是罗刹的山场也。"

行者辞了灵吉，驾筋斗云，径返翠云山，顷刻而至，使铁棒打着洞门叫道："开门！开门！老孙来借扇子使使哩！"慌得那门里女童即忙来报："奶奶，借扇子的又来了！"罗刹闻言，心中悚惧道："这泼猴真有本事！我的宝贝，扇着人，要去八万四千里，方能停止；他怎么才吹去就回来也？这番等我一连扇他两三扇，教他找不着归路！"急纵身，结束⑮整齐，双手提剑，走出门来道："孙行者！你不怕我，又来寻死！"行者笑道："嫂嫂勿得悭吝，是必借我使使。保得唐僧过山，就送还你。我是个志诚有余的君子，不是那借物不还的小人。"

罗刹又骂道："泼猢狲！好没道理，没分晓！夺子之仇，尚未报得；借扇之意，岂得如心！你不要走！吃我老娘一剑！"大圣公然不惧，使铁棒劈手相迎。他两个往往来来，战经五七回合，罗刹女手软难轮，孙行者身强善敌。他见事势不谐，即取扇子，望行者扇了一扇，行者巍然不动。行者收了铁棒，笑吟吟的道："这番不比那番！任你怎么扇来，老孙若动一动，就不算汉子！"那罗刹又扇两扇。果然不动。罗刹慌了，急收宝贝，转回走入洞里，将门紧紧关上。

行者见他闭了门，却就弄个手段，拆开衣领，把定风丹噙在口中，摇身一变，变作一个蟭蟟虫儿⑯，从他门隙处钻进。只见罗刹叫道："渴了！渴了！快拿茶来！"近侍女童，即将香茶一壶，沙沙的满斟一碗，冲起茶沫漕漕。行者见了欢喜，嘤的一翅，飞在茶沫之下。那罗刹渴极，接过茶，两三气都喝了。行者已到他肚腹之内，现原身厉声高叫道："嫂嫂，借扇子我使使！"罗刹大惊失色，叫："小的们，关了前门否？"俱说："关了。"他又说：

"既关了门，孙行者如何在家里叫唤？"女童道："在你身上叫哩。"罗刹道："孙行者，你在那里弄术⑰哩？"行者道："老孙一生不会弄术，都是些真手段，实本事，已在尊嫂尊腹之内耍子，已见其肺肝矣。我知你也饥渴了，我先送你个坐碗儿解渴！"却就把脚往下一登。那罗刹小腹之中，疼痛难禁，坐于地下叫苦。行者道："嫂嫂休得推辞，我再送你个点心充饥！"又把头往上一顶。那罗刹心痛难禁，只在地上打滚，疼得他面黄唇白，只叫"孙叔叔饶命！"

行者却才收了手脚道："你才认得叔叔么？我看牛大哥情上，且饶你性命。快将扇子拿来我使使。"罗刹道："叔叔，有扇！有扇！你出来拿了去！"行者道："拿扇子我看了出来。"罗刹即叫女童拿一柄芭蕉扇，执在旁边。行者探到喉咙之上见了道："嫂嫂，我既饶你性命，不在腰肋之下搠个窟窿出来，还自口出。你把口张三张儿。"那罗刹果张开口。行者还作个蟭蟟虫，先飞出来，丁在芭蕉扇上。那罗刹不知，连张三次，叫："叔叔出来罢。"行者化原身，拿了扇子，叫道："我在此间不是？谢借了！谢借了！"拽开步，往前便走。小的们连忙开了门，放他出洞。

【注释】

①〔柯斧〕砍柴的斧子。　②〔言语〕争执。　③〔溲话〕溲，就是"馊"的借音。食物因陈久变味叫馊。这里指老话、旧话而言，也可以指无聊的话。　④〔唱个大喏〕做个大揖。唱喏，作揖并同时出声致敬。　⑤〔撮盐入火〕形容暴怒起来。　⑥〔令正〕称人嫡妻的敬辞。　⑦〔倾〕害，坑害。　⑧〔饶舌〕多言，多嘴。　⑨〔认真〕当回事。　⑩〔挈出〕取出。　⑪〔形容〕相貌。　⑫〔雷音〕雷音寺，西天取经的地方。　⑬〔混沌〕古代传说中世界开辟前元气未分、模糊一团的状态。　⑭〔留款〕挽留款待。　⑮〔结束〕穿戴。　⑯〔蟭蟟（jiāo liáo）虫儿〕蝉的一种。　⑰〔弄术〕玩弄法术。

【解读】

"孙悟空三调芭蕉扇"写的是唐僧师徒路阻火焰山,孙悟空找罗刹女借芭蕉扇灭火,罗刹女因其子红孩儿被孙悟空请观音降服,怀恨不借,孙悟空经过反复斗争,往返三次才借得芭蕉扇,最终灭火过山。这段"一调芭蕉扇"的故事一开始就交代了红孩儿事件,预示孙悟空向罗刹女借扇必定波折横生。孙悟空先对罗刹女赔尽小心,还说了一番文绉绉的言辞,但这不足以平息罗刹女心中的怨恨,孙悟空先是"武斗",之后"智取",钻入罗刹女腹中,罗刹女疼痛难耐,交出了"扇子"。

"奇"是《西游记》这部神话小说的突出特点,也是本文的突出特点。石猴出世、大闹天宫以及取经路上九九八十一难,这一系列的情节光怪陆离。孙悟空变的蚊子能飞、变的螃蟹能爬,变神仙,变妖魔,无不活灵活现,鬼神莫辨,甚至他身上的毫毛也根根皆能变化。本文写到的孙悟空变成飞虫,从门隙处钻进,又随着茶水跑到铁扇公主肚子里拳打脚踢的战法,更是奇幻,可谓"异想天开"。《西游记》的这些奇异描写,以其题材的超现实性为存在基础,但读者从种种的神奇描写中经常能感觉到一定程度的合理性。这是因为在《西游记》的描写中渗透着浓厚的生活常理,人物的言行也表现出与之相应的性格特征。比如"一调芭蕉扇"故事中,争战双方的言行及所流露的感情无不呈现出人间社会的人情世故。罗刹女的爱子之情、孙悟空的傲然之态,使这样一个异常诡谲的故事,在本质上被"人化"。抓住机会钻进对方肚子里,还声称"已在尊嫂尊腹之内耍子",又要"先送你个坐碗儿解渴","再送你个点心充饥",确实只有勇敢机智而又谐谑调皮的猴王才能干得出来。

《西游记》也是中国古典长篇小说中最有趣味性的作品。虽然小说中尽是险山恶水、妖魔鬼怪,但读者的阅读感受常常是轻松愉悦的,这也是《西游记》为人们特别是少年读者所喜欢的原因。

司文郎

蒲松龄

【题解】

蒲松龄（1640—1715），字留仙，又字剑臣，别号柳泉居士，淄川（今属山东）人，清代文学家。生于亦儒亦商的家庭，经过明清之际的战乱，家道衰落。自幼跟从父亲蒲槃读书，聪慧、勤奋，文思敏捷，19岁初应童子试，以县、府、道三试第一中秀才。此后屡应乡试不中，在科举途中挣扎了大半生，直到古稀之年，方得到岁贡生的科名，不数年便辞世。性喜搜奇记异，撰写狐鬼故事，将近五百篇短篇小说，结集而成《聊斋志异》，并撰写情词凄婉的序文《聊斋自志》，自述写作苦衷，期待知音。本文选自《聊斋志异》，是一篇旨在针砭科举制度弊端的小说。

平阳①王平子，赴试北闱②，赁居报国寺③。寺中有余杭④生先在，王以比屋居⑤，投刺⑥焉。生不之答⑦。朝夕遇之，多无状。王怒其狂悖⑧，交往遂绝。一日，有少年游寺中，白服裙帽，望之傀然⑨。近与接谈，言语谐妙，心爱敬之。展问邦族，云："登州⑩宋姓。"因命苍头⑪设座，相对嚄谈⑫。余杭生适过，共起逊坐⑬。生居然上座，更不拗挹⑭。卒然⑮问宋："亦入闱者耶？"答曰："非也。驽骀⑯之才，无志腾骧⑰久矣。"又问："何省？"宋告之。生曰："竟不进取，足知高明。山左、右⑱并无一字通者⑲。"宋曰："北人固少通者，而不通者未必是小生；南人固多通者，然通者亦未必是足下。"言已，鼓掌。王和⑳之，因而哄堂。生惭忿，轩眉攘腕㉑而大言曰："敢当前命题，一校文艺㉒乎？"宋他顾而哂曰："有何不敢！"便趋寓所，出经㉓授王。王随手一翻，指

313

曰:"'阙党童子将命㉔。'"生起,求笔札。宋曳之曰:"口占可也。我破㉕已成:'于宾客往来之地,而见一无所知之人焉。'"王捧腹大笑。生怒曰:"全不能文,徒事嫚骂,何以为人!"王力为排难㉖,请另命佳题。又翻曰:"殷有三仁焉㉗。"宋立应曰:"三子者不同道㉘,其趋一也㉙。夫一者何也?曰:仁也。君子亦仁而已矣,何必同?"生遂不作,起曰:"其为人也小有才。"遂去。

王以此益重宋。邀入寓室,款言移晷㉚,尽出所作质㉛宋。宋流览绝疾,逾刻㉜已尽百首,曰:"君亦沉深于此道者?然命笔时,无求必得之念,而尚有冀幸得之心,即此已落下乘㉝。"遂取阅过者一一诠说。王大悦,师事之;使庖人以蔗糖作水角㉞。宋啖而甘之,曰:"生平未解此味,烦异日更㉟一作也。"从此相得甚欢。宋三五日辄一至,王必为之设水角焉。余杭生时一遇之,虽不甚倾谈,而傲睨之气顿减。一日,以窗艺㊱示宋。宋见诸友圈赞㊲已浓,目一过,推置案头,不作一语。生疑其未阅,复请之,答已览竟。生又疑其不解。宋曰:"有何难解?但不佳耳!"生曰:"一览丹黄㊳,何知不佳?"宋便诵其文,如夙读者,且诵且訾㊴。生局蹐㊵汗流,不言而去。移时,宋去;生入,坚请王作㊶。王拒之。生强搜得,见文多圈点,笑曰:"此大似水角子!"王故朴讷,觍然㊷而已。次日,宋至,王具以告。宋怒曰:"我谓'南人不复反矣㊸',伧楚㊹何敢乃尔!必当有以报之!"王力陈轻薄之戒以劝之,宋深感佩。

既而场后,以文示宋,宋颇相许㊺。偶与涉历殿阁,见一瞽僧坐廊下,设药卖医。宋讶曰:"此奇人也!最能知文,不可不一请教。"因命归寓取文。遇余杭生,遂与俱来。王呼师而参之。僧疑其问医者,便诘症候。王具白请教之意。僧笑曰:"是谁多口?无目何以论文?"王请以耳代目。僧曰:"三作两千余言,谁耐久听!不如焚之,我视以鼻可也。"王从之,每焚一作,僧嗅而颔之曰："君初法大家⁴⁶，虽未逼真，亦近似矣。我适受之以脾。"问："可中否？"曰："亦中得。"余杭生未深信，先以古大家文烧试之。僧再嗅曰："妙哉！此文我心受之矣，非归、胡⁴⁷何解办此！"生大骇，始焚己作。僧曰："适领一艺，未窥全豹⁴⁸，何忽另易一人来也？"生托言："朋友之作，止此一首；此乃小生作也。"僧嗅其余灰，咳逆数声，曰："勿再投矣！格格⁴⁹而不能下，强受之以膈⁵⁰；再焚，则作恶矣。"生惭而退。数日榜放，生竟领荐⁵¹；王下第⁵²。宋与王走告僧。僧叹曰："仆虽盲于目，而不盲于鼻；帘中人⁵³并鼻盲矣。"俄余杭生至，意气发舒，曰："盲和尚，汝亦啖人水角耶？今竟何如？"僧曰："我所论者文耳，不谋⁵⁴与君论命。君试寻诸试官之文，各取一首焚之，我便知孰为尔师。"生与王并搜之，止得八九人。生曰："如有舛错，以何为罚？"僧愤曰："剜我盲瞳去！"生焚之，每一首，都言非是；至第六篇，忽向壁大呕，下气如雷。众皆粲然。僧拭目向生曰："此真汝师也！初不知而骤嗅之，刺于鼻，棘于腹，膀胱所不能容，直自下部出矣！"生大怒，去，曰："明日自见，勿悔，勿悔！"越二三日，竟不至；视之，已移去矣。乃知即某门生也。

宋慰王曰："凡吾辈读书人，不当尤人，但当克己：不尤人则德益弘，能克己则学益进。当前蹎落⁵⁵，固是数之不偶⁵⁶；平心而论，文亦未便登峰，其由此砥砺，天下自有不盲之人。"王肃然起敬。又闻次年再行乡试，遂不归，止而受教。宋曰："都中薪桂米珠⁵⁷，勿忧资斧。舍后有窖镪⁵⁸，可以发用。"即示之处。王谢曰："昔窦、范贫而能廉⁵⁹，令某幸能自给，敢自污乎？"王一日醉眠，仆及庖人窃发之。王忽觉，闻舍后有声；窃出，则金堆地上。情见事露，并相慑伏。方呵责间，见有金爵，类多镌款⁶⁰，审视，皆大父字讳⁶¹。盖王祖曾为南部郎⁶²，入都寓此，暴病而卒，金其所遗也。王乃喜，秤得金八百余两。明日告宋，且示之爵，欲与瓜分，固辞乃已。以百金往赠瞽僧，僧已去。积数月，敦习⑬益苦。及试，宋曰："此战不捷，始真是命矣！"

俄以犯规被黜。王尚无言；宋大哭，不能止。王反慰解之。宋曰："仆为造物所忌，困顿至于终身，今又累及良友。其命也夫！其命也夫！"王曰："万事固有数在，如先生乃无志进取，非命也。"宋拭泪曰："久欲有言，恐相惊怪。某非生人，乃飘泊之游魂也。少负才名，不得志于场屋。佯狂⑭至都，冀得知我者，传诸著作。甲申之年⑮，竟罹于难，岁岁飘蓬⑯。幸相知爱，故极力为'他山'之攻⑰，生平未酬之愿，实欲借良朋一快之耳。今文字之厄若此，谁复能漠然哉！"王亦感泣，问："何淹滞？"曰："去年上帝有命，委宣圣及阎罗王核查劫鬼⑱，上者备诸曹任用，余者即俾转轮⑲。贱名已录，所未投到者，欲一见飞黄⑳之快耳。今请别矣！"王问："所考何职？"曰："梓潼府中缺一司文郎㉑，暂令聋僮署篆㉒，文运所以颠倒。万一悻得此秩，当使圣教昌明。"明日，忻忻而至，曰："愿遂矣！宣圣命作'性道论'㉓，视之色喜，谓可司文。阎罗稽簿㉔，欲以'口孽'㉕见弃。宣圣争之，乃得就。某伏谢已，又呼近案下，嘱云：'今以怜才，拔充清要；宜洗心供职，勿蹈前愆。'此可知冥中重德行更甚于文学也。君必修行未至，但积善勿懈可耳。"王曰："果尔，余杭其德行何在？"曰："不知。要冥司赏罚，皆无少爽。即前日瞽僧，亦一鬼也，是前朝名家。以生前抛弃字纸过多，罚作瞽。彼自欲医人疾苦，以赎前愆，故托游廛肆耳。"王命置酒。宋曰："无须。终岁之扰，尽此一刻，再为我设水角足矣。"王悲怆不食，坐令自啖。顷刻，已过三盛㉖，捧腹曰："此餐可饱三日，吾以志君德耳。向所食，都在舍后，已成菌矣。藏作药饵，可益儿慧。"王问后会，曰："既有官责，当引嫌也。"又问："梓潼祠中，一相酹祝，可能达否？"曰："此都无益。九天甚远，但洁身力行，自有地司牒报，则某必与知之。"言已，作别而没。

王视舍后，果生紫菌⑰，采而藏之。旁有新土坟起，则水角宛然在焉。王归，弥自刻厉⑱。一夜，梦宋舆盖而至，曰："君向以小忿，误杀一婢，削去禄籍；今笃行已折除矣⑲。然命薄，不足任仕进也。"是年，捷于乡；明年，春闱又捷。遂不复仕。生二子，其一绝钝，啖以菌，遂大慧。后以故诣金陵，遇余杭生于旅次，极道契阔㉚，深自降抑㉛，然鬓毛斑矣。

异史氏曰："余杭生公然自诩，意其为文，未必尽无可观；而骄诈之意态颜色，遂使人顷刻不可复忍。天人之厌弃已久，故鬼神皆玩弄之。脱能增修厥德，则帘内之'刺鼻棘心'者㉜，遇之正易，何所遭之仅也。"

【注释】

①［平阳］明代府名，治所在今山西临汾。　②［北闱］在北京顺天府举行的乡试。　③［报国寺］《帝京景物略》卷三谓报国寺在北京广宁门外。　④［余杭］在今浙江杭州北部。　⑤［比屋居］邻屋而居。比，并列。　⑥［投刺］投递名帖，指前去拜访。　⑦［生不之答］余杭生没有回访他。　⑧［狂悖］狂妄傲慢。　⑨［傀（guī）然］高大的样子。　⑩［登州］明代府名，治所在今山东蓬莱。　⑪［苍头］奴仆。　⑫［噱谈］谈笑。噱，大笑。　⑬［逊坐］让座。　⑭［㧑挹（huī yì）］谦逊。也作"㧑抑"。　⑮［卒然］突然，冒失而无礼貌的样子。　⑯［驽骀（tái）］劣马，比喻才能平庸。　⑰［腾骧］马昂首奔腾，喻奋力上进。骧，马首昂举。　⑱［山左、右］指山东和山西。山东省在太行山的左边，故称山左，这是针对宋生而言的。山西省在太行山之右，故称山右，这是针对王平子而言的。　⑲［无一字通者］没有通晓文墨的人。　⑳［和（hè）］附和。　㉑［轩眉攘腕］扬眉捋袖，形容忿怒。轩，高扬。攘腕，捋袖伸腕。攘，捋。　㉒［一校文艺］校，同"较"。文艺，指八股文。八股文亦称时文、制艺。　㉓［经］指四书、五经等儒家经书。　㉔［阙党童子将命］这是摘自《论语·宪问》的一句话，用作比试的题目。全文是："阙党童子将命。或问之：'益者与？'子曰：'吾见其居于位也，见其与先生并行也。非求益者也，欲速成者也。'"阙

党,即阙里,孔子居处。将命,奉命奔走。孔子说这个童子不是求上进而是一个想走捷径的人,宋生借题发挥,以之奚落余杭生。　㉕〔破〕破题。八股文开头用两句说破题目要义,称"破题"。"于宾客往来之地,而见一无所知之人焉"二句即是破题,既解释"阙党童子将命"的题义,同时也语义双关地嘲骂了余杭生。　㉖〔排难〕调解纠纷。　㉗〔殷有三仁焉〕这是摘自《论语·微子》的一句话。全文是:"微子去之,箕子为之奴,比干谏而死。孔子曰:'有三仁焉。'"意思是说殷纣王昏乱残暴,微子、箕子、比干是三位仁人。　㉘〔不同道〕谓微子、箕子、比干这三个人对待纣王暴政的表现不同。　㉙〔其趋一也〕其目的是一致的。　㉚〔款言移晷〕款言,亲切谈心。移晷,日影移动,指时间很长。晷,日影。　㉛〔质〕质疑问难,请教。　㉜〔刻〕指较短的时间。古代用漏壶计时,一昼夜共一百刻。　㉝〔下乘〕下等,下品。　㉞〔水角〕水饺。　㉟〔更〕再。　㊱〔窗艺〕平时习作的时艺。　㊲〔圈赞〕古时阅读文章,遇有佳句,往往在旁边加圈表示称赞。　㊳〔一览丹黄〕仅仅看一下圈赞。旧时批校书籍用朱笔书写,遇误字用雌黄涂抹,因以丹黄代称文章评点。　㊴〔訾(zǐ)〕诋毁,批评。　㊵〔局蹐(jí)〕局促不安。　㊶〔坚请王作〕一定要拜读王生所作的文章。　㊷〔觍(tiǎn)然〕羞愧的样子。　㊸〔南人不复反矣〕三国时,蜀相诸葛亮南征孟获,七擒七纵,最后孟获心悦诚服,向诸葛亮表示:"公天威也,南人不复反矣!"宋生风趣地引用此话,比喻原以为"南人"余杭生已经降服。　㊹〔伧楚〕鄙陋的家伙。魏晋南北朝时,吴人鄙视楚人荒陋,故称楚地人为伧楚,后遂以"伧楚"作为讥讽粗鄙的一般用语。　㊺〔许〕赞许,称赞。　㊻〔法大家〕法,师法、仿效。大家,名家之最者。　㊼〔归、胡〕指明代归有光和胡友信。归、胡为明嘉靖、隆庆间精于八股文之"大家"(见《明史·文苑传》)。　㊽〔未窥全豹〕未看见全部。《晋书·王献之传》:"管中窥豹时见一斑。"一斑,指豹身上的斑纹,而不是豹的整体。后因以全豹喻全部或整体。　㊾〔格格〕格格不入。格,阻遏。　㊿〔膈(gé)〕胸腔和腹腔间的膈膜。　㈤〔领荐〕领乡荐,指中举。　㈥〔下第〕落榜。　㈦〔帘中人〕清代举行乡试时,贡院办公分内帘外帘,外帘管事务,内帘管阅卷。帘中人指阅卷官员。　㈧〔不谋〕没有打算。　㈨〔踧(cù)落〕失意。　㈩〔数之不偶〕命运不佳。不偶,遭遇不顺利、没有成就。　㈦〔薪桂米珠〕柴价贵如桂,米价贵如珠,比喻生活费用昂贵。　㈧〔窖镪(qiǎng)〕窖埋在地下的钱财。镪,钱贯,引申为成串的钱,后多指白银。

(59)［窦、范贫而能廉］窦，窦仪，渔阳人。宋初为工部尚书，为官清介忠厚。贫困时曾遣金精戏弄，但不为所动（见《小说杂记》）。范，范仲淹，宋朝吴县人。少孤，从母适长山（今山东章丘）朱氏，读书长白山醴泉寺，贫而食粥，“见窖金不发。及为西帅，乃与僧出金缮寺”（见乾隆《章丘县志》卷九）。 (60)［镌款］凿刻的文字。镌，凿。款，款识，古代金属器皿上铸刻的题款。 (61)［字讳］名字。旧时对尊长不直称其名，谓之避讳，因以“讳”指所避讳的名字。 (62)［南部郎］明初建都南京，明成祖朱棣迁都北京，而在南京仍保留六部官制。南部郎，南京的部郎，指郎中、员外郎一类的部属官员。 (63)［敦习］勤勉学习。(64)［佯狂］诈为病狂。狂，纵情任性。 (65)［甲申之年］指崇祯十七年（1644）。这一年李自成领导的农民起义军攻陷北京。 (66)［飘蓬］随风飘荡的蓬草，喻游荡无定所。 (67)［极力为“他山”之攻］意谓尽力勉励朋友上进。《诗·小雅·鹤鸣》：“他山之石，可以攻玉。”意思是说他山的石头可以用作琢磨玉器的砺石。后来以之比喻在学习上互相砥砺，互相研讨。攻，磨治。 (68)［委宣圣及阎罗王核查劫鬼］宣圣，指孔子。封建时代曾给孔子“至圣文宣王”之类的封号，所以称之为“宣圣”。劫鬼，遭遇劫难而死的鬼魂。 (69)［转轮］佛教用语。即所谓“轮回转生”，谓众生在生死世界轮回循环。这里指投胎转世。 (70)［飞黄］传说中的神马（见《淮南子·览冥训》）。此谓飞黄腾达。以神马飞驰喻科举得志。(71)［梓潼府中缺一司文郎］梓潼帝君为道教所奉的主宰功名禄位之神。宋、元道士称玉皇大帝命他掌文昌府和人间禄籍，是主宰天下文教之神。司文郎，官名，唐置，此指主管文运之神。 (72)［暂令聋僮署篆］暂时让聋僮管事儿。聋僮，《蠡海录》谓梓潼文昌帝君有二从者，一名天聋，一名地哑。这里的“聋僮”，兼有昏聩不明的寓意。署篆，代掌官印。 (73)［性道论］这是虚拟的题目。性道，指儒家讲的人性与天道。 (74)［稽簿］稽查簿籍。簿，指记录功过的册子。 (75)［口孽］佛教用语，也称“口业”。此指言语的恶业，即言论过失。 (76)［三盛(chéng)］犹言三碗或三盘。盛，杯盘之类的盛器。 (77)［紫菌］即紫芝，菌类植物。古人以“芝”为瑞草，认为服食可益寿却病。 (78)［弥自刻厉］更加刻苦自励。弥，更。 (79)［今笃行已折除矣］意谓如今你诚笃修行已经抵消先前的罪过。 (80)［道契阔］久别重逢，互诉离情。契阔，久别的情怀。 (81)［降抑］卑恭，谦虚。 (82)［帘内之“刺鼻棘心”者］指只会作臭文章的考官。言外之意，只有不通的考官才能录取不通的考生。

【解读】

　　《司文郎》用近于荒诞的故事情节，戏谑而辛辣地讽刺了科场考官。小说中宋生才华横溢却久困场屋，王生有才气也不得中，而文章低劣的余杭生却如愿以偿。面对选劣黜优的现实，身为鬼魂的宋生也无可奈何。究其原因，原来掌握文运的神府中"暂令聋僮署篆"，"文运所以颠倒"。小说是作者在文学创作中对自己多年科举屡试不中的真实心理写照，字里行间流露出的孤愤，反映了作者对科举取士和读书作文的态度。

　　小说构思奇妙。作者有意将幻异境界与现实社会联结，使作品既驰骋天外，充满浓郁的浪漫气息；又立足现实，蕴含深厚的生活内容。如小说中盲僧嗅文的一段描写就是这种艺术构思的体现。这段描写云谲波诡，奇幻怪异，瞎和尚评判文章高下，不读也不听，而是把文章焚烧以鼻嗅闻，这种评判文章的方式可谓新奇，可更富奇趣的是，他还嗅之以心、以膈、以膀胱。就是在这样奇幻的描写中，作者对考官的昏愦低能、不辨良莠给予了辛辣的嘲讽。

　　小说成功塑造了三个独具个性的典型人物——余杭生、王生、宋生，从而展示科举制度下读书人的种种精神面貌。余杭生不学无术，狂妄浅薄。然而就是这么一个腹中空空的狂生，借着座师的关系在科考中竟一帆风顺。宋生本为鬼神形象，却又是逼真的生人。他颇富才情，而且快人快语，一出场就对狂妄的余杭生给予尖刻的嘲弄，突出显示他率直的个性。与狂生试比文章更显示他文思敏捷、才华出众。可惜这么一位出类拔萃的读书人却难酬登第夙愿。王生憨厚敦朴，性情温和，甚至在宋生打算报复余杭生之时，还想着息事宁人，并"力陈轻薄之戒以劝之"。这样一位忠厚的王生，尽管勤勉攻读、学有所成，但在科场上历尽艰辛。作者塑造了这三个个性鲜明的人物形象，并将他们进行比较，凸显了科举制度在人才选拔上的不公和荒谬。

范进中举

吴敬梓

【题解】

吴敬梓（1701—1754），字敏轩，一字文木，安徽全椒人，清代小说家。一生创作大量诗歌、散文，另有史学研究著作。确立他在中国文学史上杰出地位的是其长篇讽刺小说《儒林外史》。小说由多个生动的故事连接起来，这些故事虽没有一个主干，却有一个中心贯穿其间，即揭露科举制度和封建礼教的毒害，讽刺因热衷功名富贵而造成的极端虚伪、恶劣的社会风习，对中国近现代以来讽刺文学的产生与发展有着深刻的影响。鲁迅先生评其为"如集诸碎锦，合为帖子，虽非巨幅，而时见珍异"（《中国小说史略》）。本文选自《儒林外史》第三回，记叙了半生潦倒的老秀才范进一朝中举后的表现和遭际。标题为编者所拟。

范进进学①回家，母亲，妻子俱各欢喜。正待烧锅做饭，只见他丈人胡屠户，手里拿着一副大肠和一瓶酒，走了进来。范进向他作揖，坐下。胡屠户道："我自倒运，把个女儿嫁与你这现世宝②穷鬼，历年以来，不知累了我多少。如今不知因我积了甚么德，带挈你中了个相公③，我所以带个酒来贺你。"范进唯唯连声，叫浑家④把肠子煮了，烫起酒来，在茅草棚下坐着。母亲自和媳妇在厨下造饭。胡屠户又吩咐女婿道："你如今既中了相公，凡事要立起个体统来。比如我这行事里，都是些正经有脸面的人，又是你的长亲，你怎敢在我们跟前装大？若是家门口这些做田的，扒粪的，不过是平头百姓，你若同他拱手作揖，平起平坐，这就是坏了学校规矩，连我脸上都无光了。你是个烂忠厚没用的人，所以这些话我不得不教导你,免得惹人笑话。"范进道:"岳父见教的是。"胡屠户又道:"亲家母也来这里坐着吃饭。老人家每日小菜饭,想也难过。我女孩儿也吃些。自从进了你家门,这十几年,不知猪油可曾吃过两三回哩!可怜!可怜!"说罢,婆媳两个都来坐着吃了饭。吃到日西时分,胡屠户吃的醺醺的。这里母子两个,千恩万谢。屠户横披了衣服,腆着肚子去了。

  次日,范进少不得拜拜乡邻。魏好古又约了一班同案的朋友,彼此来往。因是乡试年⑤,做了几个文会⑥。不觉到了六月尽间,这些同案的人约范进去乡试。范进因没有盘费⑦,走去同丈人商议,被胡屠户一口啐在脸上,骂了个狗血喷头,道:"不要失了你的时了!你自己只觉得中了一个相公,就'癞虾蟆想吃起天鹅肉'来!我听见人说,就是中相公时,也不是你的文章,还是宗师⑧看见你老,不过意,舍与你的。如今痴心就想中起老爷⑨来!这些中老爷的都是天上的'文曲星'⑩!你不看见城里张府上那些老爷,都有万贯家私,一个个方面大耳?像你这尖嘴猴腮,也该撒抛尿自己照照!不三不四,就想天鹅屁吃!趁早收了这心,明年在我们行里替你寻一个馆⑪,每年寻几两银子,养活你那老不死的老娘和你老婆是正经!你问我借盘缠,我一天杀一个猪还赚不得钱把银子,都把与你去丢在水里,叫我一家老小嗑西北风!"一顿夹七夹八,骂的范进摸门不着。辞了丈人回来,自心里想:"宗师说我火候已到,自古无场外的举人⑫,如不进去考他一考,如何甘心?"因向几个同案商议,瞒着丈人,到城里乡试。出了场,即便回家。家里已是饿了两三天。被胡屠户知道,又骂了一顿。

  到出榜那日,家里没有早饭米,母亲吩咐范进道:"我有一只生蛋的母鸡,你快拿到集上去卖了,买几升米来煮餐粥吃,我已是饿的两眼都看不见了。"范进慌忙抱了鸡,走出门去。才去不到两个时候⑬,只听得一片声的锣响,三匹马闯将来。那三个人下了马，把马拴在茅草棚上，一片声叫道："快请范老爷出来，恭喜高中了！"母亲不知是甚事，吓得躲在屋里；听见了，方敢伸出头来，说道："诸位请坐，小儿方才出去了。"那些报录人⑭道："原来是老太太。"大家簇拥着要喜钱⑮。正在吵闹，又是几匹马，二报、三报到了，挤了一屋的人，茅草棚地下都坐满了。邻居都来了，挤着看，老太太没奈何，只得央及⑯一个邻居去寻他儿子。

那邻居飞奔到集上，一地里⑰寻不见；直寻到集东头，见范进抱着鸡，手里插个草标⑱，一步一踱的，东张西望，在那里寻人买。邻居道："范相公，快些回去！你恭喜中了举人，报喜人挤了一屋里。"范进道是哄他，只装不听见，低着头往前走。邻居见他不理，走上来，就要夺他手里的鸡。范进道："你夺我的鸡怎的？你又不买。"邻居道："你中了举了，叫你家去打发报子哩。"范进道："高邻，你晓得我今日没有米，要卖这鸡去救命，为甚么拿这话来混我？我又不同你顽⑲，你自回去罢，莫误了我卖鸡。"邻居见他不信，劈手把鸡夺了，掼在地下，一把拉了回来。报录人见了道："好了，新贵人回来了。"正要拥着他说话，范进三两步走进屋里来，见中间报帖⑳已经升挂起来，上写道："捷报贵府老爷范讳㉑进高中广东乡试第七名亚元㉒。京报连登黄甲㉓。"

范进不看便罢，看了一遍，又念一遍，自己把两手拍了一下，笑了一声，道："噫！好了！我中了！"说着，往后一交㉔跌倒，牙关咬紧，不省人事。老太太慌了，慌将几口开水灌了过来。他爬将起来，又拍着手大笑道："噫！好！我中了！"笑着，不由分说，就往门外飞跑，把报录人和邻居吓了一跳。走出大门不多路，一脚踹在塘里，挣起来，头发都跌散了，两手黄泥，淋淋漓漓一身的水。众人拉他不住，拍着笑着，一直走到集上去了。众人大眼望小眼，一齐道："原来新贵人欢喜疯了。"老太太哭道："怎生这样苦命的事！中了一个甚么举人，就得了这拙病！这一疯了，几时才得好？"娘子胡氏道："早上好好出去，怎的就得了这样的病！却是如何是好？"众邻居劝道："老太太不要心慌。我们而今且派两个人跟定了范老爷。这里众人家里拿些鸡蛋酒米，且管待了报子上的老爹们，再为商酌。"

当下众邻居有拿鸡蛋来的，有拿白酒来的，也有背了斗米来的，也有捉两只鸡来的。娘子哭哭啼啼，在厨下收拾齐了，拿在草棚下。邻居又搬些桌凳，请报录的坐着吃酒，商议他这疯了，如何是好。报录的内中有一个人道："在下倒有一个主意，不知可以行得行不得？"众人问："如何主意？"那人道："范老爷平日可有怕的人？他只因欢喜狠了，痰涌上来，迷了心窍。如今只消他怕的这个人来打他一个嘴巴，说：'这报录的话都是哄你的，你并不曾中。'他这一吓，把痰吐了出来，就明白了。"众邻都拍手道："这个主意好得紧，妙得紧！范老爷怕的，莫过于肉案上的胡老爹。好了！快寻胡老爹来。他想还不知道，在集上卖肉哩。"又一个人道："在集上卖肉，他倒好知道了；他从五更鼓就往东头集上迎猪，还不曾回来。快些迎着去寻他。"

一个人飞奔去迎，走到半路，遇着胡屠户来，后面跟着一个烧汤的二汉⑤，提着七八斤肉，四五千钱，正来贺喜。进门见了老太太，老太太大哭着告诉了一番。胡屠户诧异道："难道这等没福？"外边人一片声请胡老爹说话。胡屠户把肉和钱交与女儿，走了出来。众人如此这般，同他商议。胡屠户作难道："虽然是我女婿，如今却做了老爷，就是天上的星宿。天上的星宿是打不得的！我听得斋公⑥们说：打了天上的星宿，阎王就要拿去打一百铁棍，发在十八层地狱，永不得翻身。我却是不敢做这样的事！"邻居内一个尖酸的人说道："罢么！胡老爹，你每日杀猪的营生，白刀子进去，红刀子出来，阎王也不知叫判官的簿子上记了你几千铁棍；就是添上这一百棍，也打甚么要紧？只恐铁棍打完了，也算不到这笔账上来。或者你救好了女婿的病，阎王叙功，从地狱里把你提上第十七层来，也不可知。"报录的人道："不要只管讲笑话。胡老爹，这个事须是这般，你没奈何，权变一权变。"屠户被众人局不过，只得连斟两碗酒喝了，壮一壮胆，把方才这些小心收起，将平日的凶恶样子拿出来，卷一卷那油晃晃的衣袖，走上集去。众邻居五六个都跟着走。老太太赶出来叫道："亲家，你只可吓他一吓，却不要把他打伤了！"众邻居道："这自然，何消吩咐。"说着，一直去了。

来到集上，只见范进正在一个庙门口站着，散着头发，满脸污泥，鞋都跑掉了一只，兀自拍着掌，口里叫道："中了！中了！"胡屠户凶神似的走到跟前，说道："该死的畜生！你中了甚么？"一个嘴巴打将去。众人和邻居见这模样，忍不住的笑。不想胡屠户虽然大着胆子打了一下，心里到底还是怕的，那手早颤起来，不敢打到第二下。范进因这一嘴巴，却也打晕了，昏倒在地。众邻居一齐上前，替他抹胸口，捶背心，舞⑦了半日，渐渐喘息过来，眼睛明亮，不疯了。众人扶起，借庙门口一个外科郎中的板凳上坐着。胡屠户站在一边，不觉那只手隐隐的疼将起来；自己看时，把个巴掌仰着，再也弯不过来。自己心里懊恼道："果然天上'文曲星'是打不得的，而今菩萨计较起来了。"想一想，更疼的狠了，连忙向郎中讨了个膏药贴着。

范进看了众人，说道："我怎么坐在这里？"又道："我这半日，昏昏沉沉，如在梦里一般。"众邻居道："老爷，恭喜高中了。适才欢喜的有些引动了痰，方才吐出几口痰来了，好了。快请回家去打发报录人。"范进说道："是了。我也记得是中的第七名。"范进一面自绾⑧了头发，一面问郎中借了一盆水洗洗脸。一个邻居早把那一只鞋寻了来，替他穿上。见丈人在跟前，恐怕又要来骂。胡屠户上前道："贤婿老爷，方才不是我敢大胆，是你老太太的主意，央我来劝你的。"邻居内一个人道："胡老爹方才这个嘴巴打的亲切，少顷范老爷洗脸，还要洗下半盆猪油来！"又一个道："老爹，你这手明日杀不得猪了。"胡屠户道："我那里还杀猪！有我这贤婿，还怕后半世靠不着也怎的？我每常说，我的这个贤婿，才学又高，品貌又好，就是城里头那张府、周府的这些老爷，也没有我女婿这样一个体面的相貌。你们不知道，得罪你们说，我小老这一双眼睛，却是认得人的。想着先年，我小女在家里长到三十多岁，多少有钱的富户要和我结亲，我自己觉得女儿像有些福气的，毕竟要嫁与个老爷，今日果然不错！"说罢，哈哈大笑。众人都笑起来。看着范进洗了脸，郎中又拿茶来吃了，一同回家。范举人先走，屠户和邻居跟在后面。屠户见女婿衣裳后襟滚皱了许多，一路低着头替他扯了几十回。到了家门，屠户高声叫道："老爷回府了！"老太太迎着出来，见儿子不疯，喜从天降。众人问报录的，已是家里把屠户送来的几千钱打发他们去了。范进拜了母亲，也拜了丈人。胡屠户再三不安道："些须几个钱，不够你赏人。"范进又谢了邻居。正待坐下，早看见一个体面的管家，手里拿着一个大红全帖㉙，飞跑了进来："张老爷来拜新中的范老爷。"说毕，轿子已是到了门口。胡屠户忙躲进女儿房里，不敢出来。邻居各自散了。

　　范进迎了出去，只见那张乡绅下了轿进来，头戴纱帽，身穿葵花色员㉚领、金带、皂靴。他是举人出身，做过一任知县的，别号静斋，同范进让了进来，到堂屋内平磕了头，分宾主坐下。张乡绅攀谈道："世先生㉛同在桑梓㉜，一向有失亲近。"范进道："晚生久仰老先生，只是无缘，不曾拜会。"张乡绅道："适才看见题名录，贵房师㉝高要县汤公，就是先祖的门生，我和你是亲切的世弟兄。"范进道："晚生侥幸，实是有愧。却幸得出老先生门下，可为欣喜。"张乡绅四面将眼睛望了一望，说道："世先生果是清贫。"随在跟的家人手里拿过一封银子来，说道："弟却也无以为敬，谨具贺仪五十两，世先生权且收着。这华居其实住不得，将来当事拜往，俱不甚便，弟有空房一所，就在东门大街上，三进三间，虽不轩敞，也还干净，就送与世先生；搬到那里去住，早晚也好请教些。"范进再三推辞，张乡绅急了，道："你我年谊㉞世好，就如至亲骨肉一般；若要如此，就是见外了。"范进方才把银子收下，作揖谢了。又说了一会，打躬作别。胡屠户直等他上了轿，才敢走出堂屋来。

范进即将这银子交与浑家打开看，一封一封雪白的细丝锭子㉟，即便包了两锭，叫胡屠户进来，递与他道："方才费老爹的心，拿了五千钱来。这六两多银子，老爹拿了去。"屠户把银子攥在手里紧紧的，把拳头舒过来，道："这个，你且收着。我原是贺你的，怎好又拿了回去？"范进道："眼见得我这里还有几两银子，若用完了，再来问老爹讨来用。"屠户连忙把拳头缩了回去，往腰里揣，口里说道："也罢，你而今相与了这个张老爷，何愁没有银子用？他家里的银子，说起来比皇帝家还多些哩！他家就是我卖肉的主顾，一年就是无事，肉也要四五千斤，银子何足为奇！"又转回头来望着女儿，说道："我早上拿了钱来，你那该死行瘟的兄弟还不肯，我说：'姑老爷今非昔比，少不得有人把银子送上门来给，只怕姑老爷还不希罕。'今日果不其然！如今拿了银子家去，骂死这砍头短命的奴才！"说了一会，千恩万谢，低着头，笑迷迷的去了。

【注释】

①［进学］明清科举制度，童生经县考初试和府考复试，再参加由学政主持的院考（道考），考取的列名府县学籍，叫进学，即为秀才。又规定每三年举行一次乡试（省级考试），秀才或监生应考，考中的就是举人。　②［现世宝］丢脸的

家伙。现世，出丑、丢脸。 ③〔相（xiàng）公〕对秀才的称呼。 ④〔浑家〕妻子。 ⑤〔乡试年〕乡试开考的这一年。 ⑥〔文会〕这里指旧时读书人为了准备考试，在一起写文章、切磋学问的集会。 ⑦〔盘费〕旅费。 ⑧〔宗师〕对一省总管教育的学官的尊称。 ⑨〔老爷〕这里是对举人的称呼。 ⑩〔文曲星〕主管文运的星宿（xiù）。旧时迷信说法，认为文章写得好，能高中做大官的人，都是文曲星下凡。 ⑪〔馆〕旧指塾师教书的处所。 ⑫〔无场外的举人〕没有不进考场就能中举的。 ⑬〔两个时候〕两个时辰，合现在四个小时。 ⑭〔报录人〕向考中的人报喜讯的人。 ⑮〔喜钱〕指赏给报录人的钱。 ⑯〔央及〕恳求，请求。 ⑰〔一地里〕一路上。 ⑱〔草标〕插在物品上的草棍，作为出售的标志。 ⑲〔顽〕同"玩"，嬉闹、玩笑。 ⑳〔报帖（tiě）〕旧时向升官或考试得中的人家送去的喜报。帖，官府文书。 ㉑〔讳〕旧时对某人表示尊敬不直呼其名，叫"避讳"。讳某，意思是某字本应避去。 ㉒〔亚元〕乡试中举，第一名称解（jiè）元，第二至十名称亚元。 ㉓〔京报连登黄甲〕科举时代写在喜报上表示祝贺的恭维话，意思是以后还会有会试、殿试连续的捷报。殿试录取进士分为三等，叫"三甲"，榜用黄纸写，所以称"黄甲"。 ㉔〔交〕同"跤"。 ㉕〔二汉〕指男佣工。 ㉖〔斋公〕指长年吃斋的人。 ㉗〔舞〕弄，摆弄。 ㉘〔绾（wǎn）〕（把头发）盘绕起来打成结。 ㉙〔大红全帖〕用大红纸折叠成折子的帖子，共有十面，横阔十倍于单帖，称为"全帖"。拜客时用全帖表示郑重和恭敬。 ㉚〔员〕圆。 ㉛〔世先生〕对有世交的平辈的敬称。世，表示世交，指两家世代有交往。这种称呼是旧时人们拉关系时的客套语。下文"世弟兄"也表示同样的意思。 ㉜〔桑梓〕家乡。古时住宅旁常栽桑树、梓树，后人就用"桑梓"指代家乡。 ㉝〔房师〕科举时代乡试和会试分房阅卷，由各房考官加批后推荐答卷给主考官，考中的人称推荐答卷的房考官为"房师"。 ㉞〔年谊〕原指一同考中的人彼此之间的关系。这里是张静斋对范进特意表示亲近的客套话。 ㉟〔细丝锭（dìng）子〕带细条纹的银块。

【解读】

　　本文描写范进中举喜极而疯及中举前后生活遭遇变化，批判科举制度腐蚀读书人灵魂，摧残人才及败坏社会风气的罪恶，表现封建末世的社会图景，对各类市侩小人也进行了有力的嘲讽。本文主要采取先抑后扬的写法。先写范进日子实在过不下去，家里已好几天没吃的，只好把家中唯一的老母鸡抱到集市上去卖。这时候有人说他中了举人，他根本不信，被人硬拉回家来，看到家里高高地张贴他中举人的报帖，这时突然痰迷心窍，不省人事。被人弄醒后，他笑着往外跑。这里有一段对他发疯的详细描述：他跑到集市上摔了好几跤，浑身水淋淋的，拍着笑着，还在一个庙的门口站着，满身满脸都是污泥，鞋也跑掉了一只，还在那儿拍着，一直叫："中了，中了！"原来他是喜极而疯。对于中举这件大事范进没有任何心理准备，他只有原来的一次次落榜的心理准备，考不上再考，他没有想过一旦考上怎样。而今没想到考上了，脆弱麻木的神经无法经受巨大的欢喜，所以他喜极而狂，喜极而疯。从这里可以看出，科举考试对读书人具有巨大的诱惑力，但同时对他们的心灵也造成巨大的摧残。

本文在情节对比中深刻地解剖了范进中举喜极而疯的社会原因。范进中举之前，胡屠户大骂他是"现世宝""穷鬼"，中举之后，胡屠户不但及时来贺喜，还口口声声称"贤婿老爷""才学又高，品貌又好"，见到范进衣裳后襟滚皱了，还"一路低着头替他扯了几十回"。张乡绅在范进中举前"一向有失亲近"，但在范进中举后赠银送屋，极力笼络。作者真实地描绘了胡屠户与张乡绅对范进前后态度的变化，控诉了八股科举社会的恶浊风气，揭示了封建士子热衷八股考试的社会原因。

本文的细节描写十分精彩，如胡屠户接受范进赠银的细节，显示出作者高妙的创作技巧。范进得到张乡绅馈赠后赠银给胡屠户，胡屠户见钱暗喜，却假装客气推让，又害怕弄巧成拙，范进当真收回银子，所以他在推让过程中极不自然，"把银子攥在手里紧紧的，把拳头舒过来"，口是心非的嘴脸表现得惟妙惟肖。从范进口中再次证实银子的确是赏与自己的，他便收起客气，"连忙把拳头缩了回去，往腰里揣"，这一动作之快，与之前截然不同，活画出了他那虚伪贪婪的性格特点。

林黛玉进贾府

曹雪芹

【题解】

　　曹雪芹（约 1715—约 1763），名霑，字梦阮，号雪芹，清代小说家。祖籍辽阳，先世原为汉族，后为正白旗"包衣"。曾祖母孙氏做过康熙帝玄烨保姆，曹家祖孙三代四人担任江宁织造达 60 年之久。雍正初年，由于统治阶级内部政治斗争的牵连，曹家遭受一系列打击，从此日渐衰微。经历了生活中的重大转折，曹雪芹对当时社会有了更清醒、深刻的认识，他"批阅十载，增删五次"，创作了《红楼梦》。这部小说以贾宝玉、林黛玉的爱情故事为线索，通过对"贾、史、王、薛"四大家族兴衰荣辱的描写，展示了一幅广阔无边的社会风俗画卷，是我国古典小说的巅峰之作。本文选自《红楼梦》第三回，写林黛玉初到贾府的情况，由此贾府的主要人物第一次公开亮相。标题为编者所拟。

　　且说黛玉自那日弃舟登岸时，便有荣国府打发了轿子并拉行李的车辆久候了。这林黛玉常听得母亲说过，他外祖母家与别家不同。他近日所见的这几个三等仆妇，吃穿用度，已是不凡了，何况今至其家。因此步步留心，时时在意，不肯轻易多说一句话，多行一步路，惟恐被人耻笑了他去。自上了轿，进入城中，从纱窗向外瞧了一瞧，其街市之繁华，人烟之阜盛，自与别处不同。又行了半日，忽见街北蹲着两个大石狮子，三间兽头大门，门前列坐着十来个华冠丽服之人。正门却不开，只有东西两角门有人出入。正门之上有一匾，匾上大书"敕造①宁国府"五个大字。黛玉想道：这必是外祖之长房了。想着，又往西行，不多远，照

［清］孙温《全本红楼梦》（之一）

样也是三间大门，方是荣国府了。却不进正门，只进了西边角门。那轿夫抬进去，走了一射之地②，将转弯时，便歇下退出去了。后面的婆子们已都下了轿，赶上前来。另换了三四个衣帽周全十七八岁的小厮上来，复抬起轿子。众婆子步下围随至一垂花门③前落下。众小厮退出，众婆子上来打起轿帘，扶黛玉下轿。林黛玉扶着婆子的手，进了垂花门，两边是抄手游廊④，当中是穿堂⑤，当地放着一个紫檀架子大理石的大插屏⑥。转过插屏，小小的三间厅，厅后就是后面的正房大院。正面五间上房，皆雕梁画栋，两边穿山游廊⑦厢房，挂着各色鹦鹉、画眉等鸟雀。台矶之上，坐着几个穿红着绿的丫头，一见他们来了，便忙都笑迎上来，说："刚才老太太还念呢，可巧就来了。"于是三四人争着打起帘笼，一面听得人回话："林姑娘到了。"

黛玉方进入房时，只见两个人搀着一位鬓发如银的老母迎上来，黛玉便知是他外祖母。方欲拜见时，早被他外祖母一把搂入怀中，心肝儿肉叫着大哭起来。当下地下侍立之人，无不掩面涕泣，黛玉也哭个不住。一时众人慢慢解劝住了，黛玉方拜见了外

331

祖母。——此即冷子兴所云之史氏太君,贾赦贾政之母也。当下贾母一一指与黛玉:"这是你大舅母;这是你二舅母;这是你先珠大哥的媳妇珠大嫂子⑧。"黛玉一一拜见过。贾母又说:"请姑娘们来。今日远客才来,可以不必上学去了。"众人答应了一声,便去了两个。

　　不一时,只见三个奶嬷嬷并五六个丫鬟,簇拥着三个姊妹来了。第一个肌肤微丰,合中身材,腮凝新荔,鼻腻鹅脂,温柔沉默,观之可亲。第二个削肩细腰,长挑身材,鸭蛋脸面,俊眼修眉,顾盼神飞,文彩精华,见之忘俗。第三个身量未足,形容尚小。其钗环裙袄,三人皆是一样的妆饰。黛玉忙起身迎上来见礼,互相厮认过,大家归了坐。丫鬟们斟上茶来。不过说些黛玉之母如何得病,如何请医服药,如何送死发丧。不免贾母又伤感起来,因说:"我这些儿女,所疼者独有你母,今日一旦先舍我而去,连面也不能一见,今见了你,我怎不伤心!"说着,搂了黛玉在怀,又呜咽起来。众人忙都宽慰解释,方略略止住。

　　众人见黛玉年貌虽小,其举止言谈不俗,身体面庞虽怯弱不胜,却有一段自然的风流⑨态度⑩,便知他有不足之症⑪。因问:"常服何药,如何不急为疗治?"黛玉道:"我自来是如此,从会吃饮食时便吃药,到今日未断,请了多少名医修方配药,皆不见效。那一年我三岁时,听得说来了一个癞头和尚,说要化我去出家,我父母固是不从。他又说:'既舍不得他,但只怕他的病一生也不能好的。若要好时,除非从此以后总不许见哭声;除了父母之外,凡有外姓亲友之人,一概不见,方可平安了此一世。'疯疯癫癫,说了这些不经之谈⑫,也没人理他。如今还是吃人参养荣丸。"贾母道:"正好,我这里正配丸药呢。叫他们多配一料就是了。"

　　一语未了,只听后院中有人笑声,说:"我来迟了,不曾迎接远客!"黛玉纳罕道:"这些人个个皆敛声屏气,恭肃严整如此,这来者系谁，这样放诞无礼？"心下想时，只见一群媳妇丫鬟围拥着一个人从后房门进来。这个人打扮与众姑娘不同，彩绣辉煌，恍若神妃仙子：头上戴着金丝八宝攒珠髻⑬，绾着朝阳五凤挂珠钗⑭；项上带着赤金盘螭璎珞圈⑮；裙边系着豆绿宫绦双衡比目玫瑰佩⑯；身上穿着缕金百蝶穿花大红洋缎窄裉袄⑰，外罩五彩刻丝石青银鼠褂⑱；下着翡翠撒花洋绉裙⑲。一双丹凤三角眼⑳，两弯柳叶吊梢眉㉑，身量苗条，体格风骚㉒，粉面含春威不露，丹唇未启笑先闻。黛玉连忙起身接见。贾母笑道："你不认得他。他是我们这里有名的一个泼皮破落户儿㉓，南省俗谓作'辣子'，你只叫他'凤辣子'就是了。"黛玉正不知以何称呼，只见众姊妹都忙告诉他道："这是琏嫂子。"黛玉虽不识，也曾听见母亲说过，大舅贾赦之子贾琏，娶的就是二舅母王氏之内侄女，自幼假充男儿教养的，学名王熙凤。黛玉忙陪笑见礼，以"嫂"呼之。这熙凤携着黛玉的手，上下细细打谅㉔了一回，仍送至贾母身边坐下，因笑道："天下真有这样标致的人物，我今儿才算见了！况且这通身的气派，竟不像老祖宗的外孙女儿，竟是个嫡亲的孙女，怨不得老祖宗天天口头心头一时不忘。只可怜我这妹妹这样命苦，怎么姑妈偏就去世了！"说着，便用帕拭泪。贾母笑道："我才好了，你倒来招我。你妹妹远路才来，身子又弱，也才劝住了，快再休提前话。"这熙凤听了，忙转悲为喜道："正是呢！我一见了妹妹，一心都在他身上了，又是喜欢，又是伤心，竟忘记了老祖宗。该打，该打！"又忙携黛玉之手，问："妹妹几岁了？可也上过学？现吃什么药？在这里不要想家，想要什么吃的、什么玩的，只管告诉我；丫头老婆们不好了，也只管告诉我。"一面又问婆子们："林姑娘的行李东西可搬进来了？带了几个人来？你们赶早打扫两间下房，让他们去歇歇。"

　　说话时，已摆了茶果上来。熙凤亲为捧茶捧果。又见二舅母问他:"月钱㉕放过了不曾?"熙凤道:"月钱已放完了。才刚带着人到后楼上找缎子,找了这半日,也并没有见昨日太太说的那样的,想是太太记错了?"王夫人道:"有没有,什么要紧。"因又说道:"该随手拿出两个来给你这妹妹去裁衣裳的,等晚上想着叫人再去拿罢,可别忘了。"熙凤道:"这倒是我先料着了,知道妹妹不过这两日到的,我已预备下了,等太太回去过了目好送来。"王夫人一笑,点头不语。

当下茶果已撤,贾母命两个老婆婆带了黛玉去见两个母舅。时贾赦之妻邢氏忙亦起身,笑回道:"我带了外甥女过去,倒也便宜。"贾母笑道:"正是呢,你也去罢,不必过来了。"邢夫人答应了一声"是"字,遂带了黛玉与王夫人作辞,大家送至穿堂前。出了垂花门,早有众小厮们拉过一辆翠幄青绸车㉖,邢夫人携了黛玉,坐在上面,众婆子们放下车帘,方命小厮们抬起,拉至宽处,方驾上驯骡,亦出了西角门,往东过荣府正门,便入一黑油大门中,至仪门㉗前方下来。众小厮退出,方打起车帘,邢夫人搀着黛玉的手,进入院中。黛玉度其房屋院宇,必是荣府中花园隔断过来的。进入三层仪门,果见正房厢庑㉘游廊,悉皆小巧别致,不似方才那边轩峻壮丽;且院中随处之树木山石皆在。一时进入正室,早有许多盛妆丽服之姬妾丫鬟迎着,邢夫人让黛玉坐了,一面命人到外面书房去请贾赦。一时人来回话说:"老爷说了:'连日身上不好,见了姑娘彼此倒伤心,暂且不忍相见。劝姑娘不要伤心想家,跟着老太太和舅母,即同家里一样。姊妹们虽拙,大家一处伴着,亦可以解些烦闷。或有委屈之处,只管说得,不要外道才是。'"黛玉忙站起来,一一听了。再坐一刻,便告辞。邢夫人苦留吃过晚饭去,黛玉笑回道:"舅母爱惜赐饭,原不应辞,只是还要过去拜见二舅舅,恐领了赐去不恭,异日再领,未为不可。望舅母容谅。"邢夫人听说,笑道:"这倒是了。"遂令两三个嬷嬷用方才的车好生送了姑娘过去。于是黛玉告辞。邢夫人送至仪门前，又嘱咐了众人几句，眼看着车去了方回来。

一时黛玉进了荣府，下了车。众嬷嬷引着，便往东转弯，穿过一个东西的穿堂，向南大厅之后，仪门内大院落，上面五间大正房，两边厢房鹿顶耳房钻山㉙，四通八达，轩昂壮丽，比贾母处不同。黛玉便知这方是正经正内室，一条大甬路，直接出大门的。进入堂屋中，抬头迎面先看见一个赤金九龙青地大匾，匾上写着斗大的三个大字，是"荣禧堂"，后有一行小字："某年月日，书赐荣国公贾源"，又有"万几宸翰之宝"㉚。大紫檀雕螭案上，设着三尺来高青绿古铜鼎，悬着待漏随朝墨龙大画㉛，一边是金蜼彝㉜，一边是玻璃盒。地下两溜十六张楠木交椅，又有一副对联，乃乌木联牌，镶着錾银㉝的字迹，道是：

座上珠玑昭日月，堂前黼黻焕烟霞。㉞

下面一行小字，道是："同乡世教弟勋袭东安郡王穆莳拜手书。"

原来王夫人时常居坐宴息，亦不在这正室，只在这正室东边的三间耳房内。于是老嬷嬷引黛玉进东房门来。临窗大炕上铺着猩红洋毯㉟，正面设着大红金钱蟒靠背，石青金钱蟒引枕㊱，秋香色㊲金钱蟒大条褥。两边设一对梅花式洋漆小几。左边几上文王鼎匙箸香盒㊳；右边几上汝窑美人觚㊴——觚内插着时鲜花卉，并茗碗痰盒等物。地下面西一溜四张椅上，都搭着银红撒花椅搭㊵，底下四副脚踏。椅之两边，也有一对高几，几上茗碗瓶花俱备。其余陈设，自不必细说。老嬷嬷们让黛玉炕上坐，炕沿上却有两个锦褥对设，黛玉度其位次，便不上炕，只向东边椅子上坐了。本房内的丫鬟忙捧上茶来。黛玉一面吃茶，一面打谅这些丫鬟们，妆饰衣裙，举止行动，果亦与别家不同。

茶未吃了，只见一个穿红绫袄青缎掐牙㊶背心的丫鬟走来笑说道："太太说，请林姑娘到那边坐罢。"老嬷嬷听了，于是又引黛玉出来，到了东廊三间小正房内。正房炕上横设一张炕桌，桌上磊着㊷书籍茶具，靠东壁面西设着半旧的青缎背引枕。王夫人却坐在西边下首，亦是半旧的青缎靠背坐褥。见黛玉来了，便往东让。黛玉心中料定这是贾政之位。因见挨炕一溜三张椅子上，也搭着半旧的弹墨椅袱㊸，黛玉便向椅上坐了。王夫人再四携他上炕，他方挨王夫人坐了。王夫人因说："你舅舅今日斋戒去了，再见罢。只是有一句话嘱咐你：你三个姊妹倒都极好，以后一处念书认字学针线，或是偶一顽笑，都有尽让的。但我不放心的最是一件：我有一个孽根祸胎，是家里的'混世魔王'，今日庙里还愿去了，尚未回来，晚间你看见便知了。你只以后不要睬他，你这些姊妹都不敢沾惹他的。"

黛玉亦常听得母亲说过，二舅母生的有个表兄，乃衔玉而诞，顽劣异常，极恶读书，最喜在内帏㊹厮混；外祖母又极溺爱，无人敢管。今见王夫人如此说，便知说的是这表兄了。因陪笑道："舅母说的，可是衔玉所生的这位哥哥？在家时亦曾听见母亲常说，这位哥哥比我大一岁，小名就唤宝玉，虽极憨顽，说在姊妹情中极好的。况我来了，自然只和姊妹同处，兄弟们自是别院另室的，岂得去沾惹之理？"王夫人笑道："你不知道原故：他与别人不同，自幼因老太太疼爱，原系同姊妹们一处娇养惯了的。若姊妹们有日不理他，他倒还安静些，纵然他没趣，不过出了二门，背地里拿着他两个小幺儿㊺出气，咕唧一会子就完了。若这一日姊妹们和他多说一句话，他心里一乐，便生出多少事来。所以嘱咐你别睬他。他嘴里一时甜言蜜语，一时有天无日，一时又疯疯傻傻，只休信他。"

黛玉一一的都答应着。只见一个丫鬟来回："老太太那里传晚饭了。"王夫人忙携黛玉从后房门由后廊往西，出了角门，是一条南北宽夹道。南边是倒座[46]三间小小的抱厦厅[47]，北边立着一个粉油大影壁，后有一半大门，小小一所房室。王夫人笑指向黛玉道："这是你凤姐姐的屋子，回来你好往这里找他来，少什么东西，你只管和他说就是了。"这院门上也有四五个才总角[48]的小厮，都垂手侍立。王夫人遂携黛玉穿过一个东西穿堂，便是贾母的后院了。于是，进入后房门，已有多人在此伺候，见王夫人来了，方安设桌椅。贾珠之妻李氏捧饭，熙凤安箸，王夫人进羹。贾母正面榻上独坐，两边四张空椅，熙凤忙拉了黛玉在左边第一张椅上坐了，黛玉十分推让。贾母笑道："你舅母你嫂子们不在这里吃饭。你是客，原应如此坐的。"黛玉方告了座，坐了。贾母命王夫人坐了。迎春姊妹三个告了座方上来。迎春便坐右手第一，探春左第二，惜春右第二。旁边丫鬟执着拂尘[49]、漱盂、巾帕。李、凤二人立于案旁布让[50]。外间伺候之媳妇丫鬟虽多，却连一声咳嗽不闻。寂然饭毕，各有丫鬟用小茶盘捧上茶来。当日林如海教女以惜福养身，云饭后务待饭粒咽尽，过一时再吃茶，方不伤脾胃。今黛玉见了这里许多事情不合家中之式，不得不随的，少不得一一改过来，因而接了茶。早见人又捧过漱盂来，黛玉也照样漱了口。盥手毕，又捧上茶来，这方是吃的茶。贾母便说："你们去罢，让我们自在说话儿。"王夫人听了，忙起身，又说了两句闲话，方引凤、李二人去了。贾母因问黛玉念何书。黛玉道：只刚念了《四书》。"黛玉又问姊妹们读何书。贾母道："读的是什么书，不过是认得两个字，不是睁眼的瞎子罢了！"

一语未了，只听外面一阵脚步响，丫鬟进来笑道："宝玉来了！"黛玉心中正疑惑着："这个宝玉，不知是怎生个惫懒[51]人物，惛懂顽童？"——倒不见那蠢物也罢了[52]。心中想着，忽见丫鬟话未报完，已进来了一位年轻的公子：头上戴着束发嵌宝紫金冠③，齐眉勒着二龙抢珠金抹额④；穿一件二色金百蝶穿花大红箭袖⑤，束着五彩丝攒花结长穗宫绦⑥，外罩石青起花八团倭缎排穗褂⑦；登着青缎粉底小朝靴⑧。面若中秋之月，色如春晓之花，鬓若刀裁，眉如墨画，面如桃瓣，目若秋波。虽怒时而若笑，即瞋视而有情。项上金螭璎珞，又有一根五色丝绦，系着一块美玉。黛玉一见，便吃一大惊，心下想道："好生奇怪，倒像在那里见过一般，何等眼熟到如此！"只见这宝玉向贾母请了安⑨，贾母便命："去见你娘来。"宝玉即转身去了。一时回来，再看已换了冠带：头上周围一转的短发，都结成小辫，红丝结束，共攒至顶中胎发，总编一根大辫，黑亮如漆，从顶至梢，一串四颗大珠，用金八宝坠角⑩；身上穿着银红撒花半旧大袄，仍旧带着项圈、宝玉、寄名锁⑪、护身符等物；下面半露松花撒花绫裤腿，锦边弹墨袜，厚底大红鞋。越显得面如敷粉，唇若施脂；转盼多情，语言常笑。天然一段风骚，全在眉梢；平生万种情思，悉堆眼角。看其外貌最是极好，却难知其底细。后人有《西江月》二词，批宝玉极恰，其词曰：

  无故寻愁觅恨，有时似傻如狂。纵然生得好皮囊⑫，腹内原来草莽。　潦倒不通世务，愚顽怕读文章。行为偏僻⑬性乖张⑭，那管世人诽谤！

  富贵不知乐业，贫穷难耐凄凉。可怜辜负好韶光，于国于家无望。　天下无能第一，古今不肖无双。寄言纨袴与膏粱：莫效此儿形状！⑮

  贾母因笑道："外客未见，就脱了衣裳，还不去见你妹妹！"宝玉早已看见多了一个姊妹，便料定是林姑妈之女，忙来作揖。

厮见毕归坐，细看形容，与众各别：两弯似蹙非蹙罥烟眉⑯，一双似喜非喜含情目。态生两靥之愁，娇袭一身之病⑰。泪光点点，娇喘微微。闲静时如姣花照水，行动处似弱柳扶风。心较比干多一窍，病如西子胜三分。⑱宝玉看罢，因笑道："这个妹妹我曾见过的。"贾母笑道："可又是胡说，你又何曾见过他？"宝玉笑道："虽然未曾见过他，然我看着面善，心里就算是旧相识，今日只作远别重逢，亦未为不可。"贾母笑道："更好，更好，若如此，更相和睦了。"宝玉便走近黛玉身边坐下，又细细打量一番，因问："妹妹可曾读书？"黛玉道："不曾读，只上了一年学，些须⑲认得几个字。"宝玉又道："妹妹尊名是那两个字？"黛玉便说了名。宝玉又问表字。黛玉道："无字。"宝玉笑道："我送妹妹一妙字，莫若'颦颦'二字极妙。"探春便问何出。宝玉道："《古今人物通考》⑳上说：'西方有石名黛，可代画眉之墨。'况这林妹妹眉尖若蹙，用取这两个字，岂不两妙！"探春笑道："只恐又是你的杜撰。"宝玉笑道："除《四书》外，杜撰的太多，偏只我是杜撰不成？"又问黛玉："可也有玉没有？"众人不解其语，黛玉便忖度着因他有玉，故问我有也无，因答道："我没有那个。想来那玉是一件罕物，岂能人人有的。"宝玉听了，登时发作起痴狂病来，摘下那玉，就狠命摔去，骂道："什么罕物，连人之高低不择，还说'通灵'不'通灵'呢！我也不要这劳什子了！"吓的众人一拥争去拾玉。贾母急的搂了宝玉道："孽障！你生气，要打骂人容易，何苦摔那命根子！"宝玉满面泪痕泣道："家里姐姐妹妹都没有，单我有，我说没趣；如今来了这么一个神仙似的妹妹也没有，可知这不是个好东西。"贾母忙哄他道："你这妹妹原有这个来的，因你姑妈去世时，舍不得你妹妹，无法处，遂将他的玉带了去了：一则全殉葬之礼，尽你妹妹之孝心；二则你姑妈之灵，亦可权作见了女儿之意。因此他只说没有这个，不便自己夸张之意。你如今怎比得他？还不好生慎重带上，仔细⑪你娘知道了。"说着，便向丫鬟手中接来，亲与他带上。宝玉听如此说，想一想大有情理，也就不生别论了。

当下，奶娘来请问黛玉之房舍。贾母说："今将宝玉挪出来，同我在套间⑫暖阁儿⑬里，把你林姑娘暂安置碧纱橱⑭里。等过了残冬，春天再与他们收拾房屋，另作一番安置罢。"宝玉道："好祖宗，我就在碧纱橱外的床上很妥当，何必又出来闹的老祖宗不得安静。"贾母想了一想说："也罢了。"每人一个奶娘并一个丫头照管，余者在外间上夜听唤。一面早有熙凤命人送了一顶藕合色花帐，并几件锦被缎褥之类。

黛玉只带了两个人来：一个是自幼奶娘王嬷嬷，一个是十岁的小丫头，亦是自幼随身的，名唤作雪雁。贾母见雪雁甚小，一团孩气，王嬷嬷又极老，料黛玉皆不遂心省力的，便将自己身边的一个二等丫头，名唤鹦哥者与了黛玉。外亦如迎春等例，每人除自幼乳母外，另有四个教引嬷嬷⑮，除贴身掌管钗钏盥沐两个丫鬟外，另有五六个洒扫房屋来往使役的小丫鬟。当下，王嬷嬷与鹦哥陪侍黛玉在碧纱橱内。宝玉之乳母李嬷嬷，并大丫鬟名唤袭人者，陪侍在外面大床上。

【注释】

① [敕（chì）造] 奉皇帝之命建造。敕，本来是通用于长官对下属、长辈对晚辈的用语，南北朝以后作为皇帝发布诏令的专称。　② [一射之地] 就是一箭之地，大约150步。　③ [垂花门] 旧式住宅在二门上头修建像屋顶样的盖，四角有下垂的短柱，柱端雕花彩绘，这种门叫垂花门。　④ [抄手游廊] 院门内两侧环抱的走廊。　⑤ [穿堂] 宅院中，坐落在前后两个院落之间可以穿行的厅堂。　⑥ [大插屏] 放在穿堂中的大屏风，除作装饰外，还可以遮蔽视线，以免进入穿堂就直见正房。　⑦ [穿山游廊] 从山墙开门接起的游廊。山，指人字形屋顶的房屋两侧的墙，形状如山，俗称山墙。　⑧ [先珠大哥的媳妇珠大嫂子]

指贾政已去世的儿子贾珠之妻李纨。　⑨〔风流〕风韵。　⑩〔态度〕人的举止神情。　⑪〔不足之症〕中医指由身体虚弱引起的病症。如脾胃虚弱，叫中气不足；气血虚弱，叫正气不足。　⑫〔不经之谈〕荒诞的、没有根据的话。　⑬〔金丝八宝攒珠髻〕用金丝穿绕珍珠和镶嵌八宝（玛瑙、碧玉之类）制成的珠花的发髻。攒，凑聚。用金丝或银丝把珍珠穿扭成各种花样叫"攒珠花"。　⑭〔朝阳五凤挂珠钗〕一种长钗，钗上分出五股，每股一只凤凰，口衔一串珍珠。　⑮〔赤金盘螭（chī）璎珞（yīng luò）圈〕螭，古代传说中的无角龙。璎珞，联缀起来的珠玉。圈，项圈。　⑯〔双衡比目玫瑰佩〕衡，佩玉上部的小横杠，用以系饰物。比目玫瑰佩，用玫瑰色的玉片雕琢成的双鱼形的玉佩。比目，鱼名，传说这种鱼成双而行。　⑰〔缕金百蝶穿花大红洋缎窄裉（kèn）袄〕指在大红洋缎的衣面上用金线绣成百蝶穿花图案的紧身袄。裉，上衣前后两幅在腋下合缝的地方。　⑱〔五彩刻丝石青银鼠褂〕石青色的衣面上有各种彩色刻丝，衣里是银鼠皮的褂子。刻丝，在丝织品上用丝平织成的图案，与凸出的绣花不同。石青，淡灰青色。银鼠，又名白鼠、石鼠。　⑲〔翡翠撒花洋绉裙〕翡翠，翠绿色。撒花，在绸缎上用散碎小花点组成的花样或图案。洋绉，极薄而软的平纹春绸，微带自然皱纹。　⑳〔丹凤三角眼〕俗称"丹凤眼"，眼角向上微翘。　㉑〔柳叶吊梢眉〕形容眉梢斜飞入鬓的样子。　㉒〔风骚〕这里指体态俊俏美好。　㉓〔泼皮破落户儿〕原指没有正当生活来源的无赖，这里形容凤姐泼辣，是戏谑的称呼。　㉔〔打谅〕同"打量"。　㉕〔月钱〕旧时富户大家每月按等级发给家中人等的零用钱。　㉖〔翠幄青绸车〕用粗厚的绿色绸类作车帐、用青色绸作车帘的车轿。　㉗〔仪门〕旧时官衙、府第的大门之内的门。也指官署的旁门。　㉘〔庑（wǔ）〕正房对面和两侧的小屋子。　㉙〔两边厢房鹿顶耳房钻山〕两边的厢房用钻山的方式与鹿顶的耳房相连接。鹿顶，单独用时指平屋顶。耳房，连接在正房两侧的小房子。钻山，指山墙上开门或开洞，与相邻的房子或游廊相接。　㉚〔万几宸（chén）翰之宝〕这是皇帝印章上的文字。万几，同"万机"，就是万事，形容皇帝政务繁多，日理万机。宸翰，皇帝的笔迹。宸，北宸，即北极星，代指皇帝。翰，墨迹、书法。宝，皇帝的印玺。　㉛〔待漏随朝墨龙大画〕待漏，旧时大臣在五更前到朝房里等待上朝的时刻。漏，铜壶滴漏，古代计时器，指代时间。随朝，按照大臣的班列朝见皇帝。墨龙大画，巨龙在云雾海潮中隐现的大幅水墨画。旧时以龙象征帝王，画中之"潮"与朝见之"朝"谐音。隐寓朝见君王的意思。㉜［金蜼（wěi）彝］原为有蜼形图案的青铜祭器，后作贵重陈设品。蜼，一种长尾猿。彝，古代青铜器中礼器的通称。㉝［錾（zàn）银］一种银雕工艺。錾，雕刻。㉞［座上珠玑昭日月，堂前黼黻（fǔ fú）焕烟霞］形容座中人和堂上客的衣饰华贵：佩戴的珠玉如日月般光彩照人，衣服的图饰如烟霞般绚丽夺目。珠玑，珍珠。黼黻，古代官僚贵族礼服上绣的花纹。㉟［罽（jì）］毛织的毯子。㊱［引枕］坐时搭扶胳膊的一种圆墩形的倚枕。㊲［秋香色］淡黄绿色。㊳［文王鼎匙箸香盒］文王鼎，指周朝的传国国鼎，这里说的是小型仿古香炉，内烧粉状檀香之类的香料。匙箸，拨弄香灰的用具。香盒，盛香料的盒子。㊴［汝窑美人觚（gū）］宋代汝州（今河南汝州）窑烧制的一种仿古瓷器。觚，古代一种盛酒的器具。㊵［椅搭］搭在椅上的一种长方形的绣花绸缎饰物。㊶［掐牙］锦缎双叠成细条，嵌在衣服或背心的夹边上，仅露少许，作为装饰。㊷［磊着］层叠地放着。㊸［弹墨椅袱］弹墨，以纸剪镂空图案覆于织品上，用墨色或其他颜色弹或喷成各种图案花样。椅袱，用锦、缎之类做成的椅套。㊹［内帏］内室，女子的居处。帏，幕帐。㊺［小幺（yāo）儿］身边使唤的小仆人。幺，幼小。㊻［倒座］与正房相对的坐南朝北的房子。㊼［抱厦厅］回绕堂屋后面的侧室。㊽［总角］未成年者扎在头顶两旁的发髻。㊾［拂尘］一种拂拭尘土或驱赶蝇蚊的用具，形如马尾，后有持柄，俗称“蝇甩子”。㊿［布让］宴席间向客人敬菜、劝餐。(51)［惫懒］涎皮赖脸的意思。(52)［倒不见那蠢物也罢了］据俞平伯《脂砚斋红楼梦辑评》引言，这一句可能是混入正文的批语。(53)［嵌宝紫金冠］把头发束扎在顶部的一种髻冠，上面插戴各种饰物或镶嵌珠玉。(54)［二龙抢珠金抹额］装饰着二龙抢珠图案的金抹额。抹额，围扎在额前，用以压发、束额的饰带。(55)［二色金百蝶穿花大红箭袖］饰有用两色金线绣成的百蝶穿花图案的大红窄袖衣服。箭袖，原为便于射箭穿的窄袖衣服，这里指男子穿的一种服式。(56)［五彩丝攒花结长穗宫绦（tāo）］五彩丝攒花结，用五彩丝攒聚成花朵的结子，指绦带上的装饰花样。长穗宫绦，指系在腰间的绦带。长穗，是绦带端部下垂的穗子。(57)［石青起花八团倭缎排穗褂］团，圆形团花。倭缎，又称东洋缎。排穗，排缀在衣服下面边缘的彩穗。(58)［青缎粉底小朝靴］黑色缎面、白色厚底、半高筒靴子。青缎，黑色缎子。朝靴，古代百官穿的“乌皮履”。(59)［请了安］问安。清代请安礼节是，口称请安的同时男子打千，女子双手扶左膝，右腿微屈，往下蹲身。

⑥〇〔坠角〕置于朝珠、床帐等下端起下垂作用的小装饰品,这里指辫子梢部所坠的饰物。　⑥①〔寄名锁〕旧时怕幼儿夭亡,给寺院或道观一定财物,让幼儿当"寄名"弟子,并在幼儿项下系一小金锁。　⑥②〔皮囊〕指人的躯壳。佛教认为人的灵魂不死不灭,人的肉体只是为灵魂提供暂时住所,犹如皮口袋。　⑥③〔偏僻〕偏激,不端正。　⑥④〔乖张〕偏执,不驯顺,与众不同。　⑥⑤〔寄言纨袴与膏粱:莫效此儿形状〕赠给公子哥儿一句话:可别学这孩子的坏样子。寄言,赠言。膏粱,肥肉精米,这里借指富贵子弟。　⑥⑥〔罥（juàn）烟眉〕形容眉毛像一抹轻烟。罥,挂、缠绕。　⑥⑦〔态生两靥（yè）之愁,娇袭一身之病〕意思是妩媚的风韵生于含愁的面容,娇怯的情态出于孱弱的病体。态,情态、风韵。靥,面颊上的酒窝。袭,承继,由……而来。　⑥⑧〔心较比干多一窍,病如西子胜三分〕意思是,林黛玉聪明颖悟胜过比干,病弱娇美胜过西施。比干,商（殷）朝纣王的叔父。《史记·殷本纪》载,纣王淫乱,"比干曰:'为人臣者,不得不以死争。'乃强谏纣。纣怒曰:'吾闻圣人心有七窍。'剖比干,观其心"。古人认为心窍越多越有智慧。　⑥⑨〔些须〕稍许,稍微。　⑦〇〔《古今人物通考》〕从下文来看,可能是宝玉的杜撰。　⑦①〔仔细〕小心。　⑦②〔套间〕与正房相连的两侧房间。　⑦③〔暖阁儿〕在套间内再隔成的小房间,内设炕褥,两边安有隔扇,上边有一横楣,形成床帐的样子。　⑦④〔碧纱橱〕也称隔扇门、格门。用以隔断房间,中间两扇可以开关。格心多灯笼框式样,灯笼心上常糊以纸,纸上画花或题字;宫殿或富贵人家常在格心处安装玻璃或糊各色纱,所以叫"碧纱橱"。"碧纱橱里",是指以碧纱橱隔开的里间。　⑦⑤〔教引嬷嬷〕清代皇子一出生,就有保母、乳母各八人;断乳后,增"谙达"(满语,伙伴、朋友的意思,这里指陪伴并负有教导责任的人),"凡饮食、言语、行步、礼节皆教之"(见《清稗类钞》)。贵族家庭的"教引嬷嬷",职务与皇宫的"谙达"相似。

【解读】

《红楼梦》的前五回属全书序幕,分别从不同角度为下文情节的展开作了必要的交代。本文是其中的一个重要组成部分,它通过一个从未进过贾府的少女林黛玉的眼光,对贾府的环境和主要人物进行了细致的描绘,使人看到封建大家族养尊处优的生活面貌和人与人之间的复杂关系,显示出作者高超的艺术技巧。

从环境描写角度看，读者随着黛玉的脚步绕过"兽头大门"，由西角门进入贾府，步甬路，经游廊，过穿堂，转屏风，进正房，入厢房；深宅大院，画栋雕梁，令人眼花缭乱。作者用"移步换景"的笔法，以黛玉的眼睛为视角，十分自然地写出了贾府的非凡气象，初步介绍了贾府人物活动的典型环境。从人物描写角度看，作者运用"互见法"，即一方面从黛玉眼中写贾府诸人，另一方面又从贾府诸人眼中写出黛玉。贾府中有"温柔沉默，观之可亲"的迎春，有"文彩精华，见之忘俗"的探春，还有"身量未足，形容尚小"的惜春……不仅写出贾府三位小姐外在的形貌，而且刻画出她们不同的内在精神面貌。王熙凤和贾宝玉是作者着力渲染的两个人物。写王熙凤是"未见其人，先闻其声"，其骄纵做作果决干练之态如在眼前；写宝玉则是"千呼万唤始出来"，其灵秀痴狂之神呼之欲出。

写众人眼中的黛玉共有三处。一是"众人见黛玉年貌虽小，其举止言谈不俗，身体面庞虽怯弱不胜，却有一段自然的风流态度，便知他有不足之症"，既介绍了黛玉体弱多病，也为黛玉日后的悲剧埋下了伏笔。二是王熙凤夸赞道"天下真有这样标致的人物"。三是宝玉所看到的"心较比干多一窍，病如西子胜三分"的黛玉。前两处简洁交代黛玉的外貌和体质，第三处用诗化语言勾画她的神韵和气质。经此三番点染，一个聪灵、俊秀、多病、多愁、多情的林黛玉形象跃然纸上。

《红楼梦》的语言是汉语运用炉火纯青的典范，它以北方口语为基础，融会古典书面语言的精粹，又经过作者的高度提炼加工，形成生动形象、流畅自然、富有生活气息的文学语言。叙述语言是接近口语的通俗浅显的北方官话，用词准确生动，新鲜传神，富有感染力。人物语言更是显示出个性化，每个人物的语言都能准确显出各自的身份和地位，形神兼备，表现出人物的个性特征，历来为人所称道。如本文中王熙凤的放诞机变、八面玲珑，林黛玉的小心谨慎，贾宝玉的任性率真等，无不得到具体体现。

思与行

【记诵与积累】

◎范进不看便罢,看了一遍,又念一遍,自己把两手拍了一下,笑了一声,道:"噫!好了!我中了!"说着,往后一交跌倒,牙关咬紧,不省人事。老太太慌了,慌将几口开水灌了过来。他爬将起来,又拍着手大笑道:"噫!好!我中了!"笑着,不由分说,就往门外飞跑,把报录人和邻居吓了一跳。走出大门不多路,一脚踹在塘里,挣起来,头发都跌散了,两手黄泥,淋淋漓漓一身的水。众人拉他不住,拍着笑着,一直走到集上去了。众人大眼望小眼,一齐道:"原来新贵人欢喜疯了。" (《范进中举》)

◎一语未了,只听后院中有人笑声,说:"我来迟了,不曾迎接远客!"……黛玉连忙起身接见。贾母笑道:"你不认得他。他是我们这里有名的一个泼皮破落户儿,南省俗谓作'辣子',你只叫他'凤辣子'就是了。"……这熙凤携着黛玉的手,上下细细打谅了一回,仍送至贾母身边坐下,因笑道:"天下真有这样标致的人物,我今儿才算见了!况且这通身的气派,竟不像老祖宗的外孙女儿,竟是个嫡亲的孙女,怨不得老祖宗天天口头心头一时不忘。只可怜我这妹妹这样命苦,怎么姑妈偏就去世了!"说着,便用帕拭泪。贾母笑道:"我才好了,你倒来招我。你妹妹远路才来,身子又弱,也才劝住了,快再休提前话。"这熙凤听了,忙转悲为喜道:"正是呢!我一见了妹妹,一心都在他身上了,又是喜欢,又是伤心,竟忘记了老祖宗。该打,该打!"又忙携黛玉之手,问:"妹妹几岁了?可也上过学?现吃什么药?在这里不要想家,想要什么吃的、什么玩的，只管告诉我；丫头老婆们不好了，也只管告诉我。"一面又问婆子们："林姑娘的行李东西可搬进来了？带了几个人来？你们赶早打扫两间下房，让他们去歇歇。"

（《林黛玉进贾府》）

【熟读与精思】

科举制创于隋唐，终于清末。本单元的《司文郎》《范进中举》反映了科举制后期的面貌。阅读下面的文献，梳理科举制度的发展历史，说说科举制在历史上的积极意义和消极影响，并思考它对当下考试制度的启示。

◎《中国古代文化史》第六章"历代选举与科举制度"，阴法鲁、许树安、刘玉才主编。

◎《中国文化史》第七章"选举"第二节"科举制"，吕思勉著。

◎《中国古代文化名家谈》中收入的《职官与科举》（左言东撰），王力等著。

【学习与践行】

"义者，正也。"《水浒传》中梁山好汉锄强扶弱，反抗压迫；《三国演义》中孙刘联军合力抗曹；《西游记》中孙悟空嫉恶如仇，斩妖除魔，都反映了中华文化崇正义、尚公道的传统。结合自己的学习和生活经验，思考中华传统文化中的正义观在当今社会的意义。

第九单元 诸经诸子

导与引

"经史子集"是我国传统书籍的四大部类，一些大型古籍丛书往往囊括四类，如《四库全书》《四部丛刊》《四部备要》等。四部中的经部主要指儒家的经典以及注解儒家经典的书籍，史部主要包括各种历史书和某些地理书，子部主要包括诸子百家的著作，集部包括诗、文、词、赋等总集、别集。四部虽然是类分典籍的标准，但它的作用不只是图书整理分类，而是具有学术引领的意义。在四部分类的基础上，中国传统学术的基本框架得以建立，并在明清时期发展为成熟的学术体系。清代乾隆皇帝诏令修编《四库全书》，在他看来博大精深、源远流长的传统文化，如同浩瀚的江河之水，经史子集各为其中的渊源流派，"以水喻之，则经者文之源也，史者文之流也，子者文之支也，集者文之派也。流也、支也、派也，皆自源分。集也、子也、史也，皆自经而出"（《文渊阁记》）。而在传统教育的次第中，经部和子部又是基础，即所谓"经子通，读诸史"。

"经"字的本义是"织布的纵丝"，引申为经常、经纬之义，指在一切书籍中特别重要，足以作为经典的东西。经书原来一般指历史典籍或者学者著作，如庄子就把墨子的著作称为《墨经》，后来统治者出于政治上的需要，逐渐把经书限于儒家的重要典籍。特别是汉武帝"罢黜百家，表彰六经"，定《诗》《书》《礼》《易》《春秋》为"经书"，统称"五经"。此后，随着历代统治阶级的需要，经部书籍不断增多，到北宋中叶形成"十三经"，即《诗经》《尚书》《周礼》《仪礼》《礼记》《周易》《春秋左氏传》《春秋穀梁传》《春秋公羊传》《论语》《孟子》《孝经》《尔雅》。经书体大精深，为中国后世文化的依归。"子"字原指男子。古代士大夫的嫡子以下，称为"夫子"。从孔子起，开始有私人讲学活动，孔子的门人尊称孔子为"夫子"，简称"子"。自此相沿成风。"诸子"包括各家学派，其中春秋战国时期，儒家、墨家、道家、名家、法家、阴阳家、纵横家、农家、杂家和小说家等百家争鸣，体现了我国先秦时代思想文化的充沛活力。本单元从诸经诸子著作中精选了14篇文章，涵盖"五经"中的《周易》《礼记》，以及先秦诸子百家中的《老子》《孙子》《管子》《墨子》《庄子》《公孙龙子》《荀子》《韩非子》《吕氏春秋》等，涉及古人的自然观、道德观、人生观、世界观、历史观、社会发展观和逻辑认知、辩证方法、学习理念、军事思想、治国主张等。这些作品蕴含着丰富的内涵，是我们了解中华优秀传统思想文化的钥匙。

阅读本单元文章，要注意领会诸经诸子中对社会人生的思考和洞察，了解其思想内涵和主要观点，把握讲仁爱、重民本、守诚信、崇正义、尚和合、求大同等思想理念，加深对中华文化渊源的理解；要感受古人的论说风格，把握各家论说的方法，体会其感染力，加深对传统文化的理解。还应通过积极的社会实践发扬诸经诸子思想中的优秀文化传统，在实现传统文化的创新性转化和创造性发展中，不断夯实自我的传统文化基础，提高思想修养和道德品质。

文与解

《周易》二卦

《周易》

【题解】

《周易》是群经之首，被誉为"大道之源"。"周"指周代，"易"有"简易""变易""不易"三义。《周易》由《易经》和《易传》组成。《易经》本是一部占卜之书，包含八八六十四卦，每一卦又由卦名、卦象、卦辞（阐释卦意的文辞）、爻辞（解释爻意的文辞）组成。《易传》是对《易经》的解释，由《彖传》上下、《象传》上下、《系辞》上下、《文言》、《说卦》、《序卦》、《杂卦》组成，故又称"十翼"。传统说法认为伏羲创八卦，周文王演绎六十四重卦，而作"十翼"的是孔子。现在普遍认为《易经》是经过整理的，《易传》则是儒家弟子对《易经》的解释，非一人一时之作。在《周易》中，乾、坤分别为第一、第二卦，是进入《周易》哲学体系的门户。

乾 卦（节选）

乾①：元，亨，利，贞②。
初九③，潜龙勿用④。
九二，见龙在田⑤，利见大人⑥。
九三，君子终日乾乾，夕惕若，厉无咎⑦。
九四，或跃在渊⑧，无咎。

九五，飞龙在天，利见大人。

上九，亢龙有悔。

用九，见群龙无首，吉。

《彖》⑨曰：大哉乾元⑩！万物资始，乃统天。云行雨施，品物流形⑪。大明⑫终始，六位时成⑬，时乘六龙⑭以御天。乾道变化，各正性命⑮，保合大和⑯，乃利贞。首出庶物⑰，万国咸宁。

《象》⑱曰：天行健⑲，君子以自强不息。

坤 卦（节选）

坤⑳：元，亨㉑，利牝马之贞㉒。君子有攸往，先迷；后得主，利。㉓西南得朋，东北丧朋。㉔安贞吉。㉕

《彖》曰：至哉坤元！㉖万物资生，乃顺承天。坤厚载物，德合无疆㉗；含弘光大，品物咸亨㉘。牝马地类，行地无疆，柔顺利贞。㉙君子攸行，先迷失道，后顺得常。㉚西南得朋，乃与类行；东北丧朋，乃终有庆㉛。安贞之吉，应地无疆㉜。

《象》曰：地势坤㉝，君子以厚德载物㉞。

【注释】

①［乾］卦名。　②［元，亨，利，贞］元，始也。亨，通也。利，和也。贞，正也。　③［初九］《周易》六十四卦各有六爻组成，其位自下而上，名曰：初、二、三、四、五、上。本爻居卦下第一位。　④［潜龙勿用］意思是"初九"这一爻，象征龙潜伏着，以不用为佳。中国古人崇拜龙，认为它是神灵。　⑤［见龙在田］象征龙已经出现在田地上。见，同"现"。　⑥［大人］指圣明德备的人。　⑦［君子终日乾乾，夕惕若，厉无咎］意思是，君子整天固守刚健中正的德性，到了夜晚还要像白天一样警惕，只有这样惕厉，才不会有过失和忧患。　⑧［或跃在渊］或者腾跃上进或者退处深渊。　⑨［《彖（tuàn）》］指"十

350

翼"中的《彖传》，旨在断定卦义。　⑩［乾元］指元始之德，即天的元气，古人认为元气可以化生万物。　⑪［品物流形］品物，即品类之物，指各类事物。流形，即流布变动成形。这是指万物因雨水的滋润而不断变化发展，壮大成形。⑫［大明］太阳。　⑬［六位时成］指卦中的六爻按不同的"时位"组成，说明阳气的发展顺沿一定的规律。六位，指六爻。时，意为按时。　⑭［六龙］喻乾卦六爻。本句指六爻变动如六龙接时御天，天乘六气，乾元以六位之气化生万物。　⑮［各正性命］意思是（万物）各得性命之正。正，定也，静定。性，属性。命，寿命。　⑯［保合大和］保持冲和之气。保合，保持。大和，即太和，指冲和之气。　⑰［首出庶物］新的阳气又开始萌生万物。　⑱［《象》］指"十翼"中的《象传》，旨在阐释卦象、爻象的象征意义。　⑲［天行健］天道刚健。⑳［坤］卦名，象征"地"。　㉑［元，亨］词义与乾卦略同，此处特指"地"配合"天"，也能开创化生万物，并使之亨通。　㉒［利牝马之贞］"牝马"柔顺而能行地，故取为坤德之象。贞，正也，指守持正固。　㉓［君子有攸往，先迷；后得主，利］意思是"坤"德在于"柔顺""居后"，"抢先"必"迷"，"随后"则"利"。　㉔［西南得朋，东北丧朋］尚秉和取《十二辟卦图》为说，指出"坤"居西北亥位，阴气逆行，沿西南方向前行遇"阳"渐盛，若沿东北方向前行则失"阳"渐尽；而"阴得阳为朋"，故西南行"得朋"，东北行"丧朋"。　㉕［安贞吉］这是归结"得朋""丧朋"之义，说明"坤"德以安顺守正为吉。　㉖［至哉坤元］指地生养万物之德美善至极。至，形容词。　㉗［无疆］兼含地域无涯和时间无限之义。　㉘［含弘光大，品物咸亨］含育万物为"弘"，光华万物为"大"，动植各遂其性，故曰"品物咸亨"。这是解释卦辞"亨"。　㉙［牝马地类，行地无疆，柔顺利贞］意思是母马与地有类似的德性，其持久的耐性使其在大地上健行不已，其柔顺的品格使其利于持守正道。　㉚［君子攸行，先迷失道，后顺得常］意思是君子有所前往，要是抢先居首必然迷入歧途、偏失正道，要是随从人后、温和柔顺就能使福庆久长。　㉛［东北丧朋，乃终有庆］意思是，往东北方向虽丧阳失朋，但行至终极，必将旋转为"西南"向，则也出现"得朋"之"庆"，故曰"乃终有庆"。这是揭示阴阳循环消长之理，表明只要安顺守持"坤"德，即使"丧朋"，也将出现"得朋"之时。终，至终、终极。　㉜［安贞之吉，应地无疆］安守正道而获得吉祥，应合坤地的美德而永远保持下去。　㉝［地势坤］这是解释"坤"卦上下"坤"皆为"地"之象。《说卦传》谓坤象取地、其义

351

为顺。　㉞〔厚德载物〕这是说"君子"效法"地"厚实和顺之象，增厚其德以载万物。厚，增厚。

【解读】

乾卦和坤卦是《周易》的开篇二卦。从卦象上看，乾卦六爻全是阳爻，象征天；坤卦六爻全是阴爻，象征地。两卦表现了《周易》基于阴阳之道的世界观。

乾卦以"天"为形象，揭示阳刚、强健气质的本质作用。其卦辞只有"元、亨、利、贞"四个字，这原是祭祀用语，后来被理解为分别表示善、美、利（物）和正四个观念，并在中国传统思想体系中居于重要位置。乾卦的爻辞描绘龙在不同时间和地点的状态。爻辞中龙或潜或隐，时而现身于田，时而翻腾于深渊，时而冲天而起，升腾于九霄之上，它运行不止，目标高远，充满力量。这样生动的形象是对健行的天道最好的喻示，也是对自强不息、雄健顽强、奋发向上精神的精彩刻画。

"坤"象征广阔无边的大地，表明在乾卦阳气的照临下，大地承载万物的德行，沉静、勤劳、任劳任怨。坤卦涉及人们在大地上从事的衣、食、住、行等重要活动，不由得让人想到古人凭直觉体验到的贴近大地的那种亲切而深情的眷恋，由此可以理解从大地占得的征兆是吉祥之兆。

《周易》反映了商周时代政治、经济、军事、文化、宗教、民俗、生活等各方面情况，不少文字如"天行健，君子以自强不息""地势坤，君子以厚德载物"等都包含深刻的哲理，对我国古代哲学思想和民族精神的形成产生了深远的影响。

《老子》三章

《老子》

【题解】

　　《老子》相传为老子所作。老子（生卒年不详），即老聃，相传姓李名耳，字伯阳，楚国苦县（今河南鹿邑东）人，道家学派创始人。据传晚年乘青牛西行，出函谷关前作《老子》一书，后不知所踪。《老子》全书五千余字，分上篇《道经》和下篇《德经》，因而又称《道德经》。《老子》思想以"道"为核心，认为道的特点为"自然"，体现在政治则为"无为"，要求统治者"无为而治"，体现在个人则要求清心寡欲、返璞归真。《老子》的思想对其他学派以及后来的道教都有重要影响。

　　上善若水①。水善利万物而不争，处众人之所恶②，故几于道③。居善地，心善渊④，与善仁⑤，言善信，正善治⑥，事善能，动善时⑦。夫唯不争，故无尤⑧。（第八章）

　　知人者智，自知者明。胜人者有力，自胜者强。知足者富，强行者有志⑨，不失其所者久⑩，死而不亡者寿⑪。（第三十三章）

　　其安易持⑫，其未兆易谋⑬，其脆易泮⑭，其微易散⑮。为之于未有⑯，治之于未乱。合抱之木，生于毫末⑰；九层之台，起于累土⑱；千里之行，始于足下。为者败之⑲，执者失之⑳。是以圣人无为㉑，故无败；无执，故无失。民之从事，常于几㉒成而败之。慎终如始，则无败事。是以圣人欲不欲㉓，不贵难得之货。学不学㉔，复众人之所过㉕，以辅万物之自然而不敢为。（第六十四章）

【注释】

①〔上善若水〕这里以水的形象来说明"圣人"是道的体现者，因为圣人的言行和水的品性有相似之处，而水德是近于道的。上，最。 ②〔处众人之所恶〕居处于众人所不愿去的地方。 ③〔几于道〕接近于道。几，接近。 ④〔渊〕沉静，深沉。 ⑤〔与善仁〕与别人相交善于采取与人为善的态度。 ⑥〔正善治〕为政善于治理国家，从而取得政绩。正，同"政"，为政、执政。 ⑦〔动善时〕行为动作善于把握有利的时机。 ⑧〔尤〕怨咎，过失。 ⑨〔强（qiǎng）行者有志〕勤勉而行的人有意志。 ⑩〔不失其所者久〕不丧失立身之基的人能够长久。 ⑪〔死而不亡者寿〕死而不朽的人就是长寿。意思是，有道之人身死而道长存，这就是寿。 ⑫〔其安易持〕事物安然未生变的时候容易持守。 ⑬〔其未兆易谋〕问题还没有显露迹象的时候容易解决。 ⑭〔其脆易泮〕事物脆弱的时候容易分离。泮，同"判"，分离。 ⑮〔其微易散〕事物细微的时候容易散失。 ⑯〔为之于未有〕在事情未发生时就做。 ⑰〔毫末〕毫毛的末端，比喻极其细微的事物。 ⑱〔累（léi）土〕一筐土。累，同"蔂"，土筐。 ⑲〔为者败之〕动手去做的就会坏事。 ⑳〔执者失之〕有所把持的就会失去。 ㉑〔无为〕指顺应自然，不求有所作为。 ㉒〔几（jī）〕接近。 ㉓〔欲不欲〕想要常人所不想要的。 ㉔〔学不学〕学习常人所不学习的。 ㉕〔复众人之所过〕补救众人所犯的过错。复，弥补、补救。

【解读】

道家崇尚自然，常以天地万物的自然特性作为议论的出发点。"上善若水"（第八章）就由水而发议论，认为五行中水的品性最接近于道：水能守柔，柔能克刚；水常居于低位，江河湖海，收纳天下之水为己用，其力量是天地间其他物质难以比拟的。老子将以柔克刚、以退为进、以不争达到争作为处世原则，表明了他对礼崩乐坏、名利纷争的社会现实的厌恶，也反映了他对事物发展变化的辩证认识。

老子的辩证思想也体现在如何看待身内（精神修为）和身外（国家治理）之事上。在"知人者智"一章（第三十三章）中，老子以四组句子阐释了智、明、有力、强、富、有志、久、寿等概念，主张人们要丰富自己的精神生活。在他看来，对外的"知人""胜人"固然可贵，对内的"自知""自胜"更为重要，是达到高尚精神境界的关键。在"其安易持"一章（第六十四章）中，老子谈论的重点在"治国"。从"其安易持"到"治之于未乱"，讲治事者要善于把握先兆、抓住苗头，因为凡事在初始阶段都便于控制、利于解决；从"合抱之木"到"始于足下"，举了三个现象，说明要实现远大宏伟的目标，必须重视细微处；从"为者败之"到"故无失"，说明圣人对权柄没有执念，主张无为而治；从"民之从事"到"则无败事"，强调必须从始至终保持谨慎，越到收官结尾处越要小心；从"是以圣人欲不欲"到"以辅万物之自然而不敢为"，强调圣人学习常人所不学的道理，补救众人的过失，遵循万物的自然本性而不妄动妄为，意在提醒治事者要根据不同情况认真对待先兆和细节，以避免功亏一篑。

《老子》虽像语录，但文句大体整齐，有的全是韵语，呈现出韵散结合、疏密相间的特点。它凝练晓畅，言辞隽永，语精意奥，无怪乎被人们称为"五千精妙"。

［明］文徵明《老子像》

谋 攻

《孙子兵法》

【题解】

孙武（约前 545—前 470），字长卿，齐国乐安（今山东惠民）人，春秋后期军事家。《史记》记载他经吴国大臣伍子胥推荐，以兵法 13 篇晋见吴王阖闾，被拜为大将，辅佐吴王经国治军，称霸诸侯。所著《孙子兵法》又称《孙子》，是我国现存最早的古代军事著作，同时也是世界现存最早的兵书。全书含《计》《作战》《谋攻》等 13 篇，总结了商周以来特别是春秋时期的战争经验，论述了军事领域若干重大问题，揭示了一系列带普遍性的军事规律，形成了系统的军事理论体系，历来为兵家所推崇。本文是《孙子兵法》的第三篇，题为"谋攻"，意思是在计谋上攻破敌人。

孙子曰：凡用兵之法，全国为上，破国次之①；全军②为上，破军次之；全旅为上，破旅次之；全卒为上，破卒次之；全伍为上，破伍次之。是故百战百胜，非善之善者③也；不战而屈④人之兵，善之善者也。

故上兵伐谋⑤，其次伐交⑥，其次伐兵⑦，其下攻城。攻城之法，为不得已。修橹轒辒⑧，具器械，三月而后成；距闉⑨，又三月而后已。将不胜其忿而蚁附之⑩，杀士三分之一，而城不拔⑪者，此攻之灾也。故善用兵者，屈人之兵而非战⑫也，拔人之城而非攻也，毁人之国而非久⑬也，必以全⑭争于天下。故兵不顿而利可全⑮，此谋攻之法也。

故用兵之法：十则围之⑯，五则攻之，倍则分之，敌⑰则能战之，少则能逃之，不若则能避之。故小敌⑱之坚⑲，大敌之擒⑳也。

夫将者，国之辅也。辅周㉑则国必强，辅隙㉒则国必弱。故君之所以患于军者三：不知军之不可以进而谓㉓之进，不知军之不可以退而谓之退，是谓縻军㉔；不知三军之事而同㉕三军之政者，则军士惑矣；不知三军之权㉖而同三军之任㉗，则军士疑矣。三军既惑且疑，则诸侯之难㉘至矣。是谓乱军引㉙胜。

故知胜有五：知可以战与不可以战者，胜；识众寡之用㉚者，胜；上下同欲㉛者，胜；以虞待不虞㉜者，胜；将能而君不御㉝者，胜。此五者，知胜之道也。

故曰：知彼知己，百战不殆；不知彼而知己，一胜一负㉞；不知彼不知己，每战必殆。

【注释】

①〔全国为上，破国次之〕使敌国整个降服是上等策略，用兵击破敌国是次等策略。下文"全军"，指使敌人全军降服，"破军"指击破敌人一军；"全旅""破旅"等也是同样的意思。全、破，这里都作动词。　②〔军〕东周以来军队的最大编制单位。一般来说一军12500人。下文的"旅"一般500人，"卒"一般100人，"伍"一般5人。　③〔善之善者〕高明中最高明的。　④〔屈〕服。这里是"使人降服"的意思。　⑤〔上兵伐谋〕上等的用兵（策略）是打破（敌方的）计谋。　⑥〔伐交〕击破（敌方）与别国的联合。交，指外交、结盟。　⑦〔伐兵〕击败（敌方的）武装力量。　⑧〔修橹轒辒（fén yūn）〕修造攻城的战车。橹，战车上的望楼。轒辒，木制战车，蒙生牛皮，用四轮推进。　⑨〔距闉（yīn）〕军事用语，积土成埒，高临敌城，观其虚实。闉，同"堙"，土山。　⑩〔将不胜（shēng）其忿而蚁附之〕将官忍不住自己的忿怒命令士兵像蚂蚁那样爬上敌人的城墙。　⑪〔拔〕攻取。　⑫〔非战〕不用交战（的办法）。　⑬〔非久〕意思是不长期作战。　⑭〔全〕全胜的策略。　⑮〔兵不顿而利可全〕军队不受损失而胜利可能完全取得。顿，坏、损。　⑯〔十则围之〕（我军）十倍于敌人就包围他们。　⑰〔敌〕匹敌，相等。　⑱〔小敌〕弱小的一方。下文的"大敌"，是强大的一方。敌，指两军作战中敌对的一方。　⑲〔坚〕意思是硬拼。　⑳〔擒〕捉。这里有"消灭掉"的意思。　㉑〔周〕周密。　㉒〔隙〕有缺陷的意

思。　㉓[谓]说，这里有命令的意思。　㉔[縻（mí）军]束缚了军队。縻，羁绊、束缚。　㉕[同]参与，干预。　㉖[权]指挥军队的权谋。　㉗[任]任用，指挥。　㉘[诸侯之难（nàn）]诸侯（乘隙而进攻）所造成的灾难。　㉙[引]失去。　㉚[识众寡之用]懂得兵多兵少的运用（方法）。　㉛[上下同欲]这里指官和兵同心。欲，愿望。　㉜[以虞待不虞]用（自己的）有准备来对待（敌人的）无准备。虞，准备。　㉝[将能而君不御]统帅有能力而国君不加牵制。　㉞[一胜一负]意思是胜负各半。

【解读】

在《谋攻》中，孙子认为在局部战役中不顾条件地硬拼硬打并非上策，强调要采取全局性的战略方针，"以全争于天下"，争取最大限度的利益而使自己的损耗减少到最低限度。

"谋攻"不仅是孙子追求的战争的理想境界，而且是指导战争全过程的总方针。战术的选择要用"谋"，战争的指挥者要有"谋"，预见胜负需要"谋"，"知彼知己"更是"谋"。为此，孙子又提出战争的许多具体原则和方法。如根据兵力多少采取具体的作战方法，强国必须有智谋高远、思虑缜密的将帅，君主不应随意干预军政事务和军事指挥，国君与将帅之间、军队中上级与下级之间要齐心同欲等，这些都是孙子"谋攻"战略思想的具体体现。尤其是"不战而屈人之兵"的"全胜"战略和对"知彼知己，百战不殆"这一规律的明确揭示，更是集中反映了孙子重战、慎战、备战、善战的思想，闪耀着趋利避害的朴素唯物论和辩证法思想的光辉，不仅成为指导战争，更成为指导各项事业的经典理论和原则，对后世产生了深远的影响。

《谋攻》作为一篇军事理论文章，观点鲜明、中心突出、层次清晰，行文简练、明快严谨，多用判断句，立论斩截，毋庸置辩。论述中大量使用排比，正反对比，是非分明；又运用比喻，精当贴切，说理透彻，使文章气势充沛，感染力强。

牧 民（节选）

《管子》

【题解】

　　管仲（约前723—前645），名夷吾，字仲，颍上（今安徽阜阳）人，春秋时期齐国政治家。早年贫困，以经商为生，后由鲍叔牙推荐，得相齐桓公，助其成为春秋第一位霸主。其成就和思想在战国至西汉时期影响较大，连孔子都说"微管仲，吾其被发左衽矣"（《论语·宪问》），因此陆续有人以他的名义撰文，其中可能含有管仲的一些事迹和言论，多数是撰述者自己的思想和主张，该书也由此呈现出内容庞杂、兼容各家的特点。今本《管子》相传为西汉刘向所编。本文选自《管子》卷第一，题名"牧民"，意即管理人民。

　　国有四维，一维绝①则倾②，二维绝则危，三维绝则覆，四维绝则灭。倾可正也，危可安也，覆可起也，灭不可复错③也。何谓四维？一曰礼，二曰义，三曰廉，四曰耻。礼不逾节④，义不自进⑤，廉不蔽恶⑥，耻不从枉⑦。故不逾节则上位安，不自进则民无巧诈⑧，不蔽恶则行自全，不从枉则邪事不生。

【注释】

　　①［绝］同"缺"，缺少。　②［倾］倾斜，引申为失去平衡。　③［不可复错］没有什么方法可补救。错，同"措"。　④［礼不逾节］有了礼，就不会越轨。　⑤［义不自进］有了义，就不会到处往上爬。　⑥［廉不蔽恶］有了廉，就不会文过饰非。　⑦［耻不从枉］知道羞耻，就不会做坏事。　⑧［巧诈］奸巧狡诈地欺骗，尔虞我诈。

【解读】

　　该篇主要阐述的是治理国家和管理百姓的原则和理论，主要包括

"国颂""四维""四顺""士经""六亲五法"五节。"国颂"主要阐述了治国的原则在于"张四维",而"张四维"的前提在于"仓廪实""衣食足";"四维"主要阐述"四维"的含义和其所蕴含的意义;"四顺"主要阐述治理人民的原则在于"顺民心",并阐述了百姓的"四欲"和"四恶";"士经"阐述治理人民的经常性措施;"六亲五法"阐述了君主治国的一系列原则。

本文节选的是"四维"部分。"维"的本义是结物的大绳,引申为纲纪的意思;"四维"就是治国的"四纲",即礼、义、廉、耻。在管子看来,礼指上下有节,有礼,人们就不会僭越等级限度;义指依法进仕,有义,就不会妄自求进;廉指明察善恶,有廉,就不会掩饰恶行;耻是羞恶知耻,有耻,就不会顺从邪妄。"四维"中"礼"是根本,是封建道德中最本质的要求,"义"是循"礼"而"不自进","廉""耻"则是关于守身的道德情操,从属于"礼""义"。治理国家依托这"四维",就可国守民治。

《管子》中提出的治国理政的各种主张,在先秦诸子中显得较有特色,管仲也是先秦诸子中政治实践较为成功者。他提出的"礼义廉耻"在当代亦有十分重要的意义,承载着民族和国家的精神追求,体现着社会评判是非曲直的价值标准。

兼　爱（节选）

《墨子》

【题解】

　　《墨子》是墨子弟子对墨子学说和言行的记录，是墨家经典的总汇。墨子（约前468—前376），名翟，思想家、政治家、教育家，相传原为宋国人，后长期居于鲁国。墨子出身贫贱，曾做过造车的工匠，后仕宋国为大夫。他从小生产者的利益出发，主张尚贤、尚同、节用、节葬、非乐、非命、天志、明鬼、兼爱、非攻，创立的学派在当时影响很大。"兼爱"是墨子哲学的中心，墨子以这种思想为基础把它扩大推广，主张天下所有人都应当不分高低，彼此相爱。《墨子》中《兼爱》有上、中、下三篇，这里选的是中篇。

　　子墨子言曰："仁人之所以为事者①，必兴天下之利，除去天下之害，以此为事者也。"然则天下之利何也？天下之害何也？子墨子言曰："今若国之与国之相攻，家之与家之相篡，人之与人之相贼，君臣不惠忠②，父子不慈孝，兄弟不和调，此则天下之害也。"然则崇此害亦何用生哉？以不相爱生邪？子墨子言："以不相爱生。"今诸侯独知爱其国，不爱人之国，是以不惮举其国以攻人之国。今家主③独知爱其家，而不爱人之家，是以不惮举其家以篡人之家。今人独知爱其身，不爱人之身，是以不惮举其身以贼人之身。是故诸侯不相爱则必野战④，家主不相爱则必相篡，人与人不相爱则必相贼，君臣不相爱则不惠忠⑤，父子不相爱则不慈孝，兄弟不相爱则不和调。天下之人皆不相爱，强必执⑥弱，富必侮贫，贵必敖贱⑦，诈必欺愚⑧。凡天下祸篡怨恨其所以起者，以不相爱生也，是以仁者非之。⑨

既以非之，何以易之？⑩子墨子言曰："以兼相爱、交相利⑪之法易之。"然则兼相爱、交相利之法将奈何哉？子墨子言："视人之国若视其国⑫，视人之家若视其家，视人之身若视其身。"是故诸侯相爱则不野战，家主相爱则不相篡，人与人相爱则不相贼，贵不敖贱，诈不欺愚。凡天下祸篡怨恨，可使毋起⑬者，以仁者誉之。

　　然而今天下之士，君臣相爱则惠忠，父子相爱则慈孝，兄弟相爱则和调；天下之人皆相爱，强不执弱，众不劫寡，富不侮贫。子墨子言曰："然！乃若兼则善矣。⑭""虽然，天下之难物于故也。"⑮子墨子言曰："天下之士君子，特不识其利、辩其故也。⑯今若夫攻城野战，杀身为名，此天下百姓之所皆难也。苟君说⑰之，则士众能为之。况于兼相爱、交相利，则与此异。⑱夫爱人者，人必从而爱之；利人者，人必从而利之；恶⑲人者，人必从而恶之；害人者，人必从而害之。此何难之有？特上弗以为政、士不以为行故也。⑳"昔者晋文公好士之恶衣㉑，故文公之臣，皆牂羊之裘㉒，韦以带剑㉓，练帛之冠㉔，入以见于君，出以践朝㉕。是其故何也㉖？君说之，故臣为之也。昔者楚灵王好士细要㉗，灵王之臣皆以一饭为节㉘，胁息然后带㉙，扶墙然后起。比期年，朝有黧黑㉚之危。是其故何也？君说之，故臣能之也。昔越王句践好士之勇㉛，教驯㉜其臣，和合之，焚舟失火，试其士曰："越国之宝尽在此！"越王亲自鼓其士而进之，士闻鼓音，破碎乱行㉝，蹈火而死者，左右百人有余。越王击金而退之。是故子墨子言曰："乃若夫少食、恶衣㉞，杀身而为名，此天下百姓之所皆难也。若苟君说之㉟，则众能为之。况兼相爱、交相利，与此异矣。夫爱人者，人亦从而爱之；利人者，人亦从而利之。恶人者，人亦从而恶之；害人者，人亦从而害之。此何难之有焉？特上不以为政，而士不以为行故也。"

【注释】

①〔仁人之所以为事者〕仁人处理事务所依据的原则。 ②〔君臣不惠忠〕国君对臣下不仁慈，臣下对国君不忠诚。 ③〔家主〕指卿大夫。 ④〔野战〕在郊野战斗。 ⑤〔君臣不相爱则不惠忠〕国君和臣子不互相爱，那么国君对臣子就不会仁慈，臣子对国君就不会忠诚。 ⑥〔执〕控制，驾驭。 ⑦〔贵必敖贱〕社会地位高的一定会轻视社会地位低的。敖，同"傲"。 ⑧〔诈必欺愚〕不诚实的一定会欺骗敦厚的。 ⑨〔凡天下祸篡怨恨其所以起者，以不相爱生也，是以仁者非之〕天下所有的祸害、篡夺、仇怨、憎恨，它们之所以发生，都是因为人跟人不相爱，因此有仁德的人反对它。 ⑩〔既以非之，何以易之〕既然反对它，那么用什么改变它呢？ ⑪〔交相利〕互相使对方得利。 ⑫〔视人之国，若视其国〕看待别人的国家就像看待自己的国家。 ⑬〔毋起〕不发生。 ⑭〔乃若兼则善矣〕至于人与人普遍地、无差别地相爱就好了。乃若，相当于"至于"。 ⑮〔虽然，天下之难物于故也〕虽是这样，兼相爱、交相利却是天底下难做到的事情、不切实际的事情。于，同"迂"。故，事情。 ⑯〔天下之士君子，特不识其利、辩其故也〕天下的士和君子只是不懂得兼相爱、交相利的好处，分不清那些事情（的得失）啊。士君子，士和君子，指统治者。辩，同"辨"，分别、辨别。 ⑰〔说〕同"悦"。 ⑱〔况于兼相爱、交相利，则与此异〕况且普遍地无差别地互相爱、互相使对方得利，就和这"攻城野战，杀身为名"之类的事情不同。况于，表示进一层。 ⑲〔恶〕憎恨。 ⑳〔特上弗以为政、士不以为行故也〕只是国君不按照兼相爱交相利的准则来处理政事、士不实行这一准则的缘故。 ㉑〔昔者晋文公好士之恶衣〕晋文公（前697—前628），春秋时候晋国国君，前636—前628在位，晋献公之子，名重耳。晋献公的宠妃骊姬为自己生的儿子奚齐争夺太子之位，阴谋害死太子申生，重耳外逃避难，流浪19年，由秦国送回。即位后整顿内政，发展军队，使国家强盛，成为著名的霸主。恶衣，破旧的衣服。 ㉒〔皆牂（zāng）羊之裘〕指都穿母羊皮的袄。牂羊，母羊。 ㉓〔韦以带剑〕用简单的皮带子来带剑。韦，去毛熟治的皮革。 ㉔〔练帛之冠〕戴用熟绢做的帽子。练，指把麻或织品煮得柔软而洁白。 ㉕〔践朝〕即践于朝，指在朝廷上站立或行走。践，踩、踏。 ㉖〔是其故何也〕这样的原因是什么呢？ ㉗〔昔者楚灵王好士细要〕楚灵王，春秋时候楚国国君，公元前

363

540年—前529年在位。要,同"腰"。 ㉘[以一饭为节]以每天吃一顿饭为节度或规则。 ㉙[胁息然后带]指吐完气以后屏住呼吸才束腰带。 ㉚[黧黑]也写作"黎黑",形容脸色黑中带黄。 ㉛[昔越王句践好士之勇]句践,即勾践(?—前465),春秋末年越国国君,前497—前465在位。曾经被吴国大败,入臣于吴,回国后卧薪尝胆,发愤图强,最终灭掉吴国,成为一时的霸主。 ㉜[教驯]教育训练。驯,同"训"。 ㉝[破碎乱行]分散了人群、混乱了行列。形容争先恐后地响应。碎,同"萃",聚集。 ㉞[少食、恶衣]指少吃饭、穿不好的衣服。 ㉟[若苟君说之]若、苟,均表示假设。

【解读】

墨子探寻世乱的根源,认为这源于自私的爱,人们都自爱而不相爱,强大的欺负弱小的,富有的侵侮贫穷的,社会地位高的轻视社会地位低的,所以他指出,消除世间混乱要靠"兼相爱",即不分亲疏厚薄互相关爱,有了兼相爱自然会"交相利",即互相使对方得利。墨子在阐述道理的同时,还用楚灵王好士细腰与越王勾践考验士臣的事例,强调只要统治者下决心推广,"兼爱"就能得以实现。

与孟子、庄子的文章相比,《墨子》直言不讳,质朴无华,通俗易懂,它总是把一种观念、一种逻辑贯穿到底,而不旁生枝节。不但用语浅显,还唯恐说不清,往往正面说一遍,反面又说一遍;一个观点总结过了,之后还要再总结。这种文风与墨家的思想主张和受众群体有关。墨家主张人人平等相爱,反对侵略战争;强调节俭,反对铺张浪费;注重道德实践,反对纸上谈兵。从这些思想倾向来看,墨家代表的是社会中下层人民的政治诉求,这种文风既契合墨家的实用主义思想,也利于受众群体接受。

在先秦诸子中,墨子旗帜鲜明地提出"兼相爱、交相利"的思想,积极倡导并履践爱的哲学。墨子标示的思想路线及其追随者聚合而成的墨家学派,在先秦诸子中可谓不同凡响,成为与孔孟儒学并立的显学。

逍遥游（节选）

《庄子》

【题解】

庄子（约前369—前286），名周，战国时期宋国蒙（今河南商丘）人，思想家，道家学派代表，与老子并称"老庄"。曾在家乡做过管理漆园的小官，不久即归隐。《庄子》又称《南华经》，与《老子》《周易》合称"三玄"。该书包罗万象，文笔优美生动，想象浪漫丰富，有独特的审美价值。《逍遥游》是《庄子·内篇》首篇，其名"逍遥"，意思是没有拘束、悠闲自得地畅游于世的意思。

北冥①有鱼，其名为鲲②。鲲之大，不知其几千里也。化而为鸟，其名为鹏。鹏之背，不知其几千里也。怒③而飞，其翼若垂天之云④。是鸟也，海运⑤则将徙于南冥。南冥者，天池⑥也。

《齐谐》者，志怪⑦者也。《谐》之言曰："鹏之徙于南冥也，水击⑧三千里，抟扶摇而上者九万里⑨，去以六月息⑩者也。"野马也，尘埃也，生物之以息相吹也。⑪天之苍苍，其正色邪？其远而无所至极邪？⑫其视下也⑬，亦若是则已矣⑭。且夫水之积也不厚，则其负大舟也无力。覆杯水于坳堂之上，则芥为之舟⑮；置杯焉则胶，水浅而舟大也⑯。风之积也不厚，则其负大翼也无力。故九万里，则风斯在下矣，而后乃今培风⑰；背负青天而莫之夭阏⑱者，而后乃今将图南。蜩与学鸠⑲笑之曰："我决⑳起而飞，抢榆枋㉑，时则不至，而控于地而已矣㉒，奚以之九万里而南为㉓？"适莽苍者，三餐而反，腹犹果然㉔；适百里者，宿舂粮㉕；适千里者，三月聚粮㉖。之二虫又何知！小知不及大知，小年不及大年。㉗奚以知其然也？㉘朝菌不知晦朔，蟪蛄不知春秋，此小年也。㉙

楚之南有冥灵㉚者，以五百岁为春，五百岁为秋；上古有大椿㉛者，以八千岁为春，八千岁为秋。而彭祖乃今以久特闻，众人匹之，不亦悲乎！㉜

汤之问棘也是已㉝："穷发之北㉞有冥海者，天池也。有鱼焉，其广数千里，未有知其修㉟者，其名为鲲。有鸟焉，其名为鹏，背若泰山，翼若垂天之云，抟扶摇羊角㊱而上者九万里，绝㊲云气，负青天，然后图南，且适南冥也。斥鴳㊳笑之曰：'彼且奚适也？㊴我腾跃而上，不过数仞而下，翱翔蓬蒿之间，此亦飞之至也㊵。而彼且奚适也？'"此小大之辩㊶也。

故夫知效一官，行比一乡，德合一君，而征一国者，其自视也亦若此矣。㊷而宋荣子㊸犹然笑之。且举世誉之而不加劝，举世非之而不加沮，定乎内外之分㊹，辩乎荣辱之境㊺，斯已矣㊻。彼其于世，未数数然也。㊼虽然，犹有未树也。㊽夫列子御风㊾而行，泠然㊿善也，旬有五日而后反(51)。彼于致福者(52)，未数数然也。此虽免乎行，犹有所待者也。(53)若夫乘天地之正，而御六气之辩，以游无穷者，彼且恶乎待哉？(54)故曰：至人无己，神人无功，圣人无名(55)。

【注释】

①［北冥］北海。庄子想象中的北海，应该在北方的不毛之地。冥，同"溟"。　②［鲲］大鱼名。　③［怒］奋起，奋发。　④［垂天之云］悬挂在天空的云。　⑤［海运］海水运动。古代有"六月海动"之说，海动必有大风，大鹏可借风力南飞。　⑥［天池］天然形成的水池。　⑦［志怪］记载怪异的事物。志，记载。　⑧［水击］击水，拍打水面。　⑨［抟（tuán）扶摇而上者九万里］乘着旋风盘旋飞至九万里的高空。抟，盘旋飞翔。扶摇，旋风。　⑩［去以六月息］凭借着六月的大风离开。息，气息，这里指风。　⑪［野马也，尘埃也，生物之以息相吹也］山野中的雾气，空气中的尘埃，都是生物用气息吹拂的结果。野马，山野中的雾气，奔腾如野马。　⑫［天之苍苍，其正色邪？其远而无所至

极邪]天色湛蓝,是它真正的颜色吗?还是因为天空高远而看不到尽头呢?其,表示选择。 ⑬[其视下也]大鹏从天空往下看。其,代大鹏。 ⑭[亦若是则已矣]也不过像人在地面上看天一样罢了。是,这样。 ⑮[覆杯水于坳堂之上,则芥为之舟]倒一杯水在堂上的低洼处,那么一根小草可以在这里做船。 ⑯[置杯焉则胶,水浅而舟大也]放一只杯子在这里,就搁浅在地面上了,因为这堂上低洼里的水浅,而作为船的杯子却大。胶,这里意指船搁浅。 ⑰[培风]凭借风,依靠风。培,同"凭"。 ⑱[夭阏(è)]阻碍。 ⑲[蜩(tiáo)与学鸠]蝉和斑鸠。 ⑳[决]急起的样子。 ㉑[抢(qiāng)榆枋(fāng)]抢,碰、触。榆枋,榆树和檀树。 ㉒[时则不至,而控于地而已矣]有时候不到这个高度,就投落到地面上就是了。控,投。 ㉓[奚以之九万里而南为(wéi)]为什么上升到九万里的高空而飞向南方呢?为,语气词,表示反诘或感叹。 ㉔[适莽苍者,三餐而反,腹犹果然]前往附近郊野的,来去在路上吃三顿而回来,肚子还饱饱的。莽苍,形容郊野景色迷茫。果然,饱的样子。 ㉕[适百里者,宿舂粮]前往百里外目的地的人,出发前头天晚上舂米,准备路上需要的粮食。宿,夜。 ㉖[适千里者,三月聚粮]前往千里外目的地的人,得花三个月的时间聚集粮食。 ㉗[小知不及大知,小年不及大年]小的智慧赶不上大的智慧,短的年寿赶不上长的年寿。 ㉘[奚以知其然也]何以知道道理是这样的呢? ㉙[朝菌不知晦朔,蟪蛄(huì gū)不知春秋,此小年也]朝菌不知道阴历每月最晚的一天和最早的一天(其寿命不超过一个月),蟪蛄不知道春和秋(其寿命不超过三季),这些都是短的年寿。朝菌,一种朝生暮死的虫。蟪蛄,即蟪蛄,一种蝉科动物,据说春生夏死、夏生秋死。 ㉚[冥灵]传说中的树名。 ㉛[大椿]传说中的树名。 ㉜[而彭祖乃今以久特闻,众人匹之,不亦悲乎]彭祖如今以长寿闻名,众人跟他比,不是很可悲吗!彭祖,传说中尧时候的人物,活了八百多岁。 ㉝[汤之问棘也是已]商汤询问棘的话是这样的。汤,商朝开国之君。棘,商汤时候的贤人。 ㉞[穷发之北]不毛之地的北面。穷发,指北方不毛之地。发,草木。 ㉟[修]长。 ㊱[羊角]羊角风,即旋风。 ㊲[绝]穿越。 ㊳[斥鷃(yàn)]一种小鸟雀。 ㊴[彼且奚适也]它将要飞往什么地方啊? ㊵[此亦飞之至也]这就是飞翔的极限了。至,极点。 ㊶[辩]同"辨",区分。 ㊷[故夫知效一官,行比一乡,德合一君,而征一国者,其自视也亦若此矣]所以那才智可以授予一官之职、行为合乎一乡之人、品德合乎一国之君、能力取得一国信任的人，他们自己看待自己，也就像这蝉、学鸠、斥鷃一样。效，授。而（néng），同"能"。　㊸〔宋荣子〕即宋钘（约前370—前291），战国时期思想家。　㊹〔定乎内外之分〕认定内和外的分别。内，指自身本性。外，指外物（比如他人的赞美或责怪等）。　㊺〔辩乎荣辱之境〕分清了光荣和耻辱的分界。辩，同"辨"，区分、辨别。境，边界。　㊻〔斯已矣〕就这样为止了。意思是说宋荣子智德止尽于此，不复超过此。已，止。　㊼〔彼其于世，未数数（shuò）然也〕他在人世间不曾汲汲追求什么。数数然犹"汲汲然"，迫切的样子。　㊽〔虽然，犹有未树也〕虽然这样，宋荣子仍然有未曾养成的德行。　㊾〔御风〕乘风，驾风。　㊿〔泠（líng）然〕轻妙的样子。　㉛〔旬有五日而后反〕十五天后返回。反，同"返"。　㉜〔彼于致福者〕他对于求福这件事。　㉝〔此虽免乎行，犹有所待者也〕这样乘风而行虽然免于行走，仍然有所依靠。　㉞〔若夫乘天地之正，而御六气之辩，以游无穷者，彼且恶（wū）乎待哉〕至于利用天地的自然本性，利用阴、阳、风、雨、晦、明六气的变化，而游于没有止境的宇宙当中的人，他还依靠什么呢！乘，趁若、利用。御，使用、应用。辩，同"变"。恶乎待，待于何。　㉟〔至人无己，神人无功，圣人无名〕至人不偏执于自己，神人不追求事功，圣人不追求名声。"至人""神人""圣人"名号不同，实质则是一样的，指达到最高境界的人。

【解读】

　　这里节选部分阐述要真正达到自由自在的境界，必须"无己""无功""无名"。开篇由鲲鹏借海运南徙写起，极力写鲲鹏体型之大和南徙的行程之远、耗时之长；又点出鲲鹏之行虽然远大，但也要有必需的条件，那就是要积聚足够的风势，才能托起鹏鸟宽大的翅膀。之后，着重写大小有别。通过列举各种事物，渲染大小的悬殊，说明境界的差异。相比于鲲鹏，蝉、斑鸠满足于活动在自身所及的小环境，讥笑鹏鸟远徙南海之举，小者的愚昧和见识短浅一览无余。而以寒蝉之命短论彭祖之长寿，以蝉鸠的见识猜度鲲鹏的境界，更让人在悬殊的对视中，感悟小大之别。最后，转而喻人。那些为世所累、心系功名的"知效一官，行比一乡，德合一君"者大都自鸣得意，这样的人不能得到逍遥自由自不必谈，而不流于世俗追求、不为世俗毁誉所左右的宋荣子也没有通过完备本心而达到逍遥自在的境界；就是能够乘风而行的列子，他的逍遥依然有待于风的扶持，也算不得真正的逍遥。在作者看来，能够把握自然界的各种变化、能够不受时间和空间的限制，无有所待的，才是最逍遥的。这就需要抛去自身杂念，任乎自然，顺乎物理，天地物我合一，也就是"至人无己，神人无功，圣人无名"。

　　文章以寓言起兴，体现了庄子散文善用寓言的特色；大鹏图南，想象丰富，瑰丽诡谲，浪漫色彩浓郁；笔势汪洋恣肆，有如天马行空，不可遏止；句式或顺或倒，或长或短，富于变化，加之用词丰富，描写细致，显示出极强的表现力和独树一帜的风格。文中倡导的自由精神追求对后世更是影响深远，中国传统士大夫常出入于儒道之间，身在庙堂而心在山林，其所追求的正是庄子哲学所昭示的境界。

[明] 文徵明《逍遥游》(局部)

白马论

《公孙龙子》

【题解】

公孙龙（前320—前250），战国末赵国邯郸（今河北邯郸）人，名家代表人物之一。名家是战国诸子百家学派之一，又被称作辩者、刑名之家，在其学说中以辩论名实为主。《公孙龙子》一书记述了公孙龙的论辩学说，讨论了逻辑和认识论的问题，在我国古代逻辑思想史上有重要地位。本篇《白马论》以主客对话的形式谈论"白马非马"的观点，是公孙龙的代表作，也是战国时期著名的辩题。

"白马非马，可乎？"①

曰："可。"

曰："何哉？"

曰："马者，所以②命形③也。白者，所以命色④也。命色者，非命形也，故曰：白马非马。"

曰："有白马不可谓无马也。不可谓无马者，非马也？有白马为有马，白之，非马何也？"

曰："求马，黄、黑马皆可致⑤；求白马，黄、黑马不可致。使⑥白马乃马也，是所求一⑦也。所求一者，白马不异马也。所求不异，如黄、黑马有可有不可，何也？可与不可，其相非⑧明⑨。故黄、黑马一⑩也，而⑪可以应有马，而不可以应有白马。白马之非马，审⑫矣。"

曰："以⑬马之有色为非马，天下非有无色之马也。天下无马，可乎？"

曰："马固有色，故有白马。使马无色，有马如已耳，安取白马？故白者非马也。白马者，马与白也。马与白马也。⑭故曰白马非马也。"

曰："马未与白为马，白未与马为白。合马与白，复名白马。⑮是相与以不相与为名⑯，未可。故曰：白马非马未可。"

曰："以有白马为有马，谓有马为有黄马，可乎？"

曰："未可。"

曰："以有马为异⑰有黄马，是异黄马于马也。异黄马于马，是以黄马为非马。以黄马为非马，而以白马为有马，此飞者入池⑱而棺椁⑲异处，此天下之悖言乱辞也。

"曰有白马不可谓无马者，离白之谓⑳也。不离㉑者，有白马不可谓有马也。故所以为有马者，独以马为有马耳，非有白马为有马也，故其为有马也不可。以谓马，马也，曰白者不定所白，忘之而可也㉒。

"白马者，言白，定所白也㉓。定所白者，非白也？马者，无去取㉔于色，故黄、黑马皆所以应；白马者，有去取于色，故黄、黑马皆所以色去。故唯白马独可以应耳。无去者，非有去也，故曰白马非马。

【注释】

①〔白马非马，可乎〕此句是客人的问话。　②〔所以〕所，助词。以，是"拿""用"的意思。　③〔命形〕命名形体。　④〔命色〕命名颜色。　⑤〔致〕意为"给与""奉送"。　⑥〔使〕假使。　⑦〔一〕一致。　⑧〔其相非〕其情形异。　⑨〔明〕明确。　⑩〔一〕一个道理。　⑪〔而〕因而。后一"而"意为但是、却。　⑫〔审〕清楚。　⑬〔以〕因。　⑭〔马与白马也〕即"此，马也；彼，白马也"。　⑮〔合马与白，复名白马〕意思是，"白马"是"马"与"白"这两个概念的复合体。　⑯〔是相与以不相与为名〕此句是客人总结主人上述观点。相与，意即本来结合在一起。不相与，意为不结合在一起。　⑰〔异〕区别。　⑱〔飞者入池〕（硬要说）飞鸟是活动于水中。　⑲〔棺椁〕棺，棺材。椁，外

371

棺。　⑳〔离白之谓〕意即这仅就马形而言，是离开了白色的说法。　㉑〔不离〕意指不离开白色。　㉒〔白者不定所白，忘之而可也〕不定所白，言"白色所白的对象很多，并不固定在某一物上"；忘之而可也，意即"对这不固定在某一物上的白色，可以置诸不论"。　㉓〔定所白也〕意思是，白色已固定在其所白的马形上了。　㉔〔去取〕取舍，选择。

【解读】

　　提到诡辩学说，人们往往以为它歪曲真理、强词夺理，但作为一种理论，它提出的一些尖锐问题却给我们习以为常的认识带来思想上的启发。本篇中的"白马非马"是公孙龙提出的一个著名论题。公孙龙为了证明这个论题，采取了相应的论证层次：其一，形体和颜色是两个不同领域的概念，不能用颜色的概念去称呼形体，因此不能用"白马"去称呼马。其二，既然由于颜色的限定使黄马黑马不同于白马，那白马当然也不同于马。其三，"白马"是"马"与"白"结合的结果，所以白马不是马。字面意义上公孙龙的论证是相当"周密"的，但在逻辑上，他把大概念混同于小概念，没有认识到"马"对于其下属概念"白马"的涵盖关系。

　　事实上，任何一个概念都包含内涵和外延两个对立方面，分别概括事物的属性和对象，反映它的一般性和个别性，表明它的相同点和差异点。譬如，"白马"这个概念，既以其内涵概括了白马的本质属性，又有其外延包含了一切白马对象；既反映了白马作为白马的个别性，又反映了白马作为马以至动物的一般性。公孙龙显然没能认识到逻辑的辩证性所在，从而得出白马不是马的错误结论。公孙龙在逻辑诡辩上的尝试虽然有其局限，但使他人有了深入思考这个问题的基础，推动了人们的认识和逻辑思维的发展。

劝　学（节选）

《荀子》

【题解】

　　荀子（约前313—前238），名况，赵国人，战国末期思想家、教育家。两度游学于齐，《史记》说他"最为老师""三为祭酒"，继赴楚国，任兰陵（今属山东）令，后著书终老其地。韩非、李斯皆其学生。一生"序列著数万言"，后人编为《荀子》32篇，其中绝大部分是荀子的作品，其余或为荀子弟子所记。全书内容涉及哲学思想、政治问题、治学方法、立身处世之道、学术论辩等方面，《劝学》是全书第一篇。

　　君子①曰：学不可以已。

　　青，取之于蓝②，而青于蓝③；冰，水为之，而寒于水。木直中绳④，𫐓⑤以为轮，其曲中规⑥。虽有槁暴⑦，不复挺⑧者，𫐓使之然也。故木受绳⑨则直，金⑩就砺⑪则利，君子博学而日参省乎己⑫，则知⑬明而行无过矣。

　　吾尝终日而思矣，不如须臾之所学也；吾尝跂⑭而望矣，不如登高之博见也。登高而招，臂非加长也，而见者远⑮；顺风而呼，声非加疾⑯也，而闻者彰⑰。假⑱舆马⑲者，非利足⑳也，而致㉑千里；假舟楫者，非能水㉒也，而绝㉓江河。君子生非异㉔也，善假于物㉕也。

　　积土成山，风雨兴焉㉖；积水成渊，蛟龙生焉；积善成德，而神明㉗自得，圣心㉘备焉。故不积跬步㉙，无以㉚至千里；不积小流，无以成江海。骐骥㉛一跃，不能十步；驽马十驾㉜，功在不舍㉝。锲㉞而舍之，朽木不折；锲而不舍，金石可镂㉟。蚓无爪牙之利，筋骨之强，上食埃土，下饮黄泉㊱，用心一㊲也。蟹六跪㊳而二螯㊴，非蛇鳝之穴无可寄托者，用心躁也。

373

【注释】

①〔君子〕这里指有学问、有修养的人。　②〔青，取之于蓝〕靛（diàn）青从蓝草中取得。青，靛青，一种染料。蓝，草名，叶子可提取靛青。　③〔青于蓝〕比蓝草颜色深。　④〔中（zhòng）绳〕合乎木匠用来取直的墨线。　⑤〔𫐓（róu）〕同"煣"，用火烘烤木材使之弯曲。　⑥〔规〕圆规。　⑦〔虽有槁暴（gǎo pù）〕即使又晒干了。有，同"又"。槁暴，晒干。槁，枯。暴，晒。　⑧〔挺〕直。　⑨〔受绳〕经过墨线比量。　⑩〔金〕指金属制的刀斧等。　⑪〔就砺〕拿到磨刀石上去磨。就，接近、靠近。砺，磨刀石。　⑫〔参省（xǐng）乎己〕对自己检查、省察。参，同"叁"，多次。省，省察。乎，相当于"于"。　⑬〔知〕同"智"，见识。　⑭〔跂（qǐ）〕踮起脚后跟。　⑮〔见者远〕意思是远处的人也能看见。　⑯〔疾〕劲疾。　⑰〔彰〕清楚。　⑱〔假〕借助。　⑲〔舆马〕车马，这里指车子。　⑳〔利足〕善于奔走。　㉑〔致〕到达。　㉒〔能水〕善于游水。水，游泳。　㉓〔绝〕横渡。　㉔〔生（xìng）非异〕天性（同一般人）没有差别。生，同"性"，天性。　㉕〔物〕外物，包括各种客观条件。　㉖〔兴焉〕在这里兴起。兴，起。　㉗〔神明〕非凡的智慧。　㉘〔圣心〕圣人的心怀。　㉙〔跬（kuǐ）步〕古代称跨出一脚为"跬"，跨出两脚为"步"。　㉚〔无以〕没有用来……的，无从。　㉛〔骐骥〕骏马。　㉜〔驽马十驾〕劣马拉车走十天。驾，一天的行程。　㉝〔功在不舍〕功效来源于走个不停。舍，停止、止息。　㉞〔锲〕刻。　㉟〔镂〕雕刻。　㊱〔黄泉〕地下的泉水。　㊲〔一〕专一。　㊳〔六跪〕蟹的六条腿。"六"应是"八"。　㊴〔螯〕蟹钳。

【解读】

"劝学"，即劝勉学习。作为先秦儒家学派后期代表人物，荀子不同意孟子的性善论，主张人性本恶，因此强调教育的作用，认为人的知识、品德、才能不是先天就有的，而是后天学习培养的。《劝学》作为《荀子》首篇正突出表明了他的观点。

《劝学》各段条理十分清楚，基本上每段阐述一个具体问题，而且总在段落开头、结尾部分作出明确交代。例如，文章第一句写道："君子曰：学不可以已。"这既是全文的一个中心论题，也是接下来所要阐述的内容。而在第二段的结尾部分归结道:"君子博学而日参省乎己,则知明而行无过矣。"这就明确而有力地照应首句,收束了上文,并且清楚地点明了该段的中心思想。

　　荀子文章朴实浑厚、详尽严谨,句式比较整齐,而且擅长用多样化的比喻阐明道理。有人曾将《荀子》一书概括为"学者之文",这是十分恰当的评论。本文的突出特点是大量运用比喻,如第一段阐明学习的重要性,用蓝草和青色染料、冰和水、木头受绳和金属磨砺四组比喻,通俗贴切;最后一段强调学习贵在坚持积累、循序渐进,又以良马、驽马、螃蟹、蚯蚓等正反设喻,形象生动。这样的连类而发,数喻并举,使得文章气势雄浑,整齐流畅,便于记诵。文中一些语句,如"积土成山""积水成渊""不积跬步,无以至千里""锲而不舍,金石可镂",与《老子》的"合抱之木,生于毫末;九层之台,起于累土;千里之行,始于足下"表达了同样的意思,反映了先秦哲人的共识,流传至今,成为我们熟悉的成语格言。

荀子像

五 蠹（节选）

《韩非子》

【题解】

韩非（约前280—前233），即韩非子，战国末期韩国公子，新郑（今属河南）人，先秦法家思想集大成者。曾与李斯同学于荀子门下。他曾多次上书韩王，主张变法图强，但未被采纳，又因"为人口吃，不能道说"，便发愤著书，作《孤愤》《五蠹》《内外储说》《说林》《说难》等篇。他的著作传到秦国，得到秦王的赞赏。后出使秦国，因遭李斯嫉妒而被陷害下狱，最后死于狱中。他的著作保存在《韩非子》一书中。《五蠹》选自《韩非子》卷十九，是代表韩非历史观和政治思想的重要作品。

上古之世，人民少而禽兽众，人民不胜禽兽虫蛇；有圣人作①，构木为巢，以避群害，而民悦之，使王天下，号之曰有巢氏。民食果蓏蚌蛤②，腥臊恶臭而伤害腹胃，民多疾病；有圣人作，钻燧取火③，以化腥臊，而民说④之，使王天下，号之曰燧人氏。中古⑤之世，天下大水，而鲧、禹决渎⑥。近古之世，桀、纣暴乱，而汤、武征伐。今有构木钻燧于夏后氏⑦之世者，必为鲧、禹笑矣；有决渎于殷、周之世者，必为汤、武笑矣。然则今有美尧、舜、汤、武、禹之道于当今之世者，必为新圣⑧笑矣。是以圣人不期修古⑨，不法常可⑩，论⑪世之事，因为之备⑫。宋人有耕者，田中有株，兔走触株，折颈而死；因释其耒⑬而守株，冀复得兔。兔不可复得，而身为宋国笑。今欲以先王之政，治当世之民，皆守株之类也。

古者丈夫⑭不耕，草木之实足食也；妇人不织，禽兽之皮足衣⑮也。不事力而养足⑯，人民少而财⑰有余，故民不争。是以厚赏⑱不行，重罚不用，而民自治⑲。今人有五子不为多，子又有五子，大父未死而有二十五孙。是以人民众而货财寡，事力劳而供养⑳薄，故民争；虽倍赏㉑累罚㉒而不免于乱。

尧之王天下也，茅茨不翦㉓，采椽不斫㉔；粝粢之食㉕，藜藿之羹㉖；冬日麑㉗裘，夏日葛㉘衣；虽监门㉙之服养不亏于此矣。禹之王天下也，身执耒臿㉚，以为民先㉛；股无胈，胫㉜不生毛：虽臣虏㉝之劳不苦于此矣。以是言之，夫古之让天子㉞者，是去监门之养而离臣虏之劳也，古传天下而不足多㉟也。今之县令，一日身死㊱，子孙累世絜驾㊲，故人重之。是以人之于让也，轻辞㊳古之天子，难去今之县令者，薄厚之实㊴异也。夫山居而谷汲㊵者，膢腊㊶而相遗以水；泽居苦水㊷者，买庸而决窦㊸。故饥岁之春㊹，幼弟不饷㊺；穰岁㊻之秋，疏客㊼必食。非疏骨肉，爱过客也，多少之心异也。是以古之易㊽财，非仁也，财多也；今之争夺，非鄙㊾也，财寡也。轻辞天子，非高也，势薄㊿也；重争士橐[52]，非下也，权重也。故圣人议多少、论薄厚为之政[53]，故罚薄不为慈，诛严不为戾[54]，称俗[55]而行也。故事因于世，而备适于事[56]。

古者文王处丰、镐[57]之间，地方百里，行仁义而怀西戎[58]，遂王天下。徐偃王[59]处汉东[60]，地方五百里，行仁义，割地而朝[61]者三十有六国，荆文王[62]恐其害己也，举兵伐徐，遂灭之。故文王行仁义而王天下，偃王行仁义而丧其国，是仁义用于古不用于今也。故曰："世异则事异。"当舜之时，有苗[63]不服，禹将伐之，舜曰："不可。上德不厚而行武[64]，非道也。"乃修教[65]三年，执干戚舞[66]，有苗乃服。共工[67]之战，铁铦短者及乎敌[68]，铠甲不坚者伤乎体，是干戚用于古不用于今也。故曰："事异则备变。"上古竞于道德[69]，中世逐于智谋，当今争于气力。齐将攻鲁，鲁使子贡⑦说之。齐人曰："子言非不辩⑦也,吾所欲者土地也,非斯言所谓⑫也。"遂举兵伐鲁,去门十里以为界⑬。故偃王仁义而徐亡,子贡辩智而鲁削⑭。以是言之,夫仁义辩智,非所以持国⑮也。去偃王之仁,息子贡之智,循徐、鲁之力,使敌万乘⑯,则齐、荆之欲不得行于二国矣。

【注释】

①〔作〕兴起。 ②〔果蓏（luǒ）蜯（bàng）蛤（gé）〕瓜果蚌蛤。蜯,同"蚌"。蛤,蛤蜊,似蚌而圆。 ③〔钻燧取火〕钻燧木以取得火种。燧,用以钻火之木材。 ④〔说（yuè）〕同"悦"。 ⑤〔中古〕指距秦较远之时。 ⑥〔鲧（gǔn）、禹决渎（dú）〕鲧和禹挖河（泄水）。鲧,禹（夏朝开国之君）之父。决,开挖。渎,水道、沟渠。古以江（长江）河（黄河）淮（淮河）济（济水,在山东入海）为四渎。传说鲧治水以塞堵为主,九年无功,为舜贬逐而死；禹改用疏导之法,水患始息。与本文所记有别。 ⑦〔夏后氏〕夏朝。后,君主。 ⑧〔新圣〕新兴帝王。 ⑨〔期修古〕希求学习古代。期,希求。修,学习、仿效。 ⑩〔法常可〕效法通常的做法。常可,指旧制度。 ⑪〔论〕研讨。 ⑫〔因为之备〕从而为之做准备,采取措施。因,依,按照。备,采取措施。 ⑬〔释其耒（lěi）〕释,放下。耒,农具,状如木叉。 ⑭〔丈夫〕指男丁。 ⑮〔衣（yì）〕动词,穿。 ⑯〔不事力而养足〕不从事劳动,而衣食充足。养,供养。 ⑰〔财〕财货,物资。 ⑱〔厚赏〕丰厚之赏赐。 ⑲〔自治〕自然就不乱。 ⑳〔供养〕享用之物。 ㉑〔倍赏〕加倍赏赐。 ㉒〔累罚〕屡次惩罚。 ㉓〔茅茨不翦（jiǎn）〕用茅草覆盖屋顶,而且没有修剪整齐。翦,同"剪"。 ㉔〔采椽不斫〕柞（zuò）木做屋椽,而且不加雕。 ㉕〔粝粢（lì zī）之食〕粗粮饭。粝,粗米。粢,小米。 ㉖〔藜藿（lí huò）之羹〕野菜汤。藜,藿,皆草名。 ㉗〔麑（ní）〕小鹿。 ㉘〔葛〕麻布。 ㉙〔监门〕看门之人。 ㉚〔臿（chā）〕掘土工具,锹。 ㉛〔为民先〕带头干。 ㉜〔股无胈（bá）〕大腿上没有肉。胈,大腿上的肉。 ㉝〔胫〕小腿。 ㉞〔臣虏〕奴隶。 ㉟〔让天子〕指尧禅（shàn）让。 ㊱〔不足多〕不值得赞扬。多,赞美。 ㊲〔一日身死〕一旦死了。 ㊳〔絜（xié）驾〕套车。此处指乘车。意为仍然阔气。絜,

约束。 ㊴［轻辞］轻易推辞。 ㊵［实］实际情况。 ㊶［山居而谷汲］住在山中（高处）每日自谷中（低处）汲水。谷，山涧。 ㊷［膢腊（lóu là）］指节日。膢，二月祭，饮食之神。腊，腊月祭，祭先祖。 ㊸［泽居苦水］住在洼地，苦于水涝。 ㊹［买庸而决窦］雇人掘水道排水。窦，蓄水的孔穴。 ㊺［春］其时青黄不接，为缺粮季节。 ㊻［幼弟不饷］（像）小弟弟这样的亲人也不能给他吃的。 ㊼［穰（ráng）岁］丰年。 ㊽［疏客］陌生的客人。 ㊾［易］轻视。 ㊿［鄙］低下，粗俗。 (51)［势薄］（天子）权势轻微。 (52)［士橐（tuō）］士，同“仕”。橐，同“托”，依托。这里指依托诸侯。 (53)［为之政］为政，行政。 (54)［戾］暴戾，残暴。 (55)［称（chèn）俗］适合世情。称，恰合。 (56)［事因于世，而备适于事］情况因时世不同而有异，措施应适合于当前时世的情况。 (57)［丰、镐（hào）］二地名，皆在今陕西西安附近。 (58)［怀西戎］安抚西方各民族，使之归顺。怀，安抚。 (59)［徐偃王］西周穆王时徐国国君。 (60)［汉东］汉水之东。 (61)［割地而朝］割地予徐而朝见徐偃王。 (62)［荆文王］楚文王。荆，楚之别称。 (63)［有苗］舜时部落，亦称三苗。 (64)［上德不厚而行武］在上位者德行微薄，而使用武力。上，指帝王。 (65)［修教］修整教化，推行教化。 (66)［执干戚舞］手持干戚而舞。干，盾。戚，斧。执之舞，化武器为舞具也。 (67)［共工］传说为上古主百工事的官，其后人以官为姓，世居江淮间。战争之史实不详。 (68)［铁铦（xiān）短者及乎敌］短武器亦能伤及敌人之身。极言战争激烈。铦，一类兵器。 (69)［竞于道德］争以道德为高。 (70)［子贡］姓端木，名赐，字子贡，孔子弟子，善外交辞令。 (71)［辩］言辞巧妙。 (72)［非斯言所谓］与你所说并非一回事。 (73)［去门十里以为界］以距鲁都城门十里处为国界。言所侵甚多。 (74)［削］土地减少（被侵占）。 (75)［非所以持国］不是可以用来操持、管理国家的。 (76)［使敌万乘（shèng）］用来抵挡大国（的侵略）。使，用。万乘，一万辆兵车，指大国。乘，四匹马驾一辆兵车。

【解读】

韩非继承和综合了前期法家和道家的各种观点，提出一套完整的法治思想，为秦王统一中国、建立中央集权的封建国家奠定了思想理论基础。在《五蠹》中，韩非认为当时社会上的学者（儒家）、言谈者（纵横家）、带剑者（游侠）、患御者（依附贵族私门的人）、工商之民无益于耕战，就像五种蛀虫一样，是有害于社会的。这里节选的是该篇的开头部分，主要谈他对历史变迁的认识。

　　从历史的变迁来看，韩非认为历史的"上古""中世""当今"三个阶段时代特点不同，"上古竞于道德，中世逐于智谋，当今争于气力"。在"上古"时代讲仁义合适，但在"当今"谈仁义则是腐朽的；在"中世"巧言善辩、发明奇器或投机取巧、囤积居奇可以，但在"当今"这样做则对社会有害。韩非把这种历史进化观点作为推行变法改革的理论依据，从而批判儒家等学派因循守旧，主张通过变法富国强兵，体现了他的历史进步性。

　　韩非的议论严峻峭厉，深刻周密，气势恢宏，为了阐述一个观点，会用大量的事实并做具体的分析，如文中对上古的社会情况，对尧和禹的生活等都进行了较为具体的评述。他还善于借助传说寓言故事等进行论述，这都大大增强了文章的生动性和感染力，对后代论说文产生了深刻影响。

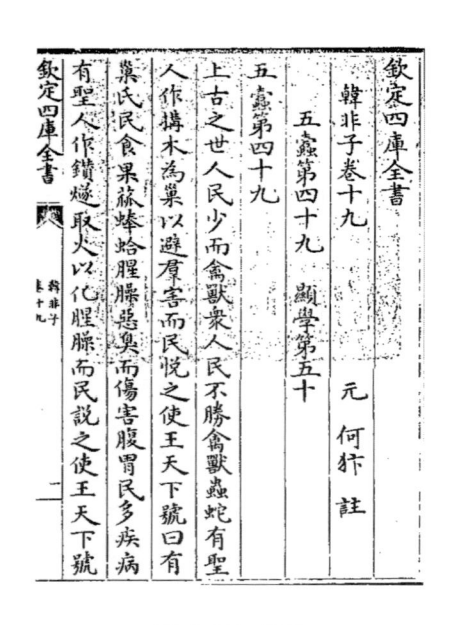

《韩非子》书影

察 今

《吕氏春秋》

【题解】

　　《吕氏春秋》是战国末期秦国的相国吕不韦（？—前235）组织门客编写的著作，又称《吕览》。《汉书·艺文志》著录，列在杂家。全书总计160篇，近15万言。相传书成之后，吕不韦将书布之于咸阳市门，悬赏有能增减一字者，予千金，这就是"一字千金"的来历。战国末期统一趋势加强，各家思想迅速走向融合，《吕氏春秋》意在综合百家之学，总结历史经验，博采众家之长，初步形成了包括政治、经济、哲学、军事等各方面内容的理论体系，在学术上和政治上对后世有重要影响。本文选自《吕氏春秋·慎大览》，题为"察今"，意思是明察当今的实际情况。

　　上胡不法先王之法①，非不贤也，为其不可得而法②。先王之法，经③乎上世④而来者也，人或益之，人或损之，胡可得而法？虽人弗损益，犹若⑤不可得而法。东夏之命⑥，古今之法，言异而典殊。故古之命多不通乎今之言者，今之法多不合乎古之法者。殊俗之民，有似于此。其所为欲同，其所为异。口惛之命不愉⑦，若舟车衣冠滋味声色之不同，人以自是，反以相诽。天下之学者多辩，言利辞倒，不求其实，务以相毁，以胜为故。先王之法，胡可得而法？虽可得，犹若不可法。凡先王之法，有要于时也⑧，时不与法俱至。法虽今而至，犹若不可法。故择⑨先王之成法，而法其所以为法⑩。先王之所以为法者何也？先王之所以为法者人也⑪，而己⑫亦人也，故察己则可以知人，察今则可以知古，古今一也，人与我同耳。有道之士⑬，贵以近知远，以今知古，以益所见知所不见。故审堂下之阴⑭，而知日月之行，阴阳之变⑮；见瓶水之冰，而知天下之寒，鱼鳖之藏也；尝一脔肉⑯，而知一镬⑰之味，一鼎⑱之调⑲。

荆人欲袭宋，使人先表澭水⑳。澭水暴益㉑，荆人弗知，循表而夜涉㉒，溺死者千有余人，军惊而坏都舍㉓。向其先表之时可导也㉔，今水已变而益多矣，荆人尚犹循表而导之，此其所以败也。今世之主，法先王之法也，有似于此。其时已与先王之法亏矣㉕，而曰"此先王之法也"，而法之以为治，岂不悲哉！故治国无法则乱，守法而弗变则悖㉖，悖乱不可以持国㉗。世易时移，变法宜矣。譬之若良医，病万变，药亦万变。病变而药不变，向之寿民，今为殇子㉘矣。故凡举事㉙必循法以动，变法者因时而化，若此论则无过务矣。夫不敢议法者，众庶也；以死守者，有司也；因时变法者，贤主也。是故有天下七十一圣㉚，其法皆不同。非务相反㉛也，时势异也。故曰良剑期乎断㉜，不期乎镆铘㉝；良马期乎千里，不期乎骥骜㉞。夫成功名者，此先王之千里也。㉟

楚人有涉江者，其剑自舟中坠于水，遽契其舟㊱曰："是吾剑之所从坠㊲。"舟止，从其所契者入水求㊳之。舟已行矣，而剑不行，求剑若此，不亦惑㊴乎！以此故法为其国与此同。时已徙矣，而法不徙，以此为治，岂不难哉？有过于江上者，见人方引㊵婴儿而欲投之入江中，婴儿啼，人问其故，曰："此其父善游㊶。"其父虽善游，其子岂遽㊷善游哉？以此任物，亦必悖矣。㊸荆国之为政，有似于此。

【注释】

①［上胡不法先王之法］国君为什么不取法古代帝王的法令制度呢？上，国君。 ②［为其不可得而法］因为它不可能取法。 ③［经］经过，经由。 ④［上世］古代。 ⑤［犹若］还是。 ⑥［命］名，指言语。 ⑦［口惛

（wěn）之命不愉〕方言不相通。口㗲之命即方言。"㗲"，同"吻"。不愉，不相通。愉，同"渝"，改变。　⑧〔有要于时也〕是适应当时的需要的。要，适应。　⑨〔择（shì）同"释"，舍弃、抛弃。　⑩〔法其所以为法〕取法他（先王）制定法令制度的根据。所以，……的根据。　⑪〔人也〕意思是，从人出发，为人而设的。　⑫〔己〕自己，这里指当前制定法令制度的人。　⑬〔有道之士〕明白事理的人。　⑭〔故审堂下之阴〕所以察看房屋下面的太阳或月亮照射的影子。　⑮〔阴阳之变〕早晚和季节的变化。　⑯〔一脔（luán）肉〕一块肉。脔，同"脔"，切成块状的肉。　⑰〔镬（huò）〕古时烹煮用的器物，像锅。　⑱〔鼎〕古时烹煮用的器物，三足两耳。　⑲〔调（tiáo）〕调和，指味道调和得好不好。　⑳〔先表澭（yōng）水〕先在澭水里（浅水处）设立标记。表，作标记，这里作动词用。澭水，黄河的支流。　㉑〔暴益〕（水）突然大涨。暴，突然。益，同"溢"，涨水。　㉒〔循表而夜涉〕顺着标记在夜间渡水。　㉓〔军惊而坏都舍〕士卒惊骇的声音如同大房屋崩塌一样。这里的"而"作"如"讲。都，大。　㉔〔向其表之时可导也〕以前他们设立标记的时候，是可以根据标记渡水的。向，以前。导，引导。　㉕〔其时已与先王之法亏（guǐ）矣〕那时代已经与先王的法令制度不适合了。亏，同"诡"，异，这里的意思是差异、不适应。　㉖〔悖（bèi）〕悖谬，行不通。　㉗〔持国〕守国。　㉘〔殇子〕未成年而死的人。　㉙〔举事〕做事情。　㉚〔有天下七十一圣〕相传孔子尝登泰山，观易姓而王者，可得而数者七十余人，不得而数者万数也。　㉛〔非务相反〕不是一定要有不同。相反，互不相同。　㉜〔期乎断〕期望它能斩断（东西）。期，期望、要求。断，斩断、截断。　㉝〔不期乎镆铘〕不期望它一定是镆铘。镆铘，古代宝剑，春秋时吴王阖庐所有。　㉞〔骥骜（áo）〕都是千里马的名称。　㉟〔夫成功名者，此先王之千里也〕意思是先王追求的是"成功名"，并不一定追求同古代一样的法令制度。　㊱〔遽契（qì）其舟〕急忙用刀在船上刻个记号。遽，急速。契，同"锲"，刻。　㊲〔是吾剑之所从坠〕这里（是）我的剑掉下去的地方。是，这个地方，这里。　㊳〔求〕寻找。　㊴〔惑〕糊涂。　㊵〔引〕牵，拉。　㊶〔此其父善游〕这（是因为）他的父亲善于游泳。　㊷〔岂遽〕难道就……。遽，就。　㊸〔以此任物，亦必悖矣〕用这种办法处理事物，必然是悖谬的了。

383

【解读】

　　本文紧紧围绕"察今"这个中心论点展开论述,强调古今时世不同,制定法令制度,不应死守故法,而应明察当前的形势,因时变法,反映了新兴地主阶级蓬勃昂扬的精神风貌。

　　文章以"上胡不法先王之法"的设问开篇,在自问自答中首先从反面揭开论题,提出论点,即先王之法不可法。接着层层推进,步步为营,循序渐进,说明先王之法不可法的原因:一则其内容已有所损益,"胡可得而法";二则即使没有损益,然而由于"言异而典殊"仍然"不可得而法";三则"时不与法俱至","虽可得,犹若不可法"。从反面提出问题进行论证并得出结论后,文章从正面提出"察今"这一中心论题。作者指出,既然先王之法不可法,就应该放弃先王的成法,进而指出,先王立法的依据是人,所以"察己则可以知人,察今则可以知古"。随之又以"审堂下之阴"等作类比论证,从而确立"察今"的论题。文章后两段对中心论题做进一步论证和阐发,说明不能泥古,必须察今,因时变法。

　　文章在层层推理的过程中,多用类比论证,善于取譬设喻,寓深奥的道理于通俗易懂的故事和浅显切当的比喻之中,诸如"循表夜涉""刻舟求剑""引婴投江"等寓言故事不仅多层次地展示和深化了论题,更使得文章生动形象、寓意深永,极具说服力和感染力。而本文所阐述的因时变法的思想观点,在历史上具有进步意义和深远影响,对于当前立足新时代,深化改革创新也有着积极意义。

礼 运（节选）

《礼记》

【题解】

　　《礼运》是《礼记》中的一篇。《礼记》是我国古代儒家经典之一。汉代把孔子定的典籍称为"经"，弟子对"经"的解说是"传"或"记"，"礼记"即对"礼"的解释。西汉宣帝（前73—前49年在位）时，戴德、戴圣从秦汉以前各种礼仪论著中辑录了两个选本，分别被后人称为《大戴礼记》和《小戴礼记》，后者即为今本所见《礼记》。《礼记》是研究中国古代社会情况、典章制度和儒家思想的重要著作。它阐述的思想包括社会、政治、伦理、哲学、宗教等各方面内容，其中《大学》《中庸》《礼运》等篇有着丰富的哲学思想。本文选自《礼记》卷四，题为《礼运》，意即"礼的运行法则"。

　　昔者仲尼与于蜡宾①，事毕，出游于观②之上，喟然而叹。仲尼之叹，盖叹鲁也。言偃③在侧，曰："君子何叹？"孔子曰："大道④之行也，与三代之英⑤，丘未之逮⑥也，而有志焉⑦。大道之行也，天下为公⑧，选贤与能⑨，讲信修睦⑩。故人不独亲其亲⑪，不独子其子⑫，使老有所终⑬，壮有所用⑭，幼有所长，矜、寡、孤、独、废疾者⑮皆有所养，男有分⑯，女有归⑰。货恶其弃于地也，不必藏于己⑱；力恶其不出于身也，不必为己⑲。是故谋闭而不兴⑳，盗窃乱贼㉑而不作㉒，故外户而不闭㉓。是谓大同㉔。今大道既隐㉕，天下为家㉖，各亲其亲，各子其子，货力为己，大人世及㉗以为礼，城郭沟池以为固，礼义以为纪㉘，以正君臣，以笃父子，以睦兄弟，以和夫妇，以设制度，以立田里㉙，以贤勇知㉚，以功为己㉛。故谋用是㉜作，而兵由此起。禹、汤、文、武、成王、周公，由此其选㉝也。此六君子者，未有不谨于礼㉞者也，以著㉟其义，以考其信㊱，著有过，刑仁㊲讲让㊳，示民有常㊴。如有不由㊵此者，在执者去㊶，众以为殃。是谓小康㊷。"

【注释】

①〔与（yù）于蜡（zhà）宾〕参加蜡祭的行列。与，参加。蜡，古代国君年终的祭祀。宾，陪祭者。 ②〔观（guàn）〕宫殿或宗庙两旁高的建筑物。 ③〔言偃〕孔子弟子，姓言名偃，字子游。 ④〔大道〕指儒家推崇的上古时代的政治制度。 ⑤〔三代之英〕夏、商、周三代英明贤能的君主。 ⑥〔逮〕及，赶上。 ⑦〔有志焉〕有志于此。指心里向往"大道之行"和"三代之英"的时代。 ⑧〔天下为公〕天下是公共的。 ⑨〔选贤与（jǔ）能〕选拔推举品德高尚、有才干的人。贤，指品德高尚。能，指才干出众。与，同"举"。 ⑩〔讲信修睦〕讲求诚信，培养和睦气氛。修，培养。 ⑪〔不独亲其亲〕不只是敬爱自己的父母。第一个"亲"用作动词，以……为亲。第二个"亲"指父母。 ⑫〔不独子其子〕不只是疼爱自己的子女。第一个"子"用作动词，以……为子。第二个"子"指子女。 ⑬〔有所终〕能够善终。 ⑭〔有所用〕能够发挥自己的才能，为社会效力。 ⑮〔矜（guān）、寡、孤、独、废疾者〕矜，同"鳏"，老而无妻；寡，老而无夫；孤，幼而无父；独，老而无子；废疾，有残疾而不能做事。者，……的人。 ⑯〔分（fèn）〕职分，职守。 ⑰〔归〕女子出嫁。 ⑱〔货恶其弃于地也，不必藏于己〕对于财货，憎恨把它扔在地上，但并非自己想私藏。 ⑲〔力恶其不出于身也，不必为己〕对于力气，憎恨它不出于自己，但愿意多出力并不是为了自己的私利。 ⑳〔谋闭而不兴〕奸诈之心闭塞而不会兴起。 ㉑〔乱贼〕指作乱害人的事。 ㉒〔作〕兴起。 ㉓〔外户而不闭〕门从外面带上而不关闭。外户，从外面把门带上。 ㉔〔大同〕完全的和平平等。指儒家的理想社会。 ㉕〔隐〕隐没不见，消失。 ㉖〔天下为家〕天下成为私家的。 ㉗〔大人世及〕天子诸侯世袭。大人，指天子诸侯。世及，犹言世袭，父子相传为世，兄弟相传为及。 ㉘〔纪〕纲纪，法则。 ㉙〔立田里〕建立有关田里的制度。 ㉚〔以贤勇知（zhì）〕把有勇有谋的人当作贤人。知，同"智"。 ㉛〔以功为己〕立功做事，只是为了自己。 ㉜〔用是〕相当于下句"由此"。 ㉝〔选〕选择，这里作名词，指选出来的杰出人物。 ㉞〔谨于礼〕

慎重地对待礼。㉟［著］显露。㊱［考其信］成全人们讲求信用的事。考，成全。㊲［刑仁］以合乎仁义的行为为法则。㊳［讲让］讲求谦让。㊴［常］常规。㊵［由］用。㊶［去］罢免，废黜。㊷［小康］小安。

【解读】

文章通过孔子和弟子言偃的对话，讲述了孔子关于社会发展和社会形态的观点，也阐述了关于礼的产生及当时社会遵守礼的意义。这里节选的部分，主要表现了孔子关于大同之治与小康之治的论述。

孔子先描述了大同世界的特点。大同世界以道治国，天下为公，人人享有平等的权利；社会安定和谐，有贤德和才能的人得到任用，老人能得到赡养，年幼之人有人照顾，壮年之人有施展能力的地方；没有盗窃乱贼，不需要阴谋。之后，又描述了小康社会的特点。小康社会比大同社会有所退步，它是天下为家，各亲其亲，各子其子；同时随着世袭制出现，礼义也随之而来，用以端正和规范君臣、父子、兄弟、夫妇等诸多关系；社会开始以勇猛和谋略为贤，阴谋和武力由是兴起；社会虽有不公，但禹、汤、文王、武王、成王、周公，这六君子有德，都遵守礼，身体力行，树立仁爱的榜样，让人们知道什么是固定的准则。

《礼运》中的大同、小康思想在我国古代社会中起着巨大的影响作用，直到今天我们还用“小康”一词表示社会发展达到一个较高的生活水平与幸福程度。可以说，“大同”“小康”寄寓了中华民族对美好生活的向往，更寄寓了当下中国人民对中华民族伟大复兴的诚挚信念。

思与行

【记诵与积累】

◎天行健,君子以自强不息。(《周易》)

◎地势坤,君子以厚德载物。(《周易》)

◎知人者智,自知者明。胜人者有力,自胜者强。知足者富,强行者有志,不失其所者久,死而不亡者寿。(《老子》)

◎为之于未有,治之于未乱。合抱之木,生于毫末;九层之台,起于累土;千里之行,始于足下。(《老子》)

◎不战而屈人之兵,善之善者也。(《谋攻》)

◎故上兵伐谋,其次伐交,其次伐兵,其下攻城。攻城之法,为不得已。(《谋攻》)

◎何谓四维?一曰礼,二曰义,三曰廉,四曰耻。礼不逾节,义不自进,廉不蔽恶,耻不从枉。(《牧民》)

◎仁人之所以为事者,必兴天下之利,除去天下之害,以此为事者也。(《兼爱》)

◎朝菌不知晦朔,蟪蛄不知春秋。(《逍遥游》)

◎至人无己,神人无功,圣人无名。(《逍遥游》)

◎以黄马为非马,而以白马为有马,此飞者入池而棺椁异处,此天下之悖言乱辞也。(《白马论》)

◎骐骥一跃,不能十步;驽马十驾,功在不舍。锲而舍之,朽木不折;锲而不舍,金石可镂。(《劝学》)

◎上古竞于道德,中世逐于智谋,当今争于气力。(《五蠹》)

◎故审堂下之阴,而知日月之行,阴阳之变;见瓶水之冰,而知天下之寒，鱼鳖之藏也；尝一脟肉，而知一镬之味，一鼎之调。

（《察今》）

◎大道之行也，天下为公，选贤与能，讲信修睦。（《礼运》）

【熟读与精思】

《逍遥游》中憧憬"乘天地之正""御六气之辩""以游无穷"的逍遥之境，呈现出一个超越时空限制、与天地浑然一体的精神世界。有人说这与战国时期社会动乱给人的心灵冲击有关，甚至认为这是作者在逃避现实。对此你怎么看？

【学习与践行】

中华民族追求和睦、爱好和平、倡导和谐，数千年文明史造就的"和"文化蕴涵着和而不同的社会观、人心和善的道德观。本单元中《孙子兵法》的"百战百胜，非善之善者也；不战而屈人之兵，善之善者也"，《墨子》"兼相爱、交相利"，都是"和"文化的生动写照。结合自己的学习谈谈对"和"文化的认识，并试着在生活中恰当运用"和"的思维待人接物，体会传统文化的现实意义。

后　记

　　经过几年集中研究，我们完成了教育部哲学社会科学研究重大委托项目"中国阅读文化建设的战略与策略研究"与国家语委"十三五"科研规划重点项目"中华优秀传统文化教育的目标、内容及实施策略研究"，现在，我们又承担了北京市教育科学"十四五"规划优先关注项目"中华优秀传统文化融入课程体系研究"。为更好地落实阅读文化理念，使阅读上升为一种文化，成为人们的日常习惯、生活方式和精神追求，进一步深化拓展中华优秀传统文化学习，汲取中国智慧、弘扬中国精神、传播中国价值，不断增强中华优秀传统文化的生命力和影响力，依据课题研究成果和对当前中华优秀传统文化学习情况的调查，我们认为中国和世界已发生了巨变，需要一套适应新时代国民特别是青少年阅读的中华优秀传统文化选本，以当代的视野，汲取古代文化的精华，赓续深入骨髓的精神血脉，借以育人、成人。于是决定编写一套循序渐进、适合社会各层次阅读的中华优秀传统文化分级选本，培根铸魂，为民族复兴凝聚起精神力量。

　　2020年暮春，我们启动了选本编写。由我提出编写思路，拟定编写说明。依照编写说明，编委会经过反复筛选，最后选定历代经典作品六百零三篇，名为"中华优秀传统文化六百篇"（以下简称"六百篇"）。"六百篇"不仅包括人文社会科学，还涉及古代科学技术、医学发明、中外关系等诸多内容，尤其注重编选亲情伦理、修身立德、家国情怀等主题的传世佳作。力图以当代人的眼光审视传统文化，启发引导学习者从中汲取古人的智慧和经验，注重文化熏陶和实践养成，将跨越时空的思想理念、价值标准、审美风范转化为自身的精神追求和行为习惯，不断加深对传统文化的认知和理解，增强文化自信和价值观自信。

"六百篇"依据学习者的接受心理和认知特点编排，按启蒙级、初级、中级、高级分层分级编写，对应这四个级别，形成启蒙本、初级本、中级本、高级本四本书。这四本书具体篇数为：启蒙本208篇，初级本167篇，中级本124篇，高级本104篇，合计603篇。四本书整体设计，纵向上，按照从经、史、子、集里择取的经典篇目有序编排，全面渗透中华优秀传统文化的思想理念、传统美德和人文精神；横向上，每本书设9个单元，四本书共计36个单元。单元内设"导与引""文与解""思与行"三个板块，各板块之间前后呼应，全面体现课题组在研究中提炼、总结、深化形成的中华优秀传统文化"学行信教育模式"，使国民特别是青少年通过系统阅读中华优秀传统文化经典篇目，达至学、行、信三者并进，使能力和素养获得双重提升。本书编排体例与风格新颖、独特，具有开创性，这种体例与样式，是我们经过十余年教材和读物编写的探索结果，也是本书的一大亮点和特色。以体现中华优秀传统文化学习的科学性、时代性、普适性，使中华文脉绵延繁盛。

在"六百篇"编写过程中，我们既立足于现实的需要，追求学术的高标准，又遵循学习的规律，兼顾不同年龄层次读者的需求，充分借鉴历代名家对选篇解说的思想精髓，根据新时代中华优秀传统文化学习要求，对每篇诗文都作了注释和解读。希望能帮助学习者深入、反复、潜心阅读中华优秀传统文化经典篇目，领会古典诗文的意境和意旨，以滋养心灵、润泽生命、成全人格，成为担当民族复兴大任的时代新人。

本书编委共23人，具体分工如下：李云龙、李英杰、孙凤霞、侯静雯、郭婉玉承担启蒙本编写，姚守梅、孙荻芬、吴东、黄甜甜、高杨、陈昕承担初级本编写，韩涵、罗文平、唐成军、黄利亚、谢富渝承担中级本编写，曾然非、许黄裳、马胜科、奚遥、李荣、杜雪晶承担高级本编写。李云龙、姚守梅、韩涵、曾然非分别负责启蒙本、初级本、中级本、高级本的统稿，最后由我对四本书全面统稿并审定。本书的编写虽花费了大量的时间和精力，但限于我们的水平，书中定有不当不妥之处，诚望广大读者批评指正，便于修订时再完善。

最后，感谢课题组全体成员齐心协力完成课题研究，感谢编委会同人克服重重困难完成编写任务，感谢在本书编写过程中多位专家学者提供的宝贵意见，让我们赶在壬寅年除夕见到样书。在此，还要特别感谢北京师范大学出版社各位领导和编辑为本书出版付出的辛勤劳动。

任　翔

壬寅年除夕夜

图书在版编目（CIP）数据

中华优秀传统文化六百篇. 中级本/任翔主编. —北京：北京师范大学出版社，2023.6
ISBN 978-7-303-28709-3

Ⅰ.①中… Ⅱ.①任… Ⅲ.①中华文化—通俗读物 Ⅳ.①K203-49

中国版本图书馆CIP数据核字（2023）第018154号

中华优秀传统文化六百篇·中级本
ZHONGHUA YOUXIU CHUANTONG WENHUA LIUBAIPIAN · ZHONGJIBEN

任　翔　主编

策划编辑：禹明超	责任编辑：禹明超
美术编辑：王齐云	装帧设计：王齐云
责任校对：梁　爽	责任印制：马　洁　赵　龙

出版发行：北京师范大学出版社	开本：730mm×980mm 1/16	版次：2023年6月第1版
印刷：保定市中画美凯印刷有限公司	印张：25.75	印次：2023年6月第1次印刷
经销：全国新华书店	字数：400千字	定价：72.00元

北京师范大学出版社　　　　　　　版权所有·侵权必究
http://www.bnup.com　　　　　　　反盗版、侵权举报电话：010-58800697
北京市西城区新街口外大街12-3号　北京读者服务部电话：010-58808104
邮政编码：100088　　　　　　　　外埠邮购电话：010-58808083
营销中心电话：010-58805602　　　本书如有印装质量问题，请与印制管理部联系调换。
主题出版与重大项目策划部：010-58805385　印制管理部电话：010-58808284